Diese Symbole zeigen an, ob ihr in **Einzelarbeit, mit einem Lernpartner** oder **in Kleingruppen** von drei oder vier Schülerinnen und Schülern an einer Aufgabe arbeiten solltet. Aufgaben ohne Symbole könnt ihr auf verschiedene Weise bearbeiten (z. B. im Klassengespräch, schriftlich, allein oder mit anderen Mitschülern).

Wenn ihr dieses Symbol bei einer Aufgabe findet, könnt ihr **arbeitsteilig vorgehen**. Verständigt euch darüber, wer welchen in der Aufgabe aufgeführten Arbeitsauftrag übernimmt.

TIPP: Verständigt euch vor einer Partner- oder Kleingruppenarbeit immer darüber, ob und inwieweit ihr euch erst allein mit den Arbeitsaufträgen auseinandersetzt.

In den **„So gehst du vor"-Lernboxen** werden euch bestimmte **Methoden**, die besonders wichtig sind, genau erklärt. Mithilfe dieser Lernboxen lernt ihr z. B., wie ihr Sachtexte erschließen oder ein Gedicht untersuchen könnt und was ihr beim Schreiben einer Inhaltsangabe beachten müsst.

Die **„Das musst du wissen"-Lernboxen** bieten euch eine **Zusammenfassung der Inhalte**, die ihr im Zusammenhang mit einem Thema oder Text gelernt habt.

TIPP: Bei vielen Aufgaben wird auf diese Lernboxen verwiesen. Seht sie euch bei der Bearbeitung der Aufgaben an. So lernt ihr, diese Methoden und Fachinhalte immer sicherer in verschiedenen Lernsituationen anzuwenden.

➔ Sachtexte erschließen
SB, S. 273 – 274
AH, S. 32 – 37

Diese Hinweise zeigen euch, wo ihr im **Schulbuch** (= **SB**) oder im **Arbeitsheft** (= **AH**) noch **weiter zu einem Thema** arbeiten könnt.

Alles klar? – Wiederholen und üben

Am Ende eines jeden Kapitels findet ihr Aufgaben, mit denen ihr das Wichtigste, das ihr in einem Kapitel gelernt habt, **üben und wiederholen** könnt. Zu den Übungen dieser **„Alles klar?"-Seiten** findet ihr die Lösungen auf den Seiten 319 – 338. So könnt ihr euren **Lernfortschritt überprüfen**.

➔ Wiederholen und üben:
Sich kennenlernen
S. 34, Aufgaben 1 und 2

Diesen Hinweis findet ihr am Ende eines jeden Teilkapitels. Er sagt euch, welche der **Aufgaben auf den „Alles klar?"-Seiten** ihr auswählen müsst, um **das in dem jeweiligen Teilkapitel Gelernte** zu üben und zu wiederholen.

Bei den Aufgaben zur Rechtschreibung findet ihr solche Symbole. Sie sagen euch, welche Rechtschreibstrategien ihr anwenden könnt, um Fehler zu vermeiden (z. B. „Wörter in Silben sprechen" oder „Wörter verlängern"). Alle Rechtschreibsymbole und ihre Bedeutung kannst du dir auf den Seiten 250 – 271 ansehen.

NOCH EIN WICHTIGER HINWEIS ZUM SCHLUSS: Bei vielen Aufgaben (z. B. zum Markieren oder bei Übungen mit Lückentexten o. Ä.) müsst ihr mit einer Folie oder Kopie arbeiten, wenn euch das Schulbuch nicht gehört.

Viel Spaß beim Lernen, Lesen, Arbeiten und Üben wünscht euch
euer P. A.U.L. D.-Team!

5

Schöningh

Differenzierende Ausgabe B

P.A.U.L. D.

Persönliches Arbeits- und Lesebuch *Deutsch*
für die Jahrgangsstufe 5

Herausgegeben von: Frank Radke

Erarbeitet von:
Michaela Anthony
Johannes Diekhans
Anne Gasch-Sigge
Tanja Heinemann
Katharine Pappas
Frank Radke
Elisabeth Roth-Rings
Katja Wiertz
u. a.

www.schoeningh-schulbuch.de
Schöningh Verlag, Jühenplatz 1–3, 33098 Paderborn

Druck A 5 4 3 2 / Jahr 2019 18 17 16
Alle Drucke der Serie A sind im Unterricht parallel verwendbar.
Die letzte Zahl bezeichnet das Jahr dieses Druckes.

Illustrationen: Reinhild Kassing, Kassel/Matthias Berghahn, Bielefeld/
Günther Jakobs, Münster/Klaus Conrad, Bielefeld
Umschlaggestaltung: Nora Krull, Bielefeld
Umschlagfotos: © bigdaddyrockstar/iStockphoto (U1 links);
© picture alliance/JOKER (U1) rechts; © Seb Oliver/Corbis (U4)
Druck und Bindung: westermann druck GmbH, Braunschweig

ISBN 978-3-14-028140-9

Inhaltsverzeichnis

Die verschiedenen Kompetenzbereiche werden im Inhaltsverzeichnis mit folgenden Farben ausgewiesen:

- Sprechen und Zuhören
- Schreiben
- Lesen
- Literarische Texte
- Sach- und Gebrauchstexte
- Medien
- Sprachgebrauch und Sprachreflexion

Von Schülern und Lehrern – Geschichten aus der Schule 36

Lernen …, aber wie?! – Das Lernen lernen 50

Streit um eine Klassenaktion – miteinander sprechen

Komm mit in eine andere Welt – Märchen

Erzählwerkstatt – wir erzählen 102

Ein Haus für Leseratten und Bücherwürmer – Bibliotheken erkunden und nutzen

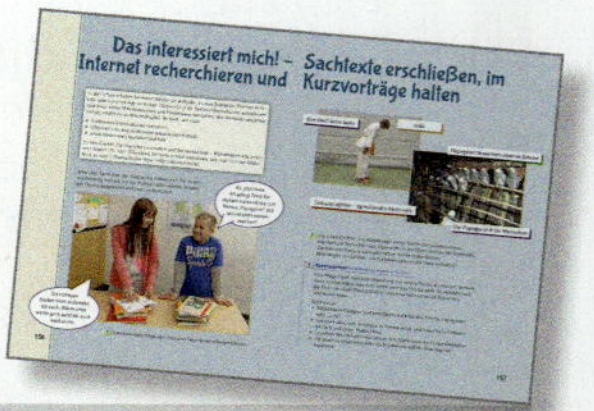

Das interessiert mich! – Internet recherchieren und
Sachtexte erschließen, im Kurzvorträge halten

Gedichte zu jeder Jahreszeit 178

Im „Haus der Sprache“ – Wortarten 210

Im „Haus der Sprache“ – Satzglieder 232

Bienen summen –
Wörter mit kurzem Vokal richtig schreiben

Von Tigern, Nashörnern, Hühnern, Wieseln und Moorhühnern – Wörter mit langem Vokal richtig schreiben 281

Von Riesen, Großmüttern, Prinzessinnen und anderen sonderbaren Gestalten – s-Laute 292

Die Zeichensetzung bei Aufzählungen und bei der wörtlichen Rede

Wir und unsere Schule – die neue Klasse und

Vor einigen Tagen hast du deine neue Schule vermutlich mit sehr gemischten Gefühlen betreten. Noch ist dir vieles unbekannt. Dieses Kapitel begleitet dich auf deiner Entdeckungstour durch die neue Schule. Hier lernst du, wie du

- dich den anderen vorstellen kannst (z. B. mithilfe von Steckbriefen oder Wortgedichten),
- die anderen besser kennenlernst, indem du Partnerinterviews durchführst,
- dich in deiner neuen Schule besser zurechtfindest, indem du Wegskizzen zu den Fachräumen anfertigst oder mit deiner Klasse den Weg zum Notausgang trainierst,
- das Lesen von Busfahrplänen übst.

Im letzten Teil dieses Kapitels lernst du, wie du einen persönlichen Brief über deine Erfahrungen an deiner neuen Schule schreibst.

1 Beschreibe das Bild. Welche Eindrücke und Gefühle haben die beiden Kinder wohl am ersten Schultag an ihrer neuen Schule?

2 Berichte darüber, mit welchen Eindrücken und Gefühlen du selbst deine neue Schule betreten hast.

3 Sicher habt ihr auch viele Wünsche, die eure neue Schule betreffen. Erzählt davon.

Schule kennenlernen

Die Schüler und Schülerinnen der Klasse 5 a haben zu dem Thema „Meine Traumschule" Bilder gezeichnet. Dies ist das Bild von Anna-Maria.

4 ○○ Beschreibt, wie Anna-Maria sich ihre Traumschule vorstellt und was man in dieser Schule alles machen kann. Welche Fächer, Aktivitäten und Angebote gibt es dort?

5 ○○ Sammelt wie Anna-Maria Ideen und Wünsche, wie ihr euch eure Traumschule vorstellt.

6 ●○ Gestaltet eigene Bilder zum Thema „Meine Traumschule". Stellt euch eure Bilder gegenseitig vor und hängt sie im Klassenraum aus.

7 ●● Schreibt eine Fantasiegeschichte über eure Traumschule und lest sie der Klasse vor.

Das bin ich – sich in der Klasse kennenlernen

Ernesto – ein Wortgedicht schreiben

1 Sieh dir die ersten beiden Wortgedichte an. Beschreibe, wie Lara und Malte bei der Gestaltung ihrer Namen vorgegangen sind.

2 Was müssen Aische und Ernesto tun, um ihr Wortgedicht zu beenden? Vervollständigt die Wortgedichte der beiden.

3 In dem Wortkasten findet ihr Adjektive, die Eigenschaften von Personen beschreiben. Sucht die Wörter heraus, deren Bedeutung ihr gut erklären könnt. Findet Beispiele aus eurem Alltag, die zeigen, was die Wörter bedeuten.

Adjektive zur Beschreibung von Eigenschaften

träge • kreativ • arrogant • musikalisch • launisch • nachdenklich
fröhlich • hilfsbereit • geduldig • höflich • spontan • feige • offen
direkt • ehrgeizig • zielstrebig • beweglich • dickköpfig • verbohrt
talentiert • neugierig • kommunikativ • kooperativ • sportlich • bequem
zickig • geizig • großzügig • dominant • schüchtern • temperamentvoll

4 Sammelt die Wörter, bei denen es euch schwerfällt zu erklären, was sie bedeuten. Versucht, ihre Bedeutung gemeinsam zu klären.

5 Schreibe zu deinem Vornamen ein eigenes Wortgedicht auf ein DIN-A4-Blatt. Benutze dabei Adjektive, die zu dir passen und dich beschreiben. Schreibe alles in Großbuchstaben. Du kannst dabei die Buchstaben farbig gestalten.

6 Stellt eure Wortgedichte der Klasse vor. Erklärt, warum die Adjektive, die ihr gewählt habt, besonders gut zu euch passen.

7 **Durchstarten! So könnt ihr weiterarbeiten:**

Vielleicht denkt ihr manchmal, dass eure Mitschüler und Mitschülerinnen ganz anders sind als ihr selbst. Mit dem „Aufstehspiel“ könnt ihr Gemeinsamkeiten herausfinden. Geht so vor:

- Ein Schüler oder eine Schülerin in der Klasse bekommt als Spielleiter/Spielleiterin die Aufgabe, die anderen Schüler nach gleichen Eigenschaften zu befragen. Dazu ruft er oder sie z. B.: „Ich suche alle, die zwei Geschwister haben!“
- Diejenigen, auf die das zutrifft, stehen auf. Sie setzen sich nach einer Weile wieder und der Spielleiter bittet nun alle Schüler mit einer anderen Eigenschaft aufzustehen (z. B.: „Ich suche alle, die in einem Verein sind“).
- Nach drei Runden wird ein anderer Schüler der Klasse zum Spielleiter gewählt.

„Einzigartig“ – etwas über sich erzählen

Werner Sprenger
Einzigartig

Jeder Mensch ist einzigartig,
einzigartig wie sein Gesicht.
Was heißt das für dich?
Auch du bist einzigartig,
so einzigartig wie dein Gesicht.
Verschenke
Diese Einzigartigkeit
nicht.
[...]

1 Lies das Gedicht zunächst still und überlege, welche Worte du durch Betonung besonders hervorheben möchtest. Trage dann den Text laut vor.

2 Was ist in dem Gedicht mit „einzigartig“ gemeint? Erkläre dies mit deinen Worten.

3 Erkläre, was in den letzten drei Versen (= Zeilen) des Gedichts gesagt wird.

4 Suche dir ein Kind auf den Fotos auf S. 19 aus und beschreibe, was im Vergleich zu den anderen Kindern an ihm besonders ist. Gehe dabei z. B. auf sein Aussehen, seine Kleidung, erkennbare Talente und Eigenschaften ein.

5 Stell dich in einem kurzen Text vor. Verrate, was an dir besonders ist. Schreibe dazu mindestens zehn Sätze.

6 Erzählt den anderen von euch, indem ihr folgendes Spiel durchführt. Geht so vor, um mehr voneinander zu erfahren:

- Sammelt möglichst viele Themen, über die ihr euch zu zweit unterhalten könnt, z. B.: Welches sind eure Lieblingsbücher, eure Lieblingsfilme oder was mögt ihr gar nicht?
- Euer Lehrer oder ein Mitschüler bestimmt ein Thema, über das ihr euch als Erstes unterhaltet.

- Jetzt gehen alle durch den Raum, wenn möglich nach Musik. Wenn der Lehrer die Musik stoppt oder ein anderes Signal gibt, bildet jeder mit dem Mitschüler, der ihm am nächsten steht, eine Zweiergruppe.
- Die Zweiergruppe unterhält sich dann jeweils 3 – 4 Minuten über das zuvor festgelegte Thema.
- Danach wird ein anderes Thema bestimmt und das Spiel beginnt von vorn.
- Nach einigen Runden solltet ihr euch gegenseitig berichten, was ihr über eure Mitschülerinnen und Mitschüler Interessantes oder Neues erfahren habt.

7 **Durchstarten! So könnt ihr weiterarbeiten:**

Bringt Fotos von euch mit, die etwas Besonderes von euch zeigen (z. B. ein Hobby, ein Erlebnis, euer Haustier ...). Stellt euch gegenseitig eure Fotos vor und erzählt davon, was ihr damit verbindet. Ihr könnt zu den Fotos auch einen kleinen Text schreiben.

➔ Wiederholen und üben: Sich kennenlernen S. 34, Aufgaben 1 und 2

Man nennt mich Hanna – sich mithilfe von Steckbriefen vorstellen

Johanna hat einen Steckbrief gestaltet, um sich ihrer neuen Klasse vorzustellen.

1 Seht euch den Steckbrief genau an. Was erfahrt ihr über Johanna?

2 ○○ Fasst zusammen, welche Informationen ein Steckbrief enthalten sollte.

3 ●○ Beschreibt, wie und mit welchen Mitteln Johanna ihren Steckbrief gestaltet hat.

4 ●● Was möchtet ihr noch gerne über Johanna wissen? Sammelt Ideen, wie Johanna ihren Steckbrief vervollständigen könnte.
Sammelt auch weitere Ideen, wie sich ein Steckbrief gestalten lässt.

5 Gestalte deinen eigenen Steckbrief und stelle dich mithilfe dieses Steckbriefes vor. Wähle dabei zwischen zwei Formen des Steckbriefs:

- Gestalte einen Steckbrief wie Johanna. Arbeite dabei mit der Lernbox auf dieser Seite.
- Du kannst auch einen Steckbrief von dir erstellen, wie ihn Viktor gestaltet hat. Fülle dazu die groß geschriebenen Buchstaben deines Namens mit Bildern. Die Bilder können z. B. deine Interessen oder Hobbys darstellen.

Das brauchst du immer wieder – So gehst du vor

Einen Steckbrief gestalten

Ein Steckbrief liefert in **knapper**, aber trotzdem **interessanter Form** die **wichtigsten Informationen über eine Person**. Bei der Gestaltung eines Steckbriefs musst du auf Folgendes achten:

- Dein Steckbrief sollte alle **allgemeinen Angaben** über dich (Name, Geburtsdatum, Adresse usw.) enthalten.
- Interessant ist dein Steckbrief dann für andere, wenn du zudem viele **Informationen über deine Person** hinzufügst. Du kannst z. B. über besondere **Fähigkeiten, Interessen, Erfahrungen** oder **Hobbys** schreiben.
- Wähle **knappe Formulierungen**, damit sich der Leser schnell ein Bild von dir machen kann.
- Ordne die Informationen auf dem Steckbrief **übersichtlich** an.
- Um wichtige Informationen besonders hervorzuheben, kannst du mit **Buchstaben in verschiedenen Größen**, **Formen und Farben** sowie mit **unterschiedlichen Schriftarten** arbeiten.
- Besonders schön wirkt dein Steckbrief, wenn du ihn mit **Fotos oder Zeichnungen** gestaltest.

6 Durchstarten! So könnt ihr weiterarbeiten:

a) Wenn ihr die Steckbriefe in der Klasse aushängt, könnt ihr testen, wie gut ihr euch schon kennt. Während die anderen die Augen schließen, wählt ein Schüler oder eine Schülerin aus einem Steckbrief einige Angaben aus und nennt diese. Die anderen müssen versuchen, den gesuchten Mitschüler anhand der genannten Eigenschaften zu erkennen.

b) Ihr könnt alle Steckbriefe vervielfältigen oder Fotos von ihnen machen, um ein „Klassen-Erinnerungsbuch“ zu gestalten.

Was ist dein Lieblingsgericht? – Andere mithilfe eines Partnerinterviews vorstellen

Die Klasse 5 a führt im Deutschunterricht Partnerinterviews durch. Fabian arbeitet dabei mit Hassan zusammen.

1 Was erfährt Fabian über Hassan (z. B. über seine Familie, seine Interessen usw.)?

2 Worüber erfährt er nichts? Sammelt, was ihr Hassan noch fragen würdet.

3 Bereite ein eigenes Partnerinterview vor:
Schreibe mindestens zehn Fragen auf, die du einem Mitschüler oder einer Mitschülerin, den oder die du noch nicht gut kennst, stellen würdest.

- Lies dazu die Hinweise zu den „Tipps zur Vorbereitung“ in der Lernbox auf der nächsten Seite.
- Wenn du Schwierigkeiten hast, genügend interessante Fragen zu finden, verwende das Hilfekärtchen auf der Seite 312.

S. 312

4 Findet euch zu zweit zusammen und interviewt euch mithilfe eurer Fragen gegenseitig. Macht euch dabei Notizen zu den Antworten.

5 Schreibe eine E-Mail an eine Freundin oder einen Freund. Stelle ihr oder ihm mithilfe deiner Notizen zu den Partnerinterviews eine bzw. einen deiner eurer neuen Mitschülerinnen und Mitschüler vor.

6 Gestalte zu deiner Interviewpartnerin oder deinem Interviewpartner einen Bildnamen, wie Viktor es zu seinem Namen auf S. 22 gemacht hat. Ihr könnt dann ihr oder ihm das Bild schenken.

7 Bereitet ein weiteres Partnerinterview vor und führt es mit einer anderen Mitschülerin oder einem anderen Mitschüler durch. Arbeitet dabei mit der Lernbox auf dieser Seite. Stellt diesen Mitschüler in Form eines Textes vor.

Das brauchst du immer wieder – So gehst du vor

Ein Partnerinterview durchführen

Bei der Vorbereitung und Durchführung eines Partnerinterviews solltest du folgende Tipps beachten:

- **Tipps zur Vorbereitung**
  - Überlege dir Fragen, mit deren Hilfe du etwas Interessantes über deinen Partner erfährst.
  - Notiere die Fragen in deinem Heft oder auf einem Blatt. Lass dabei unter jeder Frage genügend Platz für die Notizen zu den Antworten.
  - Formuliere keine Fragen, auf die man nur mit „Ja“ oder „Nein“ antworten kann. Richtig ist z. B. „Was gefällt dir besonders an der neuen Schule?“ anstatt „Gehst du gerne in die neue Schule?“.
- **Tipps zur Durchführung eines Interviews**
  - Sprich langsam und deutlich, wenn du deine Fragen stellst.
  - Gib deinem Interviewpartner Zeit, in Ruhe über deine Fragen nachzudenken und zu antworten.
  - Mache dir Notizen zu den Antworten. Schreibe nicht alles wortwörtlich mit, sondern halte das Wichtigste in Stichworten fest.
  - Bedanke dich bei deinem Gesprächspartner zum Schluss für das Interview.

Wer? Was? Wann? Wo? – Die neue Schule erkunden

Wo ist der Musikraum? – Sich in der neuen Schule zurechtfinden

1 Was ist in eurer neuen Schule ähnlich oder anders als in der Grundschule? Erzählt davon.

2 Überprüft, wie gut ihr euch in eurer neuen Schule schon zurechtfindet. Geht dabei so vor:

a ○○ Überlegt euch, welche anderen Räume als den Klassenraum ihr kennen müsst, und notiert diese.

b ●○ Macht euch zu zweit auf die Suche nach einem dieser Räume und haltet euren Weg mit Notizen auf einem Zettel fest. An welchen auffälligen Punkten seid ihr vorübergegangen (z. B. Getränkeautomat, Infobrett)? Vergesst nicht, euch die Raumnummer des gesuchten Raumes zu notieren.

➔ Schaubild beschreiben
AH, S. 14 – 15

c ●○ Zeichnet anschließend eine kurze Skizze von dem Weg, den ihr gegangen seid.

d ●● Beschreibt anderen mündlich oder in Form eines Textes mithilfe eurer Zeichnung den Weg zu dem Raum, den ihr aufgesucht habt.

Im Flur der Schule ist folgende Skizze angebracht:

3 Beschreibt, worüber der Plan informiert. Sammelt möglichst viele Informationen, die ihr dem Plan entnehmen könnt.

4 Die Schüler der Klassen 5 a und 5 b üben in den ersten Wochen in ihrer neuen Schule die Benutzung der Rettungswege. Klärt, welche Notausgänge die beiden Klassen jeweils benutzen müssen, und beschreibt mithilfe des Plans den Weg dorthin.

5 **Durchstarten! So könnt ihr weiterarbeiten:**

a) ●○ Seht euch den Fluchtplan eurer Klasse an. Beschreibt euren Weg zum Notausgang.

b) ○○ Ihr könnt den Weg dorthin zusammen mit eurem Lehrer/eurer Lehrerin gehen. Ein Schüler oder eine Schülerin kann dabei die Klasse zum Notausgang führen. Ihr könnt den Weg dorthin auch in kleinen Gruppen einüben.

c) ●● Beschreibt den Weg der 5 a und/oder eurer Klasse zum Notausgang in Form einer schriftlichen Wegbeschreibung.

Bei uns gibt es ... – sich über die neue Schule informieren

Die Klasse 5 a möchte mehr über ihre neue Schule wissen. Dazu hat sie folgende Fragen gesammelt.

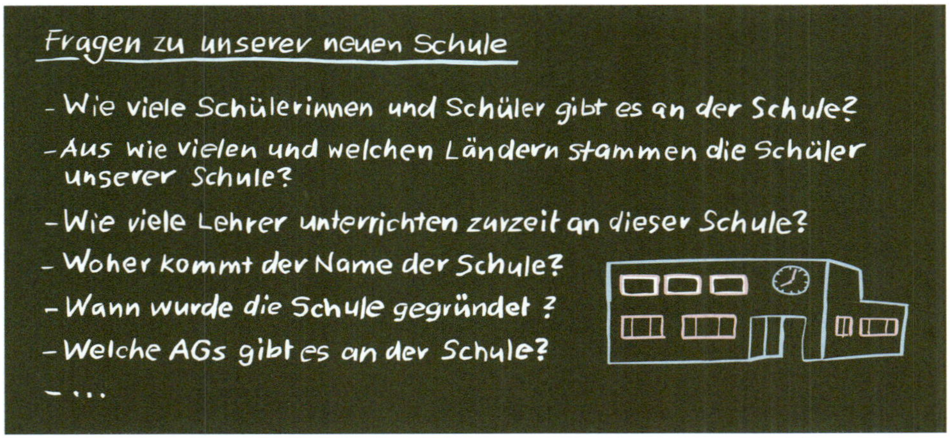

1 Ergänzt die Liste um weitere Fragen. Falls ihr Anregungen benötigt, könnt ihr euch die Hilfekarte auf S. 312 ansehen.

S. 312

2 Versucht, möglichst alle eure Fragen zu beantworten. Dazu könnt ihr z. B.

- die Schulhomepage im Internet besuchen,
- Interviews mit älteren Schülern, euren Klassenpaten oder Lehrern durchführen.

Wie komme ich nach Hause? – Einen Fahrplan lesen

Jan geht seit den Sommerferien auf die Domschule und muss nun täglich mit der Buslinie 10 zur Schule fahren. An der Haltestelle „Lange Straße“, an der er morgens in den Bus steigt, hängt dieser Fahrplan.

LINIE 10
Montag bis Freitag

Promenade ZOB - Domplatz - Michelsberg - Wildensorg

Stunde		6			7					8-18				19		20		21	22		23
								S							A	A	A	A	A	A	A
ZOB Bussteig E	ab	15	30	45	00	15	30	40	45	00	15	30	45	00	20	00	40	20	00	40	20
Lange Straße		17	32	47	02	17	32	42	47	02	17	32	47	02	21	01	41	21	01	41	21
Am Kranen		19	34	49	04	19	34	44	49	04	19	34	49	04	21	01	41	21	01	41	21
Markusstraße		21	36	51	06	21	36	46	51	06	21	36	51	06	22	02	42	22	02	42	22
Elisabethenstraße		23	38	53	08	23	38	48	53	08	23	38	53	08	22	02	42	22	02	42	22
Domplatz		24	39	54	09	24	39	49	54	09	24	39	54	09	23	03	43	23	03	43	23
Domschule		25	40	55	10	25	40	50	55	10	25	40	55	10	23	03	43	23	03	43	23
Jakobsplatz		26	—	56	—	26	—	51	56	—	26	—	56	—	—	—	—	—	—	—	—
Jakobsberg		27	—	57	—	27	—		57	—	27	—	57	—	—	—	—	—	—	—	—
Michelsberger Wald		30	—	00	—	30	—		00	—	30	—	00	—	—	—	—	—	—	—	—
Villa Remeis		31	—	01	—	31	—		01	—	31	—	01	—	—	—	—	—	—	—	—
Klinikum Michelsberg		32	—	02	—	32	—		02	—	32	—	02	—	—	—	—	—	—	—	—
Michelsberg		33	—	03	—	33	—		03	—	33	—	03	—	—	—	—	—	—	—	—
Storchsgasse		34	—	04	—	34	—		04	—	34	—	04	—	—	—	—	—	—	—	—
Torschuster			41		11		41			11		41		11	24	04	44	24	04	44	24
Michelsberg			43		13		43			13		43		13	24	04	44	24	04	44	24
Klinikum Michelsberg			44		14		44			14		44		14	25	05	45	25	05	45	25
Villa Remeis			45		15		45			15		45		15	25	05	45	25	05	45	25
Michelsberger Wald			46		16		46			16		46		16	26	06	46	26	06	46	26
Am Bundleshof			47		17		47			17		47		17	27	07	47	27	07	47	27
Wildensorger Straße			49		19		49			19		49		19	28	08	48	28	08	48	28
Carl-Schmolz-Weg			50		20		50			20		50		20	29	09	49	29	09	49	29
Eichelseeweg			51		21		51			21		51		21	29	09	49	29	09	49	29
Wildensorg Mitte	an		52		22		52			22		52		22	30	10	50	30	10	50	30

A =Anruf-Linien-Taxi S =Bus fährt nur an Schultagen

1 Beschreibt den Fahrplan. Klärt dazu folgende Fragen:

- Was geben der rote Kasten und die fett gedruckten Namen über dem Plan an?
- Was bedeuten die vielen Straßen- und Ortsnamen, die du in der linken Spalte des Fahrplans findest?
- Erklärt die Funktion der Zahlenangaben in der obersten Zeile (z. B. 6, 7 oder 8 – 18).
- Wofür stehen die vielen kleinen Zahlen in den Spalten?
- Was bedeutet das rote Kästchen mit dem „S“ in der dritten Spalte?

2 Jan muss seinen neuen Schulweg mit dem Bus der Linie 10 zurücklegen. Von zu Hause geht er fünf Minuten zu Fuß bis zur Haltestelle „Lange Straße“. Beantwortet mithilfe des Fahrplans folgende Fragen:

- Wann muss Jan losfahren, wenn er von der Haltestelle „Lange Straße“ pünktlich zum Unterricht um 8 Uhr in der Domschule sein möchte?
- Wie lange ist der Bus unterwegs?
- Am Donnerstag beginnt der Unterricht für Jan erst um 9.30 Uhr. Welchen Bus kann er nehmen?
- Dienstags hat Jan nur sechs Stunden, der Unterricht endet um 13.15 Uhr. Danach fährt er zum Mittagessen zu seiner Großmutter, die in der Nähe der Haltestelle „Storchsgasse“ wohnt. Mit welchem Bus kann er zu ihr fahren?
- Am Freitagnachmittag findet in der Sporthalle von Jans Schule das Fußballtraining statt. Es beginnt um 16.30 Uhr. Welchen Bus muss Jan von zu Hause nehmen?

➲ Wiederholen und üben: Einen Busfahrplan lesen S. 34, Aufgabe 3

➲ Einen Busfahrplan lesen AH, S. 11–13

3 **Durchstarten! So könnt ihr weiterarbeiten:**

a ●● Informiert euch darüber, welche Busse von eurer Schule abfahren. Klärt, wann ihr im Lauf der Woche welche Busse wohin benutzen könnt.

b ○○ Folgende Icons (= Sinnbilder) kannst du in oder an einem Bus finden. Erkläre ihre Bedeutung.

Mir gefällt es gut … – Briefe untersuchen und schreiben

Lisa geht es gut – den Aufbau eines Briefes untersuchen

Lisa hat sich schon gut in der neuen Schule eingelebt. Vor Kurzem hat ihre ehemalige Grundschullehrerin Frau Mertins Lisas Klasse im Deutschunterricht besucht. Sie hat den Schülerinnen und Schülern vorgeschlagen, Briefe an die vierten Klassen zu schreiben, um den Kindern für den Schulwechsel im Sommer Mut zu machen. Lisa hat folgenden Brief geschrieben:

Karlsruhe, den 2.9.2016

Liebe Schülerinnen und Schüler der Klasse 4 a,

nach der ersten Schulwoche auf der Anne-Frank-Schule sitze ich gerade gemütlich an meinem Schreibtisch und habe mir überlegt, euch einen Brief darüber zu schreiben, was ich an der neuen Schule gut und nicht so gut finde.
Natürlich ist vor allem die Größe der Schule eine riesige Umstellung für mich. In den Fluren der Fachräume habe ich mich die ersten Tage öfter mal verirrt. Außerdem muss ich mich daran gewöhnen, dass viele Große hier das Sagen haben. Auf dem Schulhof und auf den Treppen werden wir manchmal ordentlich hin und her geschubst. Das finde ich auch ganz schön anstrengend und nervig. Super ist aber die Cafeteria, in der wir uns während der Regenpausen aufhalten dürfen und uns auch etwas zu essen oder zu trinken kaufen können. Die Auswahl an Leckereien könnt ihr euch nicht vorstellen!
Toll sind auch die vielen neuen Fächer und die neuen Lehrer. Besonders mag ich Biologie, da wir dort im Moment über unsere Haustiere sprechen. Nächste Woche darf ich sogar meine Katze Molly mit in den Unterricht bringen. Darauf freue ich mich schon.
Ihr könnt euch auf den nächsten Sommer freuen, wenn ihr dann zu den „Neuen" gehört.
Ich hätte nicht gedacht, dass ich mich auf der neuen Schule so schnell einleben könnte.

Viele Grüße
Lisa

1 Was sagt Lisa über ihre neue Schule und wie gefällt sie ihr?

2 Sucht Textstellen heraus, mit denen Lisa versucht, den Kindern die Angst vor der neuen Schule zu nehmen.

3 Ein persönlicher Brief, wie der von Lisa, besitzt verschiedene Bausteine. Weist diese in Lisas Brief nach. Geht so vor:

- Informiert euch mithilfe der folgenden Lernbox darüber, welche Bausteine ein persönlicher Brief besitzt.
- Sucht dann aus Lisas Brief die einzelnen Bausteine heraus. Ordnet dazu die einzelnen Bausteine den Pfeilen bei Lisas Brief zu.

4 Meint ihr, dass Lisa mit ihrem Brief ihr Ziel erreicht hat, den Grundschülern Mut zu machen, wenn sie an den kommenden Schulwechsel denken? Begründet eure Meinung.

Das brauchst du immer wieder – Das musst du wissen

Die Bausteine eines Briefes beachten

So gehst du beim Schreiben eines Briefes vor:

- Lass an allen Seiten des Blattes einen Rand von 2 – 3 cm.
- Oben rechts notierst du den **Briefkopf** mit Angaben über den Ort und das Datum (z. B.: Heilbronn, 23.8.2016).
- Achte bei der **Anrede** darauf, wie gut du den Empfänger kennst.
  - Freundschaftliche Anreden sind z. B.: Hallo Uli! Lieber Max! Die Anrede „du" schreibst du dann klein.
  - Höfliche Anreden sind z. B.: Liebe Frau Mertens *oder* Sehr geehrter Herr Müller. Die Anrede „Sie" wird dann großgeschrieben.

Nach einem **Komma in der Anrede** wird der **Brieftext klein weitergeschrieben**, nach einem **Ausrufezeichen** dagegen **groß**.

- Nach der Anrede folgt der **Brieftext**. Hier erzählst du von deinen Erlebnissen, Erfahrungen, Gedanken und Gefühlen.
- Den Brieftext schließt du mit einem **Schlusssatz** ab, z.B.: Ich würde mich freuen, bald mal wieder von dir zu hören.
- Am Ende des Briefes stehen mit einem kleinen Abstand immer ein **Gruß** und die **Unterschrift**.

Ich bin Tim – einen Brief überarbeiten

Tim aus der Klasse 5 a hat ebenfalls an die Schüler seiner früheren Grundschule einen Brief geschrieben.

> Guten Tag, ich bin Tim und schreibe euch ~~jz~~ jetzt, wie es mir auf der neuen Schule gefällt. Am ersten Tag ging ich mit meinem Vater in die Aula der Anne-Frank-Schule und sah dort ganz viele Menschen. Danach lernte ich dann meinen neuen Klassenlehrer ~~k~~ kennen. Der ist an sich ganz cool. Er führte uns in unser neues Klassenzimmer. Wir bekamen den neuen Stundenplan und erfuhren, welche Fächer wir in diesem Jahr haben werden. Das fand ich toll. Euer Tim

1 Versetzt euch in die Lage der Grundschulklasse. Beschreibt, wie der Brief von Tim auf euch wirkt. Was hätte er noch schreiben müssen?

2 Beschreibt, was Tim beim Verfassen seines Briefes nicht beachtet hat. Was müsste er verbessern? Arbeitet dabei wieder mit der Lernbox auf S. 31.

3 Überarbeite den Brief so, dass er die Bausteine und die Form eines persönlichen Briefes hat. Versuche, den Brief auch sprachlich und inhaltlich zu verbessern.

Liebe Schülerinnen … – einen persönlichen Brief schreiben

1 Sammle deine eigenen Erfahrungen nach den ersten Wochen an der neuen Schule. Ergänze dazu die Tabelle in deinem Heft stichwortartig.

Mitschüler	neue Freunde unterschiedlicher Herkunft	■■■■
Lehrer	■■■■	■■■■
neue Fächer	■■■■	■■■■
Gebäude	■■■■	viele Flure, schwierige Orientierung
Klassenraum	■■■■	■■■■
Schulhof	■■■■	wenig Tischtennisplatten
Fachräume	■■■■	■■■■

2 Schreibe mithilfe deiner Notizen aus Aufgabe 1 einen Brief an eine vierte Klasse deiner früheren Grundschule.

3 Besprecht eure Briefentwürfe gemeinsam zu dritt oder zu viert. Geht so vor:

- Jeder liest seinen Brief vor oder ihr lest die Entwürfe gemeinsam.
- Die anderen machen Vorschläge, an welchen Stellen etwas ergänzt, gestrichen oder anders formuliert werden sollte. Geht dabei abschnittweise vor.
- Derjenige, dessen Brief besprochen wird, notiert sich die Vorschläge der anderen.
- Jeder überarbeitet dann seinen Briefentwurf mithilfe der Verbesserungsvorschläge.

➲ Wiederholen und üben: Briefe untersuchen S. 35, Aufgaben 4 und 5

➲ Briefe überarbeiten und schreiben AH, S. 16 – 17

4 Lest euch eure fertigen Briefe in kleinen Gruppen gegenseitig vor.

- Wählt besonders gelungene Briefe aus, die dann der Klasse vorgelesen werden.
- Begründet, warum ihr diese Briefe ausgewählt habt, und erklärt, was an ihnen besonders gelungen ist.

5 **Durchstarten! So könnt ihr weiterarbeiten:**

a ●○ Was gefällt dir an deiner neuen Schule und was würdest du ändern? Lege dazu eine Tabelle wie in Aufgabe 1 auf Seite 32 an.

b ●● Schreibe einen Brief an das SV-Team deiner neuen Schule. Schildere darin, was dir an der neuen Schule gefällt oder was du gerne verändern möchtest.

Alles klar? – Wiederholen und üben

Sich in der neuen Klasse kennenlernen

1 Schreibe die Vornamen der Schülerinnen und Schüler deiner Klasse in alphabetischer Reihenfolge auf.

2 Stelle einen deiner Mitschülerinnen und Mitschüler in einem kurzen Text, der aus mindestens 10 Sätzen besteht, vor. Versuche darin zu erklären, was an ihr oder ihm besonders ist.

Einen Busfahrplan lesen

Das ist der Busfahrplan der Linie, mit der Serkan zu seiner Schule und auch zu seinem Zahnarzt fährt.

Linie 24
Richtung Schillerstraße

Uhr	Montag – Freitag	Samstag	Sonntag
4			
5			
6	44 □		
7	14◆ 22 29* 44*		
8	14◆ 44		
9	14◆ 44*	14 44	09
10	14 44	14 44	09
11	14 44	14 44	09
12	14 44	14 44	09
13	14 44	14 44	09
14	14 44		09
15	14 29 44		09
16	14 44		09
17	14 44		09
18	14 44		09

◆ = bis Schulzentrum * = nur an Schultagen □ = hält nicht am Schulzentrum

Fahrtzeit in ca. Minuten ab Elsterweg

Elsterweg
01 Südwall
02 Bahnhof
05 Adelbertstraße
06 Schulzentrum
07 Hauptstraße
08 Kardinal von Galen Straße
09 Ferdinandstraße
10 Friedrich-Ebert-Straße
11 Am Kirschenkamp
18 Eibenweg
20 Malvenweg
22 Eichendorffstraße
25 Schillerstraße

3 Beantwortet folgende Fragen:

a) Serkan steigt am Südwall in die Linie 24 ein. Wann muss er den Bus nehmen, wenn er am Freitag um 9.00 Uhr in seiner Schule am Schulzentrum sein soll?

b) Mittwochs trainiert Serkan immer am Sportplatz, der am Malvenweg liegt. An welchen Stationen hält der Bus auf seinem Weg zum Sportplatz?

c) Am Mittwoch hat Serkan erst zur dritten Stunde Unterricht, die um 9.45 Uhr beginnt. Weil er morgens allein zu Hause ist, geht er meistens zu Fuß zu seinem Freund Patrick, der in Bahnhofsnähe wohnt. Von dort fahren sie dann gemeinsam zur Schule.
Welchen Bus müssen die beiden spätestens nehmen, um pünktlich zum Unterricht im Schulzentrum zu sein?

d) Dienstags hat Serkan in regelmäßigen Abständen um 8.00 Uhr einen Termin bei seinem Zahnarzt in der Eichendorffstraße. Welchen Bus kann er nehmen, um seinen Termin wahrzunehmen?

e) Welchen Bus muss er in den Schulferien nehmen, um pünktlich um 8.00 Uhr beim Zahnarzt zu sein?

f) Woran kann Serkan erkennen, welche Busse der Linie 24 nicht an seinem Schulzentrum halten?

Briefe untersuchen und schreiben

4 Notiere die Bausteine eines persönlichen Briefes. Vergleiche anschließend mit der Lernbox auf S. 31, ob du alle aufgeführt hast.

5 Pia hat folgenden Brief über ihren ersten Schultag an ihrer neuen Schule an ihre Oma geschrieben. Überarbeite den Brief und schreibe die verbesserte Fassung in dein Heft.

Heidelberg

2016/10/14

Sehr geehrte Omi, nach der ersten Woche an der neuen Schule soll ich diesen Brief schreiben. Am Montag ging ich mit Mama und Papa in die Aula. In der Aula waren viele Kinder mit ihren Eltern versammelt. Dann gingen wir mit unserem Klassenlehrer, der Herr Winter heißt, in unsere Klasse. Ich sitze neben Jasmin. Wir haben viele neue Lehrer und Lehrerinnen. Außerdem gibt es neue Fächer, z. B. Biologie. Das ist interessant. Mehr kann ich dir nächste Woche erzählen, wenn du uns besuchen kommst.

Mit freundlichen Grüßen, Pia

Von Schülern und Lehrern – Geschichten aus der Schule

In diesem Kapitel wirst du von verschiedenen Autoren Geschichten zum Thema Schule kennenlernen.

Du lernst in diesem Kapitel,

- gemeinsam mit anderen Mitschülern und Mitschülerinnen einen Text in Lesegruppen zu lesen und zu erschließen,
- dich in die Lage einzelner Figuren hineinzuversetzen, indem du z. B. innere Monologe zu Situationen schreibst, die sie erleben,
- Figuren und ihre Beziehungen zu anderen Figuren zu beschreiben,
- dir einen Überblick über den Inhalt einer Geschichte zu verschaffen.

1 Beschreibt die Bilder.
Welche Situationen zeigen sie?

- Was könnte vorher passiert sein?
- Was könnte danach passieren?

2 ○○ Suche dir ein Foto aus. Erzähle, was vor der dargestellten Situation passiert und was danach.

3 ●○ Zu allen Bildern kann man Schulgeschichten erzählen:

- Sucht euch ein Bild aus und überlegt eine passende Geschichte dazu.
- Erzählt, wovon eure Geschichte handelt und was darin passiert.

4 ○○ Erzählt von einem besonderen Erlebnis an der Schule, an das ihr euch gerne oder auch weniger gerne erinnert.

5 ●● Schreibt eigene Schulgeschichten über besondere Ereignisse und Erlebnisse.

Streit um Robert – einen Text in Lesegruppen erschließen

In der Klasse 5 b findet heute eine besondere Lesestunde statt. Die Schülerinnen und Schüler möchten eine Geschichte von Paul Maar gemeinsam in Lesegruppen lesen und erschließen. Damit das gelingt, hat die Lehrerin die Geschichte bereits in fünf Abschnitte eingeteilt. So kann jeder in der Gruppe einmal die Rolle des Vorlesers übernehmen. Die anderen müssen aufmerksam mitlesen, da sie sich anschließend gegenseitig Fragen zum gelesenen Abschnitt stellen. Damit sie wissen, wie sie genau vorgehen sollen, hat sich jede Lesegruppe zuvor mit der Lernbox auf S. 40 beschäftigt.

1 Lest die Geschichte gemeinsam in Lesegruppen und erschließt ihren Inhalt. Geht dabei so vor, wie es in der Lernbox auf S. 40 beschrieben wird.

Paul Maar (geb. 1937)

Die neue Klasse

1

Nun ist Robert schon drei Wochen in der neuen Klasse.

Aber Freunde hat er immer noch nicht.

Manche aus seiner Klasse kann er gut leiden. Aber die haben schon alle einen Freund. Am besten gefällt ihm die Simone aus der zweiten Bank. Simone hat kurze dunkle Haare. Wenn Simone lacht, werden ihre Augen ganz schmal. Wie bei einer Eskimofrau. Simone lacht oft. Das gefällt Robert so gut an ihr. Ihm hat sie auch schon einmal zugelacht.

Aber Simone ist ausgerechnet mit Frank befreundet. Und den kann Robert überhaupt nicht leiden.
Frank ist der Stärkste der Klasse. Das will er jeden Tag beweisen. Außerdem ist er ein Angeber.
Robert kann gar nicht verstehen, was Simone an Frank findet.

2

In der großen Pause, als Frank gerade mit Jürgen rauft, geht Robert zu Simone. Sie steht am Zaun und isst ihr Pausenbrot.
„Was meinst du, wer gewinnt?", fragt Robert.
„Frank oder Jürgen?"
„Ist mir doch egal", sagt Simone.
„Das ist dir egal?", fragt Robert erstaunt.
„Frank ist doch dein Freund. Willst du nicht, dass er gewinnt?"
„Wer sagt denn, dass Frank mein Freund ist? Außerdem kann ich Schlägereien sowieso nicht leiden."
„Ach so", sagt Robert. Er kramt in seiner Jackentasche und holt eine Dose heraus. Er öffnet sie. Sie ist bis an den Rand gefüllt mit weißen Kügelchen.

3

„Magst du ein Bonbon?", fragt Robert und hält Simone die Dose hin.
„Das sind Bonbons? Die sehen aus wie Kopfschmerztabletten", sagt Simone.
„Das sind Pfefferminzbonbons. Probier doch mal! Sie schmecken gut", sagt Robert. Als Simone gerade in die Dose greifen will, kommt Frank zurück.
Er schlägt von unten gegen die Dose. Alle Bonbons fliegen heraus und liegen auf dem Schulhof.
„Schaut mal: ein Wunder! Es hat geschneit!", ruft Frank. „In diesem Jahr kommt der Winter schon im September. Eine Sensation! Das müssen wir gleich dem Fernsehen melden!"

4

Alle, die herumstehen, lachen.
Sogar Simone muss unwillkürlich lachen. Dabei will sie es eigentlich gar nicht. Aber die weißen Bonbons auf dem Boden sehen wirklich wie Schnee aus. Robert könnte heulen vor Wut. Er steckt die leere Dose in die Tasche und geht. Die Bonbons lässt er liegen. Er geht ganz schnell. Die anderen sollen nicht sehen, dass ihm die Tränen in die Augen steigen. Sogar Simone hat gelacht über ihn! So eine Gemeinheit.
„Die sind alle gemein", murmelt Robert vor sich hin.
„Ich will keinen von denen als Freund. Ich spiele nur noch mit Trebor!"
Simone schaut hinter Robert her.

5

„Jetzt ist er beleidigt“, sagt sie zu Frank. „Du bist schuld daran!“
„Na und?“, sagt Frank und lacht.
„Was kann ich dafür, wenn er so schnell beleidigt ist und keinen Spaß versteht?“
„Ich find es trotzdem doof von dir, dass du die Bonbons ausgeschüttet hast“, sagt Simone.
„Du findest mich doof? Sag das noch einmal!“, sagt Frank drohend.
„Ja, ich find dich doof!“, sagt Simone mutig und dreht Frank den Rücken zu. Aber all das hat Robert nicht gehört, weil er ja so schnell weggegangen ist.

Das brauchst du immer wieder – So gehst du vor

Einen Text in Lesegruppen lesen und erschließen

Es hilft dir, den Inhalt eines Textes, z. B. einer Geschichte, genau zu verstehen, wenn du ihn mit anderen in kleinen Gruppen gemeinsam liest und besprichst. Bildet dazu mit jeweils drei oder vier Schülern kleine **Lesegruppen** und geht so vor:

1. **Gliedert den Text in** kleinere **Abschnitte**, die ihr nacheinander lest und besprecht.
2. Nun **liest einer** aus der Gruppe den ersten **Textabschnitt laut**, **langsam und deutlich** vor.
3. Die **anderen** aus der Gruppe stellen jeweils **zwei Fragen zum Inhalt** des Textabschnittes. Mithilfe des Textes werden die Fragen beantwortet.
4. Danach schlägt jeder eine **Überschrift für den Textabschnitt** vor und begründet seinen Vorschlag.
5. Die Gruppe einigt sich auf eine **passende Überschrift** und schreibt sie (auf einer Kopie) über den Textabschnitt oder an den Rand des Textabschnittes.
6. Genauso werden **die nächsten Abschnitte bearbeitet**. Bei jedem neuen Abschnitt liest ein anderes Gruppenmitglied den Textabschnitt laut vor.

Es ist wichtig, dass ihr nicht einfach nachlest, wie die Geschichte oder der Text weitergeht. Verdeckt deshalb die Textabschnitte, die ihr noch nicht besprochen habt, mit einem Blatt.

2 Überprüft, wie gut ihr die Geschichte gelesen habt. Welche der folgenden Aussagen sind richtig und welche nicht? Belegt eure Antworten mit entsprechenden Textstellen. Gebt auch die entsprechenden Zeilen an.

- Robert mag Simone, die oft lacht.
- Frank und Robert können sich gut leiden und werden deshalb Freunde.
- Simone will von Robert nichts wissen; sie findet ihn doof.

- Simone sagt Frank genau, was sie von ihm hält.
- Frank ist der Stärkste in der Klasse und will dies immer wieder beweisen.
- Robert ist besonders darüber sauer, dass Simone über ihn lacht.
- Robert macht es nichts aus, dass Frank sich über ihn lustig macht.

3 Entwickelt fünf eigene falsche und richtige Aussagen zu der Geschichte. Tauscht sie aus und arbeitet damit, wie es in Aufgabe 2 beschrieben wird.

Marcel aus der 5b hat schon angefangen, das, was er über die drei Hauptfiguren und ihre Beziehungen zueinander herausgefunden hat, in einem Schaubild darzustellen.

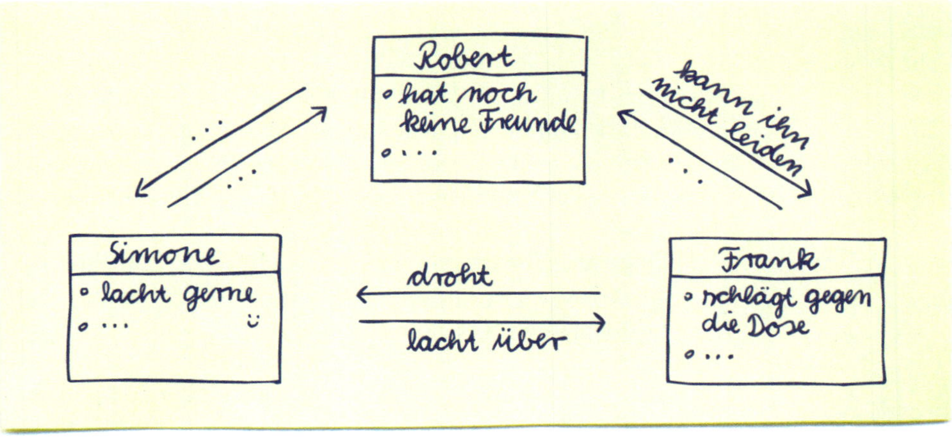

4 Beschreibt, wie Marcel vorgegangen ist.
Übernehmt Marcels Schaubild in eure Hefte und vervollständigt es.

5 **Durchstarten! So könnt ihr weiterarbeiten:**

a) Schreibt in der Ich-Form auf, was Robert denkt und fühlt, als er weggeht (Z. 44).

b) Du kannst auch die Gedanken und Gefühle für Simone oder Frank in der Ich-Form aufschreiben für die Situation, als Simone zu Frank sagt: „Ja, ich find dich doof!" (Z. 57).

c) Ist Simone mutig? Begründe deine Meinung in wenigen Sätzen. Du kannst ihr auch einen Brief schreiben, in dem du ihr mitteilst, was du von ihr und ihrem Verhalten hältst.

d) Verfasst einen Dialog zwischen Simone und Frank. Stellt euch vor, sie treffen sich in der nächsten Pause und unterhalten sich über den Vorfall mit Robert. Schreibt dieses Gespräch auf.
Tragt den Dialog mit verteilten Rollen der Klasse vor. Ihr könnt ihn auch als kleine Szene einüben und eurer Klasse vorspielen.

➔ Wiederholen und üben: Einen Text erschließen S. 48, Aufgaben 1 und 2

➔ Eine Geschichte genau lesen AH, S. 7–9

„Kribbeln im Bauch" – aus der Sicht von Figuren schreiben

1 Lest die Geschichte in Lesegruppen. Arbeitet dabei mit der Lernbox auf S. 40.

Ingrid Hintz

Kribbeln im Bauch

Das Kribbeln im Bauch wollte nicht verschwinden. Florian stellte fest, dass zwar drei seiner Mitschüler aus der Grundschule in seine neue Klasse kamen, aber Thore war nicht dabei. Sein Freund Thore, der ihm mindestens so wichtig war wie regelmäßiges Spaghetti-Essen und Fußball am Nachmittag! Warum musste Thore auch unbedingt in diese andere Schule gehen, die seine Eltern für ihn ausgesucht hatten? Dabei hatten die beiden Freunde sich schon vorgenommen, in der neuen Klasse auf jeden Fall nebeneinanderzusitzen. Ob Thore ähnliche Gefühle hatte wie er?

Es gelang Florian immer noch nicht, entspannt aufzuatmen. Natürlich war die neue Schule anders als die kleine Grundschule in seinem Stadtteil, die er zu Fuß erreichen konnte. Jetzt musste er viel früher aufstehen und mit dem Bus fahren, der heute so überfüllt gewesen war, dass er die ganze Zeit stehen musste. Andererseits war er jetzt kein Grundschüler mehr. Als Elfjähriger konnte er sich zu den Größeren zählen, die in den nächsten Jahren viele neue und schwierigere Dinge lernen würden. In der Pausenhalle hatte die Klassenverteilung stattgefunden. 15 Jungen und 14 Mädchen gehörten zu seiner Klasse 5b. An so viele Mitschülerinnen und Mitschüler war er nicht gewöhnt. Würde er neue Freunde finden, solche wie Thore?

Es klingelte zur Pause. Viele stürmten auf den Schulhof, einige gingen suchend und zögernd den Flur entlang. Florian hielt sich in der Nähe von Murat auf. Zwei Mädchen rannten ihn fast um. Ihr Lachen konnte er noch lange hören. Zusammen mit Murat ging er zu einer Gruppe von Jungen, die gerade dabei waren, eine umgedrehte Bank zu einem Tor aufzustellen und zwei Mannschaften einzuteilen. Wenn Thore nur hier wäre! Mit ihm hätte er es schon geschafft, sich als Fußballprofi vorzustellen. Doch neben Murat fühlte er sich wenigstens nicht ganz allein.

Die anderen Jungen und Mädchen schienen sich irgendwie zu kennen, jedenfalls wirkte es auf Florian so. Einer der beiden Mannschaftsführer, die sich nacheinander ihre Mitspieler aussuchen konnten, guckte sich suchend um. „Da, nimm den!", hörte er plötzlich eine Stimme sagen und er sah, wie Murat auf ihn zeigte. „Der kann auch Fußball spielen." Der Junge nickte mit dem Kopf: „Na gut!" Und schon kickten sie gemeinsam mit einem Softball um die Wette. Als es ihm gelungen war, den Ball durch die Bank zu schießen, gab es Beifall. Florian musste zum ersten Mal an diesem Tag lächeln. Das Kribbeln im Bauch war schon fast verschwunden.

2 Welche Gedanken und Gefühle hat Florian vor der Pause in Bezug auf seine neue Schule? Sucht aus dem Abschnitt Z. 1 – 25 Textstellen heraus, die zeigen, wie sich Florian fühlt und was er denkt.

3 Wie versteht ihr den letzten Satz der Geschichte? Erklärt, was passiert ist, dass Florian sich besser fühlt.

4 ○○ Erklärt mit euren Worten, was während der Pause passiert und warum dies so wichtig für Florian ist. Lest euch dazu eventuell noch einmal den Abschnitt von Z. 33 – 41 durch.

5 ●○ Am Ende der Geschichte wird erzählt: „Florian musste zum ersten Mal an diesem Tag lächeln. Das Kribbeln im Bauch war schon fast verschwunden." (Z. 40 – 41)

- Welche Gedanken könnten Florian in diesem Augenblick durch den Kopf gehen?
- Übernimm die Zeichnung in dein Heft und schreibe mögliche Gedanken Florians in die Sprechblasen.

6 ●● Versetzt euch in Florian am Ende der Geschichte (Z. 40 – 41). Schreibt seine Gedanken auf. Stellt euch die Gedanken, die ihr für Florian formuliert habt, gegenseitig vor.

- Prüft, ob sie zu der Situation Florians passen.
- Ergänzt dabei eure eigene Sammlung von Gedanken.

7 Schreibe einen inneren Monolog für Florian am Ende der Geschichte. Lies dazu die Lernbox unten und beache die Hinweise, die du dort erhältst. Wenn du nicht weißt, wie du beginnen sollst, sieh dir die Hilfekarte auf S. 312 an.

S. 312

8 **Durchstarten! So könnt ihr weiterarbeiten:**

a) Zeichne die Situation, als die Jungen die Mannschaften wählen. Schreibe in Sprechblasen dazu, was Murat, Florian und die anderen Jungen in dieser Situation denken könnten.

b) Verfasse einen inneren Monolog für Murat in der Situation, als er zu einem der beiden Mannschaftsführer sagt, er solle Florian nehmen (s. Z. 35 – 36).

c) Du kannst auch einen inneren Monolog für den Jungen schreiben, der Florian in seine Mannschaft wählt (s. Z. 38).

d) Schreibe Florian eine E-Mail oder einen Brief. Teile ihm darin mit, was du von seinem ersten Schultag und davon, wie er ihn erlebt hat, hältst. Du kannst ihm auch von deinen eigenen Erfahrungen schreiben.

e) Verfasse eine Geschichte über den ersten Tag an einer neuen Schule. Schreibe in der Ich-Perspektive (Perspektive = Sicht). Vielleicht kannst du eigene Erfahrungen einbeziehen.

➲ Aus der Sicht von Figuren schreiben
SB, S. 122 – 128
AH, S. 18 – 19

➲ Wiederholen und üben: Aus der Sicht von Figuren schreiben
S. 49, Aufgabe 3

Das brauchst du immer wieder – So gehst du vor

Einen inneren Monolog schreiben

Wenn man die Gedanken und Gefühle einer Figur **in der Ich-Form** aufschreibt, nennt man das einen inneren Monolog. Durch das Schreiben eines inneren Monologs kann man sich gut in eine Figur in einer bestimmten Situation hineinversetzen. Gehe dabei so vor:

- Achte beim Lesen auf Hinweise im Text, die Informationen liefern, was in einer Figur vor sich geht.
- Versetze dich in die entsprechende Situation der Figur. Was könnte sie in diesem Moment fühlen und denken?
- Mache Notizen zu den Gefühlen und Gedanken der Figur.
- Verfasse deinen Text in der Ich-Form aus der Sicht der Figur.
- Benutze das Präsens.

„Ich finde, man kann nicht ...“ – den Inhalt einer Geschichte zusammenfassen

1 Ihr könnt die Geschichte wieder gemeinsam in Lesegruppen erschließen. Geht dabei so vor, wie es in der Lernbox auf S. 40 beschrieben wird.

Irmela Wendt (geb. 1916)

Uli und ich

Quer durch meine Schrift ging ein Strich, und deswegen bekam ich keine Zwei. Zu Hause haben sie gesagt, ich brauchte es mir nicht gefallen zu lassen. „Ich will nicht mehr neben Uli sitzen“, habe ich zu meiner Lehrerin gesagt. „Wo willst du denn sitzen, Petra?“, hat sie gefragt. „Neben Peter“, habe ich gesagt. Ich habe meine Sachen vom Tisch genommen und bin einfach gegangen und habe kein Wort zu Uli gesagt. Und Uli hat auch nichts gesagt. Er ist dagestanden und hat geguckt und hat ganz nasse Augen gehabt.

Dann hat Rolf sich zu Uli gesetzt, und ich habe gedacht, wie lange das wohl gut geht. Gleich am nächsten Tag hat Rolf gepetzt, dass Uli mit dem Stuhl wackelt, dass Uli an den Füller stößt, dass Uli das Radiergummi nimmt, dass Uli abguckt. Um jede Kleinigkeit hat Rolf aufgezeigt, und es hat mich ganz nervös gemacht.

Jörg ist wieder da; er war lange krank. Er hat sonst neben Peter gesessen, und es ist selbstverständlich, dass er seinen Platz wieder nimmt. In unserer Klasse sind vierzig Plätze, acht Plätze bleiben immer frei, weil wir nur zweiunddreißig sind. Ich gucke mich um. Ich sehe, der Platz neben Uli ist auch frei; Rolf fehlt. Ich weiß selbst nicht, weshalb ich mich wieder auf meinen alten Platz setze.

Ich will meine Sachen auspacken, da sagt Uli: „Ich finde, man kann nicht einfach wiederkommen, wenn man einmal weggegangen ist.“ Ich habe nicht erwartet, dass Uli so was sagt. Ich weiß nicht, was ich tun soll. Ich denke daran, dass er geweint hat, als ich weggegangen bin. Da fragt meine Lehrerin: „Was sagst denn du dazu, Petra?“ Ich bringe kein Wort heraus.

Da fragt sie noch mal. Ich sage: „Uli hat recht." – „Ja, und?", fragt die Lehrerin. „Heute bleibe ich hier sitzen. Morgen kann ich mich ja woanders hinsetzen", sage ich. Keiner hat weiter ein Wort dazu gesagt. Auch nicht am nächsten Tag. Und nicht die anderen Tage. Ich weiß nicht, wie lange ich schon wieder neben Uli sitze. Manchmal stößt er mich an, und verschrieben habe ich mich seinetwegen auch. Aber man kann sich auch was gefallen lassen, finde ich. Und so unruhig wie früher ist er gar nicht mehr.

2 Gliedert die Geschichte in fünf Abschnitte und ordnet die folgenden Überschriften den einzelnen Abschnitten zu.

Überschrift des Textabschnitts	Zeilenangaben
Der Platzwechsel	Z. ■■■■ – Z. ■■■■
Rolf, der Petzer	Z. ■■■■ – Z. ■■■■
Jörg kehrt zurück	Z. ■■■■ – Z. ■■■■
Ulis Ablehnung	Z. ■■■■ – Z. ■■■■
Wieder neben Uli	Z. ■■■■ – Z. ■■■■

3 Ordnet die Überschriften in Aufgabe 2 entsprechend des Inhalts der Geschichte. Erklärt die Bedeutung der einzelnen Überschriften.

4 Was bedeuten die folgenden Aussagen von Petra? Klärt, was sie jeweils meint und warum sie es sagt:

- „Ich habe nicht erwartet, dass Uli so was sagt. Ich weiß nicht, was ich tun soll." (Z. 18 – 19)
- „Aber man kann sich auch was gefallen lassen, finde ich." (Z. 28)
- „Und so unruhig wie früher ist er gar nicht mehr." (Z. 28 – 29)

Die Klasse 5a hat als Hausaufgabe, den Inhalt der Geschichte von Uli und Petra zusammenzufassen. Olga hat folgende Zusammenfassung geschrieben. Allerdings hat sie ihr Deutschbuch in der Schule vergessen. Sie hat den Inhalt deshalb aus ihrer Erinnerung wiedergegeben:

Petra sitzt neben Markus. Weil Uli einen Fleck in Petras Heft gemacht hat, will sie nicht mehr gerne neben ihm sitzen. Sie setzt sich auf Rolfs Platz, der länger fehlt. Uli ist darüber froh, denn er hat ganz funkelnde Augen. Jörg hat sich zu Uli gesetzt. Aber er hat immer wieder gequatscht, weil er meint, dass Uli zu ruhig ist. Als Rolf wieder da ist, setzt sich Petra wieder neben Markus. Sie findet es jetzt auch nicht mehr schlimm, wenn Uli allein sitzt.

5 Überprüft, welche Fehler Olgas Zusammenfassung enthält. Vergleicht dazu jeden Satz von Olga mit der Geschichte. Auf der Hilfekarte auf S. 312 könnt ihr nachsehen, welche Fehler Olga gemacht hat.

S. 312

6 Überarbeitet Olgas Zusammenfassung und schreibt die verbesserte Fassung in euer Heft. Arbeitet zu zweit und geht wieder Satz für Satz vor.

7 Was haltet ihr von Uli und Petra? Stellt in Stichworten zusammen, was ihr an ihrem Verhalten gut verstehen könnt und was ihr daran falsch findet.

8 Entwickelt ein Gespräch, in dem es zwischen Uli und Petra zu einer Aussprache kommt. Tragt euren Dialog in verteilten Rollen vor. Ihr könnt ihn auch als kleine Theaterszene einüben und diese der Klasse vorführen. Euer Dialog könnte so beginnen:

Uli: Erst weggehen und dann wiederkommen. So etwas geht nicht. Wenn einer einfach weggeht, kann man nicht mehr befreundet sein.
Petra: Was soll das denn jetzt? Du hast mir doch immer die Hefte verschmiert. Trotzdem waren wir immer Freunde. Ich nehme dir die Sache mit den Heften doch auch nicht mehr übel.
Uli: ...

9 **Durchstarten! So könnt ihr weiterarbeiten:**

a Gestalte die Geschichte von Uli und Petra als Bilderfolge oder Comic.

b Sieh dir noch einmal die Textstelle genau an, in der Petra einfach von Uli weggeht (Z. 3 – 7).
- Sammle mögliche Gedanken und Gefühle, die Uli und Petra in dieser Situation gehabt haben könnten.
- Schreibe für eine der beiden Figuren einen inneren Monolog. Arbeite dabei wieder mit der Lernbox auf S. 44.

c Stell dir vor, Uli schreibt Petra einen Brief. In diesem Brief erklärt er Petra, warum er gesagt hat, sie könne nicht einfach wiederkommen (vgl. Z. 17 – 18). Schreibe einen möglichen Brief Ulis an Petra.

d Du kannst deinen Brief mit dem eines Mitschülers/einer Mitschülerin austauschen. Schreibe dann aus der Sicht Petras einen Antwortbrief.

Wiederholen und üben: Den Inhalt einer Geschichte zusammenfassen S. 49, Aufgabe 4

Alles klar? – Wiederholen und üben

Einen Text in Lesegruppen erschließen

1 Wisst ihr noch, wie man vorgeht, um einen Text in Lesegruppen zu lesen und zu erschließen? Ordnet die folgenden Arbeitsschritte und schreibt sie in der richtigen Reihenfolge in euer Heft.

a) Einer aus der Gruppe liest den ersten Textabschnitt laut, langsam und deutlich vor.
b) Die Gruppe einigt sich auf eine passende Überschrift.
c) Jeder schlägt eine Überschrift für den Textabschnitt vor.
d) Gliedert den Text in kleinere Abschnitte.
e) Die anderen stellen jeweils zwei Inhaltsfragen zu dem Abschnitt.
f) Mithilfe des Textes werden die Fragen beantwortet.
g) Genauso werden die nächsten Abschnitte bearbeitet.

Deine Lösung kannst du mit der Lernbox auf S. 40 vergleichen. Ein Arbeitsschritt aus der Lernbox wurde hier in zwei Schritte aufgeteilt.

2 Lest die Geschichte „Ich bin so gemein gewesen" von Irina Korschunow in Lerngruppen. Arbeitet dabei mit der Lernbox auf S. 40 und den Hinweisen in Aufgabe 1.

Irina Korschunow (geb. 1925)

Ich bin so gemein gewesen

Ich heiße Anne. Ich sitze in der Schule neben Carola. Früher war sie meine Freundin. Wir haben uns fast jeden Nachmittag getroffen; bei ihr zu Hause oder bei mir. Am liebsten haben wir Theater gespielt. Wir hatten einen großen Karton mit Kram zum Verkleiden und manchmal waren unsere Mütter zum Zugucken da. Aber das ist jetzt alles vorbei, bloß wegen der blöden Brille. Und weil ich so gemein war.

Die Brille hat Carola vor zwei Wochen bekommen. Sie wollte sie nicht aufsetzen. Sie hat geweint und ich habe gesagt, dass sie sich nicht anstellen soll. „So viele Menschen tragen eine Brille", habe ich gesagt. „Sogar der Rudi Carrell[1]! Das ist doch wirklich nichts Besonderes."

Aber als Carola mit der Brille in die Schule kam, hat Udo Hoffmann „Brillenschlange" hinter ihr hergerufen.
Dieser eklige Kerl! Carola hat gleich wieder geheult und seitdem war sie in der Schule ganz anders als früher. Sie redete kaum noch. Sie hat sich auch nicht mehr gemeldet. Sie saß da und guckte auf den Tisch, sonst nichts. Nur nachmittags beim Theaterspielen war sie manchmal so lustig wie früher. Bis zum

[1] Rudi Carrell (1934 – 2006): erfolgreicher Showmaster im Fernsehen

vorigen Dienstag. Am Dienstag wollten wir bei mir zu Hause „Die Prinzessin und der Schweinehirt" spielen. Ich hatte ein altes Nachthemd von meiner Mutter bekommen, oben und an den Ärmeln mit Spitzen.

„Das ziehe ich als Prinzessin an", sagte ich.
„Nein, ich", sagte Carola. „Du warst schon so oft Prinzessin."
„Nicht öfter als du", sagte ich. Und plötzlich wurde Carola wütend. Das war noch nie passiert. „Du willst immer recht haben!", schrie sie mich an. Da fing ich auch an zu schreien.
„Das Nachthemd gehört mir!", schrie ich.
„Dann spiel doch allein mit deinem blöden Nachthemd. Du denkst wohl, mit mir kannst du alles machen!", schrie Carola, und weil ich das so ungerecht fand und weil ich Carola eins auswischen wollte, schrie ich: „Hau doch ab, du Brillenschlange!"

Ich weiß noch, was für einen Schreck ich bekam, als mir das Wort herausrutschte. Am liebsten hätte ich es gleich zurückgeholt. Aber gesagt ist gesagt.
Carola starrte mich an. Sie war ganz still. Sie nahm ihre Sachen und ging. Und nun redet sie nicht mehr mit mir. Sie guckt an mir vorbei, als ob ich nicht da bin.

Ich möchte ihr gern etwas sagen. „Es tut mir leid", möchte ich sagen. „Ich war so gemein. Ich will es nie mehr tun. Vertrag dich wieder mit mir."
Doch wenn ich mit Carola reden will, dreht sie sich um und geht.

Aus der Sicht von Figuren schreiben

3 Schreibe einen inneren Monolog für Carola zu der Situation, als Anne sie anschreit: „Hau doch ab, du Brillenschlange!" (Z. 30–31)

Den Inhalt einer Geschichte zusammenfassen

4 In den folgenden Text über Anne und Carola haben sich einige Fehler eingeschlichen. Findet sie heraus. Übernehmt den Text in euer Heft und verbessert ihn.

Anne und Carola

Anne sitzt in der Schule neben Carla. Fast jeden Nachmittag treffen sie sich bei Carola zu Hause und spielen Theater. Die ganze Nachbarschaft schaut ihnen dabei manchmal zu. Eines Tages schämt sich Carola, weil sie eine Zahnspange bekommen hat. Anne beachtet diese nicht, aber von den Mitschülern wird Carola am nächsten Tag in der Schule als „Monstergesicht" beschimpft. Carola lacht darüber und ist weiterhin so lustig wie früher. Als die beiden Freundinnen eines Nachmittags wieder Theater spielen wollen, streiten sie sich um die Hauptrolle in dem Stück „Die Prinzessin und der Schweinehirt". Anne ist so wütend auf Carola, die auch den Schweinehirten spielen möchte, dass sie zu ihr sagt: „Mit dir zu spielen macht keinen Spaß mehr!" Sofort erkennt Anne an der Reaktion der Freundin, dass sie sehr gemein war, merkt aber, dass sich an der Freundschaft nichts ändert.

Lernen ..., aber wie?! – Das Lernen lernen

Immer suchst du nach dem Lineal, die spielende Schwester im Zimmer lässt dich nicht in Ruhe arbeiten, abends um acht Uhr fällt dir ein, dass du die Erdkundeaufgaben noch nicht gemacht hast ... Vielleicht kennst du solche Situationen auch.

In diesem Kapitel bekommst du einige Tipps dazu,
- in welcher Reihenfolge du deine Hausaufgaben sinnvoll erledigen kannst,
- wie du deinen Arbeitsplatz einrichtest,
- wie du deine Hefte ordentlich führst und
- wie du dich auf den kommenden Schultag vorbereitest.

Darüber hinaus lernst du,
- wie man Aufgabenstellungen richtig versteht,
- mit den Lernboxen in diesem Buch arbeitet und
- mithilfe eines Lerntagebuchs über das eigene Lernen nachdenkt.

1 Hier seht ihr einige Abbildungen, die mit dem Thema „Lernen“ zu tun haben. Beschreibt, welche Situation jeweils dargestellt ist.

2 Kennt ihr auch solche Situationen? Erzählt von euren Erfahrungen.

An der Schule der 5 a findet ein Projekttag zum Thema „Lernen ..., aber wie?!" statt. Frau Rosenfels, die Deutschlehrerin der Klasse, möchte ihren Schülerinnen und Schülern an diesem Tag einige Tipps dazu geben, wie man am besten lernen kann.

Frau Rosenfels: Erzählt doch einmal, was anders ist als an eurer Grundschule.
Karin: Ich habe viel länger Schule als früher.
Nicole: Mir macht Schule viel mehr Spaß, weil wir jetzt Fächer haben, die wir in der Grundschule noch nicht hatten.
Alexander: Aber die ganzen Aufgaben! Ich finde mich damit überhaupt noch nicht zurecht.
Tom: Ja, das war bei mir anfangs auch so. Aber ich finde schon, dass man so nach und nach immer besser mit dem Erledigen der Aufgaben zurechtkommt.
Christina: ...

3 Macht ihr die gleichen Erfahrungen mit eurer neuen Schule wie Alexander oder geht es euch eher wie Tom? Tauscht euch darüber aus.

Das ist der Stundenplan von Kerstin aus der 5 a:

	Montag	Dienstag	Mittwoch	Donnerstag	Freitag
1. Stunde 8.00 – 8.45	Deutsch	Englisch	Deutsch	Biologie, Naturphänomene und Technik	Sport
2. Stunde 8.50 – 9.35	Englisch	Englisch	Geschichte	Biologie, Naturphänomene und Technik	Sport
3. Stunde 9.55 – 10.40	Musik	Mathe	Musik	Englisch	Deutsch
4. Stunde 10.45 – 11.30	Religion	Kunst	Mathe	Religion	Deutsch
5. Stunde 11.45 – 12.30	Biologie, Naturphänomene und Technik	Geographie	Mathe	Mathe	Biologie Naturphänomene und Technik
6. Stunde 12.35 – 13.20	Mittags-pause		Mittags-pause	Mittags-pause	Geographie
7. Stunde 13.50 – 14.35	Sport		AG		
8. Stunde 14.40 – 15.25	Sport		AG		

4 Sieht euer Stundenplan so ähnlich aus? Besprecht, was sich gegenüber der Grundschule geändert hat.

Am Montag … – Hausaufgaben planen und anfertigen

Im Aufgabenheft von Kerstin steht:

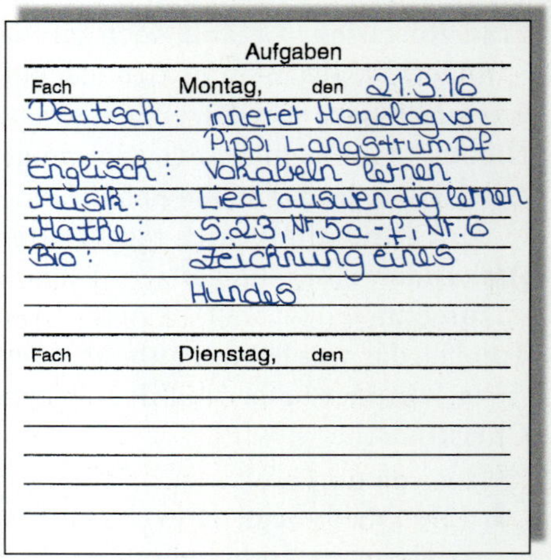
Aufgaben
Fach Montag, den 21.3.16
Deutsch: innerer Monolog von Pippi Langstrumpf
Englisch: Vokabeln lernen
Musik: Lied auswendig lernen
Mathe: S.23, Nr.5a-f, Nr.6
Bio: Zeichnung eines Hundes
Fach Dienstag, den

1 Sicher schreiben viele von euch ihre Aufgaben in ein Hausaufgabenheft. Warum sollte man ein solches Heft führen?

2 Sammelt Tipps, worauf man beim Eintragen ins Aufgabenheft achten muss.

3 Stell dir vor, du hättest Kerstins Aufgaben an diesem Tag zu erledigen. In welcher Reihenfolge würdest du die Aufgaben machen? Erkläre, warum du so vorgehen würdest.

4 Welche Aufgaben kann Kerstin auf einen anderen Tag verlegen? Schau dir hierfür noch einmal ihren Stundenplan auf der vorhergehenden Seite an. Begründe deine Entscheidungen.

Thomas ist Kerstins Mitschüler. Er hat die Aufgaben folgendermaßen notiert:

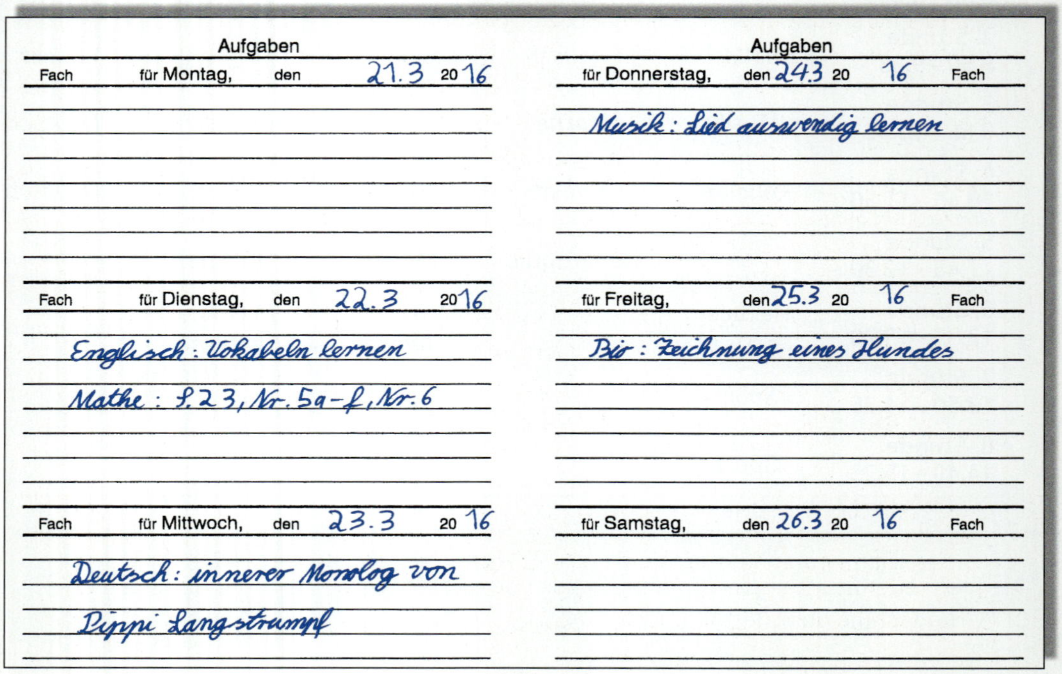
Aufgaben
Fach für Montag, den 21.3 2016

Fach für Dienstag, den 22.3 2016
Englisch: Vokabeln lernen
Mathe: S.23, Nr. 5a-f, Nr. 6

Fach für Mittwoch, den 23.3 2016
Deutsch: innerer Monolog von Pippi Langstrumpf

Aufgaben
für Donnerstag, den 24.3 2016 Fach
Musik: Lied auswendig lernen

für Freitag, den 25.3 2016 Fach
Bio: Zeichnung eines Hundes

für Samstag, den 26.3 2016 Fach

5 Wie ist Thomas vorgegangen? Vergleicht seine Methode mit der von Kerstin.

6 Besprecht in der Klasse Vor- und Nachteile der Methoden von Kerstin und Thomas, ihr Aufgabenheft zu führen.

7 Entscheidet euch, welche Methode ihr selbst nutzen wollt. Legt mit eurem Lehrer gemeinsam fest, wie ihr euer Aufgabenheft führen wollt.

8 ○○ Sicher kennt ihr das: Ihr wollt gerade mit einer Aufgabe beginnen, da klingelt das Telefon und ein Freund ruft an. Solche Störungen nennt man auch „Zeitdiebe".
Erklärt das Wort „Zeitdiebe".

9 ●○ Welche Störungen kennt ihr, die euch daran hindern, eure Aufgaben schnell und konzentriert zu erledigen?

10 ●○ Sammelt Ideen, was ihr machen könnt, um die „Zeitdiebe" zu überlisten.

11 ●● Lies dir die Lernbox auf dieser Seite durch. Lege anschließend in deinem Heft eine Tabelle an, in der du notierst, was dir beim Anfertigen der Hausaufgaben schon gut gelingt und was du in Zukunft noch anders machen musst.

Das brauchst du immer wieder – So gehst du vor

Lern- und Hausaufgaben anfertigen

Die folgenden Tipps können dir helfen, zügig und gut zu arbeiten:

- Lege deinen Stundenplan neben dein Aufgabenheft.
- Entscheide, mit welcher Aufgabe du als Erstes beginnen solltest. Hilfreich ist es, mit einer Aufgabe zu beginnen, die dir leichtfällt.
- Beende eine begonnene Aufgabe vollständig und kontrolliere sie. Fange dann mit der nächsten Aufgabe an oder lege eine Pause ein.
- Hake in deinem Aufgabenheft die erledigten Aufgaben deutlich ab.
- Arbeite an einem ruhigen Platz. Wenn du zu Hause arbeitest, solltest du keine Musik hören. Auch der Fernseher und der Computer sollten ausgeschaltet sein!
- Sinnvoll ist es auch, wenn du nach dem Erledigen der Aufgaben in der Schule oder zu Hause nicht sofort Spiele am Smartphone oder Computer spielst oder Fernsehen siehst. Du behältst das Gelernte dann besser, weil es in deinem Kopf Zeit hat, sich zu „setzen".

➔ Wiederholen und üben:
Hausaufgaben planen
S. 66 und 67, Aufgaben 1 und 2

12 Durchstarten! So könnt ihr weiterarbeiten:

a ○○ Erstellt für euren Klassenraum einen großen, übersichtlichen Stundenplan.

b ●● Erstellt ein Lernplakat mit Tipps zum Anfertigen von Lern- und Hausaufgaben. Hängt es in der Klasse auf.

Die Schultasche – sich auf den nächsten Schultag vorbereiten

Patrick: Den Tipp, erledigte Aufgaben in meinem Aufgabenheft abzuhaken, finde ich super. Ich weiß dann wenigstens schon einmal, dass ich alle Aufgaben für den nächsten Tag erledigt habe. Dennoch kommt es vor, dass ich Bücher und Hefte zu Hause vergesse oder auch in der Schule ein Heft nicht finde, obwohl es doch in meinem Schulranzen sein müsste. Meine Mutter meint, meine Schultasche sehe aus wie eine kleine Müllhalde.

1 Sieht es in eurer Schultasche ähnlich wie bei Patrick aus? Besprecht, welche Dinge in die Schultasche gehören und welche nicht.

2 Kontrolliert eure eigene Schultasche. Achtet besonders auf überflüssige Dinge, die ihr am heutigen Schultag nicht braucht.

3 Patrick hat am Dienstag die Unterrichtsfächer Sport, Englisch, Mathe und Kunst. Helft ihm, seine Schultasche zu packen. Schreibt auf, was er mitnehmen muss.

4 Lest die Lernbox. Erklärt dann einem Lernpartner, welche Tipps ihr beachten solltet, um euch auf den kommenden Schultag vorzubereiten.

Das brauchst du immer wieder – So gehst du vor

Sich auf den nächsten Schultag vorbereiten

- Packe deine Schultasche immer direkt, nachdem du deine Hausaufgaben erledigt hast.
- Ein übersichtlicher Stundenplan hilft dir dabei, nur das einzupacken, was du wirklich am kommenden Schultag benötigst.
- Kontrolliere in deinem Aufgabenheft, ob du noch an etwas Besonderes denken musst (z. B. an Geld für einen Wandertag, den Elternsprechtagszettel ...).
- Überprüfe deine Schultasche mindestens einmal in der Woche und sortiere überflüssige Dinge aus. Hefte lose Arbeitsblätter richtig ab oder klebe sie in die entsprechenden Hefte ein. Kontrolliere auch dein Etui/deine Federmappe und ergänze fehlende Dinge.

Ordnung oder Chaos? – Den Arbeitsplatz gestalten

Petra: Auch wenn ich mir die Reihenfolge der Aufgaben vorher gut überlegt habe, kann ich manchmal gar nicht richtig arbeiten. Irgendetwas muss ich immer zuerst suchen, bevor es losgehen kann. Neulich brauchte ich für die Matheaufgaben dringend mein Lineal, aber es war nicht aufzufinden. Den ganzen Schreibtisch habe ich durchwühlt. Als ich das Ding dann endlich gefunden hatte, hatte ich schon gar keine Lust mehr anzufangen.

1 Dies ist Petras Schreibtisch. Was hältst du von dem Arbeitsplatz?

Die Schülerinnen und Schüler der 5c haben aufgeschrieben, wo und wie sie ihre Hausaufgaben erledigen:

- Ich mache meine Hausaufgaben an unterschiedlichen Orten, meistens da, wo viel los ist.
- Mein Schreibtisch steht am Fenster, damit ich immer genug Licht habe.
- Auf meinem Arbeitsplatz liegt immer alles herum, womit ich mich gern beschäftige.
- Ich mache meine Hausaufgaben meistens am Küchentisch.
- Ich lerne in meinem Zimmer am Schreibtisch, damit ich in Ruhe arbeiten kann.
- Was ich für meine Hausaufgaben benötige, suche ich mir nach und nach zusammen.

2 Welcher Satz trifft für die Art, wie du deine Hausaufgaben machst, am ehesten zu? Berichte davon, wo und wie du deine Hausaufgaben erledigst.

Computer | Fotoapparat | Kuscheltier | Flaschenöffner | Taschenmesser
Getränkeflasche | Sticker | MP3-Player | Globus | Schulbücher | Zeitschrift
Sonnencreme | Lexikon | Lineal | Tintenpatronen | Taschentücher
Schreibtischlampe | Textmarker | Stundenplan | Fotoalbum | Kalender
Fußball | Musik-CDs | Taschenrechner | Kugelschreiber | Gameboy
Taschenlampe | Geodreieck | Radiergummi | Filzstifte | Schreibblock
Inliner | Klebestift | Wörterbuch | Socken | Anspitzer

3 Was sollte deiner Meinung nach immer an deinem Arbeitsplatz liegen?
○○ Suche die Gegenstände heraus und ergänze Fehlendes.

4 ●○ Zeichne einen Schreibtisch mit Schubladen und ein Regal in dein Heft und gib den einzelnen Gegenständen aus Aufgabe 3 einen sinnvollen Platz.

5 ●● Skizziere oder zeichne deinen Arbeitsplatz, an dem du am besten arbeiten kannst.

6 Überprüfe deinen Arbeitsplatz zu Hause. Gestalte ihn so, dass du dich an ihm wohl fühlst und gerne dort arbeitest. Die Tipps aus der Lernbox können dir dabei helfen.

Das brauchst du immer wieder – So gehst du vor

Den Arbeitsplatz gestalten

- Erledige deine Aufgaben an einem festen Arbeitsplatz.
- Damit du nicht gestört wirst, sollte dein Schreibtisch in einem ruhigen Raum sein.
- Auf deinem Schreibtisch sollte wirklich nur das liegen, was du zum Erledigen deiner Aufgaben benötigst.
- Achte darauf, dass es an deinem Arbeitstisch hell ist. Besorge dir eine Schreibtischlampe.
- Bevor du mit der Bearbeitung deiner Aufgaben beginnst, solltest du alles griffbereit hinlegen.
- Bringe einen Stundenplan gut sichtbar im Bereich deines Arbeitsplatzes an. Damit kannst du leichter die Reihenfolge der Hausaufgaben planen und die Schultasche packen.

7 **Durchstarten! So könnt ihr weiterarbeiten:**

a ○○ Ihr könnt gemeinsam in der Klasse euren Tisch für die nächste Stunde vorbereiten: Sprecht darüber, welche Gegenstände notwendig sind, und legt nur diese übersichtlich auf den Tisch. Übt das auch für andere Unterrichtsfächer.

b ●○ Entwerft eine Checkliste für euer Etui und überprüft den Inhalt. Ergänzt gegebenenfalls Fehlendes.

c ●● Beschreibe, wie du deinen Arbeitsplatz umgestaltet hast. Vielleicht kannst du ein Vorher- und ein Nachher-Foto machen. Dann können deine Mitschüler auch sehen, was du verändert hast.

Datum, Überschrift ... – Hefte übersichtlich führen

Kathrin: Selbst wenn ich genau weiß, wann und in welcher Reihenfolge ich die Aufgaben mache, meckern manche Lehrer an meinen Aufgaben herum. Sie wollen, dass sie ordentlich aussehen und dass das Heft gut geführt ist.

Frau Rosenfels: Ja, neben dem „wo“ und „wann“ ist auch das „wie“ wichtig, um gut arbeiten zu können.

Felix: Das verstehe ich nicht.

1 Erzählt, wie ihr eure Aufgaben und Einträge in euren Heften anfertigt. Gibt es ein bestimmtes Muster, an dem ihr euch orientiert?

2 Vielleicht habt ihr mit euren Lehrern festgelegt, wie ihr eure Hefte führt: Datum, Überschrift, Thema ... Welchen Sinn hat es, diese Angaben aufzuschreiben?

3 Beschreibe, wie Tim sein Heft gestaltet hat. Was hat Tim bereits gut gemacht und worauf sollte er noch achten?

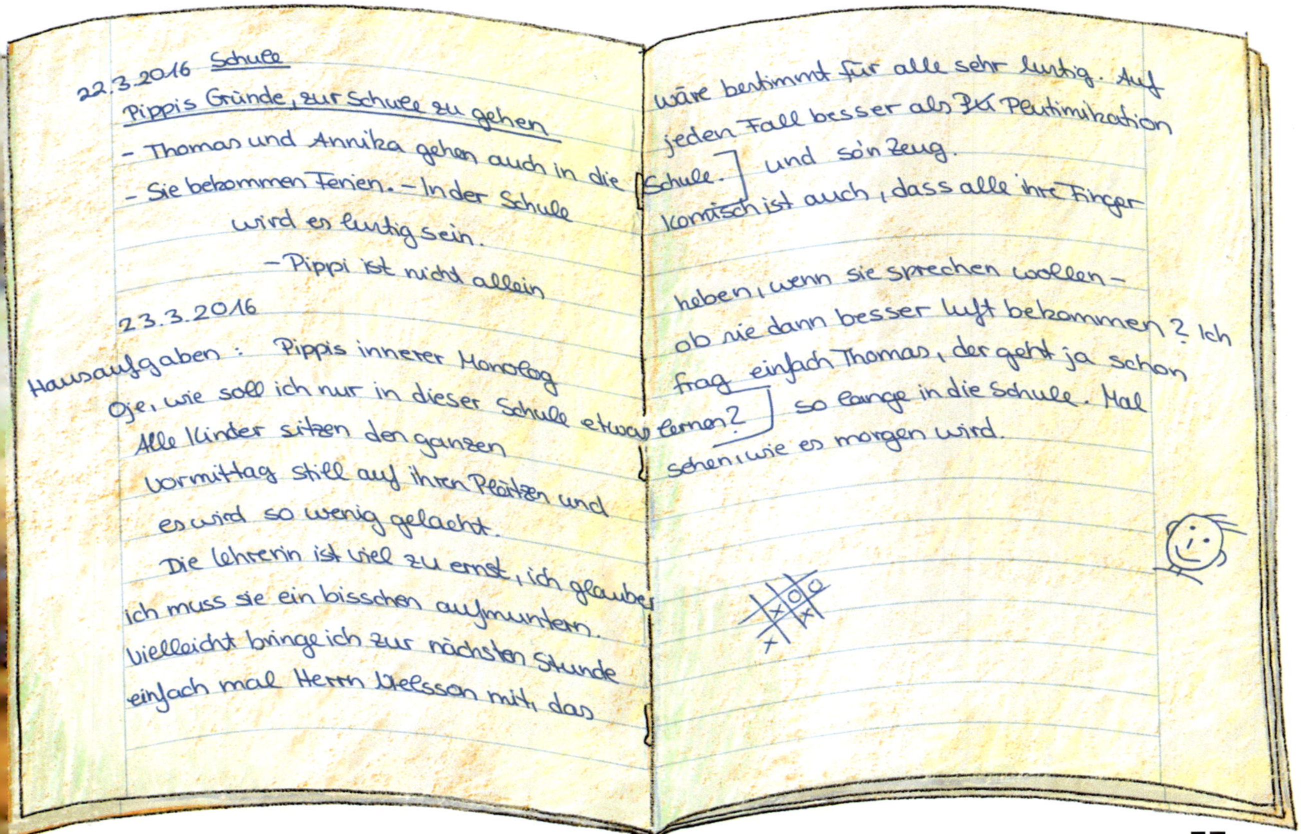

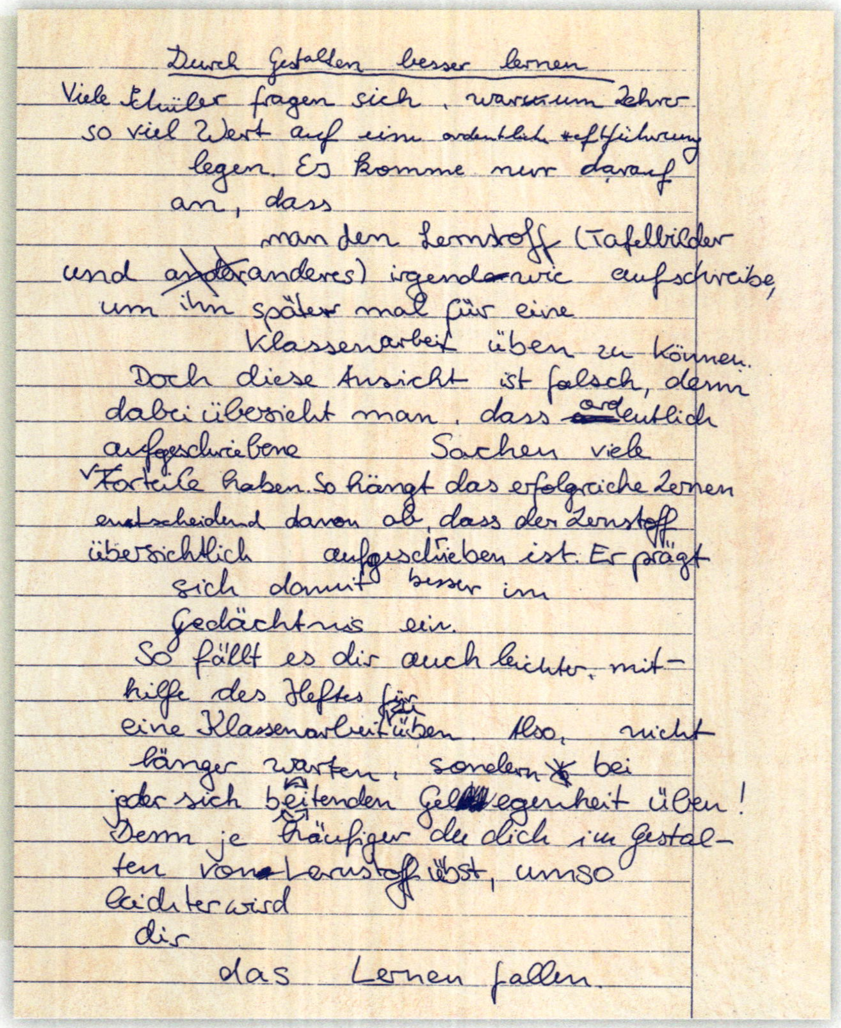

Links siehst du eine Heftseite aus Lenas Deutschheft abgebildet.

4 Was fällt euch bei der Gestaltung von Lenas Heftseite auf? Sammelt Tipps, worauf Lena bei ihrer Heftführung achten sollte.

5 Verbessert Lenas Hefteintrag, indem ihr ihn sauber und übersichtlich in euer Heft übertragt. Ergänzt dabei auch fehlende Angaben. Nehmt hierfür die folgende Lernbox, in der Tipps für eine gute Heftführung festgehalten sind, zu Hilfe.

➔ Wiederholen und üben:
Hefte führen
S. 66 und 67, Aufgaben 1 und 2

Das brauchst du immer wieder – So gehst du vor

Hefte führen

Mit einem ordentlich gestalteten Heft kannst du den Unterrichtsstoff besser behalten und dich auf die nächste Klassenarbeit gut vorbereiten. Achte deswegen bei der Heftführung besonders auf folgende Punkte:

- Schreibe das Datum an den Heftrand in Höhe der Überschrift.
- Hebe Überschriften durch Unterstreichen mit dem Lineal hervor.
- Schreibe immer den Arbeitsauftrag auf.
- Gib bei Übungen aus dem Schulbuch auf jeden Fall die Seite und Aufgabennummer an (z. B. Seite 51, Aufgabe 8).
- Beginne am linken Heftrand und schreibe nicht über den Rand hinaus.
- Lasse eine Zeile frei, wenn ein neuer Abschnitt, ein neuer Gedanke oder eine neue Aufgabe beginnt.
- Hebe alles, was du dir merken musst, durch farbige Unterstreichungen hervor.

Was ist hier gemeint? – Die Aufgabe verstehen

Alex: Ich habe letzte Woche meine Hausaufgabe in Erdkunde vorgelesen. Mein Lehrer hat zu mir gesagt, dass ich die Aufgabe wohl nicht richtig verstanden hätte. Wie kann ich denn Aufgabenstellungen richtig verstehen, damit mir so etwas nicht mehr passiert?

Frau Rosenfels: Es gibt einen guten Weg, wie man lernen kann, Aufgaben richtig zu verstehen. Lasst es uns einmal gemeinsam versuchen.

Frau Rosenfels schreibt folgende Aufgabe zu zwei Gedichten aus dem Deutschbuch an die Tafel:

Aufgabe

Übertrage die folgende Tabelle in dein Heft und ordne die Wörter mit lang gesprochenen Vokalen aus den zwei Gedichten in die Tabelle ein.

einfacher langer Vokal	h nach langem Vokal	verdoppelter Vokal	ie
Nashorn	wühlt	Teufelsmoor	genießt
da	ihn	See	aufgespießt

1 Suche aus der Aufgabe von Frau Rosenfels die Verben heraus, die darauf verweisen, was du tun sollst. Erkläre ihre Bedeutung.

2 Erklärt mit eigenen Worten, wie ihr die Aufgabe von Frau Rosenfels bearbeiten müsst.

3 Überlegt, welche Arbeitsschritte für die Bearbeitung der Aufgabe notwendig sind. Vervollständigt dafür die angefangene Auflistung.

1. Gedichte lesen
2. Tabelle ins Heft zeichnen
3. ...

4 Welche Arbeitsschritte werden von euch durch die folgenden zwei Beispielaufgaben verlangt? Klärt die Aufgabenstellungen mithilfe der Lernbox auf dieser Seite.

> Schreibt den Text in eure Hefte und ergänzt die fehlenden Kommas bei den Aufzählungen.
> Dies ist ein Ausschnitt aus einer Erzählung. Sammelt Ideen dazu, was vor dieser Szene passiert sein könnte und wie die Erzählung weitergehen könnte.

Das brauchst du immer wieder – So gehst du vor

Eine Aufgabe verstehen

Bevor du an die Bearbeitung einer Aufgabe gehst, solltest du dir ganz genau im Klaren darüber sein, *wie* du die Aufgabe bearbeiten sollst. Gehe dabei so vor:

- **Lies** dir die **Aufgabenstellung** zunächst aufmerksam durch.
- Markiere die **Verben**, die deutlich machen, was du **tun sollst**, farbig. Überlege, welche Bedeutung sie haben.
- Mache dir in deinen **eigenen Worten** klar, **wie** du die **Aufgabe bearbeiten** musst.
- Überlege, welche einzelnen **Arbeitsschritte** du erledigen musst. Bearbeite die **Aufgabe in dieser Reihenfolge**.

5 Durchstarten! So könnt ihr weiterarbeiten:

➲ Wiederholen und üben: Aufgaben verstehen S. 67, Aufgabe 3

a Sucht euch zu zweit aus eurem Deutschbuch fünf weitere Aufgabenstellungen aus verschiedenen Kapiteln heraus. Erklärt euch gegenseitig, was ihr für die Bearbeitung der Aufgabe jeweils machen müsst. Geht dabei so vor, wie es in der Lernbox beschrieben ist.

b Nehmt Bücher und Arbeitshefte anderer Fächer hinzu. Wählt wieder fünf Aufgaben aus und erklärt sie euch gegenseitig.

c Ordnet den Verben ihre jeweilige Bedeutung, die ihr in dem Kasten findet, richtig zu, z. B.: erklären = etwas deutlich machen.

erklären =
zusammenfassen =
vergleichen =
Stellung nehmen =
begründen =
(be)nennen =
ergänzen =

> Gründe für etwas finden
> das Wichtigste in eigenen Worten nennen
> etwas deutlich machen
> einem Text Informationen entnehmen
> Fehlendes hinzufügen
> eine eigene Meinung äußern
> Gemeinsamkeiten und Unterschiede aufzeigen

d Arbeitet mit den folgenden zwei Aufgaben wie in Aufgabe 4.
- Vergleicht die beiden Abbildungen miteinander. Welche Informationen aus dem Text findet ihr darin wieder?
- Der Text enthält viele lustige Stellen. Nennt einige und begründet, warum ihr etwas komisch findet.

Das brauchst du immer wieder – mit den Lernboxen lernen

Bei der Arbeit mit P.A.U.L. D. stoßt ihr in allen Kapiteln auf besonders hervorgehobene Lernboxen. Die Lernboxen mit dem Titel „**So gehst du vor**“ vermitteln euch methodische Anleitungen zur Vorgehensweise.

In den Lernboxen „**Das musst du wissen**“ wird der zu lernende Stoff zusammengefasst.

Die Lernboxen vermitteln euch das Grundwissen, das ihr für eine erfolgreiche Arbeit im Deutschunterricht sowie in anderen Unterrichtsfächern immer wieder benötigt.

Damit euch die Lernboxen jederzeit zur Verfügung stehen, solltet ihr euch ein Merkheft für sie anlegen, in welchem ihr die wichtigsten Inhalte der Lernboxen festhaltet. Dies kann eine dicke Kladde oder auch ein Schnellhefter sein, in den ihr die Blätter mit euren Zusammenfassungen heftet. Dabei ist es wichtig, dass ihr ein Inhaltsverzeichnis anlegt, damit ihr die Lernboxen schnell wiederfindet.

1 Bereitet ein solches Merkheft für die Lernboxen mit einem Inhaltsverzeichnis vor.

Paul aus der 5a hat sich folgendes Merkheft angelegt:

2 Beschreibe Pauls Merkheft. Wie hat er es angelegt?

Dies ist eine Lernbox zum Thema Sachtexte:

Das brauchst du immer wieder – So gehst du vor

Einen Sachtext erschließen

- **Überfliege** den Text zunächst. **Achte** besonders **auf Überschriften, Abbildungen oder Hervorhebungen** im Text (z. B. fett gedruckte Textstellen).
- **Lies** dir den Text ein erstes Mal durch, **ohne** etwas zu **markieren** oder anzustreichen. Mache dir klar, was das **Thema** des Sachtextes ist und welche Informationen er dazu enthält.
- **Gliedere** den Text **in Sinnabschnitte**. **Gib jedem Textabschnitt eine passende Überschrift.** Oft kannst du besonders wichtige Wörter aus den einzelnen Abschnitten dafür benutzen.
- **Hebe das Wichtigste durch farbige Markierungen oder Unterstreichungen hervor.** Überlege bei jedem Wort, ob du es wirklich farbig markieren oder unterstreichen musst!
- Notiere unter den Überschriften die wichtigsten Informationen der einzelnen Textabschnitte in **Stichworten am Rand des Textes**.

Paul möchte das Wesentliche aus der Lernbox „Einen Sachtext erschließen" in sein Merkheft schreiben. Er beginnt so:

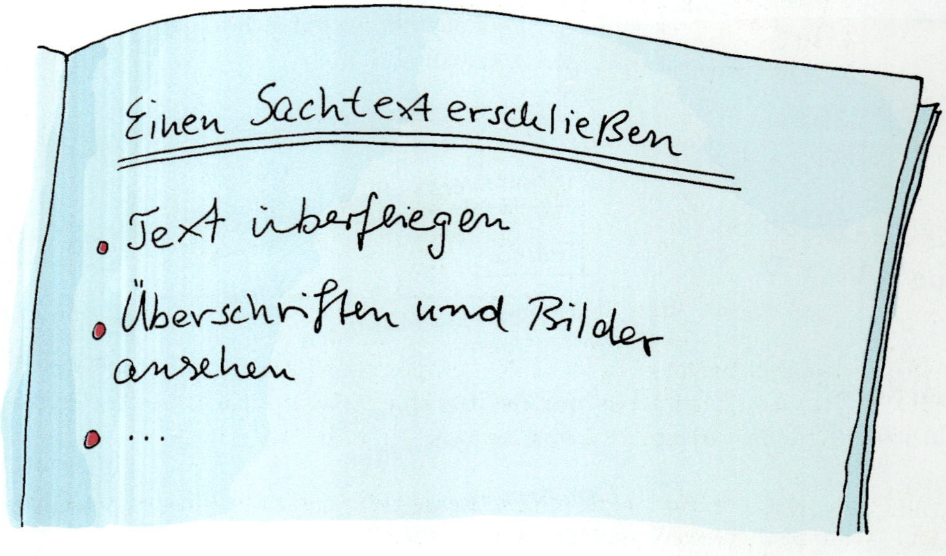

3 Beschreibt, wie Paul bei der Zusammenfassung des Inhalts der Lernbox vorgegangen ist.

4 Übernimm die Zusammenfassung der Lernbox von Paul in dein Heft und vervollständige sie.

Mit den Lernboxen arbeiten

Die Lernboxen fassen das Wichtigste zu den Methoden und Inhalten eines Themas oder Kapitels in P.A.U.L. D. zusammen. Arbeite so mit ihnen:

- Lies dir die Lernbox aufmerksam durch.
- Überprüfe, ob du alles verstanden hast. Wenn dir noch etwas unklar ist, kläre dies mit einem deiner Mitschüler.
- Fasse den Inhalt der Lernbox stichwortartig zusammen. Schreibe die Zusammenfassung in dein Deutschheft oder Merkheft.
- Präge dir die Zusammenfassungen der Lernboxen gut ein.

Hanna kann sich Wichtiges am besten merken, wenn sie es aufmalt oder aufzeichnet. Dies hat sie auch für die Lernbox oben gemacht:

5 ○○ Erklärt, welchen Merksatz aus der Lernbox oben Hanna jeweils mit ihren Bildern festgehalten hat. Übernehmt dann die Bilder in der richtigen Reihenfolge für das Arbeiten mit den Lernboxen in euer Heft.

6 ●○ Übernimm die Bilder in dein Heft. Bringe sie in die richtige Reihenfolge und schreibe den jeweiligen Merksatz daneben.

7 ●● Sucht euch eine weitere Lernbox aus dem Kapitel „Lernen, aber wie?!" heraus. Fasst ihren Inhalt zusammen. Geht dabei so vor, wie es in der Lernbox oben beschrieben ist <u>oder</u> wie Hanna vorgegangen ist.

Das kann ich jetzt … – ein Lerntagebuch führen

Hier seht ihr Mario, wie er an seinem Lerntagebuch arbeitet. Er trägt dort ein, was er wie gelernt hat:

1 Erklärt, warum es sinnvoll ist, ein solches Lerntagebuch zu führen.

2 Habt ihr schon eigene Erfahrungen mit dem Führen von Lerntagebüchern? Berichtet davon.

3 Beschreibt, wie ihr ein solches Lerntagebuch führen würdet. Was würdet ihr darin festhalten?

4 Seht euch den Lerntagebucheintrag von Mario auf der Seite 65 an. Beschreibt, wie Mario bei seinem Lerntagebucheintrag vorgegangen ist:

- Zu welchem Thema hat er seinen Lerntagebucheintrag geschrieben?
- Wie ist sein Lerntagebucheintrag aufgebaut?

5 Erstellt nach dem Muster von Mario einen Lerntagebucheintrag zu dem letzten Thema, zu dem ihr im Deutschunterricht gearbeitet habt.

6 Stellt eure Lerntagebucheinträge vor. Überlegt anschließend zusammen, ob ihr etwas an dem Muster von Mario ändern wollt. Einigt euch darauf, was in euren Lerntagbucheinträgen aufgeschrieben werden kann.

7 Erstellt selbst während des Schuljahres immer wieder Lerntagebucheinträge zum Deutschunterricht. Beachtet dabei die Hinweise in der Lernbox.

Das brauchst du immer wieder – So gehst du vor

Ein Lerntagebuch führen

In einem **Lerntagebuch** hältst du **Beobachtungen über das eigene Lernen** fest. Du denkst in den Lerntagebucheinträgen darüber nach, **was du wie zu einem Thema gelernt hast**. Vor allem machst du dir dabei klar, was du schon besonders gut kannst und wobei du noch Hilfe brauchst.

- Verwende ein **DIN A4-Heft** oder eine **Mappe** als Lerntagebuch. Gestalte das **Deckblatt** deines Lerntagebuches.
- Legt in der Klasse fest, **was** in euren Lerntagebucheinträgen aufgeschrieben werden kann. Verabredet auch **wo**, **wann** und **zu welchen Themen** ihr euer Lerntagebuch führen wollt.
- Du kannst deine **Lerntagebucheinträge** auch mit eigenen **Texten** oder **Arbeitsergebnissen** sowie mit **Zeichnungen** oder **Schaubildern** ergänzen.

Lerntagebucheintrag

Datum: 16. 09. 2016

Thema: „Von Schülern und Lehrern – Geschichten aus der Schule"

Dazu habe ich gearbeitet:
Wir wollten selbst aus der Sicht von Figuren schreiben. Dazu habe ich mich mit der Schulgeschichte „Kribbeln im Bauch" von Ingrid Hintz beschäftigt. Ich habe aus den Aufgaben zum Schreiben von inneren Monologen zwei ausgewählt und bearbeitet.

Das hat mir gut gefallen:
Ich fand gut, dass wir uns die Geschichte selbst aussuchen durften, zu der wir schreiben wollten. Zu der Geschichte von Ingrid Hintz konnte ich gut schreiben, da ich sie alleine genau verstanden habe. Bei der Geschichte „Uli und ich" hätte ich viel mehr Hilfe gebraucht.

Das habe ich gelernt:
Ich habe gelernt, was ein innerer Monolog ist. Auch habe ich gelernt, eine Geschichte ganz genau zu lesen, um einen inneren Monolog zu einer Situation einer Figur zu verfassen.

Das hat mir geholfen:
Mir hat geholfen, dass wir uns zunächst zu zweit die Situation, in der sich die Figur befindet, geklärt haben. Dann war es gut, dass ich erst einzelne Gedankenblasen der Figur mit Jan zusammen aufgeschrieben habe. Dies hat mir geholfen, einen längeren Text zu schreiben.

Das hat noch nicht ganz so gut geklappt:
Bei der Kontrolle mit Jan haben wir festgestellt, dass ich immer wieder die Vergangenheit benutze. Auch sehen meine Texte nicht wirklich schön aus. Ich hätte sie noch einmal sauber abschreiben können. Auch bei den Zeichnungen mit den Gedankenblasen hätte ich sorgfältiger arbeiten können.

Darauf bin ich stolz:
Ich habe diesmal wirklich zwei längere Texte (fast eine Seite lang) verfasst. (☺☺☺)

Das möchte ich noch sagen:
Die Geschichte hat mir gefallen, da es mir in den ersten Tagen hier genauso ging wie Florian am Anfang der Geschichte.

Alles klar? – Wiederholen und üben

Aufgaben planen und Hefte führen

Mia: Mir hat der Projekttag zum Thema „Lernen“ richtig Spaß gemacht. Ein paar der Lerntipps kannte ich zwar schon, aber ich habe auch ganz viel Neues gelernt. Ich werde meiner Freundin gleich eine E-Mail schreiben und ihr über unseren Tag berichten. Vielleicht findet sie ja auch noch ein paar Tipps, die sie gut gebrauchen kann.

Dies ist der Anfang von Mias E-Mail an ihre Freundin Jana:

> Hallo Jana!
>
> Wir hatten gestern einen Projekttag zum Thema „Lernen ..., aber wie?!“. An diesem Tag haben wir Tipps zum erfolgreichen Lernen und Arbeiten bekommen. Als Erstes habe ich heute meinen Schreibtisch aufgeräumt. Auf dem Schreibtisch liegt nun nur noch das, was ich ■■■■ wirklich brauche. Heute Nachmittag werde ich mir noch einen ■■■■ Stundenplan gestalten und ihn ■■■■. Mit einem gut geführten Aufgabenheft und diesem Stundenplan kann ich die ■■■■ leichter planen.
> Bei den Hausaufgaben kann man leicht durch die ■■■■, wie z. B. Fernseher, Telefon oder Computerspiele, gestört werden. Um dies zu vermeiden, hilft es, wenn man sich vorher einen ■■■■ macht, wann man die Hausaufgaben erledigt und wann man Zeit für seine Hobbys hat. Hast du deinen Arbeitsplatz zu Hause eigentlich in einem ■■■■ Raum? Ich erledige meine Aufgaben ab jetzt möglichst immer an einem ■■■■ Arbeitsplatz. Ich bin heute Morgen übrigens fast zu spät zur Schule gekommen, weil ich meine Schultasche noch nicht vollständig gepackt hatte. Das hätte echt nicht sein müssen! Schließlich haben wir an dem Projekttag den Tipp bekommen, die Tasche immer ■■■■ nach dem Erledigen der Hausaufgaben zu packen. Dabei sollte man auch ■■■■, was man am kommenden Schultag benötigt. Oft hat man viele Dinge in der Tasche, die man gar nicht benötigt ...

1 Beim Schreiben ihrer E-Mail hat Mia mit einer Taste ihres Computers versehentlich Wörter und Textteile aus ihrem Text ausgeschnitten. Füge die Wörter und Textteile wieder ein.

nur das einpacken | „Zeitdiebe“ | ruhigen | übersichtlichen | direkt | Reihenfolge der Aufgaben | Plan | festen | zum Erledigen meiner Aufgaben | an meinem Schreibtisch befestigen

2 Setze die E-Mail fort. Schreibe Jana weitere Tipps, wie man z. B. Hefte führt oder in welcher Reihenfolge man die Aufgaben erledigt.

Aufgaben verstehen

3 Weißt du, was bei den folgenden Aufgabenstellungen von dir verlangt wird?

- Schreibe aus allen drei Aufgabenstellungen die Verben heraus. Erkläre ihre Bedeutungen.
- Unter den Aufgabenstellungen stehen jeweils drei Möglichkeiten für die Bearbeitung der Aufgabe. Entscheide dich für die richtige Bearbeitungsmöglichkeit und notiere die jeweilige Lösungszahl. Addierst du abschließend alle drei Lösungszahlen, ergibt sich durch 5 geteilt die Zahl 5.

Aufgabe A: Unterstreiche in den folgenden Märchenanfängen alle Verben. Sie stehen in der Tempusform Präsens.

Du sollst
1) alle Märchenanfänge im Präsens unterstreichen (9),
2) alle Märchenanfänge unterstreichen (2),
3) alle Verben in den Märchenanfängen unterstreichen (13).

Aufgabe B: Schreibe aus dem Text alle Wörter mit einem doppelten Konsonanten nach kurzem, betontem Vokal heraus. Zeichne den Doppelkonsonanten farbig nach.

Du sollst
1) zunächst alle Wörter mit Doppelkonsonanten aus dem Text herausschreiben und diese anschließend farbig nachzeichnen (21),
2) zunächst alle Wörter mit Doppelkonsonanten nach kurzem, betontem Vokal aufschreiben und anschließend den jeweiligen Doppelkonsonanten in den Wörtern farbig nachzeichnen (2),
3) zunächst alle Doppelkonsonanten nach kurzem, betontem Vokal farbig einkreisen und anschließend aufschreiben (7).

Aufgabe C: Erklärt, warum Erich Kästner zufrieden damit ist, das einzige Kind seiner Eltern zu sein, und weshalb er sich keine Geschwister wünscht.

Du sollst
1) mit Beispielen aufschreiben, warum Erich Kästner damit zufrieden ist, Einzelkind zu sein, und weshalb er sich keine Geschwister wünscht (10),
2) mit deinen eigenen Worten aufschreiben, wie sich Erich Kästner ohne Geschwister fühlt (12),
3) entscheiden, ob es gut ist, dass Erich Kästner ein Einzelkind ist und sich keine Geschwister wünscht (6).

Streit um eine Klassenaktion – miteinander sprechen

Sicher kennt ihr diese Situation. In eurer Klasse sind nicht alle einer Meinung und es kommt zu einem Streitgespräch, bei dem es ganz schön laut zugeht. Damit eine solche Diskussion geordnet abläuft und alle fair miteinander umgehen, hilft euch das Einüben von Gesprächsregeln. Davon handelt dieses Kapitel. Ihr lernt:

- welches Gesprächsverhalten dazu beiträgt, dass Gespräche gelingen oder misslingen,
- Gesprächsregeln zu entwickeln sowie
- euren Standpunkt zu einer Frage zu begründen.

Weiterhin erfahrt ihr etwas über die unterschiedlichen Satzarten und welche Sprechabsichten mit ihnen verbunden sein können.

Janany und Daniel aus der Klasse 9 d haben die Aufgabe übernommen, sich als Paten um die Klasse 5 a zu kümmern. Am Ende des Projekttages zum Thema „Lernen ..., aber wie?!“ besuchen sie ihre Patenklasse, um mit ihr eine gemeinsame Klassenaktion zu planen.

Janany: Schön, dass wir euch wieder einmal besuchen dürfen.

Daniel: Nachdem ihr an eurem Projekttag so einiges über erfolgreiches Lernen erfahren habt, möchten wir als einen besonderen Abschluss des Tages mit euch planen, welche gemeinsame Klassenaktion wir demnächst machen können.

Rayhana: Wir beschließen einfach, dass die Schule ausfällt. Das ist doch wohl eine gute Idee.

Jonas: Du kannst aber auch nie ernst sein. Lasst uns doch mal richtig darüber sprechen!

Maria: Genau. Ich fände es toll, wenn wir uns nachmittags mal zum Plätzchenbacken in der Schule treffen würden. Da können dann alle mitmachen und lecker...

Matthias: ... Ach, typisch Mädchen! Das ist doch langweilig. Ich schlage einen DVD-Nachmittag vor. Das finden sowieso alle viel besser. Außerdem solltest gerade du keine Plätzchen essen, Maria.

Maria: Wie meinst du das denn?

Matthias: War nur ’nen Witz.

Carolin: Super Idee, das mit den DVDs, das machen wir.
Aslihan: Ich bringe Filme von meinem großen Bruder mit. Der hat ganz viele.
Jana: Filme haben wir auch ganz viele zu Hause. Ich finde „Ronja Räubertochter“ immer noch richtig gut und ich denke …
Thomas: Ach, hör schon auf. Den Film habe ich schon tausendmal gesehen.
Tim: So ein Quatsch!
Janany: Ich glaube, so kommen wir nicht weiter.

„Ich möchte etwas zu Tims Vorschlag sagen." – Gesprächsregeln entwickeln

1 Lest das Gespräch auf S. 68 – 69 mit verteilten Rollen.

2 Beschreibt, worum es in dem Klassengespräch geht. Wo verläuft das Gespräch gut und wo verläuft es schlecht?

3 Janany sagt am Ende: „Ich glaube, so kommen wir nicht weiter." Welches Problem ist in dem Klassengespräch entstanden?

4 Was schlagen Rayhana, Maria und Matthias als Klassenaktionen in dem Gespräch vor? Sprecht darüber, wie die anderen auf die Vorschläge reagieren.

5 Erklärt mithilfe der Abbildung, was „Fertigmacher" in einem Gespräch sind.

6 Erklärt, warum folgende Aussagen „Fertigmacher" sind.

- „Du kannst aber auch nie ernst sein."
- „Ach, typisch Mädchen."
- „Das ist doch langweilig."
- „Außerdem solltest gerade du keine Plätzchen essen, Maria."
- „Ach, hör schon auf."
- „So ein Quatsch!"

7 Sammelt zunächst alles, was dazu beiträgt, dass ein Gespräch misslingt. Legt hierfür eine Tabelle nach folgendem Muster an und füllt zunächst nur die linke Spalte aus.

So misslingt ein Gespräch	
– laut dazwischenrufen – ...	

8 Entwickelt nun Regeln, an die ihr euch in einem Gespräch halten solltet, damit es gelingt. Tragt diese in die rechte Spalte der Tabelle ein.

So misslingt ein Gespräch	So gelingt ein Gespräch
– laut dazwischenrufen – ...	– den anderen ausreden lassen – ...

9 Eine Gruppe sollte ihre Ergebnisse auf Folie schreiben und diese den anderen anschließend mithilfe des Overheadprojektors präsentieren. Im Gespräch könnt ihr dann weitere Tipps ergänzen.

10 Einigt euch nun auf einige wichtige Gesprächsregeln (z. B. zehn), schreibt sie auf Plakatkarton und hängt sie in der Klasse auf.

11 **Durchstarten! So könnt ihr weiterarbeiten:**

a) Erprobt eure Gesprächsregeln in einem Klassengespräch. Wählt hierfür ein Thema aus, das euch derzeit beschäftigt und das die ganze Klasse etwas angeht.

b) Ihr könnt jede Gesprächsregel auf eine Extrakarte (DIN A3) schreiben. Damit könnt ihr von Woche zu Woche eine Regel in den Mittelpunkt eurer Aufmerksamkeit stellen. Hierfür bringt ihr die jeweilige Karte gut sichtbar neben oder über der Tafel an.

c) Schreibt Formulierungen auf, die euch helfen, in einem Gespräch auf eure Vorredner einzugehen (z. B.: Ich finde deine Idee gut, möchte aber noch Folgendes dazu ergänzen ...).

Ich bin der Meinung, dass … – Argumentieren

1 Legt dar, welche Vorschläge Maria und Matthias für die geplante Klassenaktion der 5 a machen. Lest dazu eventuell das Klassengespräch auf S. 68 noch einmal. Was haltet ihr von den beiden Vorschlägen?

2 Sammelt Argumente (= Gründe), die Maria und Matthias für ihre Vorschläge anführen könnten. Vervollständigt dazu die folgende Tabelle mit möglichst vielen Argumenten.

Argumente für Marias Vorschlag	Argumente für Matthias' Vorschlag
…	…

3 Die Klasse 5 a hat sich mit ihren Paten Janany und Daniel darauf geeinigt, dass alle Vorschläge erst einmal schriftlich gesammelt werden. Jeder, der einen Vorschlag für eine Klassenaktion hat, soll diesen kurz darstellen und dann ausführen, welche Gründe für seinen Vorschlag sprechen:

- Schreibe einen solchen Text für Maria und Matthias. Lege zunächst dar, was Maria oder Matthias vorschlagen.
- Stelle dann die Argumente dar, die für ihren Vorschlag sprechen.

S. 313

Weitere Hinweise und Formulierungshilfen findest du auf der Hilfekarte auf S. 313.

4 Sammelt selbst Ideen, was ihr als Klasse am Nachmittag unternehmen könnt.

5 ○○ Wählt den Vorschlag von Aufgabe 4 aus, der euch am besten gefällt. Sammelt möglichst überzeugende und viele Argumente für diesen Vorschlag.

6 ●○ Halte deinen Standpunkt zu der Frage, was deine Klasse am Nachmittag unternehmen könnte, schriftlich fest. Schreibe einen Text wie in Aufgabe 3. Du kannst wieder die Hilfekarte auf S. 313 benutzen.

7 ●● Wähle eine der folgenden Fragen aus und lege deinen Standpunkt dazu schriftlich dar. Sammle dazu zunächst möglichst überzeugende Argumente:

- Sollten alle Schüler die Pause draußen auf dem Schulhof verbringen?
- Sollte der Klassenraum durch Zimmerpflanzen verschönert werden?
- Sollte es jeden Tag eine Stunde Sportunterricht geben?
- Sollte in eurem Klassenraum ein Sofa aufgestellt werden?
- Sollten im Sportunterricht Jungen und Mädchen getrennt unterrichtet werden?

Du kannst natürlich auch ein anderes Thema wählen und dazu eine Stellungnahme verfassen. Formulierungshilfen findest du auf der Hilfekarte auf S. 313.

➔ Wiederholen und üben: Argumentieren S. 76, Aufgabe 1

Töne und Zwischentöne – Satzarten und Sprechabsichten bestimmen und unterscheiden

Die Klasse 5 a verbringt einen ganzen Nachmittag in der Schulküche.
Manchmal wird es etwas lauter und man hört nur einzelne Stimmen heraus.

Ich brauche unbedingt jemanden, der mir hilft!

Nimm lieber etwas weniger Zucker!

Kannst du mir bitte mal den Löffel geben?

Meike, du könntest schon einmal abspülen.

Ihr solltet doch den Zuckerguss fertig machen!

Die Plätzchen sind ja völlig verbrannt, Paul!

Du stehst mir dauernd im Weg!

Wer hat die ganze Schokocreme aufgefuttert?

Schnell, hol ein Pflaster!

Achtung!

1 Was glaubt ihr, wie die Aussagen jeweils gesprochen wurden? Probiert unterschiedliche Möglichkeiten aus.

2 Welche Gemeinsamkeit haben die Aussagen? Worin unterscheiden sie sich? Achtet auf die Satzarten, den Bau der Sätze und die Sprechabsicht.

3 Versucht zu erklären, warum hinter einigen Aussagesätzen kein Punkt, sondern ein Ausrufezeichen steht. Hinter welchem Fragesatz könnte ebenfalls ein Ausrufezeichen stehen?

4 Untersucht die drei Aussagen auf dem Foto genauer:
- Bestimmt, ob es sich um eine Aussage-, Aufforderungs- oder Fragesatz handelt.
- Erklärt, welche Absichten jeweils verfolgt werden.

Lest dazu in der Lernbox auf dieser Seite nach.

5 Schreibt die folgenden Sätze mit den passenden Schlusszeichen in euer Heft. Ordnet sie danach, ob es sich um einen Aussage-, Aufforderungs- oder Fragesatz handelt.

- Kaufst du Getränke, Anne
- Ich stelle schon einmal den Herd an
- Pass auf
- Gib mir bitte die Butter
- Der Teig schmeckt richtig lecker
- Verdirb dir nicht den Magen
- Wie spät ist es eigentlich
- Wo ist das Rezept für die Nussplätzchen
- Das Rezept liegt auf dem Tisch dort

6 Schaut euch die Sätze von Aufgabe 5 genau an. Wo steht in den einzelnen Satzarten das Satzglied, welches aus einem Verb gebildet wird?

7 Man unterscheidet bei Sätzen auch Verbzweitsätze und Verberstsätze. Bestimmt bei den Sätzen von Aufgabe 5, ob es sich um Verbzweit- oder Verberstsätze handelt. Lest dazu die Lernbox unten.

8 Bei einem Fragesatz unterscheidet man zwischen einer Entscheidungsfrage, auf die man mit „Ja“, „Nein“ oder „Vielleicht“ antworten kann, und einer Ergänzungsfrage, die mit einem Fragewort (Wann? Wie lange?) beginnt. Bestimmt entsprechend die Fragesätze in der Aufgabe 5 genauer.

➲ Wiederholen und üben: Satzarten bestimmen S. 76 – 77, Aufgaben 3 – 5

Satzarten AH, S. 70 ff. SB, S. 308

Das brauchst du immer wieder – Das musst du wissen

Satzarten

Wenn du etwas sagst, willst du etwas Bestimmtes erreichen. Du hast eine bestimmte **Sprechabsicht**. So kannst du zum Beispiel etwas mitteilen, zu etwas auffordern oder etwas fragen. Dementsprechend unterscheidet man **drei Satzarten**:
- den **Aussagesatz**, der durch einen **Punkt** abgeschlossen wird,
- den **Aufforderungssatz** oder Ausrufesatz, der durch ein **Ausrufezeichen** abgeschlossen wird,
- den **Fragesatz**, der durch ein **Fragezeichen** abgeschlossen wird.
- Bei einem Fragesatz unterscheidet man die **Entscheidungsfrage** und die **Ergänzungsfrage**.

Weiter unterscheidet man bei Sätzen auch **Verberst-** und **Verbzweitsätze**:
- Bei einem **Verberstsatz** steht das Satzglied, das aus einem Verb gebildet wird, an erster Stelle (z. B.: Sprecht bitte etwas leiser!)
- Bei einem **Verbzweitsatz** steht das Satzglied, das aus einem Verb gebildet wird, an zweiter Stelle (z. B.: Ich trainiere heute Abend.)

Die meisten Sätze im Deutschen sind Verbzweitsätze.

9 Man kann auf ganz unterschiedliche Art jemanden zu etwas auffordern. Man kann ihn ermahnen, bitten, warnen, ihm etwas vorschlagen, ihm befehlen ... Versucht, die Aussagen von S. 73 und Aufgabe 5 auf S. 74 entsprechend zu ordnen.

10 Tim möchte die anderen auffordern, die Plätzchen nicht so stark zu süßen. Wie könnte er dies ausdrücken? Probiert unterschiedliche Möglichkeiten aus und stellt sie der Klasse vor.

➲ Wiederholen und üben: Satzarten und Sprechabsichten erkennen S. 77, Aufgaben 6 und 7

Das brauchst du immer wieder – So gehst du vor

Satzart und Sprechabsichten unterscheiden

Satzart und **Sprechabsicht** stimmen nicht immer überein. So kannst du z. B. mit einem Fragesatz oder mit einem Aussagesatz jemanden zu etwas auffordern.
Wenn die Aufforderung besonders nachdrücklich gesprochen wird oder wenn es sich um einen Ausruf handelt, kannst du anstelle des Fragezeichens oder Punktes ein Ausrufezeichen hinter den Satz setzen.
Nicht immer wird die Aufforderung in einem grammatisch vollständigen Satz ausgedrückt.
Beispiele: „Du gibst mir sofort das Sieb!“
„Hat denn mal wieder keiner aufgepasst!“
„Vorsicht!“

11 Bestimme in den folgenden Witzen die Art der unterstrichenen Sätze (Fragesatz, Aussagesatz, Aufforderungssatz) und kennzeichne die Sprechabsicht. Übernimm dazu die Tabelle in dein Heft.

Jumbo

Im Elefantengehege gibt es plötzlich einen fürchterlichen Knall. Wütend wendet sich der Tierpfleger an Jumbo: „Wie oft soll ich dir noch sagen, dass du deine Kaugummiblasen nicht platzen lassen sollst!“

Zwei Schnecken

Zwei Schnecken gehen spazieren und kommen an eine Straße. Als die eine Schnecke sich anschickt hinüberzugehen, ruft die andere: „Schläfst du noch? In drei Stunden kommt der Linienbus!“

Satz	Satzart	Sprechabsicht
Im Elefantengehege gibt es plötzlich einen fürchterlichen Knall.	Aussagesatz	Mitteilung

Alles klar? – Wiederholen und üben

Argumentieren

1 In dem Kasten findet ihr einige Meinungsäußerungen bzw. Standpunkte. Findet zu jeder Meinung mindestens drei überzeugende Argumente.

- Bevor man Sport treibt, sollte man sich aufwärmen.
- Auch erwachsene Fahrradfahrer sollten einen Helm tragen.
- Kleinen Kindern sollte man vorlesen.
- Während der Pausen sollte das Licht im Klassenraum ausgeschaltet werden.

2 Wähle dir eine Meinung aus und begründe sie schriftlich. Gehe dabei so vor, wie es in Aufgabe 3 auf S. 72 und auf der Hilfekarte auf S. 313 beschrieben wird.

Satzarten bestimmen

3 Bestimme bei dem folgenden Witz, ob es sich jeweils um einen Aussage-, Aufforderungs- oder Fragesatz handelt.

Missverständnis

Ein Mann läuft mit einem Pinguin durch die Stadt. (???)
PASSANT: „Wo haben Sie denn den her?" (???)
MANN: „Er ist mir zugelaufen. (???) Was soll ich nur mit ihm machen?" (???)
PASSANT: „Gehen Sie mit ihm in den Zirkus!" (???)
Nach ein paar Stunden treffen sich die drei wieder. (???)
PASSANT: „Waren Sie denn nicht im Zirkus?" (???)
MANN: „Ja. Wir waren heute Nachmittag dort. (???)
Jetzt gehen wir Eis essen." (???)

4 In den folgenden Witzen fehlen die Satzschlusszeichen. Schreibe die Texte in der richtigen Form in dein Heft.

Aufgabenverteilung

Ein Kamel und eine Kuh wollen Geld verdienen und sich selbstständig machen■
KAMEL: „Am besten machen wir eine Milchbar auf■"
KUH: „Und wie stellst du dir das vor■"
KAMEL: „Kümmere du dich um die Milch■ Ich sorge für die Hocker■"

Ich gehe, du gehst …

Die Lehrerin spricht die Schülerinnen und Schüler der Klasse 5 c an: „Hört einmal gut zu[redacted] Ich gehe, du gehst, er geht, sie geht, es geht, wir gehen, ihr geht, sie gehen[redacted] Was bedeutet dieses[redacted]"
Theo antwortet: „Jetzt sind alle weg[redacted]"

5 Entscheidungsfrage oder Ergänzungsfrage? Übertrage die Tabelle in dein Heft und kreuze an, um welche Fragesatzart es sich handelt.

	Entscheidungsfrage	Ergänzungsfrage
Wann fährt die nächste Straßenbahn?		
Kommst du mit ins Schwimmbad?		
Hat jemand mein Etui gesehen?		
Wie lang ist dein Schulweg?		
Was ist eigentlich das Gegenteil von durstig?		
Ist Marie noch zu Hause oder bereits beim Tennis?		

6 Sucht aus den drei Witzen jeweils drei Beispiele für Verberst- und Verbzweitsatz heraus. Schreibt sie auf und unterstreicht das Satzglied, das aus einem Verb gebildet wird.

Satzarten und Sprechabsichten erkennen

7 Vervollständige die folgenden Merksätze:

- Man unterscheidet drei Satzarten: [redacted], [redacted] und [redacted].
- [redacted] und [redacted] stimmen nicht immer überein.
- Man kann jemanden mit einem [redacted] oder mit einem [redacted] zu etwas auffordern.
- Wenn die Aufforderung besonders nachdrücklich gesprochen wird, kannst du anstelle des [redacted] oder des [redacted] auch ein [redacted] hinter den Satz setzen.

8 Fordert mit verschiedenen Satzarten jemanden auf, das Fenster zu schließen. Sprecht diese Aufforderungen.

Komm mit in eine andere Welt – Märchen

„Es war einmal ...“ – diesen Satz habt ihr bestimmt schon einmal gehört. Viele Märchen beginnen so. In diesem Kapitel begegnen euch Märchen, die ihr schon kennt, aber sicher auch solche, die euch noch unbekannt sind.

Ihr lernt,
- wie man sich einen Überblick über eine Märchenhandlung verschafft,
- wie man Märchen anschaulich vortragen kann,
- welche typischen Merkmale Märchen besitzen und welche Eigenschaften Märchenfiguren haben.

Ihr könnt auch zu Märchen schreiben, indem ihr Interviews mit Märchenfiguren entwickelt. Am Ende des Kapitels erhaltet ihr Ideen, wie ihr Märchen selbst schreiben könnt, und Vorschläge für Projekte rund um das Thema „Märchen“. Vielleicht habt ihr ja Lust, euer eigenes Klassenmärchenbuch zu gestalten.

TIPP: Die Märchen könnt ihr euch in Lesegruppen erschließen, bevor ihr die Aufgaben bearbeitet. Wie ihr dabei vorgehen könnt, ist in der Lernbox auf Seite 40 nachzulesen.

1 Auf diesem Bild seht ihr verschiedene Märchenfiguren. Welche kennst du und was weißt du über sie? Erzählt von den Märchen, in denen die Figuren vorkommen.

2 Könnt ihr die Gegenstände auf dem Bild den passenden Märchen zuordnen? Übernehmt die Tabelle in eure Hefte und vervollständigt sie.

Märchen/Märchenfigur (Zahl)	Gegenstand/Figur (Buchstabe)
(1) Sterntaler	(C) Münzen
(2) Frau Holle	(...) ...
...	...

3 Erkläre, welche Bedeutung die Gegenstände in dem jeweiligen Märchen haben.

4 **Durchstarten! So könnt ihr weiterarbeiten:**

a ○○ Legt eine Märchenbücherei in eurer Klasse an. Hierzu könnt ihr Märchenbücher, Märchenfilme oder Märchen-CDs mitbringen. Während eurer Beschäftigung mit Märchen könnt ihr euch diese Bücher, CDs usw. gegenseitig ausleihen. Ihr könnt auch in der Schule mithilfe eurer Märchenbibliothek z. B. gemeinsam Märchen lesen, euch gegenseitig daraus vorlesen oder Märchen-CDs anhören.

b ●○ Erzähle von deinem Lieblingsmärchen. Berichte deinen Mitschülern und Mitschülerinnen, worum es in dem Märchen geht und welche Märchengestalten darin vorkommen.

c ●● Gestalte dein eigenes individuelles Märchenbuch, in welchem du z. B. Märchen sammeln und Bilder dazu einkleben kannst. Natürlich kannst du auch eigene Märchen schreiben und Bilder dazu zeichnen und diese in deinem Märchenbuch sammeln.

„Es war einmal …“ – Märchen erschließen und vortragen

Brüder Grimm
Sterntaler

Es war einmal ein kleines Mädchen, dem waren Vater und Mutter gestorben. Es war so arm, dass es kein Kämmerchen[1] mehr hatte, um darin zu wohnen, und kein Bettchen mehr, darin zu schlafen, und gar nichts mehr als die Kleider auf dem Leib und ein Stückchen Brot in der Hand, das ihm ein mitleidiger Mensch geschenkt hatte. Es war aber gut und fromm. Und weil es so von aller Welt verlassen war, ging es im Vertrauen auf den lieben Gott hinaus ins Feld.

Da begegnete ihm ein armer Mann, der sprach: „Ach, gib mir etwas zu essen, ich bin so hungrig.“ Es reichte ihm das ganze Stückchen Brot und sagte: „Gott segne dir's!“, und ging weiter.

Da kam ein Kind, das jammerte und sprach: „Es friert mich so an meinem Kopfe, schenk mir etwas, womit ich ihn bedecken kann.“ Da tat das Mädchen seine Mütze ab und gab sie ihm.
Und als es noch eine Weile gegangen war, kam wieder ein zweites Kind und hatte kein Leibchen[2] an und fror; da gab es ihm seins.

Und dann ging es weiter, da traf es ein drittes Kind, das bat um ein Röckchen. Auch das gab das Mädchen hin.
Endlich gelangte es in einen Wald und es war schon dunkel geworden, da kam noch ein Kind und bat um ein Hemdlein und das fromme Mädchen dachte: „Es ist dunkel Nacht, da sieht dich niemand, du kannst wohl dein Hemd weggeben“, und zog das Hemd ab und gab es auch noch weg.

Und wie es so stand und gar nichts mehr hatte, fielen auf einmal die Sterne vom Himmel und waren lauter harte, blanke Taler[3]; und ob es gleich sein Hemdlein weggegeben hatte, so hatte es ein neues an und das war vom allerfeinsten Leinen[4]. Da sammelte es die Taler hinein und war reich für sein Lebtag.

---

1 Kämmerchen: ein sehr kleines Zimmer
2 Leibchen: Hemd, Unterhemd
3 Taler: Geldmünze, Geldstück
4 Leinen: ein grober Baumwollstoff

1 Lies dir die Aussagen zu dem Märchen durch. Welchen Aussagen stimmst du zu und welchen nicht?

2 Das kleine Mädchen trifft im Verlauf des Märchens auf viele Menschen. Verschafft euch zunächst einen Überblick über die Märchenhandlung.

- Übernehmt dazu die Tabelle und vervollständigt sie.
- Wenn ihr weitere Hilfen benötigt, arbeitet mit der Hilfekarte auf S. 313.

S. 313

Zeilen/Abschnitt	Überschrift	Inhalt
Zeilen 1 – 7	Ausgangssituation des Mädchens	– …
Zeilen 8 – 11	– …	– …
Zeilen 12 – …	– …	– …
…	– …	– …

Wiederholen und üben: Ein Märchen erschließen S. 100, Aufgabe 1

Inhalt eines Märchens erschließen AH, S. 23 – 25

3 Was erfährst du am Anfang des Märchens über das Mädchen? Suche in Z. 1 – 7 entsprechende Textstellen heraus.

4 Das Mädchen ist am Ende des Märchens reich. Weshalb passiert das deiner Meinung nach? Beachte dabei, was am Beginn des Märchens über das Mädchen erzählt wird.

Die Klasse 5b plant ein Märchencafé. Die Schüler und Schülerinnen möchten ihre Eltern einladen und Märchen vortragen. Nicole, Lars, Mehtap und Lilly haben sich das Märchen „Sterntaler" ausgesucht, um es vorzutragen.

5 Wie sollten Nicole und die anderen vorgehen und worauf sollten sie achten, damit ihnen ihr Märchenvortrag gut gelingt? Sammelt Vorschläge und Tipps.

Nicoles Gruppe hat beschlossen, abschnittsweise vorzugehen. Dazu haben sie das Märchen in vier Abschnitte aufgeteilt. Dies ist der erste Abschnitt, den Nicole für ihren Vortrag vorbereitet hat:

> Es war einmal ein kleines Mädchen, / dem waren Vater und Mutter gestorben. // Es war so arm, dass es kein Kämmerchen mehr hatte, um darin zu wohnen, / und kein Bettchen mehr, darin zu schlafen, / und gar nichts mehr als die Kleider auf dem Leib und ein Stückchen Brot in der Hand, / das ihm ein mitleidiger Mensch geschenkt hatte. // Es war aber gut und fromm. / Und weil es so von aller Welt verlassen war, / ging es im Vertrauen auf den lieben Gott hinaus ins Feld.

6 Seht euch Nicoles Vorarbeiten an. Wie ist sie vorgegangen und was könnten die Markierungen und Unterstreichungen bedeuten?

7 Bereitet nun einen Vortrag des Märchens „Sterntaler" vor. Arbeitet dabei in Kleingruppen und lest die Lernbox auf Seite 84. Geht dann so vor:

- Teilt das Märchen so auf, dass jeder einen Abschnitt vorträgt.
- Lest euren Abschnitt mehrmals, möglichst laut, durch.
- Bereitet euren Vortrag so vor wie Nicole. Markiert Pausen mit Schrägstrichen und unterstreicht Wörter, die ihr besonders betonen möchtet.
- Übt gemeinsam einen wirkungsvollen Vortrag des Märchens ein: Jeder trägt einen Abschnitt des Märchens vor, die anderen hören zu und geben Verbesserungsvorschläge. Achtet vor allem darauf, an welchen Stellen der Sprecher noch deutlicher oder betonter sprechen müsste.
- Einzelne Gruppen stellen der Klasse ihren Vortrag des Märchens vor. Besprecht dann gemeinsam, was an den Vorträgen gut gelungen ist und was man noch verbessern könnte.

Brüder Grimm

Der Bauer und der Teufel

Es war einmal ein kluges Bäuerlein, von dessen Streichen viel zu erzählen wäre: Die schönste Geschichte ist aber doch, wie er den Teufel einmal nicht nur besiegt hat, sondern sich auch lustig über ihn gemacht hat.

Das Bäuerlein hatte eines Tages seinen Acker bestellt und machte sich zur Heimfahrt bereit, als die Dämmerung schon eingetreten war. Da erblickte er mitten auf seinem Acker einen Haufen feuriger Kohlen, und als er voll Verwunderung hinzuging, so saß oben auf der heißen, glühenden Kohle ein kleiner schwarzer Teufel. „Du sitzt wohl auf einem Schatz?", sprach das Bäuerlein. „Jawohl", antwortete der Teufel, „auf einem Schatz, der mehr Gold und Silber enthält, als du dein Lebtag gesehen hast." „Der Schatz liegt auf meinem Feld und gehört mir", sprach das Bäuerlein. „Er ist dein", antwortete der Teufel, „wenn du mir zwei Jahre lang die Hälfte von dem gibst, was auf deinem Acker gewachsen ist: Geld habe ich genug, aber ich möchte unbedingt die Früchte der Erde."

Das Bäuerlein ging auf den Handel ein. „Damit aber kein Streit bei der Teilung entsteht", sprach das Bäuerlein, „so soll dir gehören, was über der Erde ist, und mir, was unter der Erde ist." Dem Teufel gefiel das wohl, aber das listige Bäuerlein hatte Rüben[1] gesät. Als nun die Zeit der Ernte kam, so tauchte der Teufel auf und wollte seine Frucht holen. Er fand aber nichts als die gelben welken Blätter, und das Bäuerlein, ganz vergnügt, grub seine Rüben aus.

„Einmal hast du gewonnen", sprach der Teufel, „aber für das nächste Mal soll das nicht gelten. Dein ist, was über der Erde wächst, und mein, was darunter ist." „Mir auch recht", antwortete das Bäuerlein. Als aber die Zeit zur Aussaat kam, säte das Bäuerlein nicht wieder Rüben, sondern Weizen. Die Frucht wurde reif, das Bäuerlein ging auf den Acker und schnitt die Halme bis zur Erde ab. Als der Teufel kam, fand er nichts als die Stoppeln und fuhr wütend in eine Felsenschlucht hinab. „So muss man die, die sich für klug halten, behandeln", sprach das Bäuerlein, ging hin und holte sich den Schatz.

[1] Rüben sind eine Frucht, bei der der essbare Teil unter der Erde wächst. Über der Erde wachsen nur die Blätter.

1 Prüft, wie gut ihr das Märchen verstanden habt. Sucht Textstellen heraus, die auf die folgenden Fragen antworten:

- Was erfahrt ihr gleich zu Beginn des Märchens über den Bauern?
- Welchen Handel schlägt der Teufel dem Bauern vor?
- Welche List denkt sich der Bauer für das erste Jahr aus?
- Wie überlistet er den Teufel im zweiten Jahr?
- Wie endet das Märchen?

Wiederholen und üben:
Ein Märchen erschließen
S. 100, Aufgabe 2
AH, S. 23 – 25

2 ○○ Beschreibe das Bild auf S. 83. Was ist hier genauso wie in dem Märchen und was ist anders?

3 ●○ Der Bauer schreibt einem anderen Bauern, der auch Ärger mit dem Teufel hat, einen Brief. Er warnt ihn darin vor dem Teufel und berichtet, wie er ihn überlistet hat. Schreibe diesen Brief.

4 ●● Was macht der Bauer mit seinem Schatz? Erzähle das Märchen weiter.

5 Übt einen Vortrag des Märchens ein. Geht wieder so vor, wie ihr es bei dem Märchen „Sterntaler“ gelernt habt. Arbeitet dabei auch mit der Lernbox auf dieser Seite.

6 Durchstarten! So könnt ihr weiterarbeiten:

a ●○ Suche dir ein kurzes Märchen aus (nutze dazu z. B. die Klassenbücherei oder das Internet). Übe einen Vortrag des Märchens ein und stelle es deiner Klasse vor.

b ●● Spielt das Märchen „Der Bauer und der Teufel“ eurer Klasse vor. Überlegt, wer welche Rolle übernimmt und wer was und wie sagt.

➲ Wiederholen und üben: Ein Märchen vortragen S. 101, Aufgabe 3

Das brauchst du immer wieder – So gehst du vor

Ein Märchen vortragen

Du kannst ein Märchen für einen Vortrag allein vorbereiten oder aber mit anderen zusammenarbeiten. Wenn ihr es zu mehreren vorbereitet, dann übernimmt jeder den Vortrag eines Abschnittes.

Gehe so vor:

- Teile das Märchen in **Abschnitte** ein und lies jeden Abschnitt genau.
- Bereite den Text nun vor, indem du **Markierungen** vornimmst, die dir das Vortragen erleichtern. Du kannst folgende Zeichen verwenden:

  / kurze Pause   // lange Pause   fromm betonte Wörter
- Lies **jeden Abschnitt** nun **mehrfach laut** vor. Probiere verschiedene Sprechweisen (z. B. laut – leise, schnell – langsam ...) aus. Versuche dabei, die wörtliche **Rede der Figuren** so zu sprechen, dass es zu **ihren Gefühlen** und den **Situationen**, in denen sie sich befinden, passt.
- Trage dein Märchen zunächst z. B. einem Mitschüler vor. Besprecht zusammen, was du noch verbessern kannst.

Märchen unter der Lupe – Merkmale von Märchen erkennen und nachweisen

Feen, Zauberer und Wünsche – Märchenmerkmale sammeln

A

B

C

D

E

F

G

H

1 Schau dir die Zeichnungen an. Welche Märchen erkennst du?

2 Erkläre, woran du erkennen kannst, dass es sich bei den Zeichnungen um Bilder zu Märchen handelt.

3 Sammelt Merkmale, die für Märchen typisch sind.
Übernehmt den Ideenstern in eure Hefte und wählt einen der folgenden Arbeitsaufträge:

➲ Wiederholen und üben: Merkmale von Märchen erkennen S. 101, Aufgabe 4

a ○○ Lest die Lernbox auf Seite 88 und ergänzt den Ideenstern.

b ●○ Ergänzt den Ideenstern. Tragt dazu zusammen, welche Merkmale von Märchen auf den Zeichnungen auf S. 78/79 und S. 85 dargestellt sind.

c ●● Ergänzt den Ideenstern mithilfe der Zeichnungen auf S. 78/79 und 85. Vervollständigt ihn noch mit weiteren eigenen Ideen.

Zwei Kinder und die böse Wassernixe – Märchenmerkmale nachweisen

Brüder Grimm
Die Wassernixe

A Ein Brüderchen und ein Schwesterchen spielten einmal an einem Brunnen, und wie sie so spielten, plumpsten sie beide hinein. Da war unten eine Wassernixe, die sprach: „Jetzt hab ich euch, jetzt sollt ihr mir brav arbeiten." Und sie führte sie mit sich fort. Dem Mädchen gab sie verwirrten, garstigen Flachs[1] zu spinnen und es musste Wasser in einem hohlen Fass herbeischleppen. Der Junge aber sollte einen Baum mit einer stumpfen Axt hauen. Und sie bekamen nichts zu essen als steinharte Klöße.

[1] Flachs: eine Faserpflanze, die man zum Weben benutzt

B Da wurden zuletzt die Kinder so ungeduldig, dass sie warteten, bis eines Sonntags die Nixe in der Kirche war; da entflohen sie. Und als die Kirche vorbei war, sah die Nixe, dass die Kinder ausgeflogen waren, und setzte ihnen mit großen Sprüngen nach. Die Geschwister erblickten sie aber von Weitem und das Mädchen warf eine Bürste hinter sich. Das gab einen großen Bürstenberg mit tausend und tausend Stacheln, über den die Nixe mit großer Mühe klettern musste. Endlich aber kam sie doch hinüber.

C Wie das die Kinder sahen, warf der Knabe einen Kamm hinter sich. Das gab einen großen Kammberg mit tausendmal tausend Zinken[2]; aber die Nixe wusste sich daran festzuhalten und kam zuletzt doch drüber.

D Da warf das Mädchen einen Spiegel hinter sich, welcher einen Spiegelberg machte. Der Spiegelberg war so glatt, dass die Wassernixe nicht darüber konnte. Da dachte sie: „Ich will schnell nach Hause gehen und meine Axt holen und den Spiegelberg entzweihauen."
Bis sie aber wiederkam und das Glas aufgehauen hatte, waren die Kinder längst entflohen und die Wassernixe musste sich wieder in ihren Brunnen trollen.

2

3

4

---

[1] Zinken: die spitzen Enden einer Bürste oder eines Kamms

1 Lest das Märchen gründlich Abschnitt für Abschnitt und schaut euch die Bilder an. Welches Bild gehört zu welchem Abschnitt? Begründet eure Zuordnung.

Textabschnitt	Bild
Abschnitt A	Bild Nr. ■
Abschnitt B	Bild Nr. ■
Abschnitt C	Bild Nr. ■
Abschnitt D	Bild Nr. ■

2 Beantworte jetzt folgende Fragen:

- Was passiert den Kindern am Anfang des Märchens?
- Was müssen die Kinder für die Nixe tun?
- Wie entkommen die Kinder der Nixe?

3 Lest die Lernbox auf S. 88. Beantwortet dann folgende Fragen:

- Welche typischen Eigenschaften und Merkmale besitzen die Figuren in diesem Märchen?
- Welche weiteren Märchenmerkmale lassen sich in diesem Märchen noch finden?

➲ Wiederholen und üben: Merkmale von Märchen nachweisen S. 101, Aufgabe 5

➲ Merkmale von Märchen nachweisen AH, S. 26

4 Durchstarten! So könnt ihr weiterarbeiten:

a ○○ Was könnten der Junge oder das Mädchen während ihrer Flucht vor der Nixe gedacht und gefühlt haben? Schreibe einen inneren Monolog für eine der beiden Märchenfiguren in dieser Situation. Hilfen, wie du dabei vorgehen kannst, erhältst du in der Lernbox auf S. 44.

b ●○ Bereite einen Vortrag des Märchens vor. Arbeite dazu wieder mit der Lernbox auf S. 84.

c ●○ Wähle eines der anderen Märchen in diesem Kapitel aus und untersuche, welche typischen Merkmale von Märchen es besitzt.

d ●● Erzähle das Märchen nach. Ergänze dabei das Märchen um typische Märchenmerkmale. Baue formelhafte Wendungen ein, beispielsweise Zaubersprüche wie „Bürste, vervielfache dich, schütze das Brüderchen und mich“, die das Mädchen oder auch der Junge auf der Flucht sagen könnten. Ebenso kannst du einen formelhaften Anfang und ein formelhaftes Ende einfügen.

Das brauchst du immer wieder – Das musst du wissen

➲ Texte zum Thema „Märchen“ SB, S. 293–295

Merkmale von Märchen

Die wichtigsten Merkmale von Märchen sind folgende:

- Am **Anfang** eines Märchens steht oft eine Notlage oder eine Aufgabe, die der Märchenheld oder die Märchenheldin lösen muss.
- Die **Personen**, die sich im Märchen gegenüberstehen, sind meistens sehr **gegensätzlich**, z. B. gut – böse, tapfer – feige, schön – hässlich, klug – dumm, arm – reich. Diese Eigenschaften behalten sie bei, die Märchenfiguren ändern sich nicht.
- Vielfach kommen in Märchen **besondere Wesen**, z. B. Zauberer, Hexen, Feen und sprechende Tiere, oder **besondere Gegenstände**, z. B. verzauberte Bäume, vor.
- Eine besondere Rolle spielen die **Zahlen** (z. B. drei Brüder, drei Federn, sieben Geißlein) sowie häufig wiederkehrende **Zauberformeln** und besondere **Sprüche** („Knusper, knusper, knäuschen – wer knuspert an meinem Häuschen?“).
- Die meisten Märchen enden damit, dass das **Böse besiegt** wird, das **Gute siegt** und der Märchenheld oder die Märchenheldin **belohnt** wird.
- Märchen haben zudem oft einen **formelhaften Anfang** („Es war einmal ...“) und ein **formelhaftes Ende** („Sie lebten glücklich bis ...“ oder „Wenn sie nicht gestorben sind, dann leben sie noch heute“).

„Als mein Vater …“ – aus der Sicht einer Märchenfigur erzählen

Das folgende Märchen stammt aus Portugal:

Der Prinz mit den Eselsohren

A Es war einmal ein König, der war sehr traurig, weil er keine Kinder hatte; und er ließ drei Feen rufen, die sollten ihm helfen, dass die Königin ihm einen Sohn schenkte. Die Feen versprachen ihm, seine Wünsche zu erfüllen, und sagten ihm, sie würden bei der Geburt zugegen sein. Nach neun Monaten wurde dem Königspaar ein Sohn geboren, und die Feen schenkten dem Kind ihre Gaben. Die erste Fee sprach: „Du sollst der schönste Prinz der Welt werden.“ Die zweite Fee sprach: „Du sollst zudem sehr tugendsam und verständig werden.“ Die dritte Fee ärgerte sich, dass die beiden ersten schon so viele gute Gaben ihr vorweggenommen hatten. Es wollte ihr nichts Besseres mehr einfallen, und darum rief sie: „Aber dir sollen Eselsohren wachsen, damit du nicht stolz und hochmütig werden kannst.“ Der König war außer sich und bat sie, diesen Wunsch zurückzunehmen. Wie konnte einer mit Eselsohren dereinst König werden!

B Aber die drei Feen gingen wieder fort, und bald darauf wuchsen dem Prinzen Eselsohren. Nun beschloss der König, dass keiner erfahren durfte, dass der zukünftige König Eselsohren habe; darum ließ er eine Mütze anfertigen, die dem Prinzen fest auf dem Kopf saß und auch die Ohren verdeckte. Er legte sie Tag und Nacht nicht ab. Der Prinz wurde von Tag zu Tag schöner. Und niemand am Hof ahnte, dass er Eselsohren hatte. Aber allmählich kam er in das Alter, da er rasiert werden musste, zudem war es nötig, ihm einmal die Haare zu schneiden.

C Da ließ der König einen Barbier[1] rufen und sagte zu ihm: „Du sollst den Prinzen rasieren, aber wenn du auch nur einem Menschen sagst, was du unter seiner Kappe gesehen hast, so musst du sterben.“

D Der Barbier hatte große Lust zu erzählen, was er gesehen hatte, aber die Angst, sterben zu müssen, ließ ihn schweigen. Eines Tages ging er zur Beichte und sagte zu seinem Beichtvater: „Ich habe ein Geheimnis, das drückt mich so sehr, weil mich der König töten lässt, wenn ich es jemandem anvertraue, aber wenn ich es niemandem anvertraue, gehe ich unter der Last des Geheimnisses zugrunde. Sage mir, Vater, was soll ich tun?“

[1] Barbier: veraltet für Friseur

Der Beichtvater antwortete ihm, er solle in ein Tal gehen, dort ein Loch graben und das Geheimnis so oft da hineinsprechen, bis er von der Last befreit sei, und dann das Loch mit Erde wieder zuschütten. Die Erde würde es dann schon bewahren. Der Barbier tat es; und nachdem er das Loch zugeschüttet hatte, ging er erleichtert nach Hause zurück.

E Nach einiger Zeit wuchs an der Stelle, wo der Barbier das Loch gegraben hatte, Schilfrohr, und wenn die Hirten mit ihren Herden vorüberkamen, schnitten sie das Rohr und machten sich Flöten daraus; und wenn sie dann auf den Flöten spielten, so erklangen Stimmen, die sagten: „Prinz mit den Eselsohren – Prinz mit den Eselsohren." Da verwunderten sich alle sehr, und die Neuigkeit verbreitete sich in der ganzen Stadt, sodass sie sogar dem König zu Ohren kam. Er befahl, dass einer der Hirten mit seiner Flöte zu ihm kommen solle, um auf seiner Flöte zu spielen. Wirklich erklangen immer dieselben Melodien und Stimmen, und was der Hirte auch zu spielen versuchte, alle bekannten Lieder übertönten die Worte: „Prinz mit den Eselsohren." Auch der König selbst spielte; und bei jedem Mal hörte er wieder die Stimmen.

F Da ließ der König den Barbier rufen und wollte ihn richten lassen; aber der junge Prinz bat für sein Leben, zog seine Mütze ab und rief: „So mögen alle wissen, dass ich Eselsohren habe, und es nicht nur im Geheimen flüstern. Ich kann ihnen trotzdem ein guter König sein." Doch siehe, als er seine Mütze abgezogen hatte und der ganze Hof rings um ihn versammelt war, sahen alle, dass er gar keine Eselsohren mehr hatte. Wie groß war da die Freude des Königs, der Königin und des jungen Prinzen. Von dem Tag an hörte man auch die Worte „Prinz mit den Eselsohren" aus dem Schilf nicht mehr.

1 Verschafft euch einen Überblick über die Handlung. Geht dazu so vor: Findet für die einzelnen Textabschnitte passende Überschriften.

Überschrift des Textabschnittes	Buchstabe des Textabschnittes
a) Der Prinz versteckt ...	B

S. 314

Ihr findet eine Hilfekarte zu dieser Aufgabe auf Seite 314.

2 Nachdem ihr das Märchen aufmerksam gelesen habt, könnt ihr bestimmt folgende Fragen beantworten:

- Welche Rolle spielen die drei Feen in dem Märchen und was wünschen sie dem Prinzen?
- Wie reagiert der König nach dem Besuch der Feen?
- Weshalb weiß der Barbier von den Eselsohren des Prinzen und welche Probleme hat er?
- Wohin geht der Barbier und wozu wird ihm dort geraten?
- Wie erfahren die Menschen von den Eselsohren?
- Was passiert am Schluss des Märchens?

3 Am Ende des Märchens hat der Prinz keine Eselsohren mehr. Erkläre genau, warum dies deiner Meinung nach geschieht.

4 Stell dir vor, der Prinz setzt sich am Abend des Tages, an dem seine Eselsohren verschwunden sind, hin und schreibt in sein Tagebuch. Verfasse einen möglichen Tagebucheintrag, in dem der Prinz von sich und seinem Leben erzählt.

5 **Durchstarten! So könnt ihr weiterarbeiten:**

a Erzähle das Märchen aus der Sicht der Barbiers.

b Welche typischen Merkmale besitzt dieses Märchen? Suche sie heraus. Hilfen findest du in der Lernbox auf S. 88.

c Besorgt euch Märchen aus anderen Ländern und stellt sie der Klasse vor (z. B. indem ihr sie vortragt oder nacherzählt). Sicher sind in eurer Klasse Schüler oder Schülerinnen aus anderen Ländern. Lasst euch von ihnen Märchen aus ihrer jeweiligen Heimat vorstellen.

„Am Anfang des Märchens ...“ – Märchen nacherzählen

Der Wolf und die sieben Geißlein – zu Bildern ein Märchen nacherzählen

1 Sicher kennen die meisten von euch das Märchen vom Wolf und den sieben Geißlein. Seht euch die Bilder an und erzählt es mithilfe der Bilder nach.

Der Wolf packt aus – ein Interview mit einer Märchenfigur weiterführen

Elke Kahlert

Jetzt rede ich. Endlich die Wahrheit über die sieben Geißlein

(Unser fliegender Reporter Ronald Eichelhäher sprach mit Herrn Wolf.)

Reporter: Herr Wolf, wir freuen uns, dass Sie sich bereit erklärt haben zu reden. Die Geschichte hat ja damals viel Staub aufgewirbelt. Nun endlich sollen unsere Leser die volle Wahrheit über Sie und die sieben Geißlein erfahren. Also, Herr Wolf, wie war es wirklich?

Wolf: An der dummen Geschichte ist ja eigentlich überhaupt nichts dran. […]

1 Was fragt der Reporter den Wolf? Welche Antworten wird der Wolf ihm geben?

2 Wie könnte das Interview weitergehen?

- Sammelt zunächst Fragen des Reporters und denkt euch mögliche Antworten des Wolfs aus.
- Schreibt das Interview in euer Heft. Ihr könnt es auch zu zweit vorstellen.

Ihr findet mögliche Fragen auf der Hilfekarte auf Seite 314. Versucht aber zunächst, eigene Fragen zu finden. S. 314

3 Denkt euch noch weitere Interviews mit euch bekannten Märchenfiguren aus. Schreibt die Interviews in euer Heft. Anschließend könnt ihr die Interviews mit verteilten Rollen vorlesen oder vorspielen.

Was gehört zu welchen Märchen? – Märchen mithilfe von Motivketten nacherzählen

1 Ihr habt in diesem Kapitel vier Märchen kennengelernt. In dem Kasten auf S. 94 sind die vier Märchen durcheinandergeraten.

- Bringt die Märchenteile in die richtige Reihenfolge. Ihr erhaltet dann zu jedem Märchen ein Lösungswort, das mit dem Thema „Märchen" zu tun hat.
- Die Ausgangssituation ist richtig angegeben. Dazu müsst ihr die passenden Märchenfiguren usw. finden.
- Findet auch die jeweiligen Überschriften der Märchen heraus.

Eine Hilfekarte findet ihr auf Seite 314. Ihr könnt sie auch benutzen, um eure Lösung zu kontrollieren. S. 314

Ausgangssituation	Märchenfiguren	Märchenhaftes	Aufgaben, Zaubersprüche, Wendungen	Schluss
Märchen 1: Ein armes Mädchen besitzt nicht mehr als seine Kleidung. **H**	ein Bauer und ein Teufel **Ö**	ein Teufel **N**	Flöte: „Prinz mit den Eselsohren – Prinz mit den Eselsohren." **R**	Der Bauer darf den Schatz behalten. **G**
Märchen 2: Ein Teufel und ein Bauer schließen eine Wette darüber ab, wer den Schatz behalten darf. **K**	ein König, drei Feen, ein Prinz, ein Barbier **I**	goldene Taler **X**	Brüderchen und Schwesterchen spielten einmal ... **N**	Der Prinz hat keine Eselsohren mehr. **E**
Märchen 3: Eine Nixe fängt ein Brüderchen und ein Schwesterchen. **P**	ein armes Mädchen, vier kleine Kinder und ein armer Mann **E**	Eselsohren, eine sprechende Flöte **E**	Ein Bauer muss zwei Wetten gewinnen. **I**	Brüderchen und Schwesterchen ist die Flucht geglückt. **Z**
Märchen 4: Ein Prinz hat Eselsohren, die er mit einer Mütze bedeckt. **T**	eine Nixe, ein Brüderchen und ein Schwesterchen **R**	ein Bürstenberg, ein Berg aus Zinken, ein Spiegelberg **I**	teilt ihr weniges Hab und Gut mit anderen Menschen **E**	Es regnet harte und blanke Taler vom Himmel. **N**

2 Sucht euch ein Märchen aus und erzählt es nach. Lest vorher eventuell noch einmal das Märchen. Ihr findet es auf den Seiten 80, 83, 86 oder 89.

3 **Durchstarten! So könnt ihr weiterarbeiten:**

a ●● Recherchiert im Internet oder in Bibliotheken nach unbekannten Märchen. Erzählt sie schriftlich oder mündlich nach. Erstellt vorher wie in Aufgabe 1 eine Übersicht der Märchenteile, die in den Märchen vorkommen.

b ●○ Lest eines der anderen drei Märchen in diesem Kapitel. Erzählt es schriftlich oder mündlich nach.

➔ Wiederholen und üben: Märchen nacherzählen S. 101, Aufgabe 6

In der Märchenwerkstatt – Märchen schreiben

Auf den folgenden Seiten findet ihr verschiedene Vorschläge, wie ihr selbst eigene Märchen schreiben könnt.

Einen Märchenanfang fortsetzen

Einer zieht um die Welt

Es waren einmal ein Mann und eine Frau. Sie hatten nur einen einzigen Sohn, der war immer rechtschaffen, freundlich und zu allen Menschen hilfsbereit, eine Freude seiner Eltern. Als aber die Mutter gestorben war, da sprach der Sohn zu seinem Vater: „Lieber Vater, lass mich in die Welt hinausziehen. Habe ich mein Glück gefunden, so will ich dich daran teilhaben lassen." [...]

1 Sammelt Ideen zu folgenden Fragen:

- Welche Notlagen oder Aufgaben muss der Sohn bewältigen, nachdem er von zu Hause weggegangen ist?
- Welchen anderen Märchenfiguren begegnet er (z. B. Zauberern oder sprechenden Tieren)?
- Mit welchen Mitteln löst er die Aufgaben oder besteht er die Gefahren (z. B. durch Zaubersprüche, besondere Gegenstände oder mithilfe anderer Märchenfiguren)?
- Wie endet das Märchen (wird es z. B. eine glückliche Rückkehr, eine Belohnung oder eine Heirat geben)?

2 Erzähle das Märchen zu Ende. Lege dir dazu mithilfe der Ideen aus Aufgabe 1 einen Erzählplan an. Übernimm und vervollständige dazu folgende Tabelle:

Anfang/ Ausgangslage	Märchen-gestalten	drei Aufgaben/Gefahren	Lösung der Aufgaben/ Gefahren	Schluss/Ende des Märchens
Sohn verlässt seine Familie, zieht in die Welt hinaus, um sein Glück zu suchen		1. 2. 3.	1. 2. 3.	

Falls du hierzu Hilfe brauchst, findest du auf der Hilfekarte auf S. 314 einen Erzählplan. Du kannst ihn benutzen, um das Märchen zu Ende erzählen zu können.

S. 314

Den Anfang und das Ende eines Märchens erzählen

[...] Am Abend saß der Köhler mit seiner Frau am Feuer. Sie dachten nach. „Was sollen wir uns wünschen?“, fragten sie sich.
Plötzlich, beim Anblick der kleinen Holzscheite, die lustig knisterten, rief die gute Frau, ohne im Geringsten daran zu denken, dass sie einen Wunsch äußerte: „Ganz gleich, eine Elle Blutwurst auf dieser guten Kohlenglut, das wäre eine Wohltat!“
Augenblicklich fiel eine Elle Blutwurst aus dem Kamin mitten in die Kohlenglut hinein. Der Mann wurde zornig. „Bist du verrückt, altes Weib? Ist das dein Wunsch? Ich möchte wahrhaftig, dass diese Elle Blutwurst sich an deine Nase hänge!“
Sofort geschah, was er sagte. Die Blutwurst hängte sich an die Nasenspitze der alten Frau. Beide, der Köhler wie seine Frau in ihrer Feuerecke, waren höchst betrübt.
„Jetzt haben wir nur noch einen Wunsch.“ Sie überlegten lange, lange, und die Blutwurst hing immer weiter an der Nase der unglücklichen Frau. [...]

1 In dem Märchen aus den Pyrenäen sind bekannte Motive enthalten. Ihr müsst zunächst einen passenden Anfang erfinden und dann das Märchen zu Ende erzählen. Sucht auch eine passende Überschrift.

Nach Bildern Märchen erzählen

1 Schreibe zu einem der Bilder ein Märchen. Lege dir wieder zunächst einen Erzählplan an.

Nach Reizwörtern Märchen erzählen

1 Sucht euch eine der Reizwortketten aus dem Kasten aus und erzählt dazu ein eigenes Märchen. Macht euch zunächst wieder einen Erzählplan.

eine Höhle – eine große Schlange – ein Diamant – eine schöne Müllerstochter – Hungersnot

eine goldene Kugel – ein kleines graues Männchen – ein verwunschener Prinz – drei Wünsche

eine Quelle – ein Riese – ein schönes Schloss – ein Drachen

zwei Stiefschwestern – ein Zauberwald – ein Bär – Honig mit Zauberkraft

Das könnt ihr noch machen – Projektideen rund um Märchen

Eine Märchenlesung veranstalten

Verwandelt eure Klasse in eine „Märchenstube", in der ihr euch gegenseitig Märchen vortragt. Ihr könnt auch andere Klassen oder eure Eltern zu eurer Märchenlesung einladen. So könnt ihr eure Lesung vorbereiten und durchführen:

- Sucht euch kurze Märchen aus, die ihr vortragen möchtet.
- Bereitet eure Vorträge der Märchen so vor, wie ihr es gelernt habt. Was ihr dabei beachten müsst, könnt ihr in der Lernbox auf S. 84 nachlesen.
- Ihr könnt die Märchen auch vorspielen. Ein Erzähler liest das Märchen vor und die anderen stellen das Geschehen auf der Bühne dar. Ihr könnt das Märchen natürlich auch als richtiges kleines Theaterstück aufführen. Überlegt euch dazu, was die Märchenfiguren sagen und wie sie sich verhalten.
- Gestaltet euren Klassenraum passend zum Thema „Märchen". Fertigt z. B. zu euren Lieblingsmärchen Illustrationen an und hängt sie auf. Oder sammelt möglichst viele verschiedene Märchenbücher und stellt sie auf Büchertischen aus.

Ein Klassenmärchenbuch gestalten

Ihr könnt gemeinsam als Klasse ein Märchenbuch erstellen. Jeder Schüler und jede Schülerin eurer Klasse kann Märchen oder Märchenbilder hinzufügen. Das fertige Märchenbuch könnt ihr dann ausstellen, z. B. am Tag der offenen Tür oder in der Schulbibliothek.

So könnt ihr bei der Erstellung eines Klassenmärchenbuches vorgehen:

- Jeder sucht sich ein Märchen aus, das ihm besonders gut gefällt. Gut eignen sich z. B. Märchen, die nicht so bekannt sind. Natürlich könnt ihr auch eigene Märchen für das Märchenbuch schreiben.
- Schreibt die Märchen sauber und ordentlich ab oder tippt sie am Computer und druckt sie aus.
- Wenn ein Märchentext zu lang ist, arbeitet in kleinen Gruppen und teilt das Märchen auf. Jeder schreibt oder tippt dann einen Abschnitt des Märchens ab.
- Fertigt auch eine oder mehrere Zeichnungen zu euren Märchen an.
- Ihr könnt zu eurem Märchen auch schreiben, warum ihr es ausgewählt habt und was euch daran so gut gefällt.
- Sammelt alle Märchen ein und heftet sie z. B. in einen Ordner oder lasst sie in einem Copyshop binden.
- Fertigt für euer Märchenbuch zuvor auch ein Deckblatt und ein Inhaltsverzeichnis an.

Alles klar? – Wiederholen und üben

Ein Märchen erschließen

Brüder Grimm

Der süße Brei

Es war einmal ein armes, frommes Mädchen, das lebte mit seiner Mutter allein, und sie hatten nichts mehr zu essen. Da floh das Kind wegen der ganzen Not zu Hause hinaus in den Wald. Dort begegnete ihm eine alte Frau. Die wusste um die Sorgen des Mädchens und schenkte ihm einen Kochtopf. Zu dem Topf sollte das Mädchen sagen: „Töpfchen, koche". Dann kochte der Topf guten, süßen Hirsebrei, und wenn es sagte „Töpfchen, steh", so hörte der Topf wieder auf zu kochen.

Das Mädchen brachte den Topf nach Hause zu seiner Mutter. Von nun waren ihre Armut und ihr Hunger vorbei und sie aßen süßen Brei, sooft sie wollten.

Eines Tages war das Mädchen ausgegangen, da sprach die Mutter: „Töpfchen, koche". Der Topf kochte süßen Brei und die Mutter aß sich satt. Dann wollte sie, dass das Töpfchen wieder aufhören sollte zu kochen. Aber sie hatte den Spruch vergessen. Also kochte der Topf fort, und der Brei stieg über den Rand des Topfes und er kochte immer weiter. Die Küche und das ganze Haus waren voller Brei, dann das zweite Haus und dann die ganze Straße. Es war, als wollte der Topf die ganze Welt satt machen. Und alle waren in größter Not und Verzweiflung, und kein Mensch wusste sich da zu helfen.

Endlich, wie nur noch ein einziges Haus übrig war, da kam das Kind nach Hause und sprach nur: „Töpfchen, steh". Da hörte der Topf auf zu kochen, und wer wieder in die Stadt wollte, der musste sich durch den süßen Brei hindurchessen.

(sprachlich vereinfacht und Absätze ergänzt)

1 Verschafft euch einen Überblick über die Märchenhandlung. Übernehmt dazu die Tabelle und vervollständigt sie.

Textabschnitt/Zeilen	Überschrift	Inhalt
Z. 1 – 3	Ausgangssituation des Mädchens	– Mädchen: fromm und gut – lebt mit der Mutter allein – Armut und Hunger
…	…	…

2 Stellt fünf Fragen zu dem Märchen. Tauscht eure Fragen mit einer Mitschülerin oder einem Mitschüler aus und beantwortet sie. Kontrolliert danach eure Antworten.

Ein Märchen vortragen

3 Sieh dir die Lernbox auf S. 84 an. Übe dann einen wirkungsvollen Vortrag des Märchens „Der süße Brei“ ein.

Merkmale von Märchen erkennen und nachweisen

4 Finde die richtige Antwort heraus und schreibe sie in dein Heft.

Im Märchen siegt immer
- die Hexe.
- das Böse.
- das Gute.

Märchen haben häufig
- eine Hexe als Märchenfigur.
- einen formelhaften Anfang und ein formelhaftes Ende.
- eine lustige Märchenfigur.

Im Märchen
- bleiben die Guten immer gut und die Bösen immer schlecht.
- werden die Guten böse und die Bösen lieb.
- bleiben die Guten gut und auch die Bösen werden gut.

Welche Zahlen haben in Märchen eine besondere Bedeutung?
- 11 und 77
- 4 und 13
- 3 und 7

5 Welche typischen Merkmale besitzt das Märchen „Der süße Brei“ und welche Merkmale kommen in ihm nicht vor? Weise diese mithilfe der Lernbox auf S. 88 nach.

Märchen nacherzählen

6 Zeichne zu dem Märchen „Der süße Brei“ eine Bilderfolge wie auf S. 92. Erzähle das Märchen dann mithilfe der Bilder nach.

7 Gestalte mit dem Mädchen, der Mutter oder der alten Frau aus dem Märchen „Der süße Brei“ ein fiktives Interview.

- Überlege dir zunächst, welche Fragen du der jeweiligen Märchenfigur stellen möchtest, und lass sie dann darauf antworten.
- Ihr könnt die Interviews auch zu zweit als Dialog oder kleine Spielszene einüben.

Erzählwerkstatt – wir erzählen

In diesem Kapitel erhaltet ihr viele Gelegenheiten, Geschichten zu erzählen. Ihr lernt,

- aus welchen Teilen eine Erzählung besteht,
- was man bei der Ausgestaltung der einzelnen Teile einer Erzählung beachten muss und
- wie man interessant und spannend erzählt.

Am Ende des Kapitels findet ihr verschiedene Erzählideen, zu denen ihr eigene Geschichten schreiben könnt.

1 Beschreibt die Bilder und die einzelnen Erzählsituationen.

2 Welche Situationen kennt ihr, in denen ihr anderen etwas erzählt habt oder in denen euch etwas erzählt wurde?

3 **Durchstarten! So könnt ihr weiterarbeiten:**

a Entscheidet euch für eine der abgebildeten Erzählsituationen. Bildet Gruppen und spielt eine der Erzählsituationen nach.

b Vergleicht eure Lösungen miteinander. Welches Spiel hat euch besonders gefallen? Begründet eure Meinung.

Einleitung, Höhepunkt, Schluss – den Aufbau einer Erzählung untersuchen

Eine unheimliche Begegnung

1 Jetzt erkannte ich meinen Vater. Ein Stein fiel mir vom Herzen. Mein Vater sagte kopfschüttelnd: „Wie kann man nur so neugierig sein, Patrick. Jetzt aber wieder ins Bett mit dir!"

2 Plötzlich hielt mir die Gestalt eine große Taschenlampe vors Gesicht und blendete mich. Aus dem gleißenden Licht hörte ich eine lachende Stimme: „Hab ich dich, du Dieb!"

3 Ich huschte leise die Kellertreppe herab. Es gab nur eine ganz schwach leuchtende Lampe oben an der Tür. Unten konnte ich kaum etwas sehen. Langsam tastete ich mich vor. Auf einmal hörte ich Schritte hinter mir. Der Schatten einer riesigen Gestalt fiel auf die Wand. Mein Herz schlug bis zum Hals und meine Hände waren schweißnass. Wer war das? Was sollte ich jetzt tun? Die Schritte kamen immer näher. Ich presste mich mit dem Rücken an die kalte Kellerwand. „Jetzt nur kein Geräusch machen", dachte ich und hielt den Atem an.

4 Ich konnte es einfach nicht mehr aushalten. Wie jedes Jahr platzte ich vor Neugier. Es war zwei Tage vor meinem zehnten Geburtstag. Ich wusste, dass meine Mutter meine Geschenke immer in einer Truhe im Keller versteckte. Als meine Eltern schliefen, schlich ich mich nachts aus meinem Zimmer.

1 Die einzelnen Teile der Erzählung sind durcheinandergeraten. Bringe sie in die richtige Reihenfolge.

2 ○○ Formuliert für jeden der Abschnitte eine Überschrift, die seinen Inhalt zusammenfasst.

3 ●○ Eine Erzählung besteht oft aus folgenden Teilen:

- Einleitung,
- Hauptteil mit Spannungssteigerung und Höhepunkt,
- Schluss.

Ordnet die Abschnitte der Erzählung „Eine unheimliche Begegnung“ diesen „Bausteinen“ zu. Erklärt, woran man die einzelnen Teile einer Erzählung in dieser Erzählung erkennen kann. Lest dazu die Lernbox auf S. 106.

4 ●● Stellt den Handlungs- und Spannungsverlauf der Erzählung in einer Kurve dar. Lest zunächst die Lernboxen auf den Seiten 106 und 108. Geht dann so vor:

- Zeichnet die abgebildete Spannungskurve vergrößert in eure Hefte.
- Tragt in die Kästen oberhalb der Kurve eure Überschriften aus Aufgabe 2 oder die Begriffe „Einleitung“, „Spannungssteigerung“, „Höhepunkt“ und „Schluss“ ein.
- Ergänzt unterhalb der Kurve, was in diesen Teilen der Erzählung jeweils passiert.

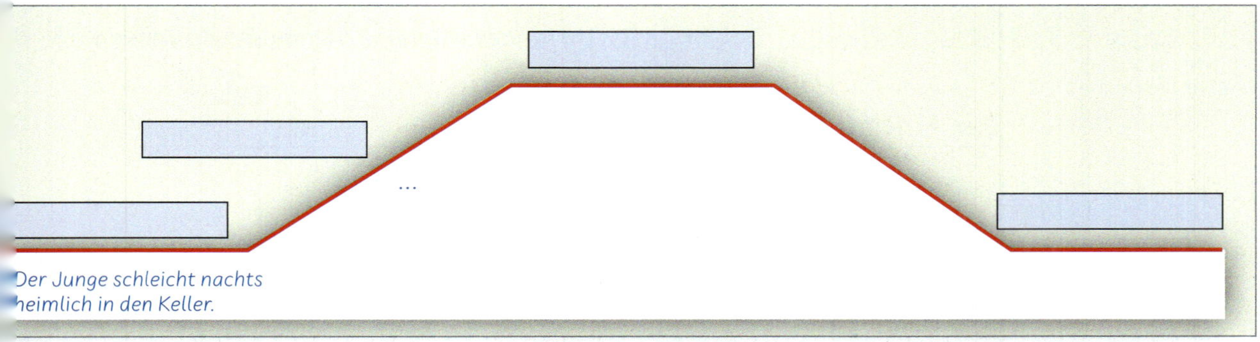

5 Sucht Stellen heraus, an denen die Erzählung spannend wirkt. Erklärt, warum diese Stellen so spannend sind. Achtet dabei besonders auf

- anschauliche Beschreibungen, die die Gefühle des Ich-Erzählers verdeutlichen (z. B.: Mein Herz schlug bis zum Hals),
- Beschreibungen der Umgebung, von Gegenständen und Personen,
- Bewegungsverben (z. B.: huschte),
- Gedanken und Fragen des Ich-Erzählers.

Der Sprung in die Tiefe

❶ Als er wieder auftauchte, war ihm, als sei eine Zentnerlast von ihm genommen. „Das hast du prima gemacht, Marius“, rief seine Lehrerin und empfing ihn am Beckenrand.

❷ Vorsichtig, wie auf einem schmalen Steg balancierend, tastete er sich zum Brettende vor. Er hatte Angst. Sein Herz klopfte ihm bis zum Hals. „Jetzt bloß nicht lange warten“, sprach er zu sich selbst, ging leicht in die Hocke, schaute noch einmal seine Lehrerin an und sprang unbeholfen in das Becken.

❸ Schritt für Schritt stieg er die weiß gestrichene Eisentreppe hinauf. Dabei merkte er, wie seine Beine immer schwerer wurden. „Wenn ich jetzt umkehre, denken bestimmt alle, dass ich ein Feigling bin.“ Das ging ihm durch den Kopf, als er das Brett schließlich erreichte.

❹ „Das schaffe ich nie“, dachte Marius, als ihn seine Sportlehrerin in der letzten Schwimmstunde aufforderte, vom Dreimeterbrett zu springen. Marius war nämlich nicht gerade der Mutigste, und das Schwimmen hatte er auch erst vor einem Jahr gelernt.

6 ○○ Bringe die einzelnen Teile der Erzählung in die richtige Reihenfolge.

7 ●○ Ordnet den einzelnen Teilen der Erzählung die Begriffe „Einleitung“, „Spannungssteigerung“, „Höhepunkt“ und „Schluss“ zu.

8 ●● Stellt den Handlungsablauf in Form einer Spannungskurve dar. Arbeitet dabei mit den Hinweisen auf S. 105, Aufgabe 4.

➔ Wiederholen und üben: Aufbau einer Erzählung S. 118, Aufgaben 1 und 2

Das brauchst du immer wieder – Das musst du wissen

Der Aufbau einer Erzählung

Eine Erzählung besteht oft aus drei Teilen:

- Die **Einleitung** führt den Zuhörer oder Leser in die Erzählung ein. Hier erhält er oft Angaben zu den W-Fragen (Wo? Wann? Wer? Was?).
- Im **Hauptteil** wird das eigentliche Geschehen erzählt. Häufig steigt hier die Spannung langsam bis zum Höhepunkt an.
- Der **Schluss** rundet das Geschehen ab. Oft löst er die Spannung auf. Da das eigentliche Geschehen im Hauptteil erzählt wird, ist der Schluss meistens nur ein kurzer Abschnitt, der dem Hauptteil folgt.

Ein Hamster in Not – zu einer Bildergeschichte erzählen

1 Bei dieser Bildergeschichte ist die Reihenfolge durcheinandergeraten. Sieh dir die Bilder genau an und ordne sie in der richtigen Reihenfolge.

2 ○○ Formuliert zu jedem Bild eine Überschrift, die seinen Inhalt zusammenfasst. Wenn ihr dazu Hilfe braucht, findet ihr ein Hilfekärtchen auf S. 315.

S. 315

3 ●○ Stellt den Handlungsverlauf in Form einer Spannungskurve dar. Arbeitet dabei mit der Lernbox auf S. 108.

Den Handlungsverlauf mithilfe einer Spannungskurve darstellen

Um dir einen **Überblick über die Handlung und den Aufbau** einer Erzählung zu verschaffen, kannst du sie in Form einer **Spannungskurve** darstellen.

Gehe dabei so vor:

- Zeichne die unten abgebildete Spannungskurve vergrößert in dein Heft.
- Schreibe **oberhalb** der Kurve die Bezeichnungen für die einzelnen Teile einer Erzählung hinzu. Benutze dabei die **Begriffe „Einleitung", „Spannungssteigerung", „Höhepunkt",** evtl. **„Spannungsabfall" und „Schluss"**.
- Ergänze **unterhalb** der Kurve, was in den einzelnen Teilen der Erzählung inhaltlich geschieht.

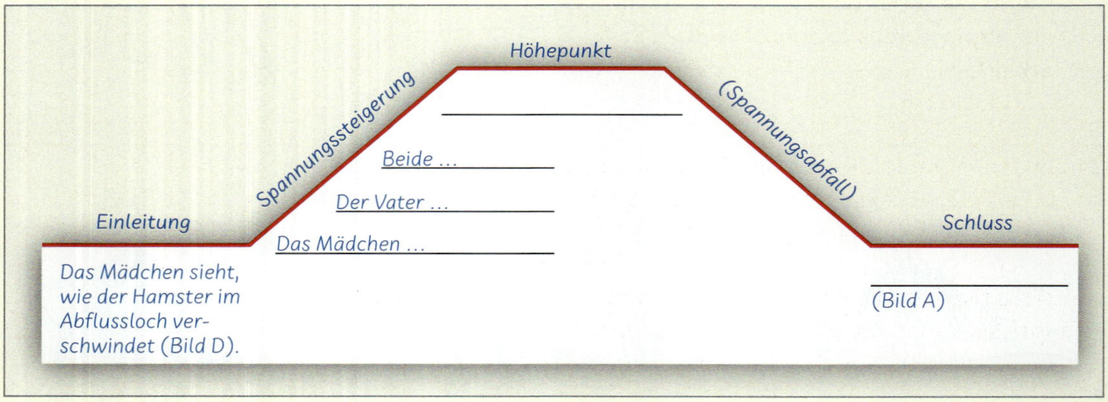

Die Schülerinnen und Schüler der Klasse 5 a haben Erzählungen zu der Bildergeschichte auf S. 107 geschrieben. So haben Jonas und Elena den Anfang ihrer Erzählungen gestaltet:

Mir zittern jetzt noch die Knie, wenn ich an den letzten Sonntag denke. Fast hätte es Timmy erwischt. Ich hatte es mir gerade im Wohnzimmer gemütlich gemacht und las ein Buch. Plötzlich hörte ich aus der Küche ein merkwürdiges Rascheln und Tapsen. „Was kann das nur sein?", dachte ich auf dem Weg zur Küche. Als ich die Küchentür öffnete, traute ich meinen Augen nicht. Mein geliebter Hamster Timmy lief dort frei herum. „Wie hat er sich nur aus seinem Käfig befreit?", schoss es mir durch den Kopf. Da kletterte Timmy auf den Rand des Spülbeckens. Gerade als ich ihn fangen wollte, sprang er kopfüber in das Waschbecken und verschwand im Abflussloch.
(Jonas)

Ich ging in die Küche, um zu sehen, was dort los war. Als ich die Küchentür öffnete, sah ich, dass mein Hamster Timmy frei herumlief. Plötzlich kletterte Timmy auf den Rand des Spülbeckens. Ich ging zum Waschbecken, um Timmy einzufangen, da sprang er in das Waschbecken. Entsetzt musste ich mit ansehen, wie Timmy im Abflussloch des Waschbeckens verschwand. Sofort rief ich nach meinem Vater.
(Elena)

1 Welcher der beiden Erzählanfänge gefällt euch besser? Begründet eure Meinung.

2 Vergleicht die beiden Erzählanfänge. Arbeitet dazu zu folgenden Punkten:
- Beschreibt, aus welcher Sicht jeweils erzählt wird?
- Nennt die W-Fragen (Wo? Wann? Wer? Was?), die in den beiden Erzählanfängen jeweils beantwortet werden?
- Erklärt, wie Jonas und Elena versuchen, das Interesse des Lesers an der Geschichte zu wecken? Wem gelingt das besser? Begründet.

3 Jonas hat besonders spannend erzählt. Erklärt an einzelnen Beispielen, mit welchen Mitteln er seinen Erzählanfang spannend gestaltet hat. Ihr findet dazu auf Seite 315 ein Hilfekärtchen.

S. 315

4 Erzähle die Geschichte weiter. Übernimm dazu einen der beiden Erzählanfänge. Du kannst auch einen eigenen verfassen.

Das brauchst du immer wieder – So gehst du vor

Den Erzählanfang gestalten

- Bevor du eine Geschichte erzählst, musst du dich für eine **Erzählperspektive** (= Sicht) entscheiden, aus der du die Geschichte erzählen willst. Du kannst z. B. aus der Sicht einer **Person, die die Geschichte selbst erlebt**, oder aus der **Sicht eines Außenstehenden** erzählen.
- Entscheide dich auch, ob du deine Geschichte in der **Ich-Form** oder **Er-/Sie-Form** erzählen willst.
- Der Erzählanfang ist die **Einleitung** einer Geschichte. Er beantwortet am Anfang die **W-Fragen** (Wer? Wann? Wo? Was?), um den Leser in die Geschichte einzuführen.
- Besonders gut ist ein Erzählanfang, wenn er die **Neugierde und das Interesse des Lesers** weckt. Dazu kannst du z. B. am Anfang Andeutungen darüber machen, was im Hauptteil geschieht.
- Erzähle im **Präteritum** (= Vergangenheit).

Zu einer Bildergeschichte erzählen
AH, S. 42–46

Tipps aus der Erzählwerkstatt – interessant erzählen

Tipp 1: Lass die Figuren sprechen! – Mit wörtlicher Rede lebendig erzählen

1 Die beiden Bilder zeigen, was Uli mit seinem Haustier Malwine erlebt hat. Erzählt dazu.

Hakan aus der 5 a hat folgenden Erzählanfang zu den Bildern geschrieben:

Uli hatte an diesem Tag Geburtstag. Jedes Jahr erhielt er von seinem Onkel Mac aus Schottland ein besonderes Geburtstagsgeschenk. Als es klingelte, lief er zur Tür. Der Postbote gab ihm ein mit Wasser gefülltes Glas, in dem ein kleines Tier schwamm. Weder Uli noch seine Eltern wussten, um was für ein Tier es sich handelte. Sie beschlossen, dass Uli am nächsten Tag seine Biologielehrerin fragen sollte. Diese sagte, dass aus dem Tier sicher bald ein Frosch werde.

2 Wie wirkt der Erzählanfang auf euch? Sammelt Vorschläge, was Hakan an seinem Erzählanfang verbessern könnte.

Hakan hat seinen Erzählanfang in einer kleinen Gruppe besprochen. Sie haben zusammen den Beginn des Erzählanfangs überarbeitet:

Uli hatte an diesem Tag Geburtstag. Er konnte es kaum erwarten, bis der Postbote kam. Jedes Jahr erhielt er nämlich von seinem Onkel Mac aus Schottland ein besonderes Geburtstagsgeschenk. „Wann kommt endlich die Post?“, dachte Uli ungeduldig Als es klingelte, stürzte er zur Tür. Seinen Eltern rief er mit überschlagender Stimme zu: „Das ist der Postbote. Endlich!“ Er öffnete die Tür und konnte nicht glauben, was er sah. Der Postbote hielt ihm ein großes, mit Wasser gefülltes Glas entgegen. Ungläubig starrte er auf das kleine Tier, das in dem großen Glas schwamm. Stolz zeigte Uli das Geschenk seinen Eltern …

3 Tragt zusammen, wie die Gruppe Hakans Text verbessert hat. Falls ihr Hilfen braucht, findet ihr auf Seite 315 eine Hilfekarte.

S. 315

4 „Weder Uli noch seine Eltern wussten, um was für ein Tier es sich handelte.“
○○ Überarbeite diesen Teil von Hakans Erzählung. Benutze dabei die wörtliche Rede und lass Uli und seine Eltern sprechen.

5 Überarbeite den Rest von Hakans Erzählanfang (Z. 6 – 8) auf S. 110.
●○ Lass dazu Uli, den Vater und die Biologielehrerin sprechen. Baue dabei wörtliche Rede ein.

6 Schreibe die Geschichte von Uli und Malwine mithilfe des zweiten Bildes auf
●● S. 110 weiter. Gestalte deine Erzählung lebendig, indem du Uli und seine Familie sprechen lässt und wörtliche Rede einbaust.

➲ Zeichensetzung bei der wörtlichen Rede
SB, S. 307 – 309

Tipp 2: Nicht immer „sagen“ sagen – das Wortfeld „sagen“

1 Es wirkt oft langweilig, wenn ihr in euren Erzählungen zu oft das Wort „sagen“ verwendet.

- Erklärt, was die Verben in dem Wortspeicher unten bedeuten.
- Beschreibt zu den einzelnen Verben, in welchen Situationen jemand auf diese Art und Weise etwas sagt.
- Klärt die Bedeutung der Verben, die euch unbekannt sind, mithilfe von Wörterbüchern oder des Internets.

ermahnen • befehlen • feststellen • flunkern • lallen • lispeln • brummen • wimmern • stammeln • flehen • klagen • jammern • murren • grölen

2 Ordnet die Verben aus dem Wortspeicher von Aufgabe 1 den Bildern zu.

„sagen“ mit leiser Stimme
flüstern
hauchen

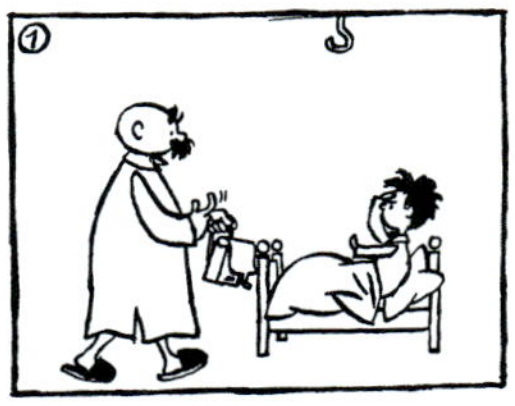

„sagen“ im normalen Gespräch
erwidern
zustimmen

„sagen“ mit lauter Stimme
brüllen
loswettern

3 Vervollständigt die Liste von Verben unter den Bildern mit möglichst vielen Verben aus dem Wortfeld „sagen".

- Sammelt vorher in kleinen Gruppen möglichst viele weitere Verben aus dem Wortfeld „sagen".
- S. 315 Auf der Hilfekarte auf S. 315 findet ihr auch einige Verben aus dem Wortfeld „sagen". Diese könnt ihr den Bildern zuordnen, wenn ihr wenige Verben des Wortfeldes findet.

Die Frau und der Weizen

Es waren einmal eine Ente, eine Ziege und eine Katze. Die drei Tiere wohnten in einem Haus, das einer armen Bäuerin gehörte. Die Bäuerin bekam eines Tages eine handvoll Weizenkörner geschenkt. „Die lege ich in den Boden, damit sie wachsen", **sagte (1)** sie, „wer will mir helfen?" „Wir nicht", **sagten (2)** die Tiere. Da machte die Frau es allein.

Der Weizen wuchs und wurde reif. „Nun will ich den Weizen ernten", **sagte (3)** die Bäuerin, „wer will mir helfen?" „Wir nicht", **sagten (4)** die Tiere. Da machte es die Frau allein.

Dann **sagte (5)** die Frau: „Nun muss ich die Körner zur Mühle tragen und mahlen lassen. Wer will mir helfen?" „Wir nicht", **sagten (6)** die Tiere. Da machte es die Frau allein.

„Nun muss ich Brot backen. Wer will mir helfen?", **sagte (7)** die Frau. „Wir nicht!", **sagten (8)** die Tiere. Da machte es die Frau allein.

Am nächsten Tag **sagte (9)** die Frau: „Endlich, nun will ich das Brot essen!" Da **sagten (10)** die Ente, die Katze und die Ziege: „Wir essen mit." Da **sagte (11)** die arme Bäuerin: „..."

4 Arbeitet so mit dem Märchen:

- Lest es mit verteilten Rollen.
- Klärt, worum es in der Auseinandersetzung zwischen der Frau und den Tieren geht.
- Überlegt, was die Frau den Tieren antworten könnte. Sammelt Ideen für einen passenden Schluss.
- In der Geschichte „Die Frau und der Weizen" wird das Wort „sagen" zu oft wiederholt. Sammelt Vorschläge, durch welche Ausdrücke es ersetzt werden kann.

5 ○○ Schreibe das Märchen mit deinem Schluss in dein Heft. Ersetze dabei das Verb „sagen" durch andere Ausdrücke.

6 ●● Erstellt wie zu dem Verb „sagen" auch zu den Verben „gehen", „laufen" und „sehen" ein Wortfeld.

Das Wortfeld „sagen“

- Eine Erzählung wirkt **langweilig**, wenn du **zu oft das Wort** „sagen“ benutzt.
- **Verwende** deshalb je nachdem, wie die Figuren etwas sagen, **andere Ausdrücke** (z. B.: rufen, schreien, flüstern ...). Diese Ausdrücke bilden das **Wortfeld „sagen“**.
- Ein **Wortfeld** besteht aus **sinnverwandten Wörtern mit einer ähnlichen Bedeutung**. So gibt es z. B. auch die Wortfelder „gehen“ (z. B. schleichen, laufen, rennen ...) oder „wütend“ (z. B. erregt, zornig, aufgebracht ...).

Tipp 3: Erzähle, was man nicht sieht! – Mithilfe von Gedanken und Gefühlen anschaulich erzählen

1 Dieses Bild zeigt, wie die Geschichte von Uli und Malwine weitergegangen ist. Erzählt, was seit Ulis Geburtstag passiert ist.

Hakan hat folgende Fortsetzung der Geschichte von Uli und Malwine geschrieben. Er bespricht sie wieder in der Gruppe:

Malwine wuchs und wuchs. Jeden Tag mussten Uli und sein Vater sie füttern. Sie fraß täglich eine riesige Menge an Broten. Bald passte Malwine nicht mehr in die Badewanne. Uli setzte sie in den Swimmingpool im Garten. Als er und sein Vater Malwine wieder fütterten, kam es zum Streit. Der Vater wollte Malwine in den Zoo bringen. Ihm war Malwine zu teuer geworden. Uli weinte und beschwor seinen Vater, Malwine nicht wegzugeben. Am Ende gab der Vater nach. Uli war darüber sehr glücklich. Er fragte sich aber, wann Malwine aufhören würde zu wachsen.

2 Welche Tipps geben die drei Schüler Hakan? Erklärt, warum ihre Formulierungen besser sind als die, die Hakan gewählt hat.

3 Um Hakans Erzählung überarbeiten zu können, bereitet euch so vor: Sammelt zu folgenden Punkten Formulierungen und notiert sie euch.

- Was könnten Uli und sein Vater während des Streits sagen (Z. 4 – 6)? Sammelt mögliche Redebeiträge der beiden Figuren.
- Was könnte Uli über den Plan des Vaters, Malwine wegzugeben, denken (Z. 4 – 5)? Sammelt mögliche Gedanken Ulis.
- Wie könnte man Ulis Verzweiflung über den Plan des Vaters mit anschaulichen Umschreibungen verdeutlichen?

- Wie könnte man das Nachgeben des Vaters (Z. 6) genauer erzählen? Sammelt mögliche Gedanken und Redebeiträge des Vaters. Überlegt auch, wie sich durch Umschreibungen zeigen lässt, was in ihm vorgeht.
- Wie könnte man die Erleichterung von Uli am Ende besser erzählen? Sammelt dazu Formulierungsvorschläge.

TIPP: Damit alle bei der Verbesserung von Hakans Geschichte mit den Formulierungen arbeiten können, schreibt sie auf Plakate oder kopiert die Lösungen der einzelnen Gruppen für alle.

4 Überarbeite Hakans Geschichte. Arbeite dazu mit den Formulierungen, die du gesammelt hast, und beachte die Hinweise in der Lernbox auf dieser Seite. Du kannst auch die Formulierungen der Schüler auf S. 114 benutzen.

5 **Durchstarten! So könnt ihr weiterarbeiten:**

a) Sammelt in kleinen Gruppen Ideen für weitere Geschichten mit Malwine und stellt eure Ideen der Klasse vor.

b) Was könnten Uli und seine Familie noch alles mit Malwine erleben? Gestaltet Bilder oder Bilderfolgen, die die weiteren Abenteuer von Uli und Malwine zeigen.

c) Schreibt eine eigene Erzählung über Malwine und Uli.

Wiederholen und üben: Interessant erzählen S. 118, Aufgaben 3 – 5

Das brauchst du immer wieder – So gehst du vor

Interessant, anschaulich und spannend erzählen

- Eine Erzählung wirkt lebendig, anschaulich und interessant, wenn du die Figuren sprechen lässt und **wörtliche Rede** einbaust.
- Auch durch die Beschreibung der **Gefühle und Gedanken der Figuren** wird eine Erzählung interessant. Der Erzähler kann die Gedanken der Figuren **wörtlich wiedergeben** (z. B.: *Ich dachte: „Jetzt ist es vorbei!“*) oder über **anschauliche Umschreibungen** verdeutlichen (z. B.: *Er bekam feuchte Hände. Er traute seinen Augen nicht und ihm zitterten die Knie*).

Um **besonders spannend** zu erzählen (z. B. beim Höhepunkt), solltest du neben der wörtlichen Rede und der Beschreibung der Gefühle und Gedanken der Figuren folgende Mittel einsetzen:

- **eingeschobene Fragen und Ausrufe** (z. B.: *Warum gerade ich? Was war das? Sollte dort etwas sein? Furchtbar! Schrecklich!*),
- **Zeitangaben** (z. B.: *da, plötzlich, auf einmal, jetzt, sofort*),
- **anschauliche Verben** (z. B.: *schlagen, aufsuchen, vertreiben, pochen, stürzen*), **dies gilt besonders für die Verben sagen** und **gehen** (z. B.: *brüllen, stammeln, wispern, flüstern; huschen, schleichen, rennen, eilen, flüchten*),
- **anschauliche Adjektive** (z. B.: *eisig, blitzartig, schlagartig, dunkel, schrecklich, unheimlich, seltsam, grell, dicht*).

Geschichtenerfinder gesucht – zu Erzählideen und Erzählanlässen erzählen

1 Wählt aus den Erzählideen und -anlässen einige aus, die euch interessieren, und schreibt Erzählungen dazu.

Fantastische Geschichten und Fantasiegeschichten erfinden

Du kannst z. B. eine **Verwandlungsgeschichte** schreiben. Erzähle zu folgenden Situationen:

- Du bist unsichtbar.
- Auf einmal versteht niemand mehr, was du sagst.
- Du hast eine Kraftpille verschluckt.

Vielleicht liegt dir das Schreiben einer **Zukunftsgeschichte**. Deine Geschichte könnte die Überschrift bekommen:

- Ein Schultag im Jahre 2050
- Der Austauschschüler vom Mars

Du könntest auch eine **Geschichte über Zauberei** schreiben. Darum könnte es in der Geschichte gehen:

- Jemand hat drei Wünsche frei.
- Ein Zauberlehrling besucht deine Schule.
- Du findest ein altes Zauberbuch auf dem Dachboden.

Schreibe eine Geschichte aus dem **Leben eines Gegenstandes oder eines Tieres**: Lass dabei die Gegenstände und Tiere wie Menschen sprechen, fühlen, denken und handeln. Ein Handschuh, ein Mülleimer, ein Schulranzen ... oder eine Katze, eine Fliege, ein Frosch ... könnten aus ihrem Leben erzählen.

Nach Bildergeschichten erzählen

© Südverlag

Einen Erzählanfang fortsetzen

Hier findest du zwei Erzählanfänge. Setze sie fort und erzähle die ganze Geschichte dazu.

Der Brief

Es war ein ganz normaler Montag. Die Klasse 5a hatte gerade Englisch bei Frau Müller. Keiner erwartete, dass heute noch etwas Besonderes passieren würde. Plötzlich kicherten Katrin und Nicole und nickten zu Michael herüber. Vor ein paar Sekunden hatte ihm jemand heimlich einen Brief zugeschoben. Unauffällig öffnete Michael den Brief und las: „…“

Die Mutprobe

An diesen Wandertag im Kletterpark wird sich Christoph noch lange erinnern. Nachdem die Klasse dort angekommen war, liefen die Jungen sofort zum höchsten Gerüst. Christoph begann als Erster, das Gerüst hochzuklettern. „Ist das hoch“, dachte er. Ängstlich schaute er nach unten, wo die anderen standen und riefen: „Das schaffst du!“ Er spürte, wie seine Beine immer schwerer wurden. Schließlich stieg er …

Geschichten nach Bildern erzählen

Sieh dir die Bilder an und erzähle eine passende Geschichte dazu.

Alles klar? – Wiederholen und üben

Den Aufbau einer Erzählung erkennen

Rettung in letzter Minute

A Jonas rief: „Hilfe!! Ich treibe ab, ich ertrinke!“ Ich suchte nach einer Schwimmweste im Boot, aber ich fand keine. Endlich kam ich auf die Idee, Jonas mit einem der Ruder ins Boot zu ziehen. Ich streckte ihm das Ruder entgegen. Zuerst rutschte er ab, dann aber bekam er es zu fassen. Langsam zog ich ihn zurück zum Boot. Mit letzter Kraft erklomm Jonas das schwankende Boot.

B Von Weitem sah ich schon das Motorboot. Es drehte kurz vor unserem Boot ab. Doch die Bugwellen brachten unser Boot ins Schwanken. Jonas konnte sich nicht halten. Er verlor das Gleichgewicht und fiel ins Wasser.

C „Geschafft!“, stöhnten wir beide. Glücklich ruderten wir zum Ufer. „Zumindest werden wir diesen Ferientag nie vergessen“, meinte Jonas, der vor Kälte bibberte. „Ja!“, antwortete ich erleichtert. Dabei zitterten mir noch die Knie, weil ich immer daran denken musste, was alles hätte passieren können.

D In den letzten Sommerferien habe ich mir mit meinem Freund Jonas ein Ruderboot ausgeliehen. Es war ein stiller Sommertag und wir ließen uns auf dem See dahintreiben.

(Alexander)

1 Die Erzählung von Alexander ist durcheinandergeraten. Sortiere sie.

2 Wähle unter den folgenden Arbeitsaufträgen aus:

a Formuliere für jeden Teil der Erzählung eine Überschrift.

b Ordne den einzelnen Teilen der Erzählung die Begriffe „Einleitung“, „Spannungssteigerung“, „Höhepunkt“ und „Schluss“ zu.

c Stelle den Handlungsaufbau der Erzählung von Alexander in Form einer Spannungskurve dar.

Interessant erzählen

3 Die Einleitung und der Schluss sind Alexander schon gut gelungen. Überarbeite die anderen Teile seiner Erzählung.

- Arbeite dabei mit Formulierungen aus dem Wortspeicher.

Weitere Hilfen und Tipps findest du in der Lernbox auf S. 115.

da • plötzlich • auf einmal • jetzt • Schrecklich! • Was soll ich nur machen? • brüllte • schrie • verzweifelt • raste auf uns zu • ganz blass wurde • schon blaue Lippen bekam • am ganzen Körper zitterte • fuchtelte mit den Armen • stockte der Atem • eisige • feucht • glitschig • Das geht nicht gut! • für einen Moment blieb mein Herz stehen • seine Stimme versagte vor Angst • stand da, starr wie eine Säule • zitterte wie Espenlaub • kraftlos • Würde es Jonas gelingen?

1

2

4 Übernehmt die folgende Übersicht in euer Heft und vervollständigt sie. Arbeitet so:

- Benennt, was die Figuren auf den Bildern empfinden.
- Sammelt fünf mögliche Gedanken der Personen in der Ich-Form.
- Sammelt auch fünf anschauliche Umschreibungen für das, was in ihnen vorgeht.

	Empfindungen der Figur	**Gedanken in der Ich-Form**	**anschauliche Umschreibungen**
Bild 1	…	Das schaffe ich nie! …	…
Bild 2	…		Mühsam unterdrückte er die Tränen. …

5 Suche dir einen der Erzählkerne zu den Bildern aus und gestalte ihn mithilfe deiner Vorarbeiten von Aufgabe 4 zu einer Erzählung aus. Beachte dabei die Hinweise in der Lernbox auf S. 115.

Tipp: Wenn du bei Aufgabe 4 noch zu wenige Formulierungen gefunden hast, kannst du auch mit der Lösung zu Aufgabe 4 auf S. 324 arbeiten. Verwende die dort aufgeführten Gedanken und Umschreibungen bei der Ausgestaltung des Erzählkerns.

Jonas hat tagelang an seinem Modellschiff gebaut. Als er nach Hause kommt, erzählt seine Mutter ihm, dass die Katze sein Schiff vom Tisch geworfen habe. Das macht Jonas sehr traurig.

Kai hat sich von seinen Freunden überreden lassen, von einer Brücke in einen Fluss zu springen. Als es so weit ist, bekommt er Angst.

Freundschaft hat viele Gesichter – Jugendbücher lesen und vorstellen

In diesem Kapitel beschäftigst du dich mit Jugendbüchern, in denen es um das Thema „Freundschaft" geht. Dabei müssen die Freunde auch sehr schwierige Situationen überstehen. Manchmal ist es gar nicht klar, ob sie Freunde werden oder bleiben können.

Du lernst in diesem Kapitel, wie du

- Figuren aus einem Jugendbuch und ihre Beziehungen zueinander beschreibst,
- einen Text in Sinnabschnitte gliederst,
- den Spannungsverlauf eines Erzähltextes untersuchst,
- aus der Sicht einer Figur erzählst und
- ein Buch vorstellst.

1 Schau dir die Cover der Jugendbücher an. Welches der Bücher interessiert dich aufgrund des Titels oder des Titelbildes? Begründe deine Wahl.

2 Was glaubst du, worum es in den abgebildeten Jugendbüchern jeweils gehen könnte?

3 Kennst du weitere Jugendbücher, in denen es um Freundschaft geht? Berichte davon. Erzähle auch, warum sie dir gut oder nicht so gut gefallen.

Cornelia Funke
HERR DER DIEBE
DRESSLER

Die Wilden Hühner
Cornelia Funke
DRESSLER

Nina Schindler
ZickenALARM
Arena

Joachim Friedrich
4 1/2 Freunde
Thienemann

Max von der Grün
VORSTADT-KROKODILE
cbj
Eine Geschichte vom Aufpassen

dtv junior
Uwe Timm
Der Schatz auf Pagensand
Roman

Andreas Steinhöfel: Rico, Oskar und die Tieferschatten – Figuren und ihre Beziehungen beschreiben

Andreas Steinhöfel wurde 1962 geboren. Der bekannte Kinder- und Jugendbuchautor arbeitet auch für den Rundfunk und das Fernsehen. Für seine Bücher hat er zahlreiche Auszeichnungen erhalten. Sein Buch „Rico, Oskar und die Tieferschatten" erschien im Jahr 2008. Der Autor lebt heute in Berlin, wo auch einige seiner Romane spielen. Rico z. B. lässt Steinhöfel in derselben Straße wohnen, in der er selbst wohnt.

Rico und Oskar – einen Jugendbuchauszug erschließen

■ Rico ist ein Junge, der allein mit seiner Mutter in Berlin lebt. Er bezeichnet sich selbst als „tiefbegabt". Zurzeit hat er gerade Schulferien. Da lernt er auf der Straße einen Jungen namens Oskar kennen. ■

Die Fundnudel

Ich ging langsam über den Gehsteig, den Blick auf die grauen Pflastersteine am Boden gerichtet, ich sah ein zerknülltes Duplo-Papierchen. Ich sah ein paar Scherben, die vor den großen Altglascontainern lagen, und eine ausgetretene alte Zigarettenkippe. Dann sah ich zwei kleine Füße mit hellen Strümpfen in offenen Sandalen.

Ich hob den Kopf. Der Junge, der da vor mir stand, reichte mir gerade so bis an die Brust. Das heißt, sein dunkelblauer Sturzhelm reichte mir bis an die Brust. Es war ein Sturzhelm, wie ihn Motorradfahrer tragen. Ich hatte gar nicht gewusst, dass es die auch für Kinder gibt. Es sah völlig beknackt aus, das Durchguckding vom Helm war hochgeklappt. [...]

„Was machst du da?", sagte der Junge. Seine Zähne waren riesig. Sie sahen so aus, als könnte er damit ganze Stücke aus großen Tieren rausreißen, einem Pferd oder einer Giraffe oder dergleichen.

„Ich suche was."

„Wenn du mir sagst, was, kann ich dir helfen."

„Eine Nudel."

Er guckte sich ein bisschen auf dem Gehsteig um. Als er den Kopf senkte, brach sich spiegelnd und blendend Sonnenlicht auf seinem Helm. An seinem kurzärmligen Hemd, bemerkte ich, war ein winziges knallrotes Flugzeug befestigt wie eine Brosche. Eine Flügelspitze war abgebrochen. Zuletzt guckte der kleine Junge kurz zwischen die Büsche vor dem Zaun vom Spielplatz, eine Idee, auf die ich noch gar nicht gekommen war.

„Was für eine Nudel ist es denn?", sagte er.

„Auf jeden Fall eine Fundnudel. Eine Rigatoni, aber nur vielleicht. Genau kann man das erst sagen, wenn man sie gefunden hat, sonst wäre es keine Fundnudel, ist doch wohl logisch, oder?"

„Hm ..." Er legte den Kopf leicht schräg. Der Mund mit den großen Zähnen drin klappte wieder auf.

„Kann es sein, dass du ein bisschen doof bist?"

Also echt!

„Ich bin ein tiefbegabtes Kind."

„Tatsache?" Jetzt sah er wirklich interessiert aus. „Ich bin hochbegabt."

Nun war ich auch interessiert, obwohl der Junge viel kleiner war als ich, kam er mir plötzlich viel größer vor. [...]

„Ich muss jetzt weiter", sagte ich endlich zu dem Jungen. „Bevor es dunkel wird. Sonst verlaufe ich mich womöglich."

„Wo wohnst du denn?"

„Da vorn, das gelbe Haus. Die 93. Rechts." [...]

Der Junge schaute an meinem ausgestreckten Arm entlang. Als er die 93 sah, rutschte seine Stirn erst rauf, als wäre ihm gerade eine tolle Erleuchtung gekommen oder so was, und dann wieder runter, als würde er gründlich über etwas nachdenken.

Zuletzt wurde seine Stirn wieder ganz glatt und er grinste. „Du bist wirklich doof, oder? Wenn man etwas direkt vor Augen hat und nur geradeaus gehen muss, kann man sich unmöglich verlaufen."

Immerhin stimmte die Straßenseite. Trotzdem wurde ich langsam sauer. „Ach ja? Ich kann das. Und wenn du wirklich so schlau wärst, wie du behauptest, wüsstest du, dass es Leute gibt, die das können. [...] Ich hab mir nicht ausgesucht, dass aus meinem Gehirn manchmal was rausfällt! Ich bin nicht freiwillig dumm oder weil ich nicht lerne! [...] Aber du bist ja wohl eins von den Superhirnen, die alles wissen und dauernd mit irgendwas angeben müssen, weil sich nämlich sonst keiner für sie interessiert [...]."

Es ist total peinlich, aber wenn ich mich heftig über etwas aufrege, zum Beispiel Ungerechtigkeit, fange ich an zu heulen. Ich kann überhaupt nichts dagegen machen. Der Junge kriegte ganz erschreckte Augen unter seinem Sturzhelm.

„Jetzt wein doch nicht! Ich hab das gar nicht so –" [...]

Jetzt sagte der Junge gar nichts mehr. Er guckte runter auf seine Sandalen. Dann guckte er wieder hoch. Seine Lippen waren ganz dünn geworden. Er streckte seine Hand aus. Sie war so klein, dass sie doppelt in meine passte.

„Ich heiße Oskar", sagte er. „Und ich möchte mich aufrichtig bei dir entschuldigen. Ich hätte mich nicht über dich lustig machen dürfen. Das war arrogant."

Ich hatte keine Ahnung, was er mit dem letzten Wort meinte, aber die Entschuldigung hatte ich verstanden. […]

Man muss nett sein, wenn jemand sich entschuldigt. Wenn einer nur so tut als ob, kann man ruhig weiter sauer sein, aber Oskar meinte es aufrichtig. Hatte er ja gesagt.

„Ich heiße Rico“, sagte ich und schüttelte seine Hand. „Mein Vater war nämlich Italiener.“

„Ist er tot?“

„Logisch. Sonst hätte ich ja nicht *war* gesagt.“ […]

„Tut mir leid. Wie ist er denn gestorben?“

Ich gab keine Antwort. Ich habe noch nie jemandem davon erzählt, wie Papa gestorben ist. […]

Oskar druckste ein bisschen herum, als er merkte, dass da nichts mehr kam: Irgendwann nickte er endlich und sagte: „Ich muss jetzt nach Hause.“

„Ich auch.“ […]

Ich ging und nahm mir vor, mich kein einziges Mal umzudrehen. Der sollte bloß nicht denken, dass ich ihn toll fand mit seinem Sturzhelm und den Monsterzähnen. Dann drehte ich mich doch um und sah ihn in die andere Richtung verschwinden. Von Weitem sah er aus wie ein sehr kleines Kind mit einem sehr großen blauen Kopf.

Erst als ich wieder zu Hause war, die Butter in den Kühlschrank geräumt hatte und anfing, mit einem Messer das Eisfach auszukratzen, fiel mir ein, dass ich Oskar gar nicht gefragt hatte, was er mutterseelenallein hier im Kiez[1] zu suchen hatte. Oder was das kleine knallrote Flugzeug an seinem Hemd bedeutete. Und warum er einen Sturzhelm für Motorradfahrer trug, obwohl er zu Fuß unterwegs war.

[1] Kiez: hier: Stadtteil

1 Überprüfe, wie genau du den Text gelesen hast. Welche ist jeweils die richtige Antwort auf die Frage? Wenn du dir nicht sicher bist, schau noch einmal im Text nach.

- Wonach sucht Rico gerade, als er Oskar begegnet?
  - Er sucht nach einer Brieftasche.
  - Er sucht nach einer Anstecknadel in Form eines kleinen knallroten Flugzeugs.
  - Er sucht nach einer Nudel.
- Warum glaubt Oskar, Rico sei „wirklich doof“?
  - Er glaubt es, weil Rico nicht rechnen kann.
  - Er glaubt es, weil Rico Angst hat, sich zu verlaufen, obwohl er sein Wohnhaus direkt vor Augen hat.
  - Er glaubt es, weil Rico es selbst gesagt hat.
- Was passiert Rico immer, wenn er sich über etwas aufregt?
  - Er fängt an zu heulen.
  - Er wird rot.
  - Er schlägt wild um sich.

2 Untersucht die Beziehung von Oskar und Rico genauer.
- Was fällt Rico bei der ersten Begegnung an Oskar auf? Sucht Textstellen heraus, die dies zeigen.
- Rico wird während des Gesprächs mit Oskar „sauer“ (Z. 53). Zeige mithilfe entsprechender Textstellen, warum Rico so verärgert ist und was er Oskar vorwirft.

3 Rico sagt: „Ich bin ein tiefbegabtes Kind.“ (Z. 38) Oskar behauptet über sich: „Ich bin hochbegabt.“ (Z. 39)

- Erklärt in euren Worten, was die beiden Jungen jeweils meinen.
- Lest dazu auch die folgende Erklärung, die Rico an einer Stelle des Buches gibt.

Ich sollte an dieser Stelle wohl erklären, dass ich Rico heiße und ein tiefbegabtes Kind bin. Das bedeutet, ich kann zwar sehr viel denken, aber das dauert meistens etwas länger als bei anderen Leuten. […] Außerdem kann ich mich nicht immer gut konzentrieren, wenn ich etwas erzähle. Meistens verliere ich dann den roten Faden […]. In meinem Kopf geht es manchmal so durcheinander wie in einer Bingotrommel.

4 Denkt ihr, dass Rico und Oskar Freunde werden? Sammelt, was dafür und was dagegen spricht.

5 Während seiner Ferien führt Rico ein „Ferientagebuch“ und hält darin alle Ereignisse fest. Verfasse einen Tagebucheintrag Ricos über das Treffen mit Oskar. Gehe dabei auf folgende Punkte ein:

- Berichte, was Rico erlebt hat.
- Schildere, was er über Oskar denkt und was er gerne noch von ihm wissen möchte.

So kannst du beginnen:

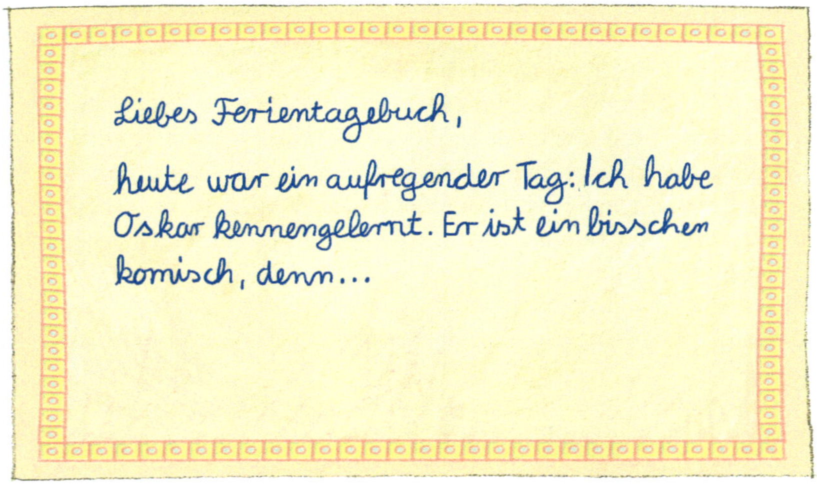

Das Treffen bei Rico – Figuren und ihre Beziehung charakterisieren

Oskar kommt zu Besuch

Mama war ziemlich platt, dass jemand mich besuchen kam. Sie beschwert sich immer darüber, dass ich keine Freunde habe. Jetzt hatte ich einen. Er war zwar sehr klein und bestimmt auch sehr jung, aber das spielte für Mama offenbar keine so große Rolle. Sie fand Oskars blauen Motorradhelm viel interessanter.

„Seit wann trägt man solche Dinger beim Radfahren?“, sagte sie. […]

Oskar guckte sie an, als wäre sie nicht ganz richtig im Oberstübchen. Immerhin klappte er jetzt endlich das Visier hoch. Seinen Mund konnte man trotzdem nicht richtig sehen; nur die obere Reihe seiner großen weißen Zähne. „Es ist gefährlich ohne Helm“, erklärte er, als wäre Mama das Kind und er der Erwachsene. „Es passieren ständig irgendwelche Unfälle.“ […]

Mir fiel ein Unterschied zwischen uns auf: Ich habe fast dauernd gute Laune, weiß aber nicht so viel. Oskar wusste jede Menge merkwürdiger Dinge, aber seine Laune war dafür im Keller. Bestimmt ist das so, wenn man sehr schlau ist – es fallen einem zu allen schönen Sachen auch gleich noch ein paar schreckliche ein.

[…]

„Und du?“ Er [Oskar] musterte mich. „Hast du vor gar nichts Angst?“

„Doch. Ich hab Angst, ich könnte mich mal in der Stadt verirren“, gab ich zu. „Ich find mich nicht zurecht, weißt du. Mit dem vielen links und rechts und dergleichen.“

„Ist das schon mal passiert?“

„Ne, ich war ja noch nie allein unterwegs.“ […]

„Und sonst, außer Verirren?“

Vorsichtshalber schüttelte ich den Kopf. Es gab da zwar etwas, vor dem ich mich noch mehr fürchtete als vor dem Verirren, und ich hatte auch schon darüber nachgedacht, dass ich Oskar darin einweihen musste, sobald wir echte Freunde wurden. Schließlich vertrauen Freunde einander. Nur war ich mir nicht sicher, ob er wirklich schon mein echter Freund war. Ich musste das überprüfen.

„Kommst du morgen wieder?“, fragte ich ihn.

Ich spürte, wie mein Kopf rot wurde vor Aufregung. Das war ein ziemlich schlauer Test, fand ich. Echte Freunde haben immer füreinander Zeit. Sie wollen möglichst viele schöne Dinge miteinander erleben. Wenn Oskar jetzt nein sagte …

Er guckte mich zögerlich an, wie etwas, das im Regal im Supermarkt vor ihm lag und von dem er nicht sicher war, ob er es wirklich kaufen wollte. Er kratzte sich am Arm. Er zupfte an seinem Ansteckflieger. Er knabberte mit seinen großen Zähnen auf der Unterlippe herum.

„Eigentlich“, sagte er dann, „habe ich morgen schon was vor. Das kann den ganzen Tag dauern. […] Das kann ich aber auch später erledigen, schätze ich“, sagte er schnell.

Erleichtert streckte ich einen Arm aus. „Sind wir jetzt echte Freunde?“

Er drückte seine kleine Hand in meine. Sie war ganz warm. Er lächelte. „Sind wir das nicht schon die ganze Zeit?“

1 Passen Rico und Oskar eurer Meinung nach als Freunde zusammen?

2 Erklärt, wie Rico feststellen will, ob Oskar sein Freund ist. Was haltet ihr von Ricos Plan und seinem Vorgehen?

3 Sind Rico und Oskar nach diesem Besuch Freunde? Seht euch dazu noch einmal den Schluss des Textauszugs (Z. 28 – 41) genau an und beantwortet diese Frage.

4 ●○ Sucht in beiden Textauszügen nach Hinweisen, die zeigen, was für Rico und Oskar jeweils typisch ist. Übernehmt dazu die folgende Tabelle und vervollständigt sie:

Typisch für Rico ist:	**Typisch für Oskar ist:**
– er hat fast immer gute Laune (Z. 11 – 12) – …	– er hat meist schlechte Laune (Z. 12 – 13) – …

Auf S. 316 findet ihr eine Hilfekarte mit Hinweisen, was jeweils für Rico und Oskar typisch ist.

S. 316

5 ●● Eine Gruppe der Klasse 5 a hat sich besonders mit Rico beschäftigt. Sie wollen ihn mithilfe dieses angefangenen Schaubildes vorstellen und beschreiben.

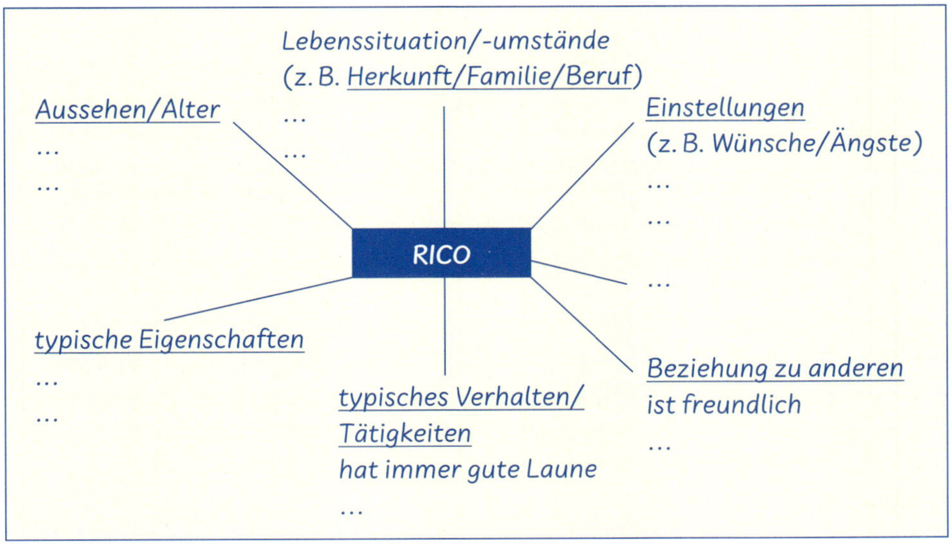

- Beschreibt, wie die Gruppe vorgegangen ist.
- Sucht in den beiden Textauszügen alle Textstellen heraus, in denen ihr zu den einzelnen Punkten des Schaubildes etwas über Rico erfahrt.
- Übernehmt das Schaubild in eure Hefte und vervollständigt es mithilfe der gefundenen Textstellen.

6 Wähle unter den folgenden Schreibaufträgen einen aus:

a Beschreibe und vergleiche die Jungen mithilfe der ausgefüllten Tabelle von Aufgabe 4. Was wird über die beiden deutlich? Beginne damit, dass du darlegst, was du über das Aussehen, Alter und die Lebenssituation der beiden Jungen weißt.

b Wenn Rico über etwas Wichtiges nachdenken will, setzt er sich in seinen „Nachdenksessel“.
Stell dir vor, Rico setzt sich nach dem Besuch von Oskar in seinen Sessel und denkt über ihn, die Ereignisse des Tages und seine Freundschaft mit Oskar nach.

Schreibe Ricos Gedanken, Wünsche und Ängste in dieser Situation in Form eines inneren Monologs auf. So kannst du beginnen:

Heute war Oskar zu Besuch.
Meine Mutter …
Ich wollte unbedingt wissen, ob Oskar ein wahrer Freund ist …

Hilfen für das Schreiben eines inneren Monologs erhältst du in der Lernbox auf S. 44.

c Lies dir die Lernbox „Eine Figur beschreiben“ auf S. 129 genau durch.

- Verfasse dann eine Beschreibung Ricos.
- Beende deine Figurenbeschreibung damit, dass du deine Meinung zu der Frage, ob Rico und Oskar „wahre Freunde“ sind, darlegst.

So kannst du beginnen:

Die Figur Rico in dem Jugendbuch „Rico, Oskar und die Tieferschatten“ von Andreas Steinhöfel ist ein Junge, der in Berlin lebt. Er lebt mit seiner Mutter alleine, weil sein Vater schon vor einiger Zeit gestorben ist. Zurzeit hat er gerade Ferien. Rico …

d Erstelle für Oskar mithilfe der Textauszüge aus dem Jugendbuch „Rico, Oskar und die Tieferschatten“ ein Schaubild wie in Aufgabe 5. Verfasse dann eine Figurenbeschreibung für Oskar. Arbeite dabei mit der Lernbox auf S. 129.

➲ Wiederholen und üben:
Eine Figur beschreiben
S. 140, Aufgaben 1–4

Das brauchst du immer wieder – So gehst du vor

Eine Figur beschreiben

Um eine Figur aus einem Buch möglichst genau zu beschreiben, solltest du folgende Hinweise zum Vorgehen beachten.

- Lies den Text noch einmal sorgfältig und schreibe alle Informationen zu der Figur, die du beschreiben willst, heraus.
- Sortiere die gefundenen Hinweise nach folgenden Oberbegriffen:
  - Aussehen/Alter,
  - Lebenssituation/-umstände (z. B. Familie, Herkunft, Beruf ...)
  - typische Eigenschaften,
  - Einstellungen (z. B. Wünsche, Interessen, Ängste),
  - typisches Verhalten,
  - Beziehung zu anderen.
- Beschreibe deine Figur immer von „außen“ nach „innen“: Erwähne zuerst die äußeren Merkmale (wie Aussehen, Alter, Lebensumstände), dann die Einstellugen, Eigenschaften, typischen Verhaltensweisen und die Beziehung zu anderen.
- Nutze zur Beschreibung der Figur nur die Hinweise, die tatsächlich im Text stehen.
- Verfasse deine Figurenbeschreibung im Präsens (= Gegenwart).

➲ Ein Buch vorstellen
SB, S. 138 – 139

➲ Auszug aus „Rico, Oscar und die Tieferschatten“
AH, S. 20 – 21

7 **Durchstarten!** So könnt ihr weiterarbeiten:

a ●○ Rico und Oskar erleben noch viele aufregende Dinge. So verschwindet Oskar z. B. spurlos. Wenn ihr wissen wollt, wie es mit der Freundschaft zwischen den beiden weitergeht, solltet einige von euch das Buch „Rico, Oskar und die Tieferschatten“ lesen und der Klasse vorstellen.

b ●● Andreas Steinhöfel hat auch eine Fortsetzung der Abenteuer von Rico und Oskar geschrieben. Auch dieses Buch mit dem Titel „Rico, Oskar und das Herzgebreche“ sollten einige lesen und vorstellen.

c ●● Andreas Steinhöfel hat noch viele weitere Kinder- und Jugendbücher geschrieben. Besorgt euch die Bücher, deren Titelbilder ihr hier seht, und stellt sie der Klasse vor.

Astrid Lindgren: Ronja Räubertochter – den Handlungsaufbau untersuchen

Astrid Lindgren wurde 1907 in Schweden geboren. Ihre Bücher gehören zu den meistgelesenen Kinder- und Jugendbüchern der Welt. Beinahe jedes Kind kennt Pippi Langstrumpf, die Heldin ihres ersten Buches. Die Schriftstellerin starb 2002 im Alter von 94 Jahren. Die Autorin hat sich ihr Leben lang für die Rechte von Kindern und gegen Gewalt eingesetzt.

Ronja und Birk in Gefahr

■ Die Hauptfigur des Jugendbuches „Ronja Räubertochter“ ist das Mädchen Ronja, das als einziges Kind des Räuberhauptmanns Mattis und seiner Frau Lovis auf der Mattisburg mitten im Wald aufwächst. Bei ihrer Geburt hat es ein furchtbares Unwetter gegeben und ein Blitz hat die Mattisburg geteilt. Seitdem nennen die Räuber die Kluft, die die Mattisburg seit Ronjas Geburt teilt, „Höllenschlund“. Obwohl es ihr Vater streng verboten hat, untersucht Ronja eines Tages den „Höllenschlund“. ■

Oft hatte sie davon gehört, wie die Mattisburg in jener Nacht zerbarst, als sie geboren wurde. Mattis wurde es nie leid, davon zu erzählen. [...]

Sie war schon oft beim Höllenschlund gewesen, aber noch nie dem gefährlichen Abgrund nahe gekommen [...]. Jetzt kroch sie auf dem Bauch bis zum Rand vor und äugte hinab in die Tiefe. Hu, das war grausiger, als sie gedacht hatte!

Sie griff nach einem der losen Steine, die dort am Rand lagen, und ließ ihn hinabfallen. Und als sie dann den Aufprall tief unten hörte, schauderte ihr. Es klang so dumpf und klaftertief, ja, dies war wirklich ein Schlund, vor dem man sich hüten musste! Aber so besonders breit war die Kluft, die die beiden Burghälften trennte, eigentlich nicht. Mit einem tüchtigen Sprung müsste man wohl hinüberkommen? [...]

Dann sah sie sich um, um festzustellen, von wo aus man den Sprung am besten wagen konnte. Und da sah sie etwas. Vor lauter Verblüffung wäre sie fast in den Höllenschlund gefallen.
Ein wenig entfernt, jenseits der Kluft, saß jemand. Jemand, der etwa so groß war wie sie selber, und er baumelte mit den Beinen über dem Höllenschlund. [...]
Noch hatte er sie nicht entdeckt. Ronja schaute ihn sich an, wie er dort saß, und sie lachte leise, weil es ihn gab.
Da sah er sie und lachte auch.
„Ich weiß, wer du bist", sagte er. „Du bist die Räubertochter, die immer im Wald rumrennt. Ich hab dich da mal gesehen."
„Wer bist du denn?", fragte Ronja. „Und wie um alles in der Welt bist du hierhergekommen?"

„Ich bin Birk Borkasohn, und ich wohne hier. Wir sind heute Nacht hier eingezogen."
Ronja starrte ihn an. [...]
„Willst du etwa behaupten, dass die ganze Nordburg voller Hosenschisser ist?" [...]
„Nein, hier gibt es nur rechtschaffene Borkaräuber. Aber da drüben, wo du wohnst, da ist es knüppelvoll von Hosenschissern, das hat man ja immer gehört."
So, also das hatte man immer gehört! Was für eine unglaubliche Unverschämtheit! Es begann in ihr zu kochen. [...] Ronja schnappte nach Luft, so fuchsteufelswild war sie. [...]
Sie hatte jetzt genug, genug von dem Lümmelgeschwätz und den Frechheiten. [...]
Sie stand auf und wollte gehen. Doch da sah sie, was Birk vorhatte. Wirklich und wahrhaftig, dieser Lümmel machte Anstalten, über den Höllenschlund zu springen! Er stand dort ihr gegenüber auf der anderen Seite, und jetzt nahm er einen Anlauf. Da schrie sie:
„Kommst du her, dann hau ich dir eins aufs Maul, dass dir die Nase abfliegt!"
„Haha!", rief Birk, und mit einem Satz war er über die Kluft hinweg. „Mach's nach, wenn du's kannst", sagte er mit einem kleinen Grinsen.
Das hätte er nicht sagen dürfen, das war zu viel. Es reichte, dass er und seine Hosenschisser sich eine Feste in der Mattisburg verschafft hatten, aber kein Borkaräuber sollte hier irgendwelche Sprünge machen, die ein Mattisräuber nicht nachmachen konnte!
Und sie tat es. Sie wusste selbst nicht recht, wie es zuging, aber plötzlich flog sie über den Höllenschlund und landete auf der anderen Seite.
„Du bist gar nicht so ungelenk", sagte Birk und sprang ihr sofort nach. Aber Ronja wartete nicht auf ihn. Mit einem neuen Sprung flog sie zurück über die Kluft. Da konnte er stehen und ihr nachglotzen, so viel er wollte!
„Du wolltest mir doch eins aufs Maul hauen, warum tust du es denn nicht?", rief Birk. „Jetzt komme ich!"
„Das seh ich", sagte Ronja. Und er kam wirklich. Aber auch diesmal wartete sie nicht auf ihn. Wieder sprang sie, und springen würde sie, um ihm zu entkommen, so lange, bis ihr der Atem ausging. Danach sagte keiner von beiden mehr etwas.

Sie sprangen nur. Verbissen und wie besessen sprangen sie über den Höllenschlund hin und her.

Außer ihrem Keuchen war nichts zu hören. Nur die Krähen, die auf den Zinnen hockten, krächzten ab und zu. Sonst war alles schauervoll still. Es war, als halte die ganze Mattisburg auf ihrem Berg den Atem an vor etwas Grauenvollem und Entsetzlichem, das gleich geschehen würde. [...]

Da sah sie, wie Birk, gerade als er aufsetzte, auf einem Stein ausrutschte, der lose am Rande lag. Und sie hörte seinen Aufschrei, bevor er in der Tiefe verschwand. [...]

Schließlich kroch sie bäuchlings bis an den Rand vor und spähte hinab in die Schlucht. Und da sah sie Birk. Er stand unmittelbar unter ihr auf einem Stein oder Balken oder was es nun war, das aus der geborstenen Mauer ragte. Nur gerade so weit, dass seine Füße dort Platz fanden, aber auch nicht mehr. Dort stand er, den tiefen Höllenschlund unter sich, und seine Hände suchten verzweifelt nach einem Halt, nach irgendetwas, woran er sich festhalten konnte, etwas, das ihn davor bewahrte, in den Abgrund zu stürzen. Und er wusste, und auch Ronja wusste es, dass er ohne Hilfe nicht herauskommen konnte. Er würde dort stehen müssen, bis seine Kräfte versagten, das wussten beide, und danach würde es keinen Birk Borkasohn mehr geben.

„Bleib da stehen!“, rief Ronja, und er antwortete mit einem kleinen Grinsen:

„Ja, was anderes kann man hier schlecht tun!“

Aber Angst hatte er, das sah sie ihm an.

Ronja riss sich den geflochtenen Lederriemen ab, den sie stets zu einem Knäuel zusammengerollt am Gürtel trug. Er hatte ihr in ihrem Waldleben bei allem Klettern und Hangeln oft gute Dienste getan. Jetzt machte sie eine große Schlinge in das eine Ende des Riemens und knotete sich das andere um den Leib. Danach ließ sie den Riemen zu Birk hinab, und sie sah es in seinen Augen aufleuchten, als die Schlinge zu ihm hinuntergebaumelt kam. Ja, der Riemen reichte gerade so weit, wie es nötig war, stellte sie fest, und das war ein rechtes Glück für diesen Borkalümmel.

„Streif dir die Schlinge über, wenn du kannst“, sagte sie. „Aber klettre erst los, wenn ich rufe! Nicht früher!“

Der Blitz, der in jener Nacht ihrer Geburt eingeschlagen hatte, hatte auch einen Steinblock aus der Mauerkrone gerissen. Nun lag dieser Brocken recht günstig nur ein kleines Stück vom Rand der Schlucht entfernt. Ronja warf sich dahinter platt auf den Bauch, und dann rief sie:

„Los jetzt!“

Gleich darauf spürte sie, wie sich der Riemen um ihren Bauch schnürte. Es tat weh. Jeder Ruck am Riemen, wenn Birk höher kletterte, ließ sie aufstöhnen.

Bald breche ich mittendurch wie die Mattisburg, dachte sie und biss die Zähne zusammen, um nicht zu schreien.

Plötzlich ließ der Druck nach, und da stand Birk und sah auf sie hinunter. Sie war liegengeblieben, um auszuprobieren, ob sie noch atmen konnte. Er sagte:

„Aha, hier liegst du also!“

„Ja, hier liege ich“, sagte Ronja. „Bist du jetzt fertig mit dem Gehopse?“

„Nein, einmal muss ich noch springen. Um auf die richtige Seite zu kommen. Ich muss ja heim in die Borkafeste, ist doch klar!“

„Nimm aber erst meinen Lederriemen ab“, sagte Ronja und sprang auf. „Mit dir will ich nicht länger als unbedingt nötig zusammengebunden sein.“

Er schlüpfte aus der Schlinge.

„Nein, versteht sich“, sagte er. „Aber von jetzt an bin ich vielleicht trotzdem an dich gebunden. Auch ohne Riemen.“

„Rutsch mir doch den Buckel runter“, schrie Ronja. „Du mitsamt deiner Borkafeste! Scher dich zum Donnerdrummel!“ Sie ballte die Faust und schlug zu, genau auf seine Nase.

Er lächelte.

„Mach das nicht noch mal, das rat ich dir! Aber dass du mir das Leben gerettet hast, war nett von dir. Nimm dafür meinen Dank!“

„Scher dich zum Donnerdrummel, hab ich gesagt!“, schrie Ronja und lief davon, ohne sich umzuschauen. Doch gerade als sie an der Steintreppe angekommen war, hörte sie Birk rufen:

„Du Räubertochter, wir sehen uns wohl mal wieder!“

1 Wie stehen eurer Meinung nach die Chancen, dass Ronja und Birk Freunde werden? Begründet eure Meinung.

Tatjana aus der 5a möchte sich einen Überblick über den Inhalt der Geschichte verschaffen, um sie besser zu verstehen. Dazu hat sie sich folgende Notizen in ihr Heft gemacht:

Astrid Lindgren: Ronja Räubertochter – Gliederung

Z. 1 – 42:	Ronja Räubertochter trifft Birk Borkasohn.
Z. 43 – 70:	Die Sprünge über den Höllenschlund
Z. 71 – …:	Der Absturz Birks
Z. … – Z. …	
Z. … – Z. …	

2 Beschreibt, wie Tatjana vorgegangen ist. Beantwortet dabei auch folgende Fragen:

- Warum hat Tatjana die Zeilen 1 – 42 und 43 – 70 jeweils zu einem Sinnabschnitt zusammengefasst? Seht euch diese Abschnitte noch einmal an und versucht zu erklären, wonach sie sich gerichtet hat.
- Wo endet der dritte Sinnabschnitt?

3 Tatjana hat den Text in insgesamt fünf Sinnabschnitte gegliedert.

- Übernehmt Tatjanas Gliederung und vervollständigt sie.
- Lest dazu die Lernbox „Einen Text gliedern“ auf S. 137 und arbeitet damit.

S. 316 Falls ihr weitere Hinweise benötigt, findet ihr eine Hilfekarte auf der Seite 316.

4 Erzähle nun mithilfe deiner Gliederung in eigenen Worten, wie das Treffen zwischen Ronja und Birk verlaufen ist und wie Ronja es geschafft hat, Birk zu retten.

5 Stellt den Ablauf des Geschehens am Höllenschlund in Form einer Spannungskurve dar. Übernehmt dazu die folgende Skizze in eure Hefte und vervollständigt sie.

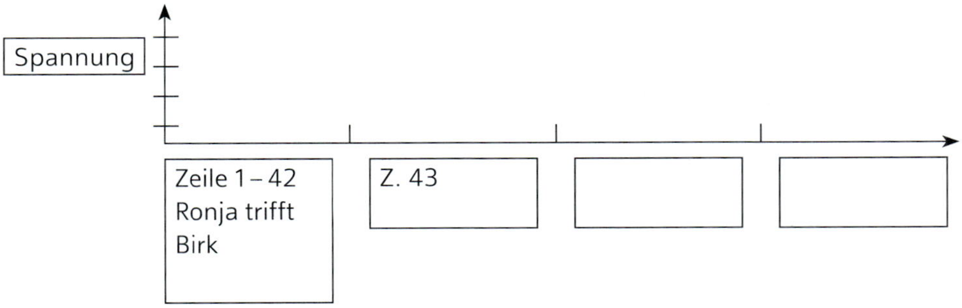

Auf der Hilfekarte auf S. 316 findet ihr Anregungen, wie ihr den Handlungs- und Spannungsverlauf noch genauer untersuchen könnt. S. 316

6 Seht euch die Beziehung zwischen Ronja und Birk genauer an. Beantwortet dazu folgende Fragen mithilfe entsprechender Textstellen:

- Was halten Ronja und Birk voneinander, als sie sich am Höllenschlund treffen? Sucht dazu Textstellen aus den ersten beiden Sinnabschnitten heraus (Z. 1 – 70).
- Was wollen Ronja und Birk sich gegenseitig mit dem Überspringen des Höllenschlunds beweisen? Sucht Textstellen heraus, die etwas darüber verraten.
- Verändert sich das Verhältnis der beiden im Verlauf ihrer Begegnung? Belegt eure Meinung mit dem Text. Seht euch dazu besonders die Zeilen 106 – 126 nochmals an.

7 Erkläre in deinen Worten, was Birk mit dem Satz meint: „Aber von jetzt an bin ich vielleicht trotzdem an dich gebunden. Auch ohne Riemen." (Z. 115 – 116) und warum er dies sagt.

8 Ihr könnt unter folgenden Arbeitsaufträgen auswählen:

a Was werden Ronja und Birk nach ihrem Treffen am Höllenschlund voneinander denken? Zeichne die Umrisse der beiden in dein Heft und schreibe mögliche Gedanken Ronjas und Birks auf.

b ●○ Stell dir vor, Ronja oder Birk schreiben abends in ihr Tagebuch. Sie schildern darin, was sie am Höllenschlund erlebt haben und was sie über den anderen denken. Schreibe für Ronja oder Birk diesen Tagebucheintrag.

c ●● Stell dir vor, dass Ronja, als sie nach Hause kommt, ihrem Vater von der Begegnung mit Birk erzählt. Schreibe das Gespräch auf. So kannst du beginnen:

Mattis: „Kind, warum kommst du denn heute so spät aus dem Wald nach Hause? Ist irgendetwas geschehen? Haben dir etwa die Borkaräuber aufgelauert?“

Ronja: „Ich muss dir etwas gestehen. Ich war gar nicht im Wald, ich war am Höllenschlund. Und dort ...“

d ●○ Erstelle zu Birk oder Ronja ein Schaubild wie in Aufgabe 5 auf S. 127. Stelle Birk oder Ronja dann mithilfe dieses Schaubildes vor.

e ●● Verfasse eine Figurenbeschreibung von Ronja oder Birk. Arbeite dabei mit den Hinweisen in Aufgabe 5 auf S. 127 und in der Lernbox auf S. 129

Einen Text gliedern

- Wenn du dir einen **Überblick über einen Text** verschaffen willst, kannst du ihn in **Textabschnitte gliedern**.
- Einen **neuen Textabschnitt** kannst du ansetzen, wenn:
  - etwas **Neues geschieht**,
  - der **Ort** des Geschehens und der Handlung **wechselt**,
  - die **Zeit sich verändert** oder
  - **neue Figuren** auftreten.
- Fasse den Inhalt des jeweiligen Textabschnittes in Form einer **Überschrift** zusammen.
- Wenn du die Gliederung in dein Heft schreibst, solltest du für jeden Sinnabschnitt die **Zeilen angeben** und deine Überschrift dazuschreiben (z. B. Z. 1–42: *Ronja Räubertochter trifft Birk Borkasohn*).

➲ Wiederholen und üben:
Eine Figur beschreiben
S. 140, Aufgaben 1–2
Einen Text gliedern
S. 141, Aufgaben 6–7

9 **Durchstarten!** **So könnt ihr weiterarbeiten:**

a ●○ Um zu erfahren, ob aus den beiden Freunde werden, sollten einige von euch das Buch lesen und der Klasse vorstellen. Wie ihr bei der Buchvorstellung vorgeht, erfahrt ihr auf S. 138–139.

b ●● Astrid Lindgren hat noch zahlreiche weitere Jugendbücher geschrieben, in denen es um Freundschaft geht. Die Titelbilder einiger dieser Bücher sind unten abgebildet. Besorgt euch Bücher von Astrid Lindgren und stellt sie der Klasse vor. Hilfen, wie ihr dabei vorgehen könnt, erhaltet ihr auf S. 138 und 139.

Das hat mir gut gefallen!
Projekt: Ein Buch vorstellen

Du hast in diesem Kapitel einige Jugendbücher kennengelernt, in denen es um das Thema „Freundschaft“ geht. Sicherlich sind dabei noch viele Fragen offen geblieben, z. B., ob aus den Figuren echte Freunde werden und wie die Geschichten ausgehen. Um diese und andere Fragen zu beantworten, sollten einige von euch die Bücher ausleihen und der Klasse vorstellen. Die anderen sollten weitere Jugendbücher zum Thema „Freundschaft“ lesen und diese ebenfalls vorstellen.

1 Gehe so vor, um ein Buch zu präsentieren:

- Überlege dir zuerst, welches Buch du der Klasse vorstellen möchtest. Besorge dir das Buch und lies es.
- Mache dir für deinen Vortrag Stichworte auf Karteikarten. Dabei kannst du zu jedem Punkt, den du ansprechen möchtest, eine Karteikarte anlegen.

Angaben zum Buch

Titel: Vorstadtkrokodile
Autor: Max von der Grün
Verlag/Preis: …

Das Leben von Kurt und Hannes

- *Hannes' Wunsch, zur Bande der Krokodile zu gehören*
- *Aufnahmebedingungen: die Mutprobe*
- *Kurt beobachtet von seinem Rollstuhl aus das Geschehen*
- *…*

- Wenn du alle Notizen für die Buchvorstellung fertiggestellt hast, übe den Vortrag mithilfe deiner Karteikarten einige Male. Bitte jemanden aus deiner Familie oder von deinen Freunden, dir dabei zuzuhören.

- Baue deine Buchvorstellung folgendermaßen auf:
  - Nenne den Titel, den Autor, den Verlag, in dem das Buch erschienen ist, und den Preis des Buches.
  - Fasse kurz zusammen, worum es in dem Buch geht.
  - Stelle die Hauptfiguren vor und beschreibe ihre Beziehungen zu den anderen Figuren.
  - Lies den anderen Schülern und Schülerinnen ein oder zwei Stellen aus dem Buch laut vor (z. B. besonders lustige oder besonders spannende Textstellen).
  - Erkläre den Zuhörern, warum dir das Buch so gut gefällt.

- Stelle eine „Lesekiste" zusammen, um deinen Vortrag für die Zuhörer besonders interessant und anschaulich zu gestalten. Dazu kannst du so vorgehen:
  - Besorge dir einen Karton. Lege in diesen Karton verschiedene Gegenstände, die mit dem von dir vorgestellten Buch zu tun haben. Bei dem Buch „Vorstadtkrokodile" könnten dies z. B. ein Fernglas, ein Stoffkrokodil oder Pfeil und Bogen sein.
  - Die einzelnen Gegenstände holst du an geeigneter Stelle deiner Buchvorstellung aus der Lesekiste heraus.
  - Du zeigst sie deinen Zuhörern und erklärst ihnen, welche Bedeutung der jeweilige Gegenstand in dem Buch hat. So könntest du z. B. bei der Vorstellung des Buches „Vorstadtkrokodile" einen Pfeil und einen Bogen zeigen, weil die Hauptfigur damit eine Diebesbande in die Flucht schlägt.

Weitere Projektideen

- Ihr könnt eine Klassenbibliothek oder eine Büchertauschbörse mit euren persönlichen Lieblingsbüchern einrichten.
- Veranstaltet eine Lesenacht und lest euch gegenseitig aus Büchern vor.
- Gestaltet eine Ausstellung zum Thema „Freundschaft in Jugendbüchern" (z. B. in eurer Schülerbibliothek).

➔ Wiederholen und üben: Ein Buch vorstellen S. 141, Aufgabe 8

Alles klar? – Wiederholen und üben

Figuren beschreiben

1 Gib an, welche der folgenden Aussagen auf Rico und welche auf Oskar zutrifft. Lies dazu eventuell den Buchauszug auf den S. 122 – 124.

a)	... entschuldigt sich, weil er sich über den anderen lustig gemacht hat	d)	... hat Angst sich zu verlaufen.
b)	... Vater ist gestorben.	e)	... muss weinen, wenn er sich über irgendetwas aufregt.
c)	... möchte nicht, dass der andere denkt, er finde ihn toll.	f)	... sucht zwischen den Büschen vor dem Zaun des Spielplatzes nach der Nudel.

2 Alex aus der 5 a hat aufgrund des Anfangs des Auszuges „Die Fundnudel“ (S. 122, Z. 1 – 36) aus dem Jugendbuch „Rico, Oskar und die Tieferschatten“ Oskar beschrieben. Er hat dabei ein paar Fehler gemacht.

- Suche zunächst die Fehler heraus, die Alex’ Beschreibung von Oskar enthält.
- Überarbeite und verbessere die Figurenbeschreibung von Alex.

Oskar ist neben dem Italiener Rico eine der beiden Hauptfiguren aus dem Buch „Rico, Oskar und die Tieferschatten“ von Thomas Steinhöfel. Er lebt in Berlin. Dort trifft er zufällig nach der Schule Rico. Diesen findet er auf Anhieb interessant, da Rico auf der Straße eine Nudel sucht. Er hilft Rico dabei, obwohl er die Nudelsache für eine Spinnerei Ricos hält.
Auffällig an Oskar ist sein angenehmes Äußeres und seine Kleidung. Er trägt, auch wenn er zu Fuß unterwegs ist, immer einen Fahrradhelm. Weiter ist er mit einem Pullover, an dem wie eine Brosche ein winziges knallrotes Motorrad befestigt ist, bekleidet. Dazu trägt er schwarze Socken und Sportschuhe. Ansonsten ist er genauso groß wie Rico. Nur seine Zähne, die etwas hervorstehen, fallen sofort auf.

3 Bestimmt bei den folgenden Angaben zu Ronja, welche falsch und welche richtig sind. Lest dazu eventuell den Textauszug auf S. 131 – 134.

Ronja ist ungefähr drei Jahre alt.
Sie ist die Tochter von Mattis und Lovis.
Ihr Vater ist Förster.
Sie hat keine Geschwister.

Ronja wächst in einer Waldhöhle auf.
Sie hat viele Spielgefährten.
Ronja wird schnell wütend.
Sie ist sehr ängstlich.
Ronja ist hilfsbereit.

4 Arbeitet so weiter:

- Korrigiert die falschen Angaben zu Ronja aus Aufgabe 3.
- Überlegt, was ihr an Ronja besonders wichtig und typisch findet. Ergänzt nun die richtigen Angaben zu Ronja aus Aufgabe 3 noch um mindestens fünf weitere Angaben.
  Lest eventuell noch einmal im Textauszug S. 131 – 134 nach.

5 Stelle Ronja mithilfe der richtigen Angaben von Aufgabe 3 und deiner Angaben zu Ronja von Aufgabe 4 vor.
TIPP: Wenn du dazu weitere Hilfen brauchst, kannst du mit den Lösungen zu Aufgabe 3 und 4 auf S. 325 arbeiten.

Einen Text gliedern

6 In dem folgenden Kasten ist die Gliederung des Textauszuges „Oskar kommt zu Besuch" durcheinandergeraten.

- Lies den Text auf S. 126.
- Bringe anschließend die Überschriften in die richtige Reihenfolge.
- Ergänze jeweils die fehlenden Zeilenangaben.

Gliederung des Buchauszuges „Die Fundnudel"

Zeile ■ – ■: Der Abschied und echte Freundschaft
Zeile ■ – ■: Die Unterschiede zwischen Rico und Oskar
Zeile ■ – ■: Oskar besteht den Freundschaftstest
Zeile ■ – ■: Die Unterhaltung zwischen Oskar und Ricos Mutter über Motorradhelme
Zeile ■ – ■: Ricos Freundschaftstest

Ein Buch vorstellen

7 Die Abläufe bei einer Buchvorstellung sind hier durcheinandergeraten. Bringe die Arbeitsschritte in die richtige Reihenfolge. Sieh dir dazu eventuell noch einmal die Hinweise zu einer Buchvorstellung auf S. 138 – 139 an.

Bei einer Buchvorstellung sollte man ...
1. eine oder zwei Textstellen aus dem Buch vorlesen,
2. wichtige Informationen über das Buch vortragen, z. B. wer es geschrieben hat, wie der Titel lautet und wo es erschienen ist,
3. das Lesen und Vortragen vorher zu Hause üben,
4. ein geeignetes Buch für die Buchvorstellung auswählen,
5. Stichworte für den Vortrag auf Karteikarten festhalten,
6. den Inhalt des Buches kurz zusammenfassen.

Ein Haus für Leseratten
Bibliotheken erkunden

In der Schule bekommst du immer wieder die Aufgabe, Kurzvorträge zu einem Thema zu halten oder der Klasse ein Buch vorzustellen. Für solche Aufgaben hilft es dir oft, wenn du dir Bücher aus einer Bibliothek besorgst. Dieses Kapitel soll dir dabei helfen, eine Bibliothek zu nutzen. Dazu lernst du,

- welche Angebote es in Bibliotheken gibt,
- in einer Bibliothek Bücher zu einem Thema zu finden und
- den Bibliothekscomputer zu benutzen.

Weiter erhältst du Tipps und Anregungen, wie man den Besuch einer Bibliothek vorbereitet. Am Ende erfährst du, wie deine Klasse eine eigene Klassenbibliothek einrichten kann.

und Bücherwürmer –
und nutzen

1 Betrachtet die Fotos. Erklärt, was man alles in Bibliotheken (= Büchereien) machen kann.

2 Berichtet über eure Erfahrungen mit Bibliotheken.

- Aus welchen Anlässen und Gründen habt ihr eine Bibliothek besucht?
- Welche Bücher habt ihr dort ausgeliehen?
- Was wisst ihr über die Regeln, die für den Besuch und die Benutzung einer Bibliothek gelten?

So viele Bücher – sich in einer Bibliothek zurechtfinden

Alex, Julia und Tanja gehen in die Klasse 5 a. Die Schüler der Klasse bereiten Kurzvorträge zu verschiedenen Themen vor. Mit ihrer Deutschlehrerin besuchen sie heute die Stadtbücherei, um sich Bücher zu ihren Themen zu besorgen. Die drei befinden sich am Bibliothekscomputer und verschaffen sich einen Überblick über die Bibliothek.

1 Beschreibt die Bibliothek. Wie ist sie eingerichtet? Welche Angebote macht die Bücherei ihren Benutzern?

2 ○○ Alex arbeitet gerade an einem Kurzvortrag zum Thema „Papageien". Dazu möchte er sich Bücher ausleihen. Erklärt, wo Alex Bücher zu seinem Thema finden kann. Welchen Weg muss er vom PC des digitalen Kataloges zum richtigen Regal gehen?

3 ○○ Tanja ist mit ihren Freundinnen noch mit der Büchersuche am PC beschäftigt. Als Thema für ihren Kurzvortrag hat sie ihre Lieblingssportart Judo gewählt. In welchem Regal kann sie Bücher zum Thema „Judo" finden?

4 ●○ Tanjas Freundinnen möchten sich noch ein Abenteuerjugendbuch aus der Reihe „Die 5 Freunde" ausleihen. Wo finden sie dieses Buch? Beschreibt wieder, welchen Weg sie vom PC des digitalen Kataloges gehen müssen, um es aus dem Regal zu nehmen.

5 ●● Nenne deiner Partnerin/deinem Partner verschiedene Themen und Bücher. Lass dir von ihr oder ihm zeigen, in welchen Regalen sie zu finden sind.

Die Klasse 5a hat sich auf ihren Besuch in der Bibliothek vorbereitet, indem die Schülerinnen und Schüler Fragen zur Benutzung einer Bibliothek gesammelt haben.

Fragen zur Bibliotheksbenutzung

- Wie kann man einen Ausweis bekommen?
- Wann hat die Bibliothek geöffnet?
- Welche Arten von Büchern kann man ausleihen oder anschauen?
- Gibt es außer Büchern noch anderes auszuleihen?
- Wie findet man ein ganz bestimmtes Buch?
- Welche Bücher darf man ausleihen, welche nicht?
- Wie lange kann man ein Buch ausleihen?
- …

6 Sammelt noch weitere Fragen und ergänzt diesen Fragenkatalog.

7 Für die Benutzung einer Bibliothek ist es hilfreich, die entsprechenden Fachwörter zu kennen. Klärt deshalb die Bedeutung der Fremd- und Fachwörter im Kasten. Arbeitet dabei z. B. mit dem Internet oder mit Fremdwörterbüchern.

Autor • Bestseller • Bibliothek • Bibliothekar/in
Buchrücken • Cover • ISBN • Katalog
Klappentext • Medium/Medien • Recherche
Register • Schlagwort • Signatur

8 Wenn es möglich ist, besucht gemeinsam eine Bibliothek (z. B. eine Stadtbibliothek oder die Schulbibliothek). Nutzt euren Bibliotheksbesuch, um interessante Bücher kennenzulernen. Sucht euch während eures Bibliotheksbesuchs ein Buch aus, das euch besonders gefällt, und stellt es später der Klasse vor. Erklärt den anderen,

- worum es in dem Buch geht und
- was euch jeweils daran besonders interessiert.

Vielleicht könnt ihr auch einen kleinen Ausschnitt daraus vorlesen. Hilfen, wie ihr bei der Buchvorstellung vorgehen könnt, erhaltet ihr auf S. 138–139.

9 Durchstarten! So könnt ihr weiterarbeiten:

➔ Wiederholen und üben: Eine Bibliothek kennenlernen S. 154, Aufgaben 1–3

In eurer Klasse gibt es vermutlich einige, die schon öfter in einer Bibliothek waren. Diese „Experten" könnten vor eurem gemeinsamen Besuch eine Bibliotheksrallye zusammenstellen. Sie entwickeln für die anderen Fragen, z. B. zu Büchern, zur Ausleihe und zur Katalogbenutzung. Die anderen beantworten während des Büchereibesuchs diese Fragen und erkunden sie so.

Einige Schülerinnen und Schüler der 5 a haben schon Fragen gesammelt. Ergänzt diese Sammlung und entwickelt einen eigenen Fragebogen für eure Bibliotheksrallye. Vergesst nicht, Platz für die Antworten zu lassen. Für diejenigen, die alle Fragen richtig beantworten, könnt ihr euch kleine Preise überlegen.

Bibliotheksrallye

1	Wer hat das Buch „Als ich lernte, die Spinnen zu zähmen" geschrieben? Antwort: ...
2	Welche Signatur hat das Jugendbuch „Tintenherz" von Cornelia Funke? Antwort: ...
3	Suche Informationen über den Autor Michael Ende und erstelle zu ihm einen kurzen Steckbrief. Halte deine Antwort auf einem Zettel fest, den du dann mit dem Fragebogen bei uns abgibst.
4	Was ist ein „Gladiator"? Suche ein Fremdwörterlexikon und schreibe die Erklärung wörtlich ab. Antwort: ...
5	...

Wie finde ich die richtigen Bücher? – In Bibliotheken Bücher zu einem Thema suchen

Detektivarbeit am Bildschirm – einen Bibliothekskatalog benutzen

Alex und Tanja haben sich einen ersten Eindruck von der Stadtbücherei verschafft. Jetzt wollen sie sich Informationen und Bücher zu den Kurzvorträgen besorgen, an denen sie gerade arbeiten. Alex hat als Thema „Papageien“ gewählt, weil er gerne einen Papageien als Haustier hätte. Tanja möchte der Klasse gerne ihre Lieblingssportart „Judo“ vorstellen.

1 Welche Probleme haben Alex und Tanja bei ihrer Büchersuche?

2 Wie würdet ihr an Tanjas und Alex' Stelle vorgehen? Sammelt eure Vorschläge.

Jede Bibliothek besitzt einen Katalog, in dem alle Bücher verzeichnet sind. In den meisten Bibliotheken kann man diesen Katalog mithilfe eines Computers benutzen. Um in einer Bibliothek die richtigen Bücher zu finden, könnt ihr mit dem Bibliothekscomputer arbeiten. Dort findet ihr solch eine oder eine ähnliche Startseite.

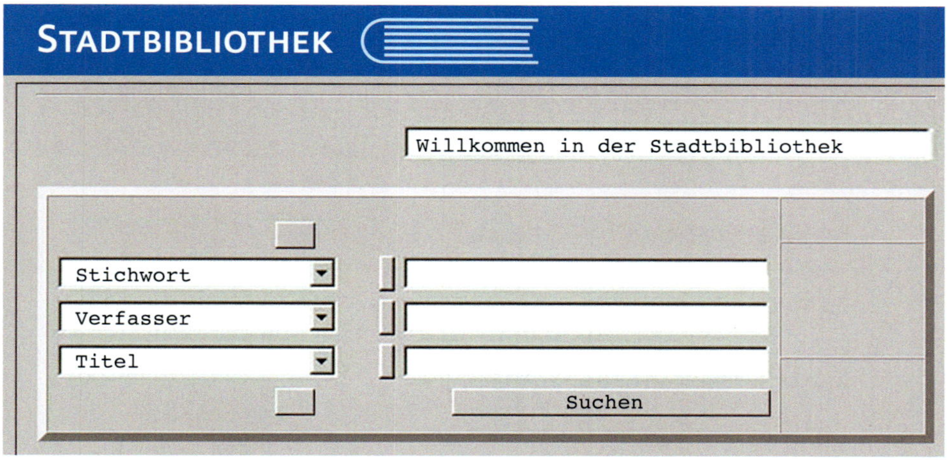

3 Was bedeuten die Begriffe „Stichwort", „Verfasser" und „Titel"? Erklärt sie mit euren Worten.

4 Wozu dient die Schaltfläche „Suchen" und wann muss man sie benutzen?

5 Beschreibt, wie Alex vorgehen sollte, um mithilfe des Computerkatalogs Bücher zum Thema „Papageien" zu finden.

Alex hat sich vor seinem Besuch in der Bibliothek mit seiner Biologielehrerin Frau Weber unterhalten. Sie hat ihm mehrere Bücher zu seinem Thema „Papageien" empfohlen. Während des Gesprächs hat sich Alex diese Notizen gemacht.

6 Wie muss Alex mit dem Bibliothekskatalog arbeiten, um die jeweiligen Bücher zu den einzelnen Buchtipps zu finden?

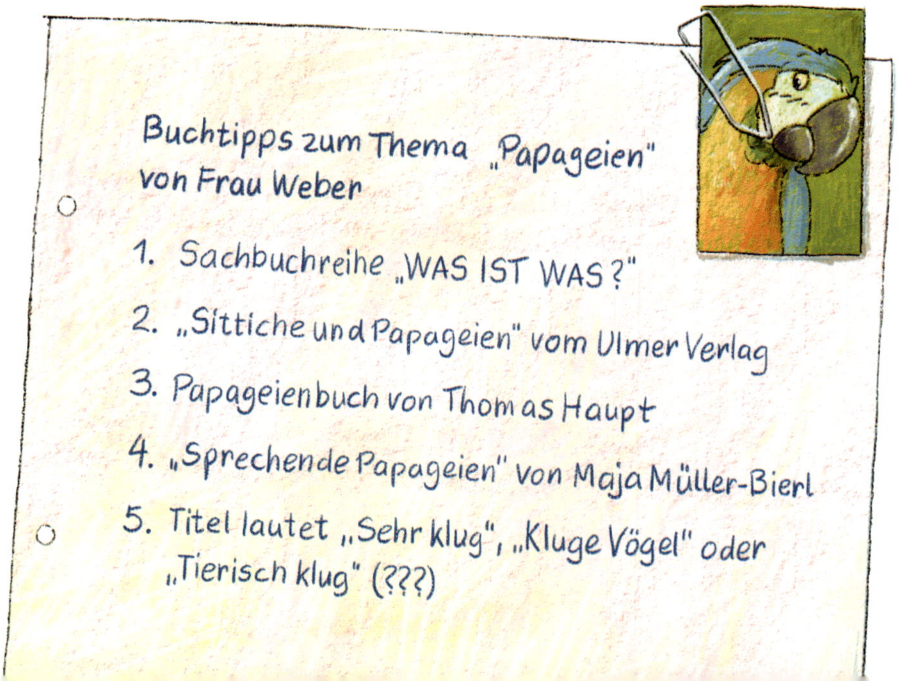

Detektivarbeit zwischen den Regalen – die Büchersuche in einer Bibliothek beschreiben

Bei der Suche mit dem Bibliothekscomputer erhältst du zuerst eine Liste von Kurzeinträgen zu dem eingegebenen Suchbegriff. Zu dem dritten Buchtipp von Frau Weber hat Alex folgende Liste mit Kurzeinträgen gefunden:

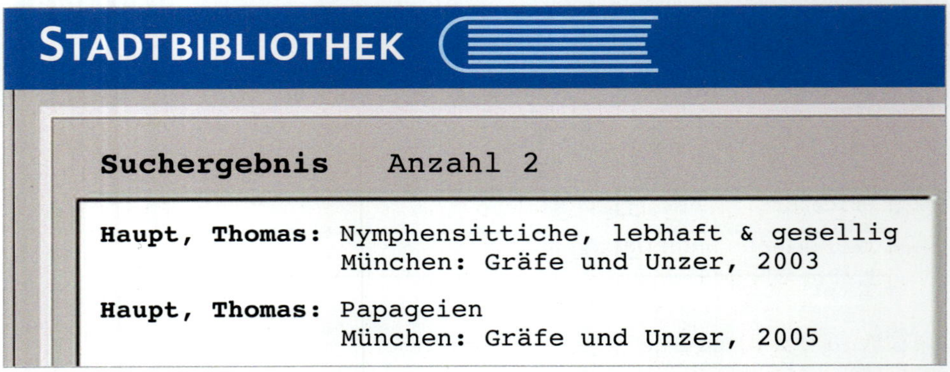

1 Welche Informationen erhält Alex durch die Kurzeinträge?

2 Welche Informationen fehlen Alex, um zu entscheiden, ob er sich das Buch ansehen soll, und welche Informationen benötigt er noch, um es in der Bibliothek zu finden?

Wenn du die Kurzeinträge anklickst, erhältst du eine ausführlichere Beschreibung. Alex hat zu dem zweiten Kurzeintrag folgende Beschreibung aufgerufen.

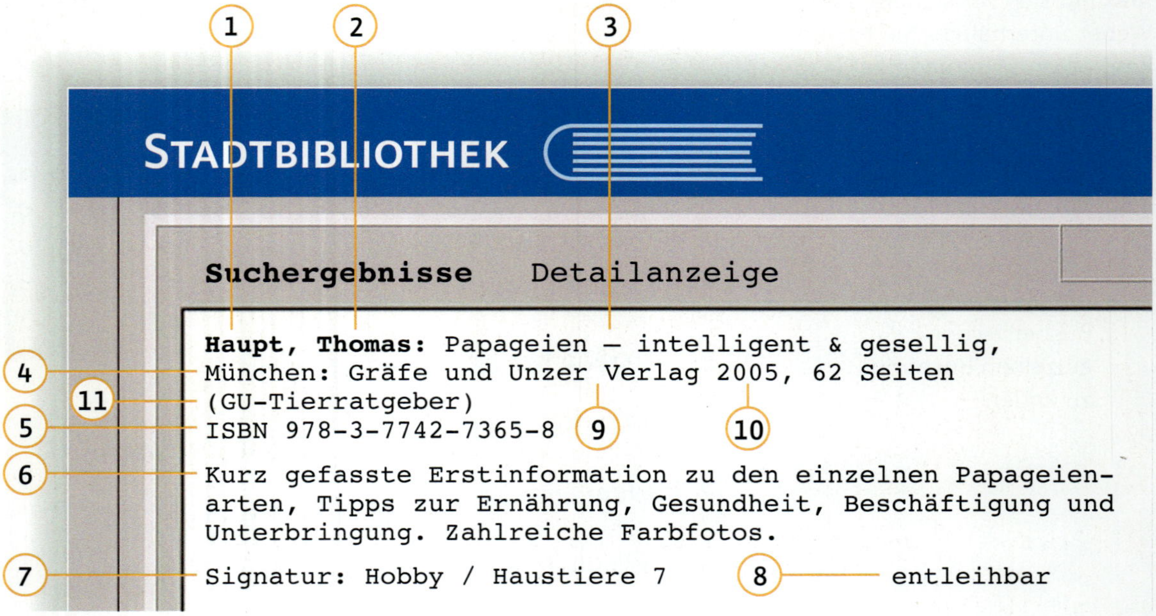

3 Welche Angaben enthält eine ausführliche Beschreibung eines Buchtitels im Bibliothekskatalog? Ordnet den Zahlen 1–11 die folgenden Begriffe zu.

Erscheinungsjahr ▪ Nachname des Verfassers ▪ Erscheinungsort ▪ Titel ▪ internationale Standardbuchnummer ▪ Buchreihe ▪ Angaben zum Inhalt ▪ Angabe des Standortes ▪ Vorname des Verfassers ▪ Entleihstatus ▪ Verlag

4 Wie ist Alex zu dieser ausführlichen Beschreibung gelangt? Beschreibt alle Schritte des Suchvorgangs.

5 Lies die Infobox. Erkläre mit deinen Worten, was man unter der Signatur eines Buches versteht.

6 Wie muss Alex vorgehen, um sich das Buch „Papageien – intelligent & gesellig“ auszuleihen?

INFO

Die Signatur

Jedes Buch in einer Bücherei besitzt auf dem Buchrücken eine Aufschrift. Diese kann aus Wörtern, Abkürzungen und Zahlen bestehen (z. B. „Hobby/Haustiere 7“ oder „Tiere/Pag. 82“).
Diese Aufschrift nennt man Signatur. Die Signatur gibt den genauen Standort des Buches in der Bücherei an. Bei dem Buch, das Alex im Katalog gefunden hat, bezeichnet „Hobby“ das Regal bzw. die Regale, in dem oder in denen das Buch steht.
Dort befindet sich ein Teilbereich, in dem alle Bücher mit der Kennzeichnung „Haustiere 7“ stehen. Unter diesen Büchern steht das gesuchte Buch von Thomas Haupt.

7 Beantwortet Tanjas Fragen und gebt ihr Tipps, wie sie ihre Probleme bei der Informationssuche lösen kann. Hilfen dazu findet ihr in der Lernbox auf der nächsten Seite.

Einen Bibliothekskatalog benutzen

➲ Sachtexte erschließen und Kurzvorträge halten zum Thema „Papageien" und „Judo" SB, S. 156 – 177

➲ Wiederholen und üben: Büchersuche in einer Bibliothek S. 155, Aufgaben 4 – 6

In einem **Bibliothekskatalog** sind **alle Bücher aufgelistet**, die in der Bücherei vorhanden sind. So arbeitest du mit dem Bibliothekskatalog:

- Wenn du ein **bestimmtes Buch suchst**, findest du es, indem du den **Verfasser** oder den **Titel** in die dafür **vorgesehenen Felder eingibst**.
- Um **Bücher zu bestimmten Themen** zu finden, musst du **Stichwörter** wie z. B. „Papageien" oder „Judo" in das **Suchfeld „Stichwort" oder „Schlagwort"** eingeben.
- Die Suche startet, wenn du die **Schaltfläche „Suche"** bzw. **„Suchen" anklickst** oder die Enter-Taste drückst.
- Durch **Anklicken eines Kurzeintrags** erhältst du eine **ausführliche Beschreibung eines Buches** mit den vollständigen Angaben zum Buch (**Verfasser**, **Titel**, **Erscheinungsort**, **Verlag**, **Erscheinungsdatum**, **ISBN-Nummer**, **Entleihstatus** und **Signatur**). Oft erhältst du noch kurze Informationen zum Inhalt des Buches.
- Die **Signatur** ist eine Kennzeichnung auf dem Buchrücken der Büchereibücher (z. B. „Hobby/Haustiere 7"). Sie gibt an, wo das Buch in den Regalen der Bibliothek steht.

8 Durchstarten! So könnt ihr weiterarbeiten:

a ●○ Recherchiert in einer Bibliothek oder auf der Internetseite einer Bibliothek jeweils fünf Bücher zu mindestens zwei Themen, die euch interessieren (z. B. Reptilien, Flugzeuge, Pharaonen, Erfinder ...).
Haltet eure Suchergebnisse in folgender Übersicht fest:

Verfasser (Nachname, Vorname)	Titel	Erscheinung: Ort, Verlag, Jahr	Signatur	ausleihbar
Haupt, Thomas	Papageien – intelligent & gesellig	Gräfe und Unzer Verlag, München 2002	Hobby/ Haustiere 7	ja
...	...	...	...	...

Wenn ihr eine Bibliothek besucht, seht euch die Bücher an ihrem Standort an.

b ●● Schreibe Tanja eine E-Mail. Beantworte darin ihre Fragen und erkläre ihr, wie sie vorgehen soll, um Bücher zu ihrem Thema „Judo" zu finden.

Projekt „Klassenbibliothek“

Organisiert selbst eine kleine Klassenbibliothek. So könnt ihr dabei vorgehen:

- Jeder bringt ein oder mehrere Bücher mit, die andere aus der Klasse bei ihm ausleihen können.
- Legt euch für jedes Buch eine Karteikarte an, damit ihr die Ausleihe organisieren könnt. Legt diese Karteikarte in die auszuleihenden Bücher.

- Wenn jemand sich ein Buch ausleiht, nehmt ihr die Karteikarte aus dem Buch heraus und tragt die entsprechenden Daten ein (Name des Entleihers, Entleihdatum, Datum der Rückgabe). Sortiert die Karteikarten der Bücher, die ausgeliehen sind, in der alphabetischen Reihenfolge der Nachnamen der Entleiher. Besorgt euch einen Kasten, in dem ihr die Karteikarten aufbewahren könnt.
- Wählt aus der Klasse einige Schülerinnen und Schüler aus, die sich um die Ausleihe kümmern und regelmäßig kontrollieren, wer welche Bücher ausgeliehen hat bzw. ob sie pünktlich zurückgegeben worden sind.
- Sucht euch eine schöne Ecke in der Klasse aus, um dort mithilfe eines Tisches oder Regals die Bibliothek aufzubauen.
- Einigt euch gemeinsam auf Ausleihzeiten und Benutzungsregeln. Haltet diese auf einem Plakat fest und hängt es im Klassenraum auf.
- Bastelt euch eigene Benutzerausweise für eure Bibliothek.

Alles klar? – Wiederholen und üben

Eine Bibliothek kennenlernen

1 Schreibe das Fachwort mit seiner richtigen Bedeutung auf. Schreibe auch die hinter den richtigen Antworten stehenden Buchstaben auf. Von oben nach unten gelesen ergeben sie ein Lösungswort.

Autor:

• derjenige, der ein Buch geschrieben hat	B
• schmerzhaftes Foul im Elfmeterraum beim Fußball	S
• elektrisches Garagentor	L

ISBN:

• interessante Schulbücher in Naturkunde	I
• internationale Standardbuchnummer	U
• internationale Registriernummern aller Bibliotheken der Welt	G

Schlagwort:

• schweizerische Bezeichnung für Sahne	T
• Wort, das den Inhalt eines Buches zusammenfasst	C
• handfeste Auseinandersetzung nach einem Streit	R

Signatur:

• Standortkennzeichnung eines Buches in der Bibliothek	H
• lateinisches Wort für „jemandem ein Zeichen geben“	A
• Klassenausflug	U

2 Löst die Rätsel und schreibt die Antworten auf.

- Fremdwort für Bücherei (10 Buchstaben)
- Verzeichnis aller Bücher in einer Bücherei (7 Buchstaben)
- englisches Fremdwort für Buchdeckel (5 Buchstaben)
- Suche nach Büchern und Informationen zu einem Thema (9 Buchstaben)
- Oberbegriff für Bücher, Zeitschriften, CDs usw. (6 Buchstaben)

3 Überprüft, wie sicher ihr die Rechtschreibung der Fachwörter beherrscht.

- Schreibt zu jedem Fachwort, nach dem in den Aufgaben 1 und 2 gefragt wird, einen Satz in eure Hefte, in dem das Wort vorkommt.
- Diktiert euch in Partnerarbeit wechselseitig eure Sätze.
- Überprüft dann, ob ihr die Fachwörter richtig geschrieben habt, und berichtigt eventuelle Fehler.

Büchersuche in einer Bibliothek

Alex hat sich im Internet über sein Referatthema „Papageien“ informiert und bei einem Onlineverlag folgendes Buch gefunden, das ihn interesssiert. Nun will er in seiner Stadtbibliothek nachschauen, ob dieses Buch dort ausleihbar ist.

4 Welche Information des Buchcovers muss er an welcher Stelle in die Suchmaske am PC eingeben, um das Buch zu finden?

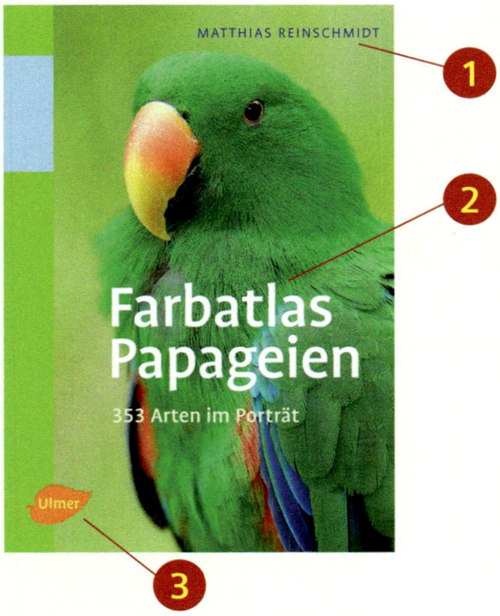

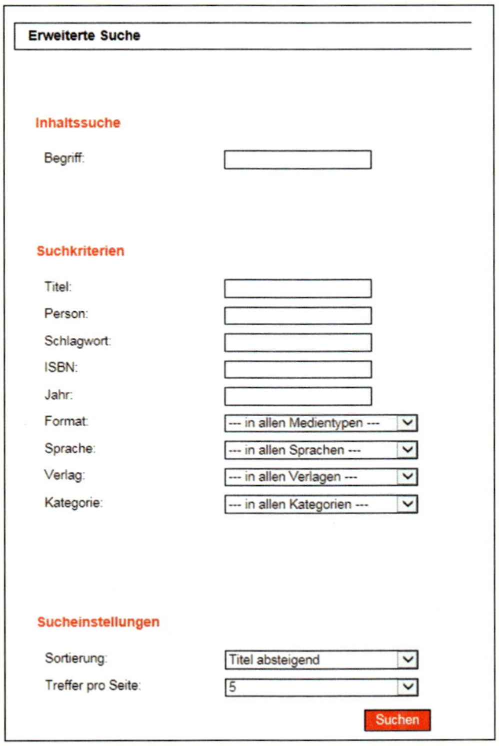

5 Eine ausführliche Beschreibung eines Buchtitels im Büchereikatalog enthält elf Angaben. Kennst du sie alle? Schreibe sie auf.

6 Tanja hat sich folgende Notiz zu einem Buchtipp ihrer Sportlehrerin gemacht.

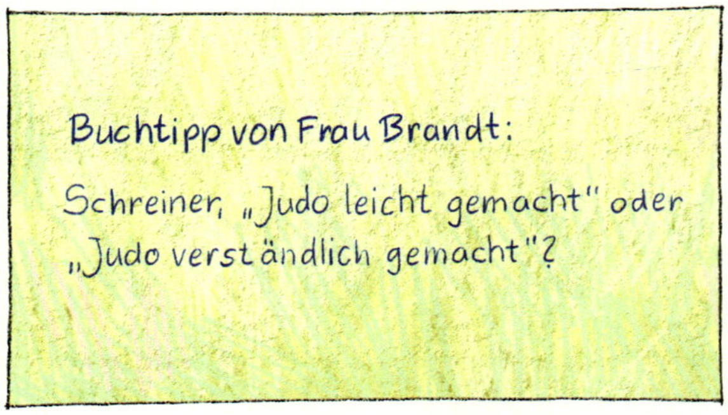

Wie findet Tanja das Buch im Bibliothekskatalog und wie kommt sie zu dem Standort des Buches? Erkläre Tanja in einer E-Mail, wie sie vorgehen soll.

Das interessiert mich! –
Internet recherchieren und

In der Schule erhaltet ihr immer wieder die Aufgabe, zu verschiedenen Themen Referate oder Kurzvorträge zu halten. Dazu müsst ihr Texten Informationen entnehmen und diese euren Mitschülerinnen und Mitschülern vorstellen. Wie ihr dabei vorgehen müsst, erfahrt ihr in diesem Kapitel. Ihr lernt, wie man

- Sachtexten Informationen entnimmt,
- Informationen aus Sachtexten anschaulich festhält,
- einen Kurzvortrag gestaltet und hält.

In dem Kapitel „Ein Haus für Leseratten und Bücherwürmer – Bibliotheken erkunden und nutzen“ (S. 142–155) könnt ihr noch einmal nachlesen, wie man in einer Bibliothek zu einem Thema Bücher bzw. Informationen findet.

Alex und Tanja aus der Klasse 5 a haben sich für einen Kurzvortrag, den sie vor der Klasse halten wollen, jeweils ein Thema ausgesucht und dazu recherchiert:

1 Sammelt Ratschläge, wie Alex und Tanja weiterarbeiten können.

Sachtexte erschließen, im Kurzvorträge halten

Der Gruß beim Judo

Judo

Papageien brauchen unseren Schutz

Graupapageien – sprechendes Federvieh

Der Papagei und die Menschen

2 Die Überschriften und Abbildungen eines Sachtextes zeigen bereits, worüber der Text informiert. Oben seht ihr die Überschriften der Sachtexte, die Alex und Tanja ausgewählt haben, sowie Bilder daraus. Was zeigen sie darüber, welche Informationen die Texte enthalten?

3 **Durchstarten! So könnt ihr weiterarbeiten:**

Eine Möglichkeit, sich eine Vorstellung von einem Thema zu machen, besteht darin zu überlegen, was man schon über das Thema weiß. So versteht man die Texte zu einem Thema leichter, weil man beim Lesen an Bekanntes anknüpfen kann.

Geht so vor:
- Bildet kleine Gruppen und entscheidet euch für das Thema „Papageien" oder „Judo".
- Sammelt alles, was ihr über euer Thema wisst, und haltet es in Stichworten (z. B. auf einem Plakat) fest.
- Zu jedem Thema kann eine Gruppe ihre Ergebnisse der Klasse vorstellen.
- Die anderen Gruppen sollten die Ergebnisse mithilfe ihrer eigenen ergänzen.

„Warum sprechen Papageien?“ – Einen Sachtext erschließen

Alexander Naumann/Bernhard Schulz/
Anne Kathrin Hasselbeck

Graupapageien – sprechendes Federvieh

Aus Afrika kommt der Graupapagei. Graupapageien haben, wie der Name schon sagt, graue Federn. Nur ihr Kopf ist grauweiß. […]

Herkunft und Aussehen
- aus Afrika
- graue Federn, grauweißer Kopf

Nicht alle Papageien können sprechen. Nur manche Arten wollen und können es. Das hängt auch davon ab, wie beweglich die Zunge ist. Ganz besonders geschickt stellen sich Graupapageien an. Sie sind sehr musikalisch und können deshalb sehr gut die Geräusche ihrer Umgebung nachahmen. In freier Natur imitieren sie zum Beispiel das Gezwitscher von anderen Vögeln.

Fähigkeiten des Graupapageis
- sprechende Papageienart
- bewegliche Zunge
- musikalisch
- ahmt Geräusche von anderen Vögeln nach

Graupapageien, die bei Menschen wohnen, machen menschliche Stimmen genauso nach wie Telefonklingeln, Tellerquietschen oder Wasserplätschern. Sie lernen auch, welche Geräusche zu welcher Situation passen. So kann es passieren, dass das Telefon klingelt und der Papagei „Hallo“ sagt, noch bevor man selbst überhaupt den Hörer abnehmen konnte. Und wenn man dann nach dem Telefonieren Schuhe und Jacke anzieht, um einen Spaziergang zu machen, ertönt ein höfliches „Tschau“.

…
- ahmen menschliche Stimmen nach
- ahmen auch Geräusche wie Telefonklingeln nach
- …

Graupapageien verhalten sich in Gefangenschaft so, weil es ihnen Spaß macht, mit Geräuschen und Lauten zu spielen. Außerdem sind Graupapageien sehr intelligent. Sie merken, mit welchen Geräuschen sie besonders viel Aufsehen erregen und die Aufmerksamkeit ihrer Besitzer auf sich ziehen.

…

Papageien sollten immer zu zweit gehalten werden, da sie die Gesellschaft der Artgenossen brauchen. Untereinander zwitschern und pfeifen sie dann auf „papageiisch“. Richtige Wörter benutzen sie nur, wenn Menschen mit ihnen reden.

…

1 Lest zunächst den Text. Klärt nun, auf welche der Fragen der Text eine Antwort gibt und auf welche nicht.

- Welche Papageien-Art lebt in Afrika?
- Wovon ernähren sich Graupapageien?
- Warum können gerade Graupapageien sprechen?
- Wie verhalten sich Graupapageien in der freien Natur?
- Wie bringt man Papageien das Sprechen bei?
- Wie verhalten sich Graupapageien, die bei Menschen wohnen?
- Wie sollte man Papageien halten?
- Warum machen Graupapageien Geräusche und Wörter nach?
- Wie alt werden Graupapageien in Gefangenschaft?
- Wann benutzen Graupapageien Wörter?

2 Alex hat schon angefangen, den Text zu bearbeiten. Beschreibt, wie er vorgegangen ist.

3 Welche Überschrift passt am besten für den dritten Abschnitt? Begründet eure Entscheidung und erklärt, warum ihr die anderen nicht gewählt habt.

- Fähigkeiten des Graupapageis
- Sprechende Papageien
- Verhalten des Graupapageis in Gefangenschaft

4 Wählt auch für den vierten Abschnitt eine Überschrift. Begründet wieder eure Entscheidungen.

- Gründe für das Nachahmen von Lauten und Stimmen
- Wunsch nach Aufmerksamkeit
- Freude am Nachahmen

5 Findet für den letzten Abschnitt selbst eine Überschrift. Stellt euch eure Überschriften gegenseitig vor. Welche passen besonders gut?

6 Führt Absatz für Absatz die Markierungen und Notizen am Textrand so fort, wie Alex sie begonnen hat. Verständigt euch dabei zu zweit oder dritt auf ein gemeinsames Ergebnis. (Legt eine Folie auf den Text oder arbeitet mit einer Kopie des Textes, wenn euch das Buch nicht gehört.)

7 Beantwortet die Fragen aus Aufgabe 1, auf die der Text eine Antwort gibt. Gebt in Klammern die Zeilen an, in der die jeweilige Antwort steht:

- Welche Papageien-Art lebt in Afrika? – In Afrika lebt der Graupapagei. (Z. 1 – 2)

8 **Durchstarten! So könnt ihr weiterarbeiten:**

a Können Papageien wirklich sprechen? Beantwortet diese Frage mithilfe des Textes. Schreibt zu der Frage einen Text, z. B. einen Artikel für die Tierseite einer Schülerzeitung.

Arbeit im und am Text – einen Sachtext markieren und mit Randbemerkungen versehen

Petra Deimer

Der Papagei und die Menschen

Papageien gehören zu den ältesten Hausgenossen des Menschen. Schon die Ureinwohner Australiens und die Neuguineas, die Eingeborenen Afrikas und die Indianer Südamerikas haben sich für diese Vögel interessiert. Sie holten junge Papageien aus ihren Nestern, zogen sie auf und hatten ihre Freude an den zahmen Tieren. Schon damals wurden Papageien gefangen und gegessen. Viele Papageien mussten ihr Leben auch lassen, weil die Menschen die bunten Federn als Schmuck oder das Fleisch als Zaubermittel verwendeten. __________

Nach Europa kamen die ersten Papageien zur Zeit Alexanders des Großen, also vor 2000 Jahren. Opesikos, ein Steuermann aus seiner Flotte, brachte Halsbandsittiche aus Indien mit, die deshalb auch Alexandersittiche genannt werden. Im alten Rom wurden ebenfalls Papageien gehalten. __________

Mit dem aufblühenden Handel im Mittelalter kamen mehr und mehr Papageien aus fernen Ländern nach Europa und waren auch in Deutschland keine Seltenheit. Natürlich waren die Exoten zunächst Hausgenossen für den reichen Mann, vor allem dienten sie als Geschenke für Könige. __________

Im Jahr 1934 wurde der blühende Papageienhandel durch strenge Einfuhrverbote zurückgedrängt. Der Grund war die für die Menschen früher tödlich verlaufende sogenannte Papageienkrankheit. __________

Heute gibt es wieder Bemühungen, den Handel mit wildlebenden Papageien einzuschränken und zu stoppen. Allerdings ist der Grund jetzt ein anderer: Viele Papageien-Arten sind vom Aussterben bedroht oder gefährdet. Das liegt zum einen an der Umweltzerstörung, aber zum anderen auch an dem immer noch schwungvollen Handel mit Papageien. __________

1 Verschaffe dir einen Überblick über den Inhalt des Textes. Wähle dazu eine der folgenden Möglichkeiten:

- **a** Finde passende Überschriften für die einzelnen Textabschnitte. Wenn du bei einzelnen Abschnitten keine passenden findest, kannst du dir die Hilfekarte auf der S. 316 ansehen.

S. 316

- **b** Ordne die Überschriften von der Hilfekarte auf S. 316 den entsprechenden Sinnabschnitten zu.

2 Bearbeite (auf einer Folie oder Kopie) den Text mit Markierungen und Randbemerkungen. Gehe dabei so vor wie Alex auf S. 158 und wie es in der Lernbox beschrieben wird.

Das brauchst du immer wieder – So gehst du vor

Einen Sachtext erschließen

Wenn du **Sachtexte erschließen** und ihnen **Informationen entnehmen** willst, kannst du so vorgehen:

- **Überfliege** den Text zunächst. **Achte** besonders **auf Überschriften, Abbildungen oder Hervorhebungen** im Text (z. B. fett gedruckte Textstellen).
- **Lies** dir den Text ein erstes Mal durch, **ohne** etwas zu **markieren** oder anzustreichen. Mache dir klar, was das **Thema** des Sachtextes ist und welche Informationen er dazu enthält.
- **Gliedere** den Text **in Sinnabschnitte**. **Gib jedem Textabschnitt eine passende Überschrift.** Oft kannst du besonders wichtige Wörter aus den einzelnen Abschnitten dafür benutzen. Einen Sinnabschnitt kannst du z. B. daran erkennen, dass das Thema wechselt oder eine neue Frage beantwortet wird.
- **Hebe das Wichtigste durch farbige Markierungen oder Unterstreichungen hervor.** Überlege bei jedem Wort, ob du es wirklich farbig markieren oder unterstreichen musst!
- Notiere unter den Überschriften die wichtigsten Informationen der einzelnen Textabschnitte in **Stichworten am Rand des Textes**.

➔ Sachtexte erschließen
AH, S. 32–37

3 **Durchstarten! So könnt ihr weiterarbeiten:**

a ●○ Findet sechs Fragen, auf die der Text eine Antwort gibt. Tauscht eure Fragen aus und beantwortet sie mithilfe des Textes. Geht dabei so vor, wie es auf S. 159 in Aufgabe 7 beschrieben ist.

b ○○ Stell dir vor, dass ein Mitschüler gefehlt hat, als ihr euch mit dem Text beschäftigt habt. Schreibe diesem Mitschüler eine E-Mail, in der du ihm mitteilst, welche Informationen du dem Text „Der Papagei und die Menschen“ entnommen hast.

c ●○ Stell dir vor, du solltest deiner Klasse die Informationen, die der Text „Der Papagei und die Menschen“ enthält, in Form eines Kurzvortrages präsentieren. Erstelle für diesen Vortrag einen „Spickzettel“.

d ●● Präsentiert die Informationen des Textes „Der Papagei und die Menschen“ einem Mitschüler in Form eines kurzen Vortrages. Baut darin fünf Fehler ein. Stellt euch eure Kurzvorträge vor. Der Zuhörer muss jeweils versuchen, die Fehler zu finden.

Verfolgte Vögel – einen Sachtext gliedern und erschließen

Petra Deimer

Papageien brauchen unseren Schutz

Papageien sind sehr lernfähige, anpassungsfähige und intelligente Vögel. Sie haben sich als lebenstüchtig und überlebensfähig erwiesen. So starben nur wenige Arten aus natürlichen Gründen wie z.B. Klimaveränderungen aus. Wenn die meisten Papageien-Arten heute um das Überleben kämpfen müssen, dann ist der Grund ausschließlich beim Menschen zu suchen. Heute werden Papageien für den Haustierhandel zu Tausenden in der Natur gefangen. Sammler bezahlen für besonders seltene Papageien hohe Preise. Allein nach Europa gelangen jährlich 30 000 Graupapageien; nicht weniger groß ist die Nachfrage in den USA. Neben dem erlaubten gibt es einen starken nicht erlaubten Handel mit Papageien. An diesem Handel ist das Schlimmste: Je seltener eine Art ist, desto höher sind die Preise. Angebliche Liebhaber sind bereit, für seltene Papageien-Arten so viel zu bezahlen wie für ein Sportauto. Da Papageien sehr empfindlich sind, sterben viele bereits beim Fang oder während des Transports. Von 100 Papageien überleben höchstens 20. Um diesen Tierquälereien ein Ende zu machen, transportiert die Deutsche Lufthansa seit 1991 keine wild gefangenen Vögel mehr. Die Vogelhändler benutzen allerdings weiter andere Fluggesellschaften. Deshalb haben die USA und Deutschland vorgeschlagen, den Transport von wild lebenden Vögeln ganz zu verbieten. Schließlich gibt es genug Möglichkeiten, schon in Gefangenschaft lebende Vögel zu züchten. Beste Beispiele sind dafür die Kleinpapageien-Arten Wellensittiche und Nymphensittiche.

Der erlaubte Papageienhan

Wild gefangene Graupapageien vor ihrem Transport zum Händler

1 Der Text besteht aus vier Sinnabschnitten. Gliedert den Sachtext und gebt den einzelnen Sinnabschnitten passende Überschriften.
Haltet eure Gliederung fest, indem ihr in eurem Heft folgende Übersicht vervollständigt.

Sinnabschnitt	Überschrift
Z. 1 – 5	…
Z. 6 – …	Der erlaubte Papageienhandel
Z. … – …	…
Z. … – …	…

Falls du dazu noch Hinweise brauchst, kannst du die Hilfekärtchen auf der Seite 316/317 benutzen.

S. 316/317

2 Entnimm dem Text die wichtigsten Informationen. Arbeite wieder mit der Lernbox auf S. 161. (Wenn dir das Buch nicht gehört, arbeite mit einer Folie oder Kopie des Textes.)

3 ○○ Erstellt eine Liste mit den wichtigsten Fragen, auf die der Text antwortet. Tauscht eure Fragenlisten aus und beantwortet sie mithilfe des Textes.

4 ●○ Im Folgenden findest du Tills Zusammenfassung des Textes von Petra Deimer auf S. 162.

Der Text „Papageien geht es schlecht“ von Petra Deimer informiert darüber, wie bedroht Papageien sind. Viele Papageien-Arten sind vom Aussterben bedroht, weil sie für den Tierhandel gefangen werden. Für seltene Papageien zahlen Sammler hohe Preise. Allein nach Australien gelangen jährlich 30 000 Graupapageien. Die empfindlichen Tiere sterben oft schon beim Fang. Die deutschen Fluggesellschaften transportieren deshalb seit 1995 keine wild gefangenen Vögel mehr. Die Vogelhändler benutzen aber seitdem die anderen Fluggesellschaften. Deshalb wollen England und Deutschland den Transport von wild lebenden Vögeln ganz verbieten. Allerdings gibt es keine Möglichkeiten, Papageien auch in Gefangenschaft zu züchten.

- Tills Zusammenfassung ist noch nicht gut gelungen. Suche alle Fehler heraus. Du musst sechs Fehler finden.
- Schreibe Tills Zusammenfassung verbessert in dein Heft.

➔ Wiederholen und üben:
Sachtexte erschließen
S. 176, Aufgaben 1 und 2

➔ Sachtexte erschließen
SB, S. 273 – 274
AH, S. 32 – 37

5 ●● Schreibe auf der Grundlage der Informationen, die du dem Text von Petra Deimer entnommen hast, einen Artikel für die Schülerzeitung zu der Frage „Warum brauchen Papageien unseren Schutz und wie können wir sie schützen?“.

„Gedankenlandkarten“ schaffen Ordnung – eine Mindmap erstellen

Alex hat die Informationen aus dem Text „Graupapageien – sprechendes Federvieh“ auf S. 158 in einem Schaubild festgehalten. Ein solches Schaubild heißt Mindmap.

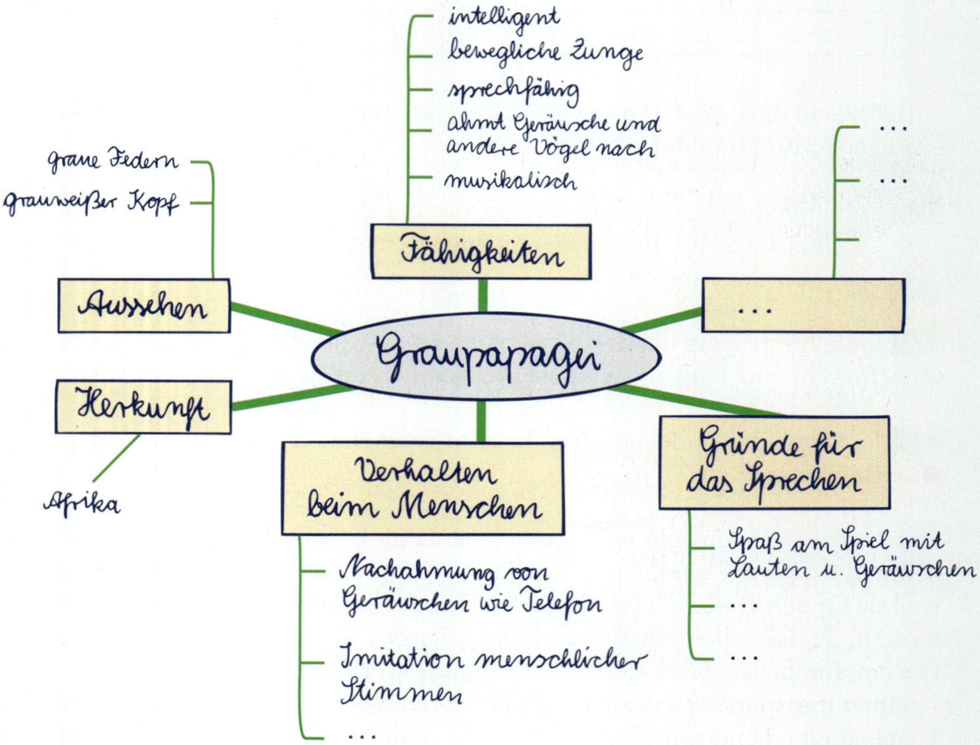

1 Erläutert, worüber das Schaubild informiert und welche wichtigen Informationen es enthält.

2 Beschreibt, wie Alex vorgegangen ist, um die Informationen des Textes übersichtlich darzustellen. Klärt dazu:

- Welche Informationen stehen in Kreisen, welche in Kästen und welche werden nur aufgelistet?
- Weshalb sind die einzelnen Linien unterschiedlich dick?

3 Übernehmt die Mindmap in eure Hefte und vervollständigt sie. Lest dazu die Lernbox auf S. 166.

Dies ist eine angefangene Mindmap zu dem Text „Der Papagei und die Menschen“ auf S. 160.

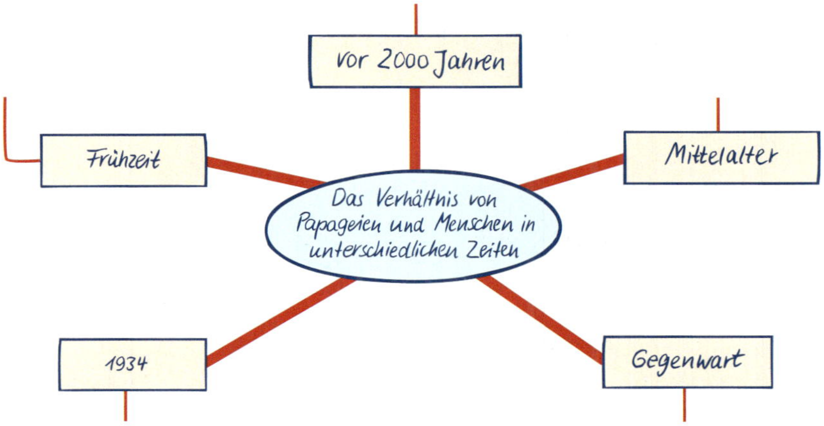

4 Übernehmt die angefangene Mindmap in eure Hefte und vervollständigt sie. Orientiert euch dabei an dem Beispiel von Alex auf S. 164 und beachtet die Hinweise in der Lernbox auf S. 166.

5 Erstellt zu dem Text „Papageien brauchen unseren Schutz“ auf S. 162 eine Mindmap und stellt die Informationen des Textes einem anderen vor. Arbeitet wieder mit der Lernbox auf S. 166. Als Hilfe könnt ihr fünf der folgenden Bezeichnungen für die Einzelthemen benutzen. Zwei Begriffe passen nicht:
- Eigenschaften von Papageien
- Gründe für das Aussterben von Papageien-Arten
- Papageien und Klimawandel
- erlaubter Papageienhandel
- Papageien und Wilderei
- unerlaubter Papageienhandel
- Maßnahmen gegen die Quälerei von Papageien

Weitere Hilfen findet ihr in der Lernbox S. 166.

6 Haltet mithilfe der Mindmaps Kurzvorträge. Geht dabei so vor:
- Bildet kleine Gruppen. Am besten wäre es, wenn in jeder Gruppe ein Experte für die Texte auf den Seiten 158, 160 und 162 wäre.
- Stellt euch dann die Informationen, die eure Texte enthalten, in einem kurzen Vortrag gegenseitig vor.
- Achtet darauf, dass ihr die Informationen der jeweiligen Mindmap nicht einfach ablest, sondern dass ihr sie den anderen wirklich erklärt.

➲ Wiederholen und üben:
Mindmap erstellen
S. 176, Aufgaben 3 und 4

➲ Mindmap erstellen
AH, S. 38 – 41

Eine Mindmap erstellen

Das Wort **„Mindmap“** kommt aus dem Englischen und kann mit „**Gedankenlandkarte**“ übersetzt werden. Mithilfe einer Mindmap kannst du **Stichworte oder Informationen übersichtlich darstellen**.

Gehe so vor, um eine Mindmap zu erstellen:

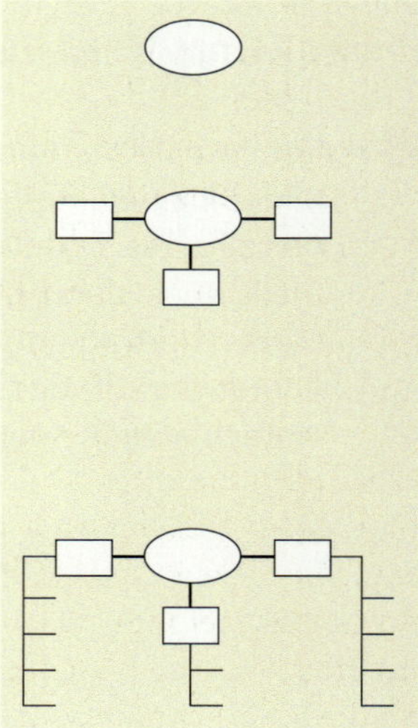

- Schreibe in die Mitte des Blattes das **Thema in einen Kreis** (z. B.: Papageien und die Menschen).
- Zeichne von der Mitte **dicke Äste** und notiere in **Kästen** die jeweiligen **Themen** (z. B.: Graupapageien), über die in den **einzelnen Textabschnitten** informiert wird. Oft kannst du dazu wichtige Begriffe aus den Textabschnitten oder Wörter aus deinen Überschriften für die Sinnabschnitte benutzen.
- Schreibe die **Informationen** zu den jeweiligen Einzelthemen **ohne Kästen an dünne Äste** (z. B.: Nachahmung des Gezwitschers anderer Vögel).
- Erstelle **zuerst mit Bleistift einen Entwurf** deiner Mindmap, den du leicht korrigieren und verbessern kannst. **Fertige dann** auf dieser Grundlage **deine Mindmap z. B. mit Farbstiften** an.

Der Judogruß – den Umgang mit Sachtexten üben

Tanja hat folgenden Text für ihren Vortrag zum Thema „Judo“ gefunden.

Bernd Linn

Der Gruß beim Judo

Höflichkeit, Fairness und Respekt gegenüber den Trainern und Übungspartnern sind für einen Judoka oberstes Gebot. Alle diese Verhaltensweisen verbindet der Judoka mit dem Grüßen durch die Verbeugung.
Man verbeugt sich entweder im Stand oder im Kniesitz voreinander. Dabei ist zu beachten, dass der Blickkontakt zum Partner beim Verbeugen unterbrochen wird, da sonst die Geste als unhöflich gilt. Diese Begrüßung sollte immer mit dem nötigen Ernst ausgeführt werden, weil sie zu Beginn einer Übung oder eines Kampfes einen Moment des gegenseitigen Respekts und der Konzentration bedeutet.
Die erste Variante des Grüßens ist die Verbeugung im Stand. Aus der normalen Grundstellung (Füße schulterbreit auseinander) wird der Oberkörper leicht nach vorne gebeugt. Dabei liegen Arme und Hände (Finger geschlossen) seitlich dicht am Körper. Während des Verbeugens gleiten die Hände auf die Oberschenkel.
Die zweite Form des Grüßens stellt die Verbeugung im Kniesitz dar. Der Oberkörper wird nach vorne gebeugt. Die Hände werden flach auf die Matte gelegt und bilden ein offenes Dreieck. Der Kopf darf die Matte aber nicht berühren.
Diese Form des Grüßens erfolgt zu Anfang und Ende eines jeden Trainings. Die Schüler sitzen hierbei im Kniesitz dem Trainer gegenüber. Der ranghöchste Schüler gibt das Kommando „Mokuso“, was eine kurze Ruhephase einleitet. Jeder Trainingsteilnehmer schließt die Augen, macht sich von seinen Alltagsgedanken frei und stimmt sich so auf das kommende Judotraining ein. Durch den Ruf „Rei“ wird diese Konzentrationsphase beendet und alle verbeugen sich gleichzeitig.

1 Gliedert den Text in Sinnabschnitte und entnehmt ihm die wichtigsten Informationen. Arbeitet so, wie es in der Lernbox auf S. 161 beschrieben wird.

2 Erstelle eine Mindmap zu dem Text. Nimm dazu die Lernbox auf S. 166 zu Hilfe.
So kannst du beginnen:

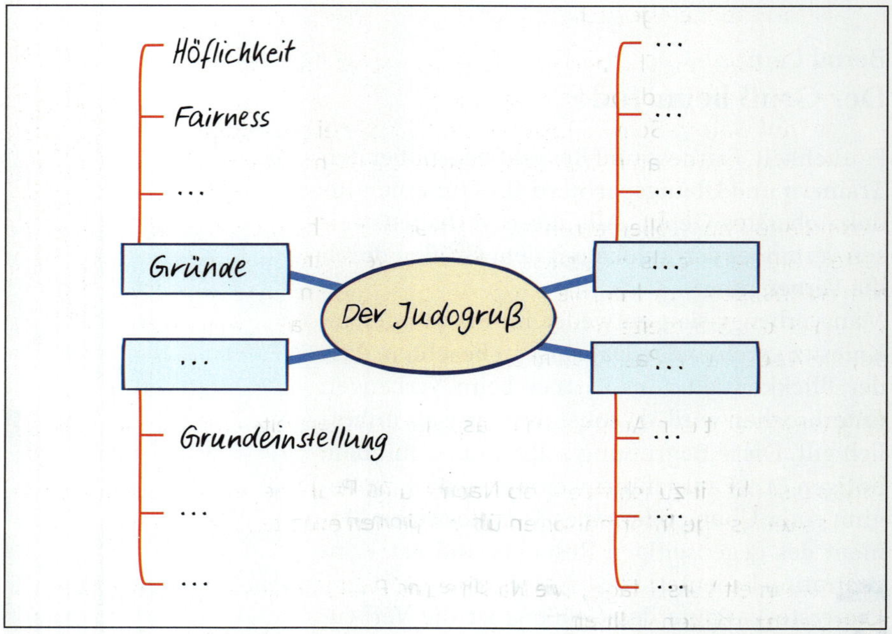

3 Präge dir die Mindmap ein und stelle die Informationen des Textes anderen Mitschülerinnen und Mitschülern in Form eines kurzen Vortrags vor. Bildet kleine Gruppen. In den Gruppen stellen ein oder zwei Schülerinnen oder Schüler die Informationen in Form eines kurzen Vortrags vor.

- Achtet dabei darauf, dass ihr die Stichworte der Mindmap nicht einfach ablest, sondern die Informationen zusammenhängend und in ganzen Sätzen vortragt.
- Die Zuhörer geben den Vortragenden anschließend ein Feedback (= Rückmeldung). Jeder nennt kurz zwei Punkte, die an dem Vortrag gelungen waren, und einen Punkt, den man verbessern könnte.

Wie finde ich Informationen zu einem Thema? – Im Internet recherchieren

1 Sicher habt ihr schon einmal zu einem Thema im Internet Informationen gesucht. Berichtet von euren Erfahrungen:

- Zu welchen Themen habt ihr Informationen gesucht?
- Wie seid ihr dabei vorgegangen?
- Auf welche Schwierigkeiten seid ihr dabei gestoßen?
- Wie kann man mit diesen Schwierigkeiten umgehen?

Nadine und Paul wollen einen Kurzvortrag zum Thema „Spinnen“ halten. Sie nutzen als Hilfsmittel bei ihrer Internetrecherche (= Informationssuche im Internet) sogenannte „Suchmaschinen“. Ihr seht hier die Startseite der Suchmaschine www.naturdektektive.de, die Nadine und Paul benutzen.

2 Beschreibt den Aufbau und das Angebot der Seite www.naturdetektive.de.

3 Versucht einzuschätzen, ob Nadine und Paul über diese Suchmaschine zuverlässige Informationen über Spinnen erhalten werden.

4 Sammelt Vorschläge, wie Nadine und Paul mit dieser Suchmaschine weiterarbeiten sollten.

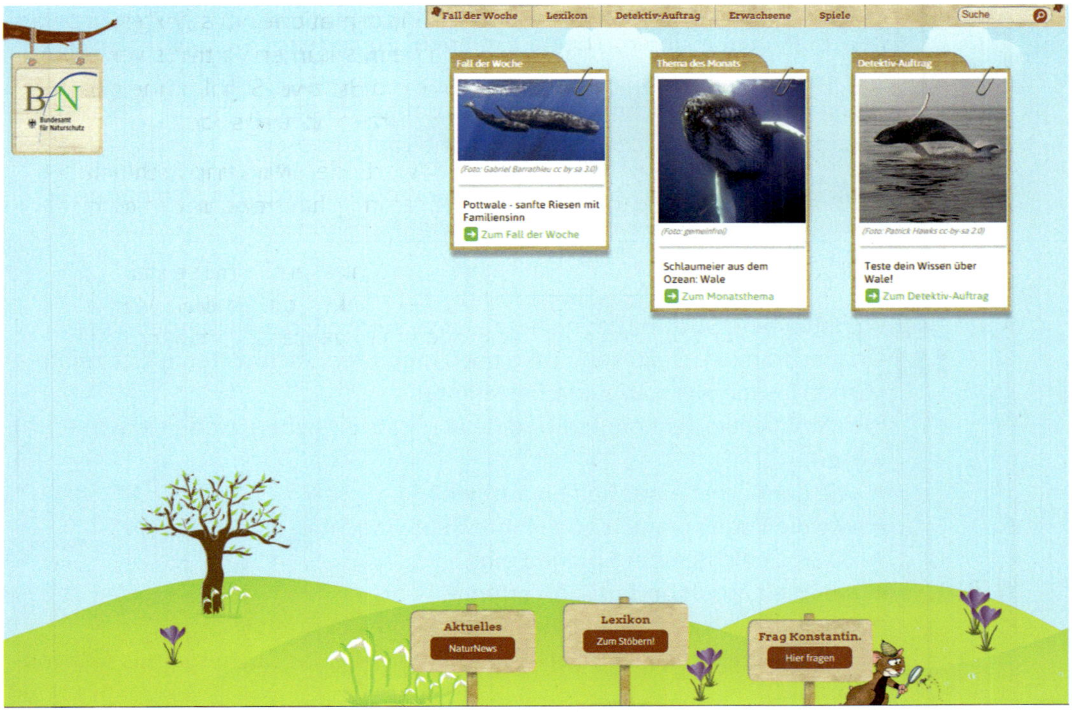

Hier seht ihr eine andere Suchmaschine für Kinder, die Nadine und Paul bei ihren Recherchen benutzen.

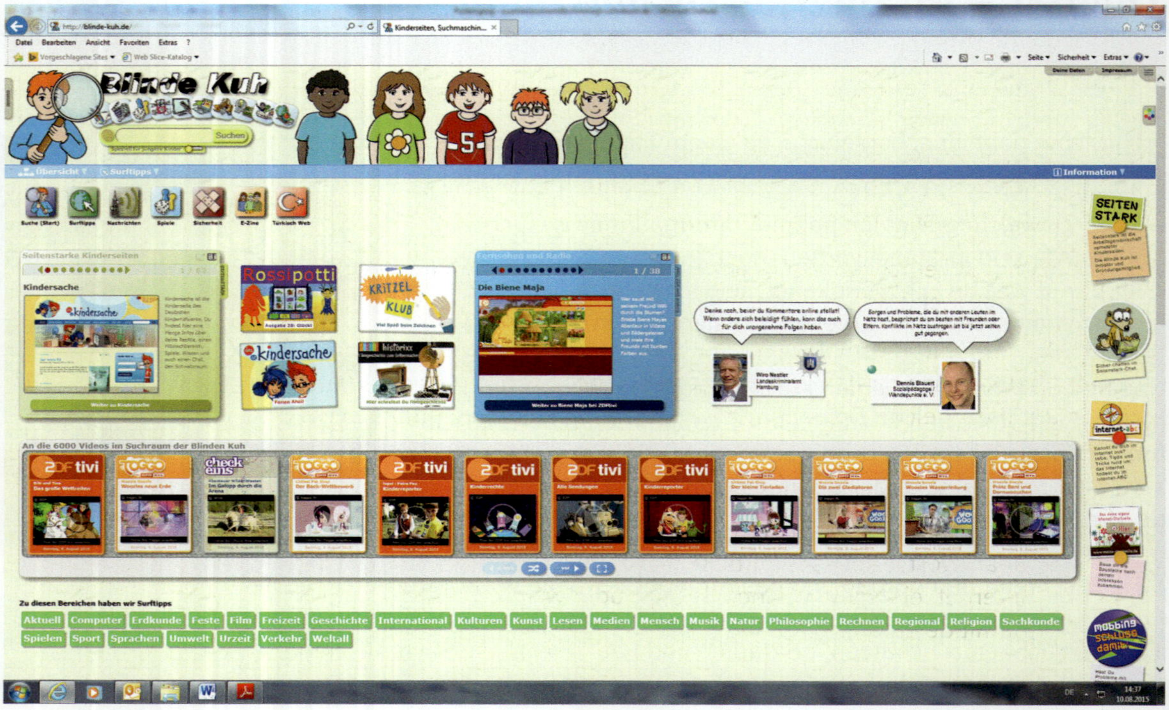

1 Beschreibt wieder das Angebot und den Aufbau dieser Suchmaschine.

2 Wie sollten Nadine und Paul vorgehen, um über diese Suchmaschine Informationen zu ihrem Thema „Spinnen" zu finden.

3 Wenn man in der Suchmaschine www.google.de das Stichwort „Spinnen" eingibt, erhält man über 10 Millionen Internetadressen.

- Woran könnte das liegen und welche Probleme ergeben sich daraus?
- Welche Vorteile bietet die Suchmaschine „Blinde Kuh" für Jugendliche in eurem Alter?

4 Wenn ihr eine Suchmaschine nutzt, ist es sinnvoll, die Suchergebnisse einzuschränken. Dazu kann man nach mehreren Stichworten gleichzeitig suchen lassen wie z. B. „Judo Bekleidung".
Welche Suchwörter könnten Nadine und Paul eingeben, wenn sie wissen wollen,

- wie der Körper einer Spinne aussieht,
- wie die Vogelspinne Jagd auf ihre Beute macht,
- ob es Gedichte über Spinnen gibt,
- wer die Kampfsportart Judo erfunden hat,
- wie man sich zu Beginn eines Judokampfes begrüßt?

Findet für jede Frage eine Suchkombination, die das Suchergebnis sinnvoll eingrenzt.

5 Durchstarten! So könnt ihr weiterarbeiten:

a ○○ Probiert in einer Suchmaschine eure Suchkombinationen von Aufgabe 5 aus. Findet andere Suchkombinationen, wenn ihr zu einer Frage mit euren Stichwörtern keine sinnvollen Ergebnisse erhaltet.

b ●○ Wählt eine der Fragen von Aufgabe 5 aus und beantwortet sie mithilfe des Internets. Benutzt dazu mehrere Suchmaschinen.
- Stellt anschließend eure Ergebnisse den anderen vor.
- Berichtet auch darüber, welche Erfahrungen ihr mit den einzelnen Suchmaschinen gemacht habt.

c ●● Sammelt verschiedene Fragen zu Thema „Spinnen“. Klärt diese mithilfe des Internets, indem ihr Suchmaschinen benutzt.

d ●● Auf der Internetseite www.blinde-kuh.de erhältst du Tipps zum sicheren Chatten. Sieh dir das entsprechende Angebot an. Informiere die anderen darüber, welche Tipps den Jugendlichen zum Chatten gegeben werden.

e ●● Unter dem Angebot „Mobbing – Schluss damit“ auf der Internetseite www.blinde-kuh.de findet ihr einen Link „Cybermobbing“.
- Sammelt zunächst eure Fragen rund um das Thema „Cybermobbing“.
- Beantwortet sie dann mithilfe der Informationen, die ihr auf den Internetseiten www.blinde-kuh.de oder www.mobbing-schluss-damit.de erhaltet.

Das brauchst du immer wieder – So gehst du vor

➔ Wiederholen und üben:
Im Internet recherchieren
S. 176, Aufgabe 4 – 7

Suchmaschinen nutzen

- Bestimmte Internetadressen, sogenannte **Suchmaschinen**, erleichtern dir die Suche nach Informationen zu einem Thema. Wenn man ein **Stichwort eingibt**, sucht die „Maschine“ im Internet **automatisch** nach **Adressen zu diesem Stichwort**.
- **Für Kinder und Jugendliche** gibt es **spezielle Suchmaschinen** wie z. B. www.blinde-kuh.de oder www.fragfinn.de oder www.helles-koepfchen.de Du kannst aber auch eine Suchmaschine für Erwachsene ausprobieren. Die größte Suchmaschine ist www.google.de.
- Um eine Suchmaschine sinnvoll zu nutzen, ist es oft notwendig, die **Suchergebnisse einzuschränken**. Dazu kannst du nach **mehreren Stichwörtern**, z. B. *„Judo Schulterwurf“* oder *„Spinnen Radnetz“* suchen lassen.

„In meinem Vortrag geht es um ...“ – einen Kurzvortrag vorbereiten und halten

Sprich frei und sieh deine Zuhörer an! – Einen Kurzvortrag interessant gestalten

Alex und Tanja haben sich gründlich über ihre Themen „Papageien“ und „Judo“ informiert. Im Deutschunterricht haben die beiden die Gelegenheit, ihr Thema in Form eines Kurzvortrags vorzustellen.

1 Seht euch die Fotos an. Wie gehen Alex und Tanja vor, um ihre Vorträge gut nachvollziehbar und interessant zu gestalten?

2 Sammelt weitere Ideen, wie Alex und Tanja ihre Vorträge zu den Themen „Spinnen“ und „Judo“ interessant gestalten könnten.

3 Welche der folgenden Aussagen haltet ihr für richtig oder falsch? Begründet eure Meinung.

- Es ist wichtig, möglichst schnell zu sprechen, um keine Langeweile aufkommen zu lassen.
- Du solltest deinen Vortrag einmal üben (z. B. in einer Gruppe).
- Man sollte seinen Vortrag mithilfe von Karteikarten, auf denen Stichworte zu den einzelnen Themen notiert sind, halten.
- Der Einsatz zusätzlicher Medien (z. B. Folien oder Plakate) ist unnötig.
- Die Nennung des Themas und die Vorstellung der einzelnen Punkte des Vortrags zu Beginn sind überflüssig.
- Konzentriere dich auf deine Aufzeichnungen und meide den Blickkontakt mit den Zuhörern.
- Versuche, möglichst frei zu sprechen.
- Der Vortrag sollte durch ein Schaubild, eine Tafelanschrift oder eine Mindmap unterstützt werden.

4 ●○ Formuliert mithilfe der Aussagen von Aufgabe 3 Tipps für die Vorbereitung und Durchführung eines Kurzvortrags. Ergänzt die Aussagen um weitere Ideen, wie man einen Kurzvortrag gelungen vorbereitet und durchführt. Bringt die Tipps dann in eine sinnvolle Reihenfolge.

5 ●● Erstellt ein Lernplakat. Haltet darin fest, was man bei der Vorbereitung und Durchführung eines Kurzvortrags beachten sollte.

6 **Durchstarten! So könnt ihr weiterarbeiten:**

a ●○ Bereitet mithilfe der Texte in diesem Kapitel und den von euch erstellten Mindmaps einen Kurzvortrag zum Thema „Papageien“ vor und haltet ihn. Hilfen für die Gestaltung des Kurzvortrags findet ihr in der Lernbox.

b ●○ Das Halten von Kurzvorträgen könnt ihr auch mithilfe der beiden Texte auf S. 167 und auf S. 175 üben. Stellt die Informationen, die dort gegeben werden, in Form eines kurzen Vortrags zum Thema „Judo“ vor. Arbeitet dabei wieder mit der Lernbox auf dieser Seite.

➲ Wiederholen und üben: Kurzvortrag halten S. 177, Aufgabe 8

Das brauchst du immer wieder – So gehst du vor

Einen Kurzvortrag halten

Mithilfe eines **Kurzvortrags** kannst du anderen deine **Arbeitsergebnisse vorstellen**. Beachte dabei folgende Punkte:

- **Sprich** möglichst **frei** und halte **Blickkontakt zu deinen Zuhörern**.
- Bereite **Karteikarten mit Stichworten** vor, mit deren Hilfe du deinen Vortrag hältst.
- Nenne zu **Beginn** deines Kurzvortrags dein **Thema** und stelle kurz vor, auf welche **Fragen und Punkte** du in deinem Kurzvortrag **eingehen wirst**.
- **Veranschauliche** deinen Vortrag mithilfe von **Abbildungen**, **Tafelanschriften**, **Mindmaps**, **Folien** oder **Plakaten**. Du kannst auch **Gegenstände** zeigen, die mit deinem Thema zu tun haben.
- **Übe deinen Kurzvortrag** (z. B. vor einer kleinen Gruppe von Mitschülern oder vor deinen Eltern). **Präge dir** dazu z. B. eine **Mindmap ein** und stelle das Thema den anderen vor, indem du der Mindmap in Gedanken folgst.

Jetzt wird es ernst – ein eigenes Thema in einem Kurzvortrag vorstellen

1 Welches Thema könntest du deiner Klasse vorstellen? Folgende Fragen können dir bei deiner Entscheidung helfen:

- Welches meiner Hobbys mache ich zurzeit am liebsten?
- Mit welchen Themen beschäftige ich mich gerne in meiner Freizeit?
- Welche meiner Freizeitbeschäftigungen könnten meine Mitschülerinnen und Mitschüler besonders interessieren?
- Welches meiner Hobbys und Freizeitinteressen kennt vielleicht nicht jeder?
- Zu welchem Thema habe ich schon interessante Materialien wie z. B. Fotos, Poster usw., die ich anderen zeigen könnte?

2 Entscheide dich für ein Thema. Bereite dazu einen Kurzvortrag vor und halte ihn. Gehe dabei so vor:

- Überlege dir Fragen zu deinem Thema, die du in deinem Kurzvortrag beantworten willst.
- Suche in Bibliotheken nach Büchern und Texten, in denen du Antworten auf deine Fragen zu deinem Thema erhältst. Wie du dabei vorgehen solltest, kannst du im Kapitel „Bibliotheken erkunden und nutzen" (S. 142–155) nachlesen. Recherchiere zu deinem Thema auch im Internet. Lies dazu die Seiten 169 – 171.
- Entnimm den von dir zu deinem Thema ausgewählten Texten und Büchern die wichtigsten Informationen und halte sie fest. Hilfen, wie du dabei vorgehen kannst, erhältst du in den Lernboxen auf S. 161 und 166.
- Bereite deinen Kurzvortrag vor und halte ihn vor der Klasse. Hinweise, wie du einen solchen Kurzvortrag vorbereiten und gestalten kannst, erhältst du in der Lernbox auf S. 173.

Alles klar? – Wiederholen und üben

Einen Sachtext gliedern und erschließen

Moritz Buchholz

Judo

Judo ist ein Zweikampf- und Selbstverteidigungssport. Es kommt aus Japan und stammt vom Kampfsport „Ju-Jutsu" ab. Der Schwerpunkt des Judos ist der Nahkampf. Man versucht beim Judo, das Gleichgewicht des Gegners zu brechen und ihn durch Würfe auf die Matte zu bringen.
Die Person, die wirft, wird „Tori" genannt. Er wirft den sogenannten „Uke" (auf Deutsch: „der Geworfene"). Beim Judo hat man Respekt vor seinem Partner – besonders gegenüber dem „Uke". Der Tori – also der Werfer – muss immer dafür Sorge tragen, dass er dem „Uke" bei Übungen oder im Kampf nicht wehtut und er ihn höflich behandelt.
Judo wurde entwickelt, weil zum Schutz des Kaisers keine Waffen gebraucht werden durften. Judo heißt so viel wie „Der sanfte Weg". Es wurde von Sensei Jigiro Kano (1860 – 1938) erfunden, der 1938 starb, als er auf der Rückreise von Amerika war. Dort wollte er beim Olympischen Komitee durchsetzen, dass Judo olympische Disziplin wird. Dies hat er während seines Amerikaaufenthalts auch geschafft. Der erste Judoverein wurde zwanzig Jahre zuvor, 1918, von Gunji Koizumi in London gegründet. In Deutschland gibt es Judo seit 50 Jahren. Die erste Europameisterschaft fand 1951 statt und die erste Weltmeisterschaft 1956.

1 Gliedert den Sachtext und gebt jedem Sinnabschnitt eine passende Überschrift. Übernehmt dazu folgende Übersicht und vervollständigt sie:

Sinnabschnitt	Überschrift
Z. 1 – ...	...
...	...

2 Bearbeite den Text so, wie du es gelernt hast, mit Markierungen, Unterstreichungen und Randbemerkungen. (Benutze eine Folie oder Kopie, wenn dir das Buch nicht gehört.)

Eine Mindmap erstellen

3 Zu den Fähigkeiten von Papageien hat sich Alex folgende Notizen gemacht. Entwickle daraus eine übersichtliche Mindmap.

- **Fähigkeiten von Papageien**
- seitliche Augenstellung vermeidet toten Winkel
- erkennen Eltern an der Stimme
- Geruchssinn
- Scharfstellung in Nah-/Fernbereich wie bei einer Zoomkamera
- hören ihre Kinder von Weitem
- Sehen
- Gehör
- ahmen Geräusche genau nach
- unterscheiden Farben
- riechen vermutlich nicht oder nur schlecht
- können mit jedem Auge einzeln sehen

4 Erstelle zu dem Text „Judo“ von Moritz Buchholz eine Mindmap.

Im Internet recherchieren

5 Findet zu den folgenden Fragen Antworten im Internet, indem ihr eine Suchmaschine benutzt.

- Seit wann gibt es die Sportart Judo?
- Welche unterschiedlichen Farben gibt es bei den Judo-Gürteln und was bedeuten die Farben?
- Was bedeutet der Begriff „Judo“ übersetzt?
- Wann fand die erste Weltmeisterschaft im Judo statt?

6 Findet mindestens fünf weitere Fragen zum Thema Judo. Beantwortet sie, indem ihr eine Suchmaschine benutzt.

7 Die folgenden Aussagen, die Paul sich zu den Wespenspinnen notiert hat, sind falsch. Recherchiert mithilfe von Suchmaschinen nach den richtigen. Schreibt sie in euer Heft.

- Der Hinterleib der Wespenspinne ist rot-schwarz geringelt.
- Die Männchen der Wespenspinne sind mit 17 mm Körperlänge größer als Weibchen.

- Wespenspinnen fressen ihre Beute sofort auf, nachdem sie sich im Netz verfangen hat.
- Die jungen Wespenspinnen verlassen bereits im Winter ihren Kokon.
- Der Biss einer Wespenspinne ist für uns Menschen gefährlich.

Einen Kurzvortrag halten

8 Die Schülerinnen und Schüler auf den Fotos bereiten einen Kurzvortrag zu einem Thema vor.

- Bringe die Bilder in eine sinnvolle Reihenfolge.
- Beschreibe jeweils kurz die Tätigkeiten und die Arbeitsschritte zur Vorbereitung des Kurzvortrags. Übernimm dazu folgende Übersicht in dein Heft und vervollständige sie.

Bildnummer	Beschreibung der Tätigkeiten und der Arbeitsschritte
...	...
...	...

Gedichte zu jeder Jahreszeit

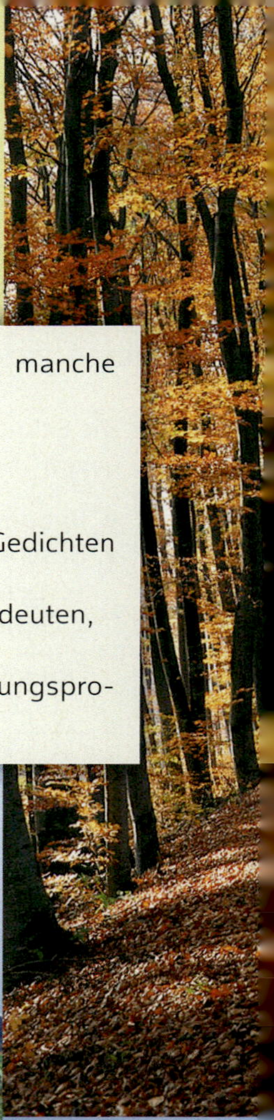

Sicher kennst du schon viele Gedichte, manche vielleicht sogar auswendig.

In diesem Kapitel lernst du

- Gedichte anschaulich vorzutragen,
- die unterschiedlichen Formen von Gedichten kennen,
- sprachliche Bilder zu erkennen und zu deuten,
- selber Gedichte zu schreiben,
- Gedichte mithilfe eines Textverarbeitungsprogramms zu gestalten.

1 Ordne die Texte unten den Bildern zu.

2 An welchen Wörtern und Textstellen kannst du erkennen, welcher Text zu welchem Bild passt?

3 Welches ist deine Lieblingsjahreszeit? Schreibe auf, warum du sie magst. So könntest du z. B. beginnen:

Mir gefällt am Frühling besonders gut, dass die Bäume wieder Blätter bekommen.
Wenn es im Winter schneit …

Die Luft ist blau, das Tal ist grün,
die kleinen Maienglocken blühn
und Schlüsselblumen drunter;
der Wiesengrund
ist schon so bunt
und malt sich täglich bunter.
[…]

[…]
Die Luft schmeckt
So bitter
Die Vögel sind
Über alle Berge
Der Nebel macht
Die Häuser bleich
Aufs Dach trommeln
Kastanien
[…]

Nordwind bläst. Und Südwind weht.
Und es schneit. Und taut. Und schneit.
Und indes die Zeit vergeht,
bleibt uns doch nur eins: die Zeit.
[…]

Wenn morgens kein Wecker klingelt,
wenn die Sonne den ganzen Tag strahlt,
wenn das Freibad knackend voll ist,
wenn ich nach acht noch unterwegs sein darf,
[…]

Eines Morgens ist der Frühling da – Gedichte vortragen

James Krüss (1926 – 1997)
Frühlinter

Im April aufzusagen

Wer im April
spazieren will, /
was tut er? / Was beginnt er? /
Er jubelt: / Frühl... // Dann schweigt er still
und murmelt matt: /
Frühlinter! //

Sein Schuh im Matsch
macht quitsch und quatsch, /
halb Frühling ist's, halb Winter. /
Ein bisschen plitsch, ein bisschen platsch,
von jedem was: //
Frühlinter. //

Wohin das zielt?
Was das bezweckt?
Es kommt kein Mensch dahinter.
Wenn ein Kind sich mit Lust bedreckt,
dann frag nicht, was dahintersteckt.
Es ist April:
Frühlinter!

1 Erkläre, von wem in dem Gedicht gesprochen wird. In welcher Situation befindet er sich und was denkt und fühlt er?

2 Erklärt die Bedeutung des Wortes „Frühlinter". Was ist damit wohl gemeint? Sucht die Textstellen, die helfen können, das Wort zu erklären.

3 Für einen Gedichtvortrag hat Leon die erste und zweite Strophe des Gedichts vorbereitet. Sieh dir die Markierungen und Unterstreichungen von Leon an und versuche, sie zu erklären. Was könnten die Zeichen / und // und das Unterstreichen eines Wortes jeweils bedeuten?

4 Arbeitet so weiter:

- Tragt euch die ersten beiden Strophen mithilfe von Leons Markierungen gegenseitig vor.
- In der dritten Strophe fehlen die Markierungen zur Vorbereitung des Vortrags. Lest die Strophe mehrmals und ergänzt die fehlenden Markierungen. Geht dabei so vor wie Leon. Weitere Hilfen erhaltet ihr in der Lernbox auf S. 182.

5 Übe einen Vortrag des Gedichts ein. Arbeite dazu mit der Lernbox auf S. 182. Trage deinen Gedichtvortrag einem Mitschüler vor.

6 Tragt euch das Gedicht gegenseitig vor und sprecht darüber, was an den Vorträgen gut gelungen ist und was der Sprecher noch verbessern könnte. Übt mithilfe der Lernbox auf S. 182 einen Vortrag des Gedichts ein.

➔ Ein Gedicht vortragen
AH, S. 10

Christine Nöstlinger (geb. 1936)

Frühling

Anja *hört* den Frühling.
Neben ihr, auf dem Dach,
singen die Vögel.

Unten vor dem Haus
steigt Vater in sein Auto.
Er *fühlt* den Frühling.
Die Sonne scheint warm
auf sein Gesicht.

Eines Morgens ist der Frühling da.
Die Mutter sagt,
sie *riecht* ihn in der Luft.

Aber *schmecken*
kann man den Frühling noch nicht.
Bis die Erdbeeren reif sind,
dauert es noch lange.

Pit *sieht* den Frühling.
An den Sträuchern im Garten
sind hellgrüne Tupfen.

1 Das Gedicht von Christine Nöstlinger ist durcheinandergeraten. Bringt die einzelnen Teile des Gedichts wieder in die richtige Reihenfolge. Schreibt das Gedicht dazu auf. Beachtet folgende Punkte:

- Der erste Vers (= Zeile) des Gedichts beginnt so: „Eines Morgens ist der …“.
- In den nächsten Strophen erfährt der Leser, was man am Frühling sehen (2. Strophe), hören (3. Strophe) und fühlen (4. Strophe) kann.

2 Woran erkennen die einzelnen Personen, dass der Frühling kommt? Erkläre dies und suche entsprechende Textstellen heraus.

3 Bereite einen wirkungsvollen Vortrag des Gedichts vor. Arbeite dabei mit der Lernbox auf S. 182.

4 Präsentiert euch eure Vorträge zuerst gegenseitig in kleinen Gruppen. Wählt besonders gelungene aus und stellt sie dann der Klasse vor. Begründet, was ihr an diesen Vorträgen gut findet.

➲ Ein Gedicht vortragen
AH, S. 10

➲ Wiederholen und üben:
Gedichte vortragen
S. 196, Aufgaben 1–3

Gedichte vortragen

Damit du an der Beschäftigung mit Gedichten Freude hast und sie besser verstehen kannst, hilft es dir, sie laut vorzutragen. Auch deine Zuhörer sollen Spaß an deinem Vortrag haben. Deshalb musst du den Vortrag eines Gedichts gut vorbereiten und einüben. Dabei solltest du folgende Hinweise beachten:

- Lies das Gedicht mehrfach genau und bereite es mit Markierungen und Unterstreichungen für einen Vortrag vor. Folgende Zeichen kannst du dafür benutzen:

  _ : Hervorhebung eines Wortes durch Betonung
  / : kurze Sprechpause
  // : lange Sprechpause

- Beim Vortragen des Gedichts musst du auf Folgendes achten:
  - Beachte deine Pausenzeichen. Bei einer kurzen Sprechpause zählst du in Gedanken 3, 4, 5.
  - Bei einer langen Pause zählst du lautlos 11, 12, 13, 14, bevor du weitersprichst.
  - Betone besonders die Wörter, die du markiert hast.
  - Versuche, die Stimmung des Gedichts wiederzugeben. Überlege dir dazu, welche Stellen du z. B. laut, leise, fröhlich oder traurig vortragen musst.

- Besonders gut gelingt dir ein Vortrag, wenn
  - du das Gedicht vorher mehrmals jemandem (z. B. deiner Mutter, deinem Vater oder einem Mitschüler) vorträgst.
  - ihr den Gedichtvortrag zu zweit einübt und jeder abwechselnd eine Strophe vorträgt.
  - ihr den Inhalt des Gedichts auch mit Mimik (= Gesichtsausdruck) und Gestik (= Körpersprache) verdeutlicht (z. B., wenn es heißt, dass jemand etwas riecht oder hört).

„Kinder, ist das eine Hitze!“ – Die Form von Gedichten bestimmen

Shel Silverstein (1930 – 1999)

Auf dem Sprungbrett

Du stehst auf dem 5-Meter-Brett, und alles ist so weit ganz nett. Das Sprungbrett ist auch nicht zu glatt, sodass man einen Halt drauf hat, und was ist, wenn das Sprungbrett bricht? Nein, es hält spielend dein Gewicht. Das Sprungbrett federt gerade richtig. Die Hose sitzt; auch das ist wichtig. Nur was das Sprungbrett echt nicht bringt, ist, dass man auch mal runterspringt.

1 Wie fühlt sich derjenige, der auf dem hohen Sprungbrett steht? Beschreibe die Situation mit eigenen Worten. Erkläre dabei genau, was der letzte Satz bedeutet.

2 Das Gedicht von Shel Silverstein besteht in der Originalfassung aus einer Strophe mit zehn Versen. Findet zunächst die zehn Reimwörter.

3 Übertrage das Gedicht in dein Heft. Schreibe dabei die einzelnen Verse untereinander auf und unterstreiche die Reimwörter.

4 Bei diesem Gedicht nennt man die Form der Reime „Paarreime“. Warum heißt der Reim wohl so?

Die Schülerinnen und Schüler der 5a sollten als Hausaufgabe die Form des Gedichts von Shel Silverstein beschreiben. Auch Leon hat dazu einen Text geschrieben. In dem Kasten findest du eine unvollständige Version von Leons Hausaufgabe:

Das Gedicht mit dem Titel [redacted] von [redacted] besteht aus einer [redacted] mit zehn [redacted]. Die Reime sind alle durchgehend [redacted].

5 Übernimm Leons Text in dein Heft und vervollständige ihn. Verwende dabei die Fachbegriffe aus der Lernbox.

Das brauchst du immer wieder – Das musst du wissen

Die Form von Gedichten bestimmen

➔ Die Form von Gedichten bestimmen AH, S. 27 – 28

➔ Wiederholen und üben: Die Form von Gedichten bestimmen S. 197, Aufgaben 4 und 5

- Gedichte bestehen aus einzelnen Zeilen, die man **Verse** nennt. Wenn mehrere Verse zu einem Abschnitt zusammengefasst sind, nennt man das **Strophe**.
- Oft enthalten Gedichte **Reime**. Zwei Wörter reimen sich, wenn sie gleich klingen, z. B.: Katze – Tatze, Fenster – Gespenster.
- Die Reihenfolge der Reime beschreibt man mit kleinen Buchstaben. Die häufigsten Reime (Reimfolgen) sind:

Paarreim
... Wolken a
... gemolken a
... schmeckt b
... steckt b

Kreuzreim
... Wolken a
... schmeckt b
... gemolken a
... steckt b

umarmender Reim
... schmeckt a
... Wolken b
... gemolken b
... steckt a

6 **Durchstarten! So könnt ihr weiterarbeiten:**

Übt zu zweit oder in kleinen Gruppen einen Vortrag des Gedichts „Auf dem Sprungbrett“ ein. Ihr könnt während eures Vortrags die Szene auf dem Sprungturm auch pantomimisch nachstellen.

Christel Süßmann

Sommerhitze

Kinder, ist das eine Hitze!
Kinder, ist das heute heiß!
Nur zwei Sachen gibt's, die nützen:
Baden gehen oder Eis.

Darum nur nicht lang gefackelt,
schnell die Badehosen her!
Ist auch unser kleines Schwimmbad
Leider nicht das große Meer.

Morgen gehen wir wieder baden –
Und der Winter ist so weit!
Sonnenschein und Wasserplantschen!
Herrlich ist die Ferienzeit!

1 Seht euch das Foto an und beschreibt es. Könnte es den Sprecher in dem Gedicht darstellen? Erklärt, was auf dem Foto genauso ist wie in dem Gedicht und was unterschiedlich ist.

2 Erklärt mit euren Worten, was der Sprecher in dem Gedicht sagt. In welcher Situation befindet er sich und welche Erfahrungen mit dem Sommer beschreibt er? Geht dabei Strophe für Strophe vor.

3 Untersucht die Form des Gedichts. Arbeitet dazu mit der Lernbox auf S. 184. Haltet eure Ergebnisse wie Leon auf S. 184 oben schriftlich fest.

„Die Tanne spricht zum Herbste" – sprachliche Bilder erkennen und deuten

Peter Hacks (1928 – 2003)

Der Herbst steht auf der Leiter

Der Herbst steht auf der Leiter
Und malt die Blätter an,
Ein lustiger Waldarbeiter,
Ein froher Malersmann.

Er kleckst und pinselt fleißig
Auf jedes Blattgewächs,
Und kommt ein frecher Zeisig[1],
Schwupp, kriegt der auch nen Klecks.

Die Tanne spricht zum Herbste:
Das ist ja fürchterlich,
Die andern Bäume färbste,
Was färbste nicht mal mich?

Die Blätter flattern munter
Und finden sich so schön.
Sie werden immer bunter.
Am Ende falln sie runter.

[1] Zeisig: ein Vogel, gehört zu den Finken

1 Beschreibe, als was der Herbst dargestellt wird und was er macht.

2 Erkläre, was Alexander an dem Gedicht stört und was Fatima dazu meint. Lies dazu auch die Lernbox auf S. 187.

3 „Der Herbst steht auf der Leiter / Und malt die Blätter an“ (Z. 1–2). Um diese Verse genau zu verstehen, lest zuerst die Lernbox auf dieser Seite. Beantwortet dann die folgenden Fragen:

- Warum handelt es sich hier um eine Personifikation?
- Was ist mit diesen Versen gemeint? Erkläre ihre Bedeutung mit deinen Worten.

4 Übernimm den Text aus dem Kasten in dein Heft. Setze in die Lücken die richtigen Begriffe aus der Lernbox ein und schreibe ihn zu Ende.

In dem Gedicht „Der Herbst steht auf der Leiter“ malt der Dichter Peter Hacks mit ■■■■. Der Herbst kann gar nicht auf der Leiter stehen, es handelt sich dabei um eine ■■■■. Diese ■■■■ muss man so verstehen …

5 Sucht weitere Personifikationen aus dem Gedicht heraus und erklärt, was sie bedeuten.

Das brauchst du immer wieder – Das musst du wissen

Sprachliche Bilder

Oft „malen“ Dichter mit Worten. Manche Formulierungen lassen in deinem Kopf Bilder entstehen. Diese Formulierungen nennt man **sprachliche Bilder**, weil in ihnen mit Sprache „gemalt“ wird. Dazu gehören:

- **Personifikationen** (z. B.: Der Herbst steht auf der Leiter): Bei Personifikationen bekommen Gegenstände menschliche Eigenschaften. Dadurch wird ein Gedicht lebendig und anschaulich, manchmal auch witzig.
- **Vergleiche** (z. B.: Augen wie Feuer): Bei einem Vergleich wird mithilfe von Vergleichswörtern (z. B. *wie* oder *so*) etwas (z. B. das Aussehen, Verhalten oder die Eigenschaften von jemandem) bildlich beschrieben.

6 **Durchstarten! So könnt ihr weiterarbeiten:**

a) Übt zu zweit oder zu dritt einen Vortrag des Gedichts ein. Überlegt, wie ihr den Text sinnvoll aufteilen könnt. Bei eurem Vortrag könnt ihr den Inhalt des Gedichts auch pantomimisch darstellen.

Der Herbst

So bunt wie die Farben
So kalt wie der Frost
schleicht der Herbst um jedes Haus
mit Regen und Wind bepackt.

Mit dem Nebel streift er wie eine Katze
durch Felder und Wälder.
So lang wie eine Drachenschnur
dauert der Herbst.

So wie Tag und Nacht
steht er jedes Jahr vor der Tür
mit Farben für die Blätter in der Hand.
Und verscheucht lachend den Sommer.
(Alina)

1 Alina hat ein eigenes Herbstgedicht geschrieben. Welche Erfahrungen mit dem Herbst hält sie darin fest? Klärt, was jeweils in den einzelnen Strophen über den Herbst gesagt wird.

2 Sucht Textstellen heraus, in denen der Herbst personifiziert wird. Erklärt, was diese Personifikationen jeweils bedeuten.

3 ○○ Alina hat in ihrem Gedicht auch viele Vergleiche verwendet. Finde heraus, ob das Gedicht vier, fünf oder sechs Vergleiche enthält. Lies eventuell noch einmal die Lernbox auf S. 187.

4 ●○ Suche die Vergleiche aus Alinas Gedicht heraus und erkläre ihre Bedeutung.

5 **Durchstarten! So könnt ihr weiterarbeiten:**

➲ Wiederholen und üben: Sprachliche Bilder S. 197, Aufgaben 6 – 8

➲ Sprachliche Bilder erkennen und deuten AH, S. 29 – 31

a ●● Schreibe ein eigenes Gedicht über den Herbst oder eine andere Jahreszeit. Versuche dabei, viele Vergleiche und Personifikationen zu verwenden.

b ○○ In der Tabelle sind die Vergleiche und ihre Bedeutungen durcheinandergeraten. Ordne sie einander richtig zu.

Vergleich	Bedeutung
Er sieht wie ein begossener Pudel aus.	Er ist ein besonders kluger Mann.
Er arbeitet wie ein Pferd.	Er ist besonders tapfer.
Er ist schlau wie ein Fuchs.	Er ist sichtbar enttäuscht oder betroffen.
Er ist mutig wie ein Löwe.	Er schuftet mehr, als es ein Mensch eigentlich kann.

c ●○ Suche in den Gedichtauszügen auf S. 179 Personifikationen heraus und erkläre sie.

„Ich male mir den Winter" – den Inhalt eines Gedichts erschließen

Josef Guggenmos (1922 – 2003)
Ich male mir den Winter

Ich male ein Bild,
ein schönes Bild,
ich male mir den Winter.
Weiß ist das Land,
schwarz ist der Baum,
grau ist der Himmel dahinter.

Sonst ist da nichts
da ist nirgends was,
da ist weit und breit nichts zu sehen.
Nur auf dem Baum,
auf dem schwarzen Baum
hocken zwei schwarze Krähen.

Aber die Krähen,
was tun die zwei,
was tun die dort auf den Zweigen?
Sie sitzen dort
und fliegen nicht fort.
Sie frieren nur und schweigen.

Wer mein Bild besieht,
wie's da Winter ist,
wird den Winter durch
und durch spüren.
Der zieht einen dicken Pullover an
vor lauter Zittern und Frieren.

1 Suche fünf Textstellen heraus, an denen deutlich wird, dass es sich bei dem Gedicht um ein Wintergedicht handelt. Das Wort „Winter" darf aber in den von dir ausgewählten Textstellen nicht vorkommen. Begründe deine Wahl.

2 Beschreibt den Inhalt des Gedichts. Geht dabei so vor:

- Erklärt, was der Sprecher des Gedichts in der ersten Strophe macht.
- Stellt euch vor, ihr möchtet das, was auf dem „Winterbild" zu sehen ist, malen.
- Sucht Textstellen in der ersten und zweiten Strophe heraus, die euch zeigen, was es auf dem Bild zu sehen gibt und was ihr im Einzelnen malen müsst.
- Beschreibt das Verhalten der Krähen in der dritten Strophe. Was zeigt ihr Verhalten?
- Was passiert, wenn sich jemand das Winterbild ansieht? Sucht Textstellen aus der vierten Strophe heraus, die auf diese Frage antworten.

3 Wähle einen der folgenden Schreibaufträge:

a) Stell dir vor, du solltest einem fehlenden Mitschüler per E-Mail mitteilen, worum es in dem Gedicht „Ich male mir den Winter" geht. Schreibe die E-Mail.

b) Beschreibe, was auf dem Bild, das das lyrische Ich malt, zu sehen ist.

c) Gib den Inhalt des Gedichts Strophe für Strophe in eigenen Worten wieder.

Gedichtewerkstatt – eigene Gedichte schreiben

Mit Lauten spielen

Ya hu ya hu hey
Ya hu ya hu hey
Yai yai yai
Hai hai hai

1 Übe einen Vortrag dieses Gedichts ein. Sprich das Gedicht so, als hättest du etwas, an dem du sehr hängst, verloren (z. B. deinen Glücksbringer).

2 Nun sprich das Gedicht so, als wärest du gerade sehr glücklich, weil du z. B. eine Eins in Mathematik geschrieben hast.

3 Denk dir eine Situation aus (z. B. hast du beim Fußball ein Tor geschossen). Arbeite nun so mit dem Gedicht:

- Trage das Gedicht so vor, dass es zu dieser Situation passt.
- Begleite deinen Vortrag durch entsprechende Mimik und Gestik.
- Deine Zuhörer sollen erraten, welche Gefühle du mit deinem Vortrag darstellst und um welche Situation es sich handeln könnte.

Elfchen schreiben

Grau
Der Nebel
Er umschließt mich
Ich sehe nichts mehr
Allein
(Janis)

1 Lies dir das Elfchen durch. Erkläre mithilfe der Lernbox auf S. 191, warum es sich um ein Elfchen handelt.

2 Schreibe mithilfe der Lernbox eigene Elfchen. Du kannst zu folgenden Themen schreiben:

Schule – Hausaufgaben – Ferien – Freunde – Tiere – Sport – Eltern – Noten – Bücher – Sonne – Streit – Jahreszeiten

Natürlich kannst du dir auch ein eigenes Thema aussuchen.

Das brauchst du immer wieder – So gehst du vor

Elfchen schreiben

Das Elfchen ist ein kurzer Text aus nur elf Wörtern, aus denen fünf Verse gebildet werden. Um ein Elfchen zu schreiben, musst du die elf Wörter so auf die fünf Verse verteilen:

1. Vers:	Eine Farbe oder Eigenschaft (**1 Wort**)	z. B.	Orange
2. Vers:	Etwas, das diese Farbe oder Eigenschaft hat (**2 Wörter**)		Die Sonne
3. Vers:	Wo es ist, was es tut, wie es ist (**3 Wörter**)		Es ist Sommer
4. Vers:	Was ich dazu sagen kann/wie es auf mich wirkt (**4 Wörter**)		Alle wollen Eis essen
5. Vers:	Abschließender Eindruck/Zusammenfassung (**1 Wort**)		Sommerhitze

Haikus schreiben

Schön schillernder Lachs
voll Lebenskraft flussaufwärts
ins Netz des Fischers
(Marian)

1 Trage das Haiku so vor, dass seine Stimmung deutlich wird.

2 Erkläre mit deinen eigenen Worten, was der Lachs macht und wie sein Leben endet.

3 Weist anhand der Lernbox auf S. 192 nach, warum es sich bei dem Text um ein Haiku handelt.

4 Schreibe selbst Haikus über Tiere oder die Natur. Arbeite dabei wieder mit der Lernbox auf S. 192.

Das brauchst du immer wieder – So gehst du vor

Ein Haiku schreiben

Das Haiku ist ein japanisches Kurzgedicht, bei dem **17 Silben auf 3 Verse** verteilt sind. Um ein Haiku zu schreiben, musst du die drei Verse so gestalten:

1. Vers = 5 Silben	z. B.	Die ruhige See
2. Vers = 7 Silben		Keine Möwe zu sehen
3. Vers = 5 Silben		Ein Sturm wird kommen

Haikus handeln oft von Lebewesen, Gegenständen und Vorgängen aus der Natur.

Parallelgedichte verfassen

Eugen Gomringer (geb. 1925)

avenidas

avenidas
avenidas y flores

flores
flores y mujeres

avenidas
avenidas y mujeres

avenidas y flores y mujeres
un admirador

Unterricht

Unterricht
Unterricht und Pause

Pause
Pause und Spaß

Unterricht
Unterricht und Spaß

Unterricht und Pause und Spaß
eine Erholung
(Eduard)

1 Trage beide Gedichte vor.

2 Eduard hat das Gedicht von Eugen Gomringer gelesen und dann ein eigenes Gedicht geschrieben. Beschreibe, wie er vorgegangen ist.

3 Schreibe ein eigenes Gedicht nach dem Muster dieser Gedichte.

4 **Durchstarten! So könnt ihr weiterarbeiten:**

a) Das Gedicht von Eugen Gomringer ist in spanischer Sprache verfasst. Sicher willst du wissen, wie es auf Deutsch lautet. Übersetze das Gedicht. Benutze dabei ein Wörterbuch oder das Internet. (Deine Übersetzung kannst du im Anhang auf S. 340 kontrollieren.)

b) Vielleicht sprecht ihr noch andere Sprachen. Schreibt Gedichte in diesen Sprachen nach dem Muster des Gedichts von Eugen Gomringer.

Schreibwerkstatt – Gedichte am Computer gestalten

1 Übe einen wirkungsvollen Vortrag des Gedichtes „Gewitterlied“ ein. Hilfen findest du dazu in der Lernbox auf S. 182.

2 Stellt euch eure Gedichtvorträge in kleinen Gruppen vor. Bei welchen Vorträgen kann man das Gewitter besonders gut nachvollziehen? Stellt besonders gelungene Vorträge der ganzen Klasse vor.

James Krüss (1926 – 1997)

Gewitterlied

Schwarz sind die Wolken
Ein erster Blitz.
Die Hähne krähen
So schrill und spitz.
Die Vögel zittern
Und sind so stumm.

Da rollt der Donner:
Rummbumm, rummbumm
Mit Blitz und Regen
Und Wolken schwer
braust das Gewitter
Von Westen her.

Bei dem Gedicht von James Krüss kann man das Gewitter geradezu miterleben. Cen aus der 5 a hat damit begonnen, mithilfe eines Textverarbeitungsprogrammes das Gedicht so zu gestalten, dass man es richtig „sehen“ kann.

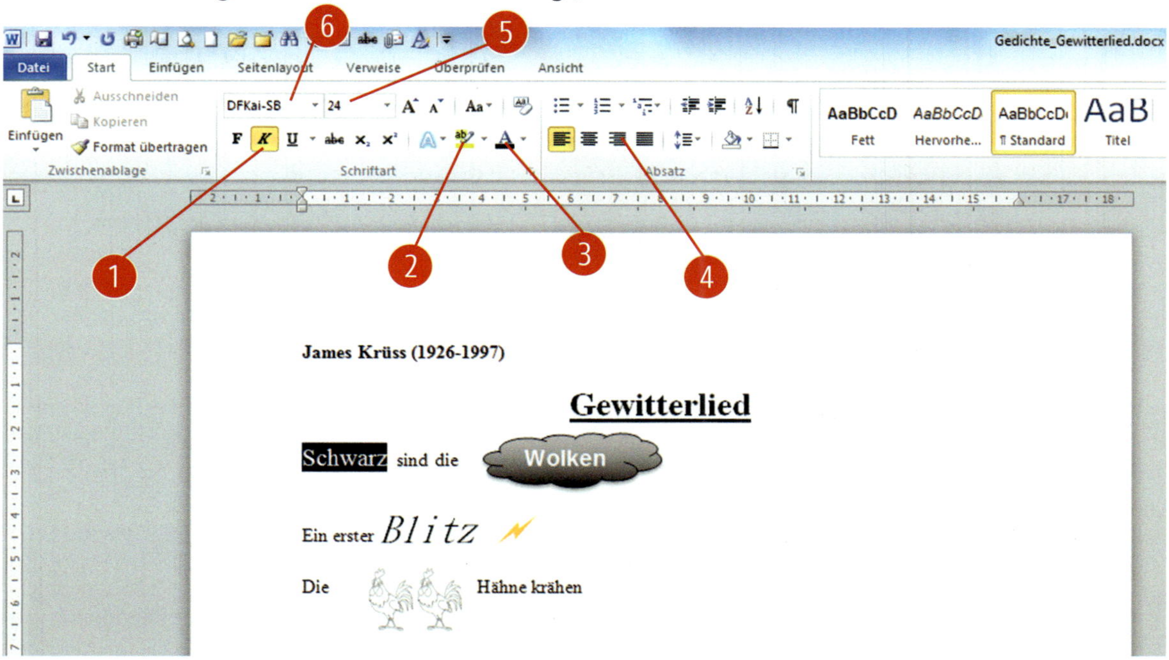

3 Ordnet den Zahlen in dem Screenshot (= Bildschirmfoto) die folgenden Funktionen des Textverarbeitungsprogramms, das Cen benutzt, zu:

- Schriftart
- Schriftgröße
- Textformatierung: Fettdruck, Kursivdruck, Unterstreichungen
- Schriftausrichtung: linksbündig, rechtsbündig, zentriert, Blocksatz
- Textfarbe
- Farbe des Hintergrundes (= Textmarker)

4 Beschreibt an einzelnen Beispielen, wie Cen bei der Gestaltung des Gedichtes das Textverarbeitungsprogramm genutzt hat.

5 Arbeitet so mit den drei Screenshots:

- Cen hat drei Bilder, eine Wolke, einen Blitz und einen Hahn, benutzt. Ordnet den drei Bildern jeweils einen Screenshot zu.
- Beschreibt, wie Cen jeweils bei dem Einfügen der Wolke, des Blitzes und des Hahnes vorgegangen ist. Wenn ihr dabei weitere Hilfen benötigt, findet ihr sie auf der Hilfekarte auf S. 317.

S. 317

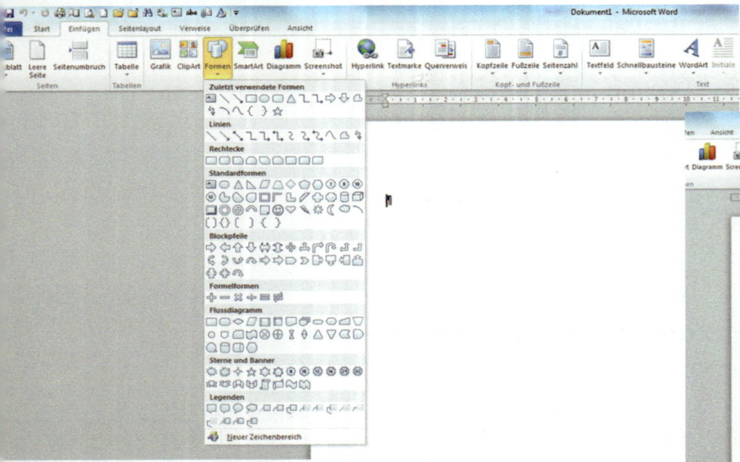

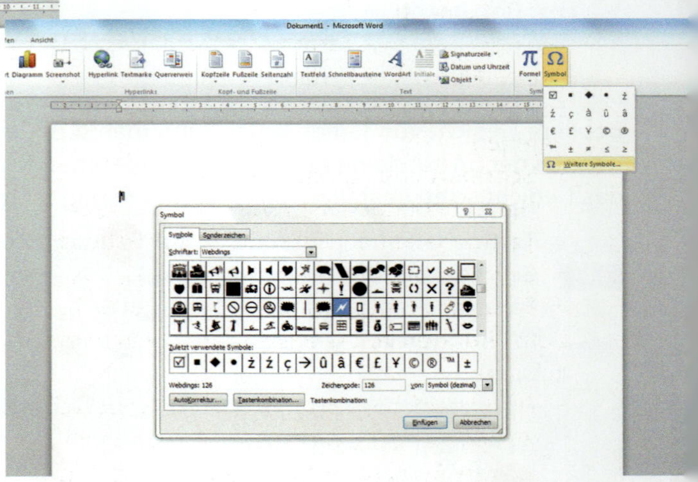

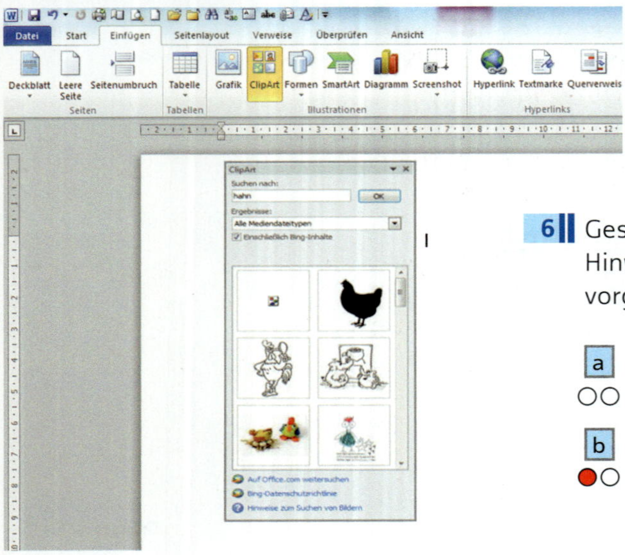

6 Gestalte selbst Gedichte am Computer. Beachte dabei die Hinweise in der Lernbox auf S. 195. So kannst du weiter vorgehen:

a ○○ Übernimm Cens Anfang zu dem Gedicht „Gewitterlied" von James Krüss und setze ihn fort.

b ●○ Suche dir aus diesem Kapitel ein anderes Gedicht und gestalte es so, dass man seinen Inhalt „sehen" kann.

c Du kannst auch nach einem Gedicht, das dir gefällt, im Internet recherchieren und es mit einem Textverarbeitungsprogramm gestalten.

d Lies das folgende Gedicht von Eduard Mörike. Gestalte es am Computer so, dass du einige Wörter durch Bilder ersetzt.

Eduard Mörike (1804 – 1875)

Septembermorgen

Im Nebel ruhet noch die Welt,
Noch träumen Wald und Wiesen:
Bald siehst du, wenn der Schleier fällt,
Den blauen Himmel unverstellt,
Herbstkräftig die gedämpfte Welt
In warmem Golde fließen.

Das brauchst du immer wieder – So gehst du vor

Texte am Computer gestalten

- **Öffne** ein Dokument im Textverarbeitungsprogramm (Datei → Neu → leeres Dokument).
- Gib der Datei einen Namen (z. B. „Krüss_Gewitterlied“) und **speichere** sie (Datei → Speichern unter).
- Gestalte dann deinen **Text**. Dazu kannst du folgende **Veränderungen** vornehmen:
  - Schriftart und -größe
  - Hervorhebungen: Fettdruck, Kursivdruck, Unterstreichungen
  - Textformatierung: linksbündig, rechtsbündig, zentriert, Blocksatz
  - Schriftfarbe
  - Farbe des Hintergrundes (= Textmarker)
- Zum **Einfügen von Grafiken**, Symbolen und Bildern hast du mehrere Möglichkeiten:
  - Du kannst bei verschiedenen **Symbolschriftarten** (z. B. Symbol oder webdings) Symbole auswählen und einfügen (Einfügen → Symbole → weitere Symbole → Schriftart → Symbol auswählen → Einfügen)
  - Wenn du auf **Einfügen → ClipArt** gehst, erhältst du die Möglichkeit, ein Suchwort (z. B. Hahn) einzugeben. Das Textverarbeitungsprogramm (z. B. Word) bietet dir dann verschiedenen Grafiken und Bilder zu dem Suchwort an.
  - Du kannst auch verschiedene **Formen** wie  oder  einfügen.
  - Gehe dazu auf Einfügen → Formen und wähle eine Form aus. Wenn du eine Form eingefügt hast, kannst du sie beschriften (Rechte Maustaste → Text hinzufügen).
  - Mit **Rechte Maustaste → Zeilenumbruch** kannst du wählen, ob ClipArt-Grafiken oder Formen im Text erscheinen sollen (z. B. vor oder hinter dem Text oder passend im Text).

Alles klar? – Wiederholen und üben

Gedichte vortragen

1 Was bedeuten die beiden Zeichen / und //, wenn du ein Gedicht für einen Vortrag vorbereitest? Schreibe die Erklärungen in dein Heft.

2 Übernimm den folgenden Text in dein Heft und ergänze ihn.

Bei einem Gedichtvortrag zähle ich bei einer kurzen Pause in Gedanken ■■■■.
Bei einer langen Pause zähle ich ■■■■.
Unterstrichene Wörter ■■■■ ich besonders.

3 Übt zu zweit einen wirkungsvollen Vortrag des Gedichts „Wenn es Winter wird" ein. Arbeitet dabei mit der Lernbox auf S. 182. Stellt euch eure Gedichtvorträge gegenseitig vor.

Christian Morgenstern (1871 – 1914)

Wenn es Winter wird

Der See hat eine Haut bekommen,
sodass man fast drauf gehen kann,
und kommt ein großer Fisch geschwommen,
so stößt er mit der Nase an.

Und nimmst du einen Kieselstein
und wirfst ihn drauf, so macht es klirr
und titscher – titscher – titscher – dirr...
Heißa, du lustiger Kieselstein!

Er zwitschert wie ein Vögelein
und tut als wie ein Schwälblein fliegen –
doch endlich bleibt mein Kieselstein
ganz weit, ganz weit auf dem See draußen liegen.

Da kommen die Fische haufenweis
und schaun durch das klare Fenster von Eis
und denken, der Stein wär etwas zum Essen;
doch sosehr sie die Nase ans Eis auch pressen,
das Eis ist zu dick, das Eis ist zu alt,
sie machen sich nur die Nasen kalt.

Aber bald, aber bald
werden wir selbst auf eignen Sohlen
hinausgehn können und den Stein wiederholen.

Die Form von Gedichten bestimmen

4 Welches Reimschema wird durch die Kleinbuchstaben dargestellt?
aabb abba abab

5 Welche Reimfolgen hat das Gedicht „Wenn es Winter wird“? Schreibe das Reimschema mit kleinen Buchstaben auf. Beginne mit aba …

6 Ergänze bei dem Herbstgedicht von Friedrich Hebbel die Reime. Benutze dazu die Wörter aus dem Kasten

nur, fällt, Baum, sah

Dies ist ein Herbsttag, wie ich keinen ■■■! a
Die Luft ist still, als atmete man kaum, b
Und dennoch fallen raschelnd, fern und nah, a
Die schönsten Früchte ab von jedem ■■■. b
O stört sie nicht, die Feier der Natur! c
Dies ist die Lese[1], die sie selber hält, d
Denn heute löst sich von den Zweigen ■■■, c
Was vor dem milden Strahl der Sonne ■■■. d

[1] Ernte

7 Beschreibe die Form des Gedichts von Hebbel. Hilfen findest du auf S. 184.

Sprachliche Bilder erkennen und deuten

8 Die Personifikationen/Vergleiche und ihre Bedeutungen sind durcheinandergeraten. Ordne sie einander richtig zu.

Personifikation/Vergleich	Bedeutung
a) Es gießt wie aus Kübeln.	1. Es stürmte heftig.
b) Sie redet wie ein Wasserfall.	2. Es regnet sehr stark.
c) Die weißen Spitzen der Alpen grüßen.	3. Jemand redet ununterbrochen.
d) Der Wind heulte.	4. Auf den hohen Bergen liegt Schnee.

9 Unterstreicht die Personifikationen und Vergleiche in dem Gedicht „Wenn es Winter wird“ mit einem Buntstift. Arbeitet dabei mit zwei Farben.

10 Erkläre die Bedeutung der sprachlichen Bilder. Du kannst dazu einen Text schreiben oder mit einem Mitschüler mündlich arbeiten.

Vorhang auf, Bühne frei! – Gefühle, Situationen

und Texte szenisch darstellen

1 Berichtet von eigenen Erfahrungen mit dem Theater. Erzählt z. B. davon, wann ihr schon selbst Theater gespielt habt oder welche Theaterstücke ihr gesehen habt.

2 Beschreibt die Bilder auf dieser Doppelseite.
Was zeigen sie über die Arbeit von Schauspielern und darüber, wie sie sich auf ihre Rollen vorbereiten und sie proben?

3 Welche Dinge muss ein Schauspieler gut können? Sammelt diese.

Ohne Worte – Gefühle und Situationen pantomimisch darstellen

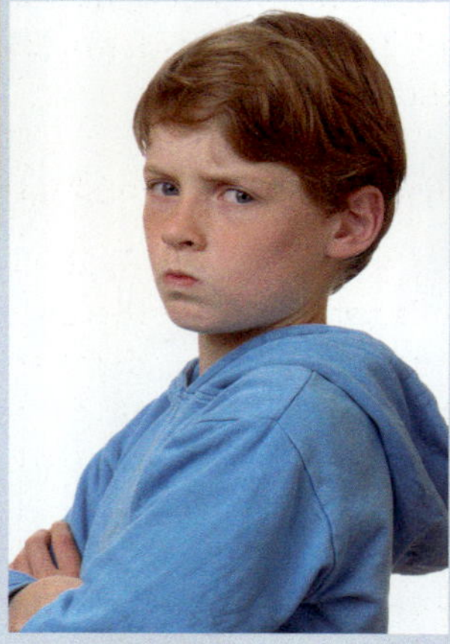

1 Beschreibt, in welchen Situationen sich die Kinder befinden könnten. Was könnten sie denken und fühlen? Erklärt, woran ihr das erkennen könnt.

2 Arbeitet in kleinen Gruppen und stellt die Fotos nach. Geht so vor:

- Ein Schüler versucht, die Mimik (= Gesichtsausdruck) und die Gestik (= Körperhaltung) eines der Kinder zu übernehmen.
- Die anderen der Gruppe verbessern ihn so lange, bis er das Kind auf dem Foto genau nachahmt.
- Danach ist ein anderer der Gruppe an der Reihe, eines der übrigen Fotos nachzustellen. Die Gruppe gibt wieder so lange Hinweise, bis dies gelungen ist.

INFO

Pantomime
Spiel, bei dem Gefühle und Situationen ohne Sprache allein durch Mimik (= Gesichtsausdruck), Gestik (= Körperhaltung) und Bewegung dargestellt werden.

3 Stellt weitere Gefühle durch Gestik und Mimik dar (z. B. Wut, Trauer, Liebe, Hass ...). Die anderen können dann erraten, welches Gefühl ihr darstellen wollt.

4 Stellt pantomimisch dar, ...

- wie ein König geht,
- wie eine alte Frau geht,
- wie jemand geht, der ein Gipsbein hat.

5 Sammelt noch weitere Möglichkeiten, wie jemand gehen könnte (z. B. ein Indianer, der sich anschleicht).
Stellt dies pantomimisch dar. Die anderen können erraten, wer in welcher Situation dargestellt sein könnte.

6 Stellt folgende Situationen pantomimisch dar:
- Du liegst in der Sonne, fühlst ihre warmen Strahlen auf deiner Haut. Du fühlst dich wohl ...
- Du fasst in eine ekelige, klebrige Masse ...
- Du gehst spazieren, am Wegrand siehst du einen Schmetterling auf einer Blume. Vorsichtig näherst du dich ihm, aber er fliegt zur nächsten Blume. Du folgst ihm ...
- Du hast dich mit einer Freundin oder einem Freund verabredet und wartest an dem ausgemachten Treffpunkt. Du wartest und wartest und gehst schließlich, weil niemand kommt.

7 Spielt zu zweit pantomimisch die folgenden Situationen:
- Zwei Freunde schauen gemeinsam ein Fußballspiel im Fernsehen an. Ihr Lieblingsverein scheint lange Zeit zu verlieren, gewinnt dann aber doch.
- Einer/eine ist die handelnde Person, der Partner/die Partnerin ist das Spiegelbild, das alle Bewegungen der handelnden Person pantomimisch mitmacht (z. B. Morgentoilette: Gesicht waschen, Zähne putzen, Haare kämmen).
- Ihr geht spazieren. Plötzlich beginnt es zu regnen. Erst nur ganz wenige Tropfen, dann wird der Regen immer stärker. Ihr habt keinen Schirm dabei.

Wiederholen und üben: Pantomimisch spielen S. 208, Aufgaben 1 und 2

8 Spielt folgende Pantomime:
- Der erste Spieler holt aus einer gedachten Kiste einen Gegenstand hervor. Er spielt damit eine Zeit lang eine Pantomime, die den anderen zeigt, um welchen Gegenstand es sich handelt (z. B. eine Mütze).
- Der rechte Nachbar muss den Gegenstand erraten. Wenn er ihn richtig benannt hat, erhält er den Gegenstand und „verwandelt" ihn (z. B. in einen Rasierapparat).
- Er spielt den anderen vor, was man mit seinem Gegenstand machen kann. Wenn sein rechter Nachbar den Gegenstand erraten hat, gibt er diesen an ihn weiter. Der neue Spieler verwandelt den Gegenstand abermals.
- Das Spiel endet, wenn der Gegenstand wieder bei dem ersten Mitspieler angekommen ist. Dieser legt ihn dann wieder in die Kiste zurück und schließt sie.

9 Sammelt Gründe und erläutert, warum Mimik und Gestik für das Theaterspielen so wichtig sind.

10 Verfasse eine Lernbox „Das musst du wissen". Erkläre darin, was man unter Pantomime versteht.

Wiederholen und üben: Fachbegriffe zum Theaterspielen S. 208, Aufgabe 3

Blaukraut bleibt Blaukraut ... – deutlich sprechen üben

Vor einem Training oder Wettkampf müssen sich Sportler warm machen und ihre Muskeln lockern. So ähnlich müssen auch Schauspieler ihre „Sprechwerkzeuge“ wie Kiefer, Zunge und Lippen lockern. Erst dann können sie besonders deutlich und passend sprechen.

1 Führt folgende Übung durch, um eure Sprechwerkzeuge zu lockern:

- Bildet Gruppen von 10 bis 15 Schülerinnen und Schülern. Jede Gruppe fasst sich an den Händen. Dann wickelt sich die Gruppe so um den ersten Schüler, dass eine enge Spirale entsteht.
- Die erste Schülerin/der erste Schüler summt nun einen Ton (z. B. mmmh, iiiiiieee oder huuuhuuhuuuh ...).
- Die Nachbarin/der Nachbar nimmt den Ton auf und summt ihn mit.
- Anschließend nimmt die nächste Nachbarin/der nächste Nachbar den Ton auf, bis die ganze Spirale den Ton summt.
- Nach einiger Zeit hören alle auf zu summen. Die erste Schülerin/der erste Schüler gibt einen neuen Ton vor und die Übung beginnt von vorn.

2 Übt, deutlich und betont zu sprechen.

- Sprecht zunächst einzeln mehrmals hintereinander die folgenden Silben deutlich und betont. Die Silben, die ihr besonders betonen sollt, sind unterstrichen.

- Sprecht jetzt die Silben mehrmals zusammen in kleinen Gruppen.
  - schu bi du bi duu, schu bi du bi daa
  - di bi di da bi di di bi di dib
  - di bi di ba di bi di bab
  - ti ke ti ti ke ta ti ke ti ti ke tak

3 Versucht, die Silben zusammen in kleinen Gruppen rhythmisch (= in einem regelmäßigen Takt) zu sprechen. Probiert verschiedene Rhythmen aus.

4 Sprich folgenden Satz ganz schnell zwölf Mal hintereinander: „Blaukraut bleibt Blaukraut und Brautkleid bleibt Brautkleid."

5 Solche Sätze nennt man „Zungenbrecher". Erklärt, warum sie wohl so genannt werden.

6 Entwickelt selbst Silbenfolgen, die sich rhythmisch sprechen lassen (z. B. ali ba ba ra da da). Arbeitet mit ihnen so, wie es in Aufgabe 2 und 3 beschrieben wird.

7 Übt das deutliche Sprechen mit den folgenden Zungenbrechern. Sprecht sie so lange, bis ihr sie mehrmals hintereinander ganz schnell und deutlich aufsagen könnt.

- Fischers Fritze fischt in der Frühe frische Fische.
- In Ulm, um Ulm und um Ulm herum.
- Auf den sieben Robbenklippen sitzen sieben Robbensippen, die sich in die Rippen stippen, bis sie von den Klippen kippen.
- Der Potsdamer Postkutscher putzt den Potsdamer Postkutschwagen. Der Cottbuser Postkutscher putzt den Cottbuser Postkutschkasten.
- Schnecken erschrecken, wenn Schnecken an Schnecken schlecken, weil zum Schrecken vieler Schnecken Schnecken nicht schmecken.
- Zwischen zwei Zwetschenzweigen zwitschern zwei Schwalben, zwei Schwalben zwitschern zwischen zwei Zwetschenzweigen.

➔ Wiederholen und üben:
Deutlich sprechen
S. 208, Aufgabe 4

8 Erfindet selbst weitere Zungenbrecher und übt mit ihnen. Geht so vor:

- Bildet einen Satz, in dem möglichst viele gleiche Laute vorkommen. Der Satz muss keinen Sinn ergeben (z. B.: Walters Wecker weckt wieder wunderliche Wunderweihnachtswesen).
- Benutzt ein Rechtschreiblexikon, um entsprechende Wörter zu finden. Ihr könnt dort unter einzelnen Buchstaben Wörter heraussuchen und sie zu Zungenbrechern zusammenstellen.
- Schreibt eure Zungenbrecher auf und übt sie so lange, bis ihr sie deutlich und schnell mehrmals hintereinander sprechen könnt.
- Tauscht eure Zungenbrecher untereinander aus. Übt mithilfe der Zungenbrecher eurer Mitschüler das deutliche und betonte Sprechen.

Der Ton macht die Musik – Gefühle mit der Stimme ausdrücken

„Lass das!" – Alltagssituationen darstellen

1 Beschreibe, welche Situationen auf den Fotos dargestellt werden. Ordne die folgenden Aussagen den Bildern zu. Woran kannst du erkennen, welche Aussage zu welchem Bild passt?

a) Jemand freut sich, eine Person wiederzusehen.
b) Jemand hat Angst.
c) Jemand droht einer Person.
d) Jemand ist sich nicht sicher, wie die Person heißt.
e) Jemand macht der Person einen Vorwurf.
f) Jemand warnt die Person.
g) Jemand bittet die Person um etwas.

2 Führt folgende Übung zu den in Aufgabe 1 aufgelisteten Situationen durch:

- Versetzt euch in die verschiedenen Situationen und wählt einen beliebigen Vornamen aus (z. B. Katharina, Murat oder Alexander).
- Sprecht ihn dann so aus, dass die jeweilige Situation deutlich wird.

3 Überlegt euch Sätze, die in jeder der Situationen, die die Fotos zeigen gesagt werden können (z. B.: Ich muss mal mit dir reden).

Stellt die vier Fotos pantomimisch dar. Sprecht den Satz dann so, dass er zu der jeweiligen Situation passt.

4 Arbeitet in kleinen Gruppen. Entwickelt zu den Fotos Dialoge (= Gespräche). Geht dabei so vor:

- Wählt ein Foto aus, zu dem ihr gerne arbeiten möchtet.
- Überlegt euch zuerst, worüber die beiden Schülerinnen oder Schüler sprechen könnten (z. B. könnten sich die beiden Mädchen auf Foto 3 darüber streiten, dass die eine der anderen noch Geld schuldet oder eine CD nicht zurückgegeben hat).
- Schreibt den Dialog auf. Haltet fest, was die beiden jeweils sagen und wie sie sprechen. So könnt ihr z. B. für das dritte Foto beginnen:

Marie (*wütend/befehlend*): Heh, ich muss mal mit dir reden!
Luisa (*erschrocken*): Im Moment nicht, ich muss weiter. Es hat schon zur Stunde gegongt.
Marie (*lauter*): Bleib stehen! Du weißt genau, worum es geht.
Luisa (*unsicher*): Worum denn? ...

- Übt eure Dialoge ein. Sprecht die Dialoge so, dass ihr die Gefühle mit eurer Stimme deutlich macht.
- Stellt euch eure Dialoge gegenseitig vor, indem ihr sie anschaulich vortragt oder als kleine Szene vorspielt.

X- und Y-Roboter – eine Theaterszene sprechen

Auch mit der folgenden kleinen Theaterszene könnt ihr üben, wie man Stimmungen und Gefühle mit der Stimme verdeutlicht.

Elisabeth Stiemert

Robotertheater

[...]

Erzähler: Ein X-Roboter und ein Y-Roboter gehen auf der Straße spazieren. Der X-Roboter sieht sich nach einem Regenschirm um, den ein Mädchen am Arm trägt, und der Y-Roboter nach der Reißverschlusstasche. In dem Augenblick prallen die beiden zusammen. Es scheppert ganz laut, und sie fallen auf ihre Roboterrücken.

X sagt (*erschrocken*): „X 2-5-9! X 3-8-6!“

Y sagt (*erschrocken*): „Y 4! Y 7!“

X sagt (*und er richtet sich stöhnend auf*): „X 9, X 8, X 20.“

Y sagt (*und richtet sich stöhnend auf*): „Y 2, Y 5, Y 30.“

X sagt (*er schimpft auf Y*): „X 4! X 3! X 6! X 100!“

Y sagt (*und schimpft zurück*): „Y 9! Y 10! Y 8! Y 1000!“

X sagt (*schon viel freundlicher*): „X 609. X 430."

Y sagt (*jetzt auch freundlicher*): „Y 68. Y 73."

X fragt (*er reicht Y seine Hand*): „X 3 – 7?"

Y sagt (*er reicht X die Hand*): „Y 1."

X fragt (*er bietet Y seinen Arm an*): „X 2001. X 98?"

Y sagt (*und er nimmt den angebotenen Arm*): „Y 7. Y 7. Y 7."

Erzähler: Dann sind die beiden Roboter spazieren gegangen. An diesem Tag, am Tag danach und noch an anderen Tagen. Schließlich – wie das meistens so kommt – haben die beiden geheiratet und auch zwei Kinder bekommen. Das eine Kind wurde XY genannt, das andere YX.

1 Lest den Text mit verteilten Rollen. Macht euch klar, was hier passiert.

2 Übersetzt die Robotersprache. Erklärt mit euren Worten, was die Roboter X und Y jeweils sagen.

3 Erklärt, wozu die Angaben in den Klammern dienen. Warum nennt man solche Angaben wohl „Regieanweisungen"?

4 Durchstarten! So könnt ihr weiterarbeiten:

a Sprecht nun selbst das Gespräch zwischen den Robotern. Übt es so ein, dass die Gefühle der Roboter mit eurer Stimme ausgedrückt werden

b Übt den Text „Robotertheater" als Theaterszene ein und spielt sie vor.

c Erfindet selbst kleine Szenen, in denen sich zwei Roboter in der Robotersprache unterhalten (z. B. Behandlung beim Roboterzahnarzt oder eine Stunde in der Roboterschule). Stellt euch diese Szenen gegenseitig vor, indem ihr die Dialoge sprecht oder sie vorspielt.

➔ Wiederholen und üben: Eine Szene sprechen S. 209, Aufgabe 5

„jolifanto bambla“ – ein Gedicht szenisch gestalten

Hugo Ball
(1886–1927)

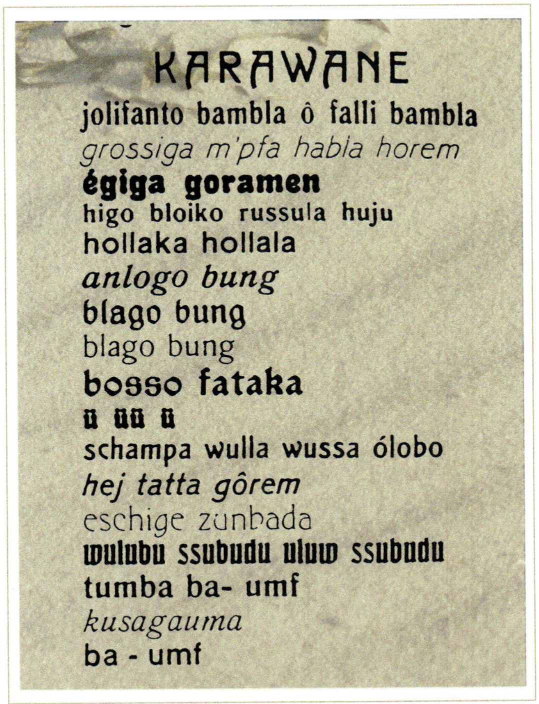

KARAWANE
jolifanto bambla ô falli bambla
grossiga m'pfa habla horem
égiga goramen
higo bloiko russula huju
hollaka hollala
anlogo bung
blago bung
blago bung
bosso fataka
ü üü ü
schampa wulla wussa ólobo
hej tatta gôrem
eschige zunbada
wulubu ssubudu uluw ssubudu
tumba ba- umf
kusagauma
ba - umf

1 Sprecht das Gedicht laut. Erklärt, warum es „Karawane“ heißt.

2 Welche Bilder entstehen bei euch zu den einzelnen Wörtern und Versen (= Zeilen) im Kopf?

3 Übt, das Gedicht so vorzutragen, dass man die Karawane richtig vorbeiziehen hört. Probiert dazu verschiedene Möglichkeiten aus (z. B. zu mehreren gleichzeitig lesen, mit verteilten Rollen sprechen, im Takt mittrommeln ...).

4 Bereitet eine Vorführung des Gedichts vor. Geht dabei so vor:

- Arbeitet in Gruppen. Besprecht, wer welchen Teil des Gedichts spricht und wie ihr euch dazu auf der Bühne bewegt.
- Sammelt Ideen, welche Kostüme (= Kleidung von Schauspielern) ihr tragen wollt. Meistens lassen sich diese sehr einfach gestalten (z. B. tragen alle schwarze Kleidung).
- Plant die Gestaltung des Bühnenbildes. Oft reichen Kleinigkeiten (z. B. ein Tuch oder eine Zeichnung an der Tafel), um einen Ort zu gestalten.
- Überlegt, welche weiteren Requisiten (= Gegenstände und Zubehör für eine Szene) ihr noch einsetzen könnt (z. B. Kopftücher, Stöcke ...).
- Probt die Aufführung des Gedichts mehrmals. Besprecht nach jeder Probe gemeinsam, was ihr anders bzw. besser machen könnt. Es können aber auch zwei Schüler die Rolle des Regisseurs (= Spielleiters) übernehmen.
- Spielt euch eure verschiedenen Spielszenen zu dem Gedicht gegenseitig vor.

Alles klar? – Wiederholen und üben

Pantomimisch spielen

1 Stelle eine beliebige Sportart pantomimisch dar, führe aber alle Bewegungen in Zeitlupe aus. Führe diese Übung für mehrere Sportarten durch. Arbeitet dabei zu zweit.

2 Führt in kleinen Gruppen folgende Übung durch: Bestimmt einen Spielleiter. Er gibt einem Mitspieler einen Begriff vor, den er pantomimisch darstellen muss. Dieser spielt so lange, bis einer den Begriff errät. Wer den Begriff zuerst errät, wird Spielleiter und darf den nächsten Begriff vorgeben.

Fachbegriffe rund ums Theater kennen

3 Ordne die Fachbegriffe aus dem Wortspeicher den Erklärungen richtig zu. Dazu musst du die verschlüsselten Wörter aus dem Wortspeicher zunächst auflösen. Schreibe die Erklärungen mit den jeweiligen Fachbegriffen in dein Heft.

Zuschauer = ■■■■
Gespräch = ■■■■
Gegenstände beim Theater = ■■■■
Kleidung = ■■■■
Körperbewegungen = ■■■■
Gesichtsausdruck = ■■■■
Spiel ohne Worte = ■■■■
was ein Schauspieler sagt = ■■■■
was ein Schauspieler spielt = ■■■■
Darstellung des Handlungsortes = ■■■■

TNREEQUSII • ERLLO •
MMPAOTNIE • XTET •
GSTKIE • KIIMM •
LGOIAD • BLDIBHÜENN •
MPULBIKU • STÜKMO

Deutlich sprechen

4 Sprich folgende Zungenbrecher betont, deutlich und möglichst schnell mehrmals hintereinander.

- Bürsten mit weißen Borsten bürsten besser als Bürsten mit schwarzen Borsten bürsten.
- Wiener Wäscherinnen waschen weiße Wäsche, weiße Wäsche waschen Wiener Wäscherinnen.
- Der Leutnant von Läuten befahl seinen Leuten, nicht eher zu läuten, bis der Leutnant von Läuten seinen Leuten das Läuten befahl.

Eine Theaterszene sprechen

Edmund Johannes Lutz

Die berechtigte Ohrfeige

Es spielen: Zwei Freunde

Der Eine: Sag mal, stimmt das denn eigentlich, was man sich über dich erzählt?

Der Andere: Wieso, was erzählt man sich denn über mich?

Der Eine: Du sollst neulich in der Straßenbahn einer dir völlig fremden Frau eine Ohrfeige gegeben haben.

Der Andere: Ach so, das! Ja, ja, das stimmt schon. Das tat ich tatsächlich.

Der Eine: Na, aber hör mal, wie kommst du denn zu solchen Manieren?

Der Andere: Wie ich dazu kam – ja, das will ich dir sagen; ich sitze da neulich in der Straßenbahn und fahre nach Hause. Da steigt eine Frau ein und setzt sich mir gegenüber. Der Schaffner kommt und verlangt die Fahrkarten. Sie macht das Handtäschchen auf, nimmt die Geldbörse heraus, macht das Handtäschchen zu, macht die Geldbörse auf, nimmt eine Mark heraus, macht die Geldbörse zu, macht das Handtäschchen auf, legt die Geldbörse hinein, macht das Handtäschchen zu. Der Schaffner gibt ihr die Fahrkarte und das Wechselgeld. Sie macht das Handtäschchen auf, nimmt die Geldbörse heraus, macht das Handtäschchen zu, macht die Geldbörse auf, legt das Geld hinein, macht die Geldbörse zu, macht das Handtäschchen auf, legt die Geldbörse hinein, macht das Handtäschchen zu. In diesem Moment sieht sie die Fahrkarte auf ihrem Schoß. Sie macht das Handtäschchen auf –

Der Eine: Um Gottes willen! Hör auf!

Der Andere: Nein, sie hört nicht auf: Sie nimmt die Geldbörse heraus, macht das Handtäschchen zu, macht die Geldbörse auf, legt die Fahrkarte hinein, macht die Geldbörse zu –

Der Eine: Hör auf, ich werde irrsinnig!

Der Andere: macht das Handtäschchen auf, legt die Geldbörse hinein, macht das Handtäschchen zu.

Der Eine: Gott sei's gedankt!

Der Andere: Da kam der Kontrolleur. Sie macht das Handtäschchen auf, nimmt die –

Der Eine *stürzt verzweifelt auf den anderen zu und gibt ihm eine Ohrfeige.*

Der Andere: Du hast eben keine Nerven; ich gab ihr die Ohrfeige erst, als sie in denselben Wagen umstieg wie ich.

5 Übe mit einer Mitschülerin oder einem Mitschüler das Gespräch zwischen den beiden ein. Sprecht dabei so, dass die jeweilige Situation und die Gefühle der Figuren ausgedrückt werden.

Im „Haus der Sprache“ – Wortarten

Wenn man unsere Sprache beherrschen will, muss man sich auch mit den Wörtern gut auskennen. In diesem Kapitel lernt ihr,

- wie man die Wortarten unterscheidet und mit Fachbegriffen benennt und
- wie man die Wortarten richtig gebraucht,

Wenn ihr die Merksätze dieses Kapitels in euer Merkheft schreibt, habt ihr ein kleines „Grammatikbuch“ zum Nachschlagen und Üben. Tipps, wie ihr dabei vorgehen könnt, erhaltet ihr in der Lernbox auf S. 63.

Franzi geht seit Beginn des Schuljahres in die 5. Klasse der Anne-Frank-Schule. Auf ihrem neuen Schulweg kommt sie täglich am „Haus der Sprache“ vorbei. Sie möchte gerne wissen, was sich eigentlich in dem Haus befindet. Eines Tages nach der Schule traut sie sich und geht hinein.

Im Eingangsbereich des Hauses trifft Franzi auf einen freundlichen, älteren Herrn. Es ist der Sprachforscher Dr. Knoll. Bereitwillig erklärt er Franzi, was er als Sprachforscher im „Haus der Sprache“ zu tun hat:
„Ich sammle und ordne z. B. alle Wörter, die in unserer Sprache vorkommen. Außerdem schreibe ich Regeln auf, nach denen die Sprache funktioniert. Und natürlich helfe ich auch, wenn jemand in der Rechtschreibung und Grammatik einen Rat braucht.“

1 Dr. Knoll ordnet alle Wörter nach ihren Wortarten. Welche Wortarten sind euch noch aus der Grundschule bekannt?

Heute könnte Sprachforscher Knoll allerdings selbst Hilfe gebrauchen. Als er in der Abteilung für Wortarten für etwas Ordnung sorgen wollte, fiel ihm ein Kasten hin. Darin befanden sich Karteikarten mit Beispielwörtern für verschiedene Wortarten. Er fragt deshalb Franzi, ob sie Lust habe, ihm beim Einsortieren zu helfen.

Auch ihr könnt Dr. Knoll helfen:

2 Tragt zusammen, woran man die Wortarten Nomen/Substantiv, Verb und Adjektiv erkennen kann.

3 Schreibt die Wörter nach Wortarten geordnet in euer Heft. So könnt ihr vorgehen:

- Zeichnet drei Karteikästen in euer Heft.
- Notiert die Wortarten auf Schilder an den Kästen.
- Schreibt nun die passenden Wörter in die Kästen hinein.

Das Nomen/Substantiv

Kind, Schaufel, Friede – was Nomen/Substantive bezeichnen

1 Beschreibt, nach welchen Merkmalen Dr. Knoll die Nomen/Substantive zu Stapeln geordnet hat.

2 Schaut euch die Lernbox an. Könnt ihr die Regel vervollständigen? Schreibt sie in euer Heft.

Das brauchst du immer wieder – Das musst du wissen

Was Nomen/Substantive bezeichnen

Nomen/Substantive bezeichnen ■■■■, ■■■■ und Vorstellungen/Empfindungen.
Sie werden immer ■■■■geschrieben.

➔ Nomen/Substantive erkennen AH, S. 47

3 Als Dank für ihre Hilfe schenkt der Sprachforscher Franzi ein Blatt mit einer Wörterschlange. Schreibt von den vielen Wörtern, die sie verschluckt hat, nur die Nomen/Substantive heraus und sortiert diese dabei so wie Dr. Knoll. Legt euch dazu eine Tabelle mit drei Spalten an.

4 **Durchstarten!** **So könnt ihr weiterarbeiten:**

Ihr könnt auch eure Klasse zu einem „Haus der Sprache“ machen und wichtige Merksätze auf große Plakate schreiben und diese im Klassenraum an die Wand hängen.

Die Frau, der Mann, das Kind – das grammatische Geschlecht bestimmen

Als Franzi am nächsten Tag noch einmal bei Dr. Knoll vorbeischaut, entdeckt sie, dass er angefangen hat, die Karteikarten mit den Nomen/Substantiven noch anders einzuordnen.

Franzi hat das System sofort durchschaut.

1 Beschreibt, wie Dr. Knoll die Nomen/Substantive geordnet hat.

2 Dr. Knoll hat die Karteikästen noch nicht beschriftet. Was müsste er schreiben? Beantworte dies mithilfe der Lernbox.

3 Ordne die Nomen/Substantive von den Karteikarten und der Wörterschlange auf S. 212 in die drei Karteikästen ein. Lege dir dazu eine entsprechende Tabelle in deinem Heft an.

Das brauchst du immer wieder – Das musst du wissen

Das Genus von Nomen/Substantiven

Das Genus (= grammatische Geschlecht) eines Nomens/Substantivs wird durch den Artikel verdeutlicht. Wir unterscheiden:

- das männliche Geschlecht (= Maskulinum): **der** Indianer,
- das weibliche Geschlecht (= Femininum): **die** Indianerin,
- das sächliche Geschlecht (= Neutrum): **das** Zelt.

„Das Floß“ oder „ein Floß“? – Bestimmte und unbestimmte Artikel verwenden

Im „Haus der Sprache“ hat Franzi eine interessante Bastelanleitung zum Bau eines Floßes gefunden. Es fällt ihr schwer, sie zu lesen, da vor einigen Nomen/Substantiven der Artikel fehlt.

Das Ferienfloß

Für das Ferienfloß klebt man 15 Korken so zusammen, wie man es auf ■■■■ Zeichnung (Abb. 1) sieht. ■■■■ Klebestellen muss man beidseitig mit Klebstoff bestreichen, leicht aneinanderdrücken und dann gut trocknen lassen. Für ■■■■ Mast steckt man zwei Zahnstocher und einen Holzspieß in ■■■■ weiteren Korken (Abb. 2). Für ■■■■ Segel sollte ■■■■ Stoff etwa 16 cm lang und 14 cm breit sein. Man muss ihn zurechtschneiden und um ■■■■ Zahnstocher kleben (Abb. 3). Nun braucht der Mast noch ■■■■ Fähnchen. Dazu klebt man ■■■■ Stückchen Stoff um ■■■■ weiteren Zahnstocher und steckt ihn oben in ■■■■ Korken. Zum Schluss wird ■■■■ Mast in die Mitte ■■■■ Floßes gesteckt und ■■■■ Segel links und rechts mit ■■■■ Nadeln befestigt (Abb. 4).

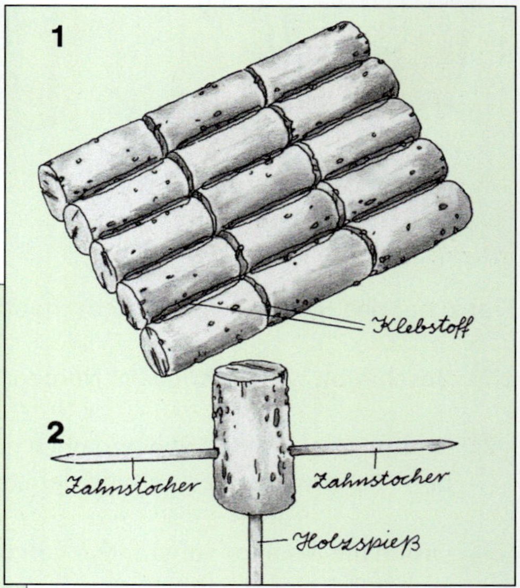

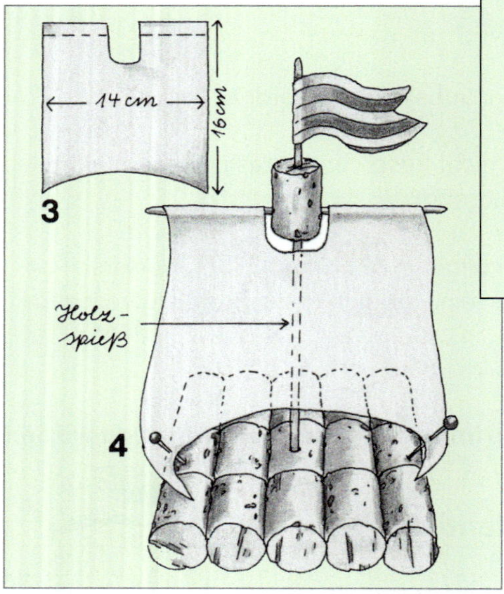

Natürlich könnt ihr das Floß zu Hause auch selbst bauen und mit in die Schule bringen.

1 Lest den Text Satz für Satz und entscheidet, ob in die Lücken ein bestimmter oder ein unbestimmter Artikel passt. Begründet eure Entscheidungen. Beachtet dabei die Hinweise in der Lernbox auf S. 215.

2 Schreibe den Text ab und setze die Artikel ein.

Der bestimmte und der unbestimmte Artikel

- Der **bestimmte Artikel** (der, die, das) benennt etwas Eindeutiges, oft auch Bekanntes.
  Wenn ihr z. B. Fußball spielt und einem Freund erzählt, was **der** Trainer gesagt hat, dann meint ihr **den** Mann, der **eure** Mannschaft trainiert.
- Der **unbestimmte Artikel** (ein, eine, ein) bezeichnet etwas Beliebiges, oft auch Unbekanntes.
  Wenn ihr eurem Freund berichtet, was **ein** Trainer gesagt hat, so meint ihr **irgendeinen** Trainer, vielleicht den der zweiten Mannschaft oder einen Trainer eines anderen Vereins.

Der Tisch/die Tische – Pluralformen von Nomen/Substantiven bilden

Dr. Knoll befasst sich noch genauer mit den Karteikarten für die Nomen/Substantive. Er schreibt jedes Nomen/Substantiv nicht nur im Singular (= Einzahl), sondern auch im Plural (= Mehrzahl) auf.

1 Das ist auch eure Aufgabe. Bildet von den folgenden Nomen/Substantiven die Pluralformen (= Mehrzahl) und übertragt sie in eine Tabelle.

das Brett • das Bett • das Kamel • der Narr • das Auto • die Flasche
das Heft • die Pfanne • das Tablett • die Schere • das Land • das Kind
der Freund

Singular (Einzahl)	Plural (Mehrzahl)
das Brett	die Bretter
das Bett	die Betten
das Kamel	die ...
...	...

2 Bei der Pluralbildung einiger Nomen/Substantive gibt es noch eine Besonderheit. Was verändert sich, wenn ihr von den folgenden Nomen/Substantiven den Plural bildet? Schreibt die Nomen/Substantive und ihre Pluralformen so in euer Heft:

der Schrank – die Schränke, der Zahn – die ...

der Schrank • der Zahn • der Topf • das Loch • der Traum • der Baum
der Stuhl • das Buch • der Kopf • das Fass • das Rad • das Tuch

3 Auch bei den folgenden Nomen/Substantiven gibt es eine Besonderheit, wenn sie in den Plural gesetzt werden. Welche ist es? Schreibe die Nomen/Substantive wieder so auf:

der Räuber – die Räuber, das Messer – die ...

der Gürtel • der Löffel • das Kissen • der Wagen • der Lehrer
der Schlüssel • der Teller • das Mädchen • der Füller • der Hamster

4 Findet selber möglichst viele Beispiele, in denen der Plural so gebildet wird wie bei den Nomen/Substantiven in Aufgabe 2 und 3.

Das brauchst du immer wieder – Das musst du wissen

Singular und Plural bei Nomen/Substantiven

➜ Pluralformen erkennen und bilden AH, S. 48

Nomen/Substantive haben einen **Numerus** (= Anzahl). Sie stehen im **Singular** (= Einzahl) oder im **Plural** (= Mehrzahl), z. B.: der Stern – die Sterne.

- Viele Nomen/Substantive verändern ihre **Endung** im Plural, z. B.: die Mappe – die Mapp**en**; das Heft – die Heft**e**; die Lok – die Lok**s**; das Brett – die Brett**er.**
- Andere Nomen/Substantive erhalten im Plural einen **Umlaut** (ä, ö, ü), z. B.: das Schloss – die Schl**ö**sser.
- Einige Nomen/Substantive lauten im Singular und im Plural gleich. Bei ihnen ändert sich dann aber der Artikel, z. B.: der Retter – **die** Retter.

5 **Durchstarten! So könnt ihr weiterarbeiten:**

Bastelt ein „Nomen-Memory" aus 6 x 6 cm großen Kärtchen. Jede Schülerin/jeder Schüler schreibt ein Nomen/Substantiv mit Artikel im Singular (= Einzahl) auf eine Karte und dasselbe Nomen/Substantiv mit Artikel im Plural (= Mehrzahl) auf eine andere Karte, z. B.: die Krone – die Kronen. Darunter könnt ihr die Nomen/Substantive auch noch zeichnen und bunt anmalen.

Der Apfel, des Apfels, dem Apfel … – Nomen/Substantive deklinieren

Franzi kocht gern. Von Dr. Knoll hat sie ein Rezept für Bratäpfel bekommen, das aber im Laufe der Zeit schon einige Fettspritzer abbekommen hat. Deswegen ist es nicht mehr gut zu lesen. Da Franzi das Rezept so nicht richtig versteht, gibt Dr. Knoll ihr einen Tipp. Sie soll an den unleserlichen Stellen das Wort „Apfel“ mit dem passenden Artikel einsetzen.

Bratapfel

Zutaten:
1 Apfel
1 Teelöffel gemahlene Haselnüsse
1 Teelöffel rote Marmelade
Rosinen

Geräte:
1 Apfelausstecher
1 Stück Alufolie, etwa 15 x 15 cm
1 Teelöffel
1 Backblech

Und so wird es gemacht:

Zunächst muss d___ A___ gründlich gewaschen und abgetrocknet werden. Dann entfernst du mit dem Apfelausstecher das Gehäuse ___ ___. Nun legst du ___ ___ auf die Alufolie und füllst ihn abwechselnd mit Haselnüssen, der Marmelade und den Rosinen. Danach wickelst du ___ ___ mit der Alufolie vorsichtig ein. ___ eingewickelte ___ kommt jetzt auf das Backblech. Schiebe es in den Ofen und lasse ___ ___ bei etwa 250 Grad 35 bis 45 Minuten garen. Wenn ___ ___ ein köstlicher Geruch entströmt, ist er fertig. Ein Tipp: Mit heißer Vanillesoße schmeckt ___ ___ noch besser.

Guten Appetit!

1 Arbeitet so mit dem Rezept „Bratapfel“:

- Lest die Lernbox auf der Seite 218.
- Lest nun das Rezept laut vor und ergänzt das Wort Apfel in den Lücken.
- Wechselt nach jedem Satz die Rolle des Vorlesenden.

2 Schreibe das Rezept in dein Heft. Setze jeweils das Wort „Apfel“ mit dem passenden Artikel ein.

➔ Nomen/Substantive deklinieren AH, S. 50–51

➔ Wiederholen und üben: Nomen/Substantive erkennen und deklinieren S. 230, Aufgaben 1 und 2

3 ●○ Bestimmt nun in den folgenden Sätzen die Fälle der unterstrichenen Wörter.

- Franzi bereitet den Bratapfel am Nachmittag zu.
- Sie serviert dem kleinen Bruder auch einen leckeren Apfel.
- Bei der Vanillesoße hilft allerdings die Oma.
- Diese erinnert sich eines Rezeptes aus ihrer Kindheit.
- Damals wurde ein Apfel auch schon mal mit Leberwurst pikant gefüllt.
- Vielleicht besitzt der Sprachforscher ja auch das Rezept, von dem die Oma gesprochen hat.

Schreibt die Fragen in euer Heft und notiert die Antworten dahinter. Z. B.:
Wen oder was bereitet Franzi am Nachmittag zu? – Den Bratapfel (Akkusativ)

4 ●● Bestimmt die Fälle der unterstrichenen Wörter. Schreibt dazu den Text ab und arbeitet mit vier Farben. Unterstreicht die Wörter, die im gleichen Fall stehen, mit derselben Farbe.

Am nächsten Nachmittag besucht Franzi erneut den Forscher im „Haus der Sprache“. Sie erzählt dem hilfsbereiten Mann von dem Rezept der Oma. Der Gelehrte nimmt sich des Problems an. Er zieht die unterste Schublade aus dem Regal. Ein altes Kochbuch liegt darin. Der Sprachforscher gibt es dem Mädchen. Er sagt: „Ich erinnere mich eines alten Rezeptes. Es steht in diesem wertvollen Buch. Gib bitte gut darauf Acht.“

Das brauchst du immer wieder – Das musst du wissen

Die Kasus (= Fälle) der Nomen/Substantive

Je nachdem, in welchem **Kasus** (= Fall) Nomen/Substantive im Satz stehen, verändern sie zusammen mit ihren Begleitern ihre Form.
Nomen/Substantive können in **vier verschiedenen Kasus** (= Fällen) gebraucht werden. Diesen Vorgang nennt man **Deklination** (= Beugung).
Der jeweilige Kasus lässt sich mit den entsprechenden **Kasusfragen** bestimmen. Mit welcher Kasusfrage du nach welchem Kasus fragen musst, zeigt dir diese Tabelle:

	Kasusfrage	Antwort	Kasus (Fall)
Der Apfel schmeckt gut.	*Wer oder was* schmeckt gut?	der Apfel	**Nominativ** (1. Fall)
Er erinnert sich **des Apfels**.	*Wessen* erinnert er sich?	des Apfels	**Genitiv** (2. Fall)
Ein köstlicher Duft entströmt **dem Apfel**.	*Wem* entströmt ein köstlicher Duft?	dem Apfel	**Dativ** (3. Fall)
Ich esse **den Apfel**.	*Wen oder was* esse ich?	den Apfel	**Akkusativ** (4. Fall)

Das Verb

laufen: ich laufe, du läufst … – Infinitiv und Personalform unterscheiden

Franzi interessiert sich für Fußball und spielt auch in der Mädchenmannschaft ihrer Schule mit. In einer Fußballzeitung liest sie ein Interview mit einem bekannten ausländischen Trainer, der aber erst seit kurzer Zeit in Deutschland lebt. Franzi zeigt Dr. Knoll einen Ausschnitt aus dem Gespräch. Sie hat die Fehler bereits unterstrichen.

Reporter: Wie beurteilen Sie das Spiel des neuen Mittelfeldspielers?

Trainer: Mathias haben sehr viel Talent. Er benötigen noch mehr Kondition. Das merken er auch selbst und er trainieren sehr hart. Ich unterstützen ihn, wo ich können.

1 Schreibt die Antwort des Trainers richtig auf.

2 Beschreibe mit deinen Worten, welchen Fehler der Trainer macht.

Dr. Knoll schmunzelt, als er das Interview liest. Er erklärt Franzi, dass der Trainer die Verben alle im **Infinitiv** (= Grundform) gebraucht. So findet man sie auch in einem Wörterbuch. In einem zusammenhängenden Text müssen sie aber in die sogenannte **Personalform** gesetzt werden.

	INFINITIV (= Grundform)	haben	benötigen	merken	trainieren	unterstützen	können
PERSONALFORM	1. Person Singular: ich Plural: wir	 ich habe wir haben	 ich benötige wir benötigen	 ich m… wir m…	 ich … …	 … …	 … …
	2. Person Singular: du Plural: ihr	 du hast ihr habt	 du benötigst ihr benötigt	 du m… ihr m…	 … …	 … …	 … …
	3. Person Singular: er, sie, es Plural: sie	 er hat sie haben	 er benötigt sie benötigen	 er m… sie m…	 … …	 … …	 … …

3 Die Tabelle gibt euch einen Überblick über die verschiedenen Personalformen. Übernehmt sie in euer Heft und vervollständigt sie.

4 Sprachforscher Knoll hat auch eine Kiste mit Witzen. In den beiden folgenden Witzen fehlen allerdings die Verben. Schreibe die Witze mit den richtigen Personalformen der Verben in dein Heft. Benutze dazu die Verben aus den Karteikästen.

„■■■■ ihr eigentlich, dass es sogenannte Kurzschläfer ■■■■, die mit zwei bis drei Stunden Schlaf ■■■■?“, ■■■■ der Lehrer seinen Schülern. „So einen ■■■■ ich“, ■■■■ sich Christian, „er ■■■■ bei uns zu Hause und ■■■■ seit gestern sechs Monate alt.“

Für die nächste Deutschstunde ■■■■ der Lehrer eine Hausaufgabe auf, die so lautet: „■■■■ die Tapete in eurem Wohnzimmer.“ Emil ■■■■ die kürzeste Aufgabe ab. Auf seinem Blatt ■■■■: Mein Vater ■■■■ mir das Beschreiben der Tapeten.

5 Bestimmt die Personalformen, die ihr eingesetzt habt. So könnt ihr vorgehen:
Wisst ihr – 2. Person Plural
Arbeitet dazu mit der Tabelle auf S. 219.

Das brauchst du immer wieder – Das musst du wissen

Verben

- Verben bezeichnen **Tätigkeiten oder Zustände**.
- Man setzt sie vom **Infinitiv** (der Grundform) in die **Personalform**. Wenn sich die Personalform des Verbs verändert, nennt man das **Konjugation** (= Beugung).

Infinitiv: laufen	Personalform:	ich laufe (1. Person Singular)
		du läufst (2. Person Singular)
		er, sie, es läuft (3. Person Singular)
		wir laufen (1. Person Plural)
		ihr lauft (2. Person Plural)
		sie laufen (3. Person Plural)

Ich lach-e, du lach-st – Wortstamm und Endung erkennen

Dr. Knoll erklärt Franzi, dass jede Personalform eines Verbs aus einem **Wortstamm** und einer **Endung** besteht.
Franzi hat das mit dem Wortstamm ganz wörtlich genommen und eine Zeichnung angefertigt.

1 Übernehmt Franzis Zeichnung in euer Heft und vervollständigt sie.

2 Ihr könnt einen solchen Stamm mit seinen entsprechenden „Astenden“ auch für andere Verben (z. B. malen, spielen, turnen) in euer Heft zeichnen.

Das brauchst du immer wieder – Das musst du wissen

Wortstamm und Endung

- Verben besitzen einen **Infinitiv** und **Personalformen**.
- Der **Infinitiv** ist die **Grundform**.
- **Personalformen** bestehen aus **Wortstamm** und **Endung**, z. B.: ich üb-e, du üb-st.

3 Auch bei Nomen/Substantiven unterscheidet man Wortstamm und Endung (z. B. die Hund-e).

- Bilde zu vier Nomen/Substantiven alle Singular- und Pluralformen.
- Unterstreiche den Wortstamm und kreise die Endung ein.

Präteritum, Präsens, Futur – Zeitformen erkennen und verwenden

Franzi hat gelernt, dass sich die Personalformen der Verben nach Person (1., 2., 3. Person) und Anzahl (Singular oder Plural) verändern.
Im „Haus der Sprache" erfährt sie dann von Dr. Knoll, dass sich Verben auch verändern, wenn man sie in verschiedene Tempora (= Zeitformen) setzt. Sie notiert sich auf einem Merkzettel:

Franzi schaut sich daraufhin eine Fabel an, die sie in ihrer Klasse gelesen hat.

Der Fuchs und der Ziegenbock

Ein Fuchs fiel in einen tiefen Brunnen und konnte nicht mehr heraus. Da kam ein durstiger Ziegenbock zum Brunnen, und als er den Fuchs sah, fragte er ihn: „Ist das Wasser gut?" Der Fuchs antwortete: „Das Wasser schimmert klar und schmeckt gut; komm nur auch herab!" Der Bock stieg herab und löschte seinen Durst. Dann fragte er den Fuchs: „Aber wie kommen wir wieder hier heraus?" Der Fuchs entgegnete: „Dafür werde ich schon sorgen. Du stellst dich auf die Hinterbeine, stemmst die Vorderbeine gegen die Wand und streckst deinen Hals aus. Dann werde ich über deinen Rücken und deine Hörner hinaufklettern und werde dir auch hinaushelfen." Das tat der Ziegenbock und sogleich sprang der Fuchs über ihn hinweg und mit einem kräftigen Satz auf den Brunnenrand. Dort tanzte er voll Freude über seine Befreiung und verhöhnte den Bock wegen dessen Dummheit und Gutgläubigkeit.
(nach Äsop)

1 Beschreibt das Verhalten des Fuchses und des Ziegenbocks.

2 Was sagt ihr zum Verhalten des Fuchses? Könnt ihr dem Ziegenbock einen Rat für die Zukunft geben?

3 Welche der unterstrichenen Verbformen machen Aussagen zum Präteritum (= Vergangenheit), welche zum Präsens (= Gegenwart) und welche zum Futur (= Zukunft)?

4 Übernehmt die Tabelle in eure Hefte und ordnet die unterstrichenen Verbformen des Fabeltextes ein. Schreibt hinter jede Form den Infinitiv.

Präteritum (= Vergangenheit)		**Präsens** (= Gegenwart)		**Futur** (= Zukunft)	
Personalform	**Infinitiv**	**Personalform**	**Infinitiv**	**Personalform**	**Infinitiv**
fiel	fallen	ist	sein	werde kommen	kommen
konnte	...	...	...	...	...

5 Übe die Verwendung der verschiedenen Tempusformen des Verbs. Schreibe dazu jeweils fünf Sätze auf:

- im Präteritum, in denen du von den letzten Sommerferien berichtest,
- im Präsens, in denen du deutlich machst, was gerade jetzt in eurem Haus geschieht,
- im Futur, in denen du angibst, was du am nächsten Wochenende unternehmen wirst.

Arbeite dabei mit der folgenden Lernbox.

Das brauchst du immer wieder – Das musst du wissen

Die Tempusformen Präteritum, Präsens und Futur

Mit den Tempusformen des Verbs macht man deutlich, ob ein Geschehen in der Vergangenheit, Gegenwart oder Zukunft abläuft.

- Mit dem **Präteritum** drückt man aus, dass etwas vergangen ist (z. B.: Es geschah gestern Abend).
- Das **Präsens** bezeichnet meistens etwas, das in der Gegenwart, in diesem Augenblick geschieht (z. B.: Jetzt geht die Katze über die Straße).
  - Es kann aber auch etwas bezeichnen, das zu jeder Zeit gültig ist (z. B.: Fische leben im Wasser).
  - Das Präsens kann zusammen mit anderen Wörtern auch etwas bezeichnen, das in der Zukunft liegt (z. B.: Morgen bringe ich unser Meerschweinchen zum Tierarzt).
- Das **Futur** drückt aus, dass ein Geschehen in der Zukunft abläuft (z. B.: Ich werde nächste Woche die Großeltern besuchen).

➜ Zeitformen des Verbs
AH, S. 55

➜ Wiederholen und üben:
Tempusformen bestimmen
S. 231, Aufgabe 3

6 Übt mit den Verben aus dem Karteikasten. Bildet zu den Infinitiven die 3. Person Singular des Präteritums (z. B.: gehen – er ging).

Franzi hat von ihrer ausländischen Brieffreundin einen Brief bekommen:

Liebe Franzi,

heute muss ich dir von einem tollen Erlebnis erzählen. Als ich vor drei Tagen morgens zur Schule kommte, war alles irgendwie anders als sonst. Überall stehten kleine Gruppen von Schülern zusammen, die sich aufgeregt unterhalteten. Andere gehten durch die Flure und scheinten etwas zu suchen. Meine Freundin Cecile kommte auf mich zugerannt und rufte: „Die Schlange ist aus dem Schulterrarium ausgebrochen!" …

7 Franzi will ihrer Freundin zurückschreiben und ihr dabei auch erklären, was sie in dem Brief falsch gemacht hat. Was fällt euch auf? Welche Fehler enthält der Brief? Sucht sie heraus und korrigiert sie.

8 Übernimm den Briefanfang, verbessere die Fehler und schreibe den Brief zu Ende.

9 **Durchstarten! So könnt ihr weiterarbeiten:**

In diesem Kapitel habt ihr bereits viele Fachwörter gelernt. Arbeitet so, um euch ihre Bedeutung und Schreibweise einzuprägen:
Sucht zu den folgenden Fachwörtern die deutschen Bezeichnungen heraus und schreibt sie in euer Heft:

Genus, Maskulinum, Femininum, Neutrum, Numerus, Singular, Plural, Kasus, Nominativ, Genitiv, Dativ, Akkusativ, Deklination, Konjugation, Tempus, Präsens, Präteritum, Futur.

Schaut euch dazu noch einmal die Lernboxen dieses Kapitels an.

Das Adjektiv

Wie etwas ist – die Aufgabe von Adjektiven erkennen

Bei einem ihrer Besuche möchte Franzi Dr. Knoll auf die Probe stellen. Sie zeigt ihm eine Beschreibung ihres Kanarienvogels, in der sie die Adjektive ausgelassen hat. Auf einen Zettel hat sie die passenden Adjektive geschrieben, die man einsetzen kann. Damit es der Sprachforscher etwas schwerer hat, hat sie auch ein paar unpassende Adjektive dazugeschrieben.

Mein Kanarienvogel Hansi ist ein ■■■■ Geselle. Nach dem Aufwachen hat er immer ■■■■ Hunger. ■■■■ pickt er seine Körner aus dem Napf. Danach hüpft er ■■■■ in seinem Käfig herum und erfreut uns mit seinem ■■■■ Gesang. Wenn er dann ■■■■ ist, macht er erst einmal ein ■■■■ Nickerchen. Hansi ist ein sehr ■■■■ Vogel; mehrmals am Tag putzt er ■■■■ sein ■■■■ Gefieder.

kunstvoll, groß, schwerfällig, sauber, ausgelassen, munter, müde, langweilig, sorgfältig, ausgiebig, dumm, bunt, begierig

1 Setze die passenden Adjektive von Franzis Zettel ein. **Achtung:** Einige Adjektive musst du verändern und den jeweiligen Nomen/Substantiven anpassen. Es bleiben am Ende drei unpassende Adjektive übrig.

➔ Adjektive erkennen und verwenden AH, S. 56

2 Vergleicht eure Fassung mit dem Text von Franzi. Welche Wirkung haben die eingesetzten Adjektive?

Dr. Knoll zeigt Franzi diese Abbildung. Sie zeigt einen Hippokampos, ein Fabeltier, das in griechischen Sagen vorkommt.

3 Beschreibt das Fabeltier und benutzt dabei die folgenden Adjektive.

merkwürdig • länglich • dünn • geringelt • unheimlich

4 ○○ Sammelt noch weitere Adjektive, mit denen man das Fabeltier beschreiben kann.

5 ●○ Beschreibe das Fabeltier schriftlich und unterstreiche die Adjektive.

6 ●● Habt ihr ein eigenes Haus- oder Lieblingstier? Beschreibt es mit zahlreichen Adjektiven, ohne die Tierart zu verraten. Sicher können eure Mitschülerinnen und Mitschüler erraten, um welches Tier es sich handelt.

Klug, klüger, am klügsten – Adjektive steigern

Franzi erzählt noch weiter von ihrem Vogel:

Noch schöner ist es für Hansi, wenn er im Zimmer herumfliegen darf. Zunächst ist er ganz vorsichtig, aber dann wagt er sich immer weiter vor. Seine Flugkünste werden täglich besser. Wenn ich ihn dann wieder einsperre, ist er ganz traurig. Am liebsten würde er noch länger fliegen. Aber am glücklichsten ist Hansi, wenn er ein Bad nehmen darf. Dabei ist er noch fröhlicher als bei seinen Ausflügen.

1 Sucht alle Adjektive aus dem Text heraus. Was fällt euch auf?

2 In diesem Text stehen einige Adjektive nicht in ihrer Grundform (z. B.: schön), sondern in ihrer Steigerungsform (z. B.: schöner). Erklärt an einzelnen Beispielen den Begriff „Steigerungsform".

3 ○○ Übernimm die folgende Tabelle und trage die Adjektive aus dem Text in die entsprechenden Spalten ein. Ergänze jeweils die beiden anderen Stufen. Bei zwei Adjektiven musst du aufpassen.

Positiv (= Grundstufe)	**Komparativ** (= Vergleichsstufe)	**Superlativ** (= Höchststufe)
...	schöner	...
vorsichtig	...	...
...	...	am liebsten
...	...	...

Franzi erzählt Dr. Knoll von ihren Geschwistern:

Ich habe noch eine Schwester und einen Bruder. Mein Bruder Peter ist älter als ich und am größten von uns dreien. Lisa, meine Schwester, ist ein Jahr jünger als ich und genauso groß. Sie ist aber am lustigsten und spielt uns ständig Streiche.

4 ●○ Wozu hat Franzi die Adjektive hier benutzt? Schreibe einen ähnlichen Text über deine Familie oder deine Freunde. Verwende dabei möglichst viele Adjektive in ihren Steigerungsformen.

Franzi liest gerne Tierbücher. Sie ist erstaunt über die Informationen, die sie in einem ihrer Tierbücher gefunden hat:

Ein Büffel ist schwer. Er kann bis zu 1000 kg wiegen. Ein Elefant ist aber noch schwerer. Sein Gewicht kann bis zu 7000 kg betragen. Am schwersten ist aber der Blauwal. Er wiegt bis zu 185 000 kg.

5 ●● Schreibt einmal selbst Vergleiche auf. Die Angaben aus dem Erdkunde- und Biologieunterricht können euch helfen. Benutzt dabei Adjektive, die ihr steigert.

Stadt	Einwohnerzahl
Hamburg	1 700 000 Einwohner
London	13 063 441 Einwohner
Tokio/Yokohama	37 203 122 Einwohner

Fluss	Länge
Donau	2 888 km
Wolga	3 534 km
Nil	6 671 km

Berg	Höhe
K2	8 611 m
Mount Everest	8 848 m
Kangschendzonga	8 586 m

Tier	Schnelligkeit
Gepard	bis zu 100 km/h
Löwe	bis zu 60 km/h
Strauß	bis zu 70 km/h

Tier	Größe
Ameisen	bis zu 15 mm
Floh	bis zu 4 mm
Maikäfer	bis zu 30 mm

Das brauchst du immer wieder – Das musst du wissen

Adjektive

- **Adjektive** (= Wie-Wörter) geben an, **wie etwas ist**. Sie kennzeichnen Lebewesen, Dinge und Vorgänge genauer (z. B.: der *alte* Mann, der *schöne* Tag).
- Adjektive werden **kleingeschrieben**.
- **Als Begleiter eines Nomens/Substantivs verändern sich Adjektive** zusammen mit diesem (z. B.: Ein *alter* Hund bellt → Er gibt dem *alten* Hund etwas Futter).
- Die **Steigerungsformen** des Adjektivs heißen **Positiv** (= Grundform, z. B.: *alt*), **Komparativ** (= Vergleichstufe, z. B.: *älter*) und **Superlativ** (= Höchststufe, z. B.: *am ältesten*). Mithilfe der Steigerungsformen kann man z. B. Vergleiche genau formulieren.

➲ Adjektive steigern
AH, S. 57

➲ Wiederholen und üben:
Adjektive erkennen
S. 231, Aufgabe 4

Das Pronomen

Ich, du, er … – Personalpronomen verwenden

Sprachforscher Knoll hat in seinem Büro auch Texte, mit denen er nicht zufrieden ist. Einen solchen Text zeigt er Franzi.

Am Nachmittag besucht Peter seinen Freund Kurt. Peter und Kurt sind schon lange befreundet. Heute wollen Peter und Kurt zum Angeln fahren. Kurt ist im Angeln ein alter Hase, denn Kurt ist seit zwei Jahren in der Jugendabteilung des Angelvereins.
In dieser Zeit hat Kurt schon viel Erfahrung gesammelt, in den verschiedenen Angeltechniken kennt sich Kurt gut aus. Peter hat die Angel seines Großvaters mitgebracht. Peters Großvater hat Peter die Angel für heute Nachmittag geliehen.
Als die zwei Freunde endlich das Flussufer erreicht haben, bauen die zwei Freunde schnell ihre Angeln auf. Als Köder haben sich die beiden Freunde für Maden entschieden. Ob den beiden Freunden heute wohl ein dicker Fisch an die Angel geht?

1 Auch Franzi findet, dass der Text noch nicht gut gelungen ist. Was meint ihr dazu?

Franzi möchte Dr. Knoll helfen und verbessert den Text. Dies ist der Anfang ihrer Überarbeitung:

Am Nachmittag besucht Peter seinen Freund Kurt. Sie sind schon lange befreundet. Heute wollen sie …

2 Was hat Franzi verändert? Erklärt, warum der Text jetzt besser ist.

3 Verbessert den ganzen Text. Übernehmt Franzis Anfang in euer Heft und schreibt ihn weiter.

Dr. Knoll ermahnt Franzi, die Personalpronomen nicht unbedacht zu verwenden, weil es dabei zu Missverständnissen kommen kann. Dafür liefert er ihr auch gleich zwei Beispiele:

- Als Rosi gestern ihre kleine Katze in ihr Zimmer ließ, machte sie auf den Boden.
- Vor der Lehrerin stieg eine dicke Seifenblase auf, bis sie schließlich zerplatzte.

4 Erklärt, wie man diese Sätze missverstehen kann.

Der Forscher zeigt Franzi noch andere Sätze:

- Nachdem meine kleine Schwester die Kerze ausgepustet hatte, rauchte sie.
- Bevor Oma die Tür erreichen konnte, schlug sie zu.
- Ehe Lili die Ziege streichelte, meckerte sie.
- Hinter dem Schulleiter befand sich der Feuermelder, er gab einen lauten Ton von sich.

5 Untersucht auch diese Sätze. Erklärt, was man verstehen könnte und was jedoch gemeint ist.

6 Verbessert die Sätze aus Aufgabe 4 und 5 so, dass sie eindeutig zu verstehen sind (z. B.: Die kleine Katze machte auf den Boden, als Rosi sie in ihr Zimmer ließ).

Das brauchst du immer wieder – Das musst du wissen

Das Personalpronomen

- Das **Personalpronomen** (= persönliches Fürwort) kann ein **Nomen/Substantiv ersetzen**.
  Beispiel: **Der Rennfahrer** holte den Streckenrekord.
  ↓
  Er holte den Streckenrekord.
- Personalpronomen können im **Singular** (= Einzahl) oder im **Plural** (= Mehrzahl) stehen.
  Beispiel: ich, du, er, sie, es (Singular)
  oder
  wir, ihr, sie (Plural)
- Personalpronomen **verändern sich wie die Nomen/Substantive**, die sie ersetzen können.
  Beispiel: **Er** bekam den Pokal. → Die Veranstalter gratulierten **ihm**.

➔ Pronomen erkennen und verwenden AH, S. 58 – 59

➔ Wiederholen und üben: Pronomen verwenden S. 231, Aufgabe 5

Alles klar? – Wiederholen und üben

Nomen/Substantive erkennen und deklinieren

1 Welche Aussagen über Nomen/Substantive sind zutreffend? Die Buchstaben der richtigen Antworten ergeben ein Fachwort, das du in diesem Kapitel gelernt hast. Du musst die Buchstaben richtig sortieren, um das Lösungswort herauszufinden. Das Lösungswort hat acht Buchstaben.

- Der dritte Fall ist der Akkusativ. T
- Das weibliche Geschlecht heißt Femininum. U
- Nomen/Substantive können in der Einzahl oder in der Mehrzahl stehen. I
- Nomen/Substantive werden immer großgeschrieben. S
- Der vierte Fall ist der Dativ. E
- Nomen/Substantive lassen sich steigern. O
- Die Mehrzahl bezeichnet man als Plural. N
- Der erste Fall ist der Nominativ. A
- Die Einzahl heißt Genus. K
- Der zweite Fall ist der Genitiv. R
- Nomen/Substantive lassen sich in die vier Fälle setzen. L
- Nomen/Substantive können männlich, weiblich oder sächlich sein. G

2 Bestimme die Fälle der unterstrichenen Wörter und Wortgruppen. Beispiel: Tobias (H) = Nominativ Singular. Die Buchstaben hinter den Nomen/Substantiven im Akkusativ ergeben das Lösungswort. Es besteht aus sieben Buchstaben.

- Tobias (H) hatte die Windpocken (F).
- Klara und Sebastian (U) hatten dem Freund (M) am Nachmittag einen Besuch (R) abgestattet.
- Nun feierte aber die ganze Klasse (W) in der Schule ein Geisterfest (E).
- Traurig schaute sich Tobias (B) im Fernsehen einen Film (U) an.
- Da hörte er ein Geräusch (N) vor der Haustür.
- Tobias (F) öffnete die Tür (D).
- Auf der Treppe stand ein ausgehöhlter Kürbiskopf (I) mit Beleuchtung.
- Etwas zu spät huschten die verkleideten Klassenkameraden (G) hinter die Hecke.
- Dem Kranken (C) gefiel die Überraschung (K).
- Tobias (V) bewahrte den Kürbiskopf (E) lange auf.

Tempusformen bestimmen

3 Übernimm den folgenden Text in dein Heft und schreibe in Klammern hinter die unterstrichenen Verben die jeweilige Tempusform (Präsens = Präs., Präteritum = Prät., Futur = Fut.). Kennst du den Titel des Textes? Schreibe ihn darüber.

???

In der gesuchten Stadt herrschte (Prät.) eine schreckliche Rattenplage. Die Nager drangen in die Keller und Vorratsräume der Häuser ein und fraßen alles auf. Ein seltsam gekleideter Mann gab sich als Rattenfänger aus und sprach vor dem Rat der Stadt in folgender Weise: „Ich bin ein berühmter Rattenfänger und ich will eure Stadt von dem Ungeziefer befreien. Aber ich verlange dafür eine Belohnung. Ihr werdet sehen, dass ich mein Versprechen einhalte." Der Rattenfänger hielt tatsächlich sein Versprechen, der Rat der Stadt verweigerte ihm aber seinen Lohn. Daraufhin nahm der Rattenfänger fürchterliche Rache ...
Wie die Sage weitergeht und in welcher Stadt sie spielt, wisst ihr bestimmt.

Adjektive erkennen

4 Schreibe aus dem Text „Freitag, der Dreizehnte" alle Adjektive mit den dazugehörigen Nomen/Substantiven heraus und unterstreiche anschließend die Adjektive.

Freitag, der Dreizehnte

Abergläubische Menschen fürchten sich vor diesem Tag, weil sie glauben, dass sie dann mehr Pech haben als sonst. In Wirklichkeit gibt es an diesen Freitagen keine Häufung von schlimmen Unfällen oder außergewöhnlichen Naturkatastrophen. Es kann aber sein, dass ängstliche Menschen so angespannt sind, dass sie Fehler begehen.
Der schlechte Ruf des Freitags hat Gründe im christlichen Glauben: Judas, der Jünger, der Jesus verraten hat, war die 13. Person beim Abendmahl, und es war ein Freitag, an dem Jesus gekreuzigt wurde. Es gibt aber auch christliche Länder wie Argentinien oder Spanien, in denen nicht der Freitag, sondern der Dienstag als Unglückstag gilt.

Pronomen verwenden

5 Schreibe die folgenden Sätze in dein Heft und ersetze dabei die unterstrichenen Nomen/Substantive durch ein passendes Personalpronomen.
Beispiel: Anke gibt Paul ein Buch. – Sie gibt ihm ein Buch.

a) Die Klasse besucht den Lehrer.
b) Das Auto ist ins Schleudern geraten.
c) Die Häuser versperren den Besuchern den Blick.
d) Der Briefträger ist von dem kleinen Pudel gebissen worden.
e) Die Katze schleicht sich an einen Jungvogel heran.

Im „Haus der Sprache“ – Satzglieder

Sätze bestehen aus verschiedenen Bausteinen, die man als Satzglieder bezeichnet. In diesem Kapitel lernst du,

- wie du Satzglieder erkennen kannst,
- wie du bei den Satzgliedern das Subjekt, Prädikat, Akkusativobjekt und Dativobjekt bestimmst und unterscheidest,
- wie du den Satzbau durch die Einteilung des Satzes in Felder beschreibst.

Dazu findest du in diesem Kapitel viele Übungen, die manchmal etwas knifflig sind, aber auch Spaß machen!

Jeden Tag kommt Franzi, die die 5. Klasse besucht, auf ihrem Schulweg am „Haus der Sprache“ vorbei, in dem der Sprachforscher Dr. Knoll lebt. Franzi hat eines Tages beschlossen, sich das Haus näher anzusehen, und sie hat sich dabei mit Dr. Knoll angefreundet. Auch heute stattet Franzi ihm einen Besuch ab. Als sie das „Haus der Sprache“ betritt, lädt Dr. Knoll sie sofort ein, ihm bei seiner Arbeit zu helfen. Zurzeit beschäftigt sich der Sprachforscher mit Satzgliedern.

1 Was wisst ihr aus der Grundschule bereits über Satzglieder?

Bausteine des Satzes – Satzglieder erkennen, umstellen und ersetzen

Dr. Knoll will mit Franzi wetten. Er behauptet, dass man aus den Wortstreifen auf seinem Tisch sechs verschiedene Aussagesätze legen kann, die alle denselben Sinn haben.

1 Glaubt ihr, was Dr. Knoll behauptet? Probiert es aus. Schreibt die verschiedenen Möglichkeiten in euer Heft.

2 Bei allen Umstellungen sind einige Wörter zusammengeblieben. Mache dies deutlich, indem du diese Wortgruppen farbig einkreist.

Dr. Knoll zeigt Franzi drei Kästen, in denen er weitere Wortstreifen aufbewahrt.

3 Arbeitet so mit den Kisten von Dr. Knoll:

- Lest zunächst die Lernbox.
- Schreibt die verschiedenen Möglichkeiten, mit den Wortstreifen Sätze zu bilden, in eure Hefte.
- Kreist die jeweiligen Satzglieder farbig ein.

Das brauchst du immer wieder – So gehst du vor

Satzglieder erkennen

➔ Wiederholen und üben: Umstellprobe anwenden S. 248, Aufgaben 1 und 2

Ein Satz besteht aus verschiedenen Bausteinen. Diese Bausteine nennt man **Satzglieder**. Welche Wörter ein Satzglied bilden, findet man mit der **Umstellprobe** oder der **Ersatzprobe** heraus.

- Die **Umstellprobe** führt man durch, indem man versucht, einen Satz möglichst oft umzustellen, z. B.:

  Dr. Knoll / arbeitet / heute Morgen / in der Bibliothek.
  In der Bibliothek / arbeitet / Dr. Knoll / heute Morgen.
  Heute Morgen / arbeitet / Dr. Knoll / in der Bibliothek.

  Die **Wörter, die beim Umstellen des Satzes zusammenbleiben**, sind die **Satzglieder** des Satzes.

- Satzglieder lassen sich nicht nur umstellen. Satzglieder kann man auch daran erkennen, dass man sie oft durch andere Ausdrücke ersetzen kann (z. B.: Franzi mag Dr. Knoll / Franzi mag den Sprachforscher). Diese Vorgehensweise nennt man **Ersatzprobe**.

Die Badehose

Maus und Elefant waren eines Tages im Schwimmbad. Der Elefant war schon nach einigen Minuten im Wasser. Die Maus lief ganz aufgeregt am Rand des Beckens entlang. Sie winkte dem Elefanten. Sie rief dem Elefanten laut zu: „Komm doch mal schnell heraus!" Der Elefant fragte gemächlich zurück: „Worum geht es denn?" Die Maus wurde jetzt immer ungeduldiger. Sie piepste aufgeregt: „Mach schnell, es ist sehr wichtig!" Der Elefant antwortete daraufhin: „Weil du es bist, tu ich dir den Gefallen." Er stieg mit diesen Worten mühsam aus dem Wasser. Die Maus meinte jetzt: „Du kannst schon wieder hineingehen, ich wollte nur nachsehen, ob du meine Badehose anhast."

4 Erklärt, was an dieser Geschichte sprachlich nicht gelungen ist. Seht euch dazu die Satzanfänge an.

5 Durch das Umstellen von Satzgliedern lassen sich Texte oft verbessern. Verbessere die Geschichte sprachlich, indem du einzelne Sätze umstellst.

Wer oder was …? – Das Subjekt bestimmen

Zurzeit liest Franzi im Deutschunterricht das Buch „Vorstadtkrokodile“ von Max von der Grün. Ganz begeistert erzählt sie Dr. Knoll davon:

„Das Buch ist sehr spannend. Am Anfang klettert Hannes auf das Dach einer alten Ziegelei. Die Krokodiler verlangen nämlich von ihm eine Mutprobe. Doch das Dach ist brüchig und er rutscht ab. Als er sich nur noch an einer Dachrinne festhalten kann, laufen alle Bandenmitglieder einfach weg. Nur Maria, das einzige Mädchen der Gruppe, ruft die Feuerwehr an.“

Dr. Knoll ist heute leider sehr unkonzentriert und hat gar nicht richtig zugehört. Mehrmals muss er deshalb nachfragen:

„*Wer* ist auf das Dach einer Ziegelei geklettert?“
„*Wer* verlangte eine Mutprobe?“
„*Was* war brüchig?“

1 Beantwortet die Fragen von Dr. Knoll.

2 Wonach fragt Dr. Knoll Franzi? Lies dir die Lernbox auf S. 236 durch, um diese Frage zu beantworten.

3 Sucht auch alle anderen Subjekte aus Franzis Erzählung von den Vorstadtkrokodilen heraus und schreibt sie mit den dazugehörigen Fragen in euer Heft.

Dr. Knoll entschuldigt sich bei Franzi für seine Unkonzentriertheit. Von der Geschichte mit den Krokodilern will er aber unbedingt noch mehr hören. Vor allem das Ziegeleigelände interessiert ihn. Auf seine Bitte hin erzählt ihm Franzi noch weitere Einzelheiten:

„Das alte Ziegeleigelände sieht ziemlich trostlos aus. Die Fensterscheiben sind zerbrochen und die Mauern fallen auseinander. Regen dringt durch das Dach und bei Sturm fallen die Dachpfannen auf die Erde. Das Spielen in der Ziegelei ist für die Kinder sehr gefährlich. Eigentlich soll das Gebäude abgerissen werden. Die Krokodiler finden aber nirgendwo einen geeigneten Spielplatz, deswegen spielen sie lieber auf dem verbotenen Gelände."

4 Schreibt alle Subjekte aus Franzis Erzählung heraus. Wendet dabei die Subjektfrage an (Wer oder was …?).
Denkt daran, dass das Subjekt meistens aus mehreren Wörtern besteht. Wenn ihr nicht ganz sicher seid, kann euch die Umstellprobe helfen.

➲ Das Subjekt
AH, S. 64

➲ Wiederholen und üben:
Subjektbestimmungen
S. 248, Aufgaben 3 und 4

Das brauchst du immer wieder – Das musst du wissen

Das Subjekt

Satzglieder geben Antwort auf bestimmte Fragen. Das Satzglied, das auf die Frage **Wer oder was …?** antwortet, heißt **Subjekt** (= Satzgegenstand). Das Subjekt steht immer im **Nominativ** (= 1. Fall).

Das Subjekt erkennst du, indem du die **Subjektfrage** stellst. Dabei kannst du so vorgehen:

	Die Krokodiler verlangen eine Mutprobe.
Subjektfrage:	**Wer oder was** verlangt eine Mutprobe?
Subjekt:	**Die Krokodiler.**

5 Verbessert auch die folgende Maus-Elefanten-Geschichte. Geht dabei so vor:

- Stellt die Sätze so um, dass die Geschichte lebendiger wirkt. Achtet dabei besonders auf die Satzanfänge.
- Ersetzt einzelne Satzglieder durch andere Ausdrücke. Ihr findet dazu einige Vorschläge auf der Hilfekarte auf S. 317.

S. 317

Die großzügige Freundin

Die Maus und der Elefant machen eines Tages eine gemeinsame Wanderung. Die Maus und der Elefant machen unterwegs ein Picknick.
Die Maus nimmt ihren Rucksack ab und meint: „Jetzt muss ich erst mal etwas essen." Die Maus schnürt ihren Rucksack auf und nimmt ein mitgebrachtes Weizenkorn heraus.
Der Elefant hat natürlich sein Frühstück vergessen. Der Elefant schaut hungrig die Maus an. Die Maus hat Mitleid mit dem Elefanten. Die Maus meint daher großzügig zu dem Elefanten: „Willst du mal abbeißen?"

Was tut jemand? Was geschieht? – Das Prädikat bestimmen

Franzi interessiert sich sehr für Dinosaurier. Sie will einen Kurzvortrag über die Riesenechsen in ihrer Klasse halten.
Um Informationen über Dinosaurier zu erhalten, fragt Franzi Dr. Knoll, ob er vielleicht einen Text über Dinosaurier hat. Er findet einen Text für Franzi. Allerdings hat er im Lauf der Zeit etwas gelitten. Deshalb fehlt in jedem Satz etwas.

Fossilien

Die letzten Dinosaurier ■■■■ vor 65 Millionen Jahren von der Erde. Damals ■■■■ auf der Erde noch keine Menschen. 165 Millionen Jahre lang ■■■■ die Riesenechsen unsere Erde. Versteinerungen (sogenannte Fossilien) ■■■■ uns etwas über ihr Aussehen und ihre Lebensweise. Schlamm und Sand ■■■■ einige Dinosaurier nach ihrem Tod. Das Fleisch und die Haut der Tiere ■■■■, der Schlamm ■■■■ die Knochen und ■■■■ sie in Fossilien. Nach Jahrmillionen ■■■■ Wissenschaftler die Fossilien und ■■■■ sie vorsichtig aus der Erde.

Dr. Knoll hat Franzi auch eine „Wörterkiste" gegeben, mit deren Hilfe sie die Lücken in dem Text vervollständigen kann.

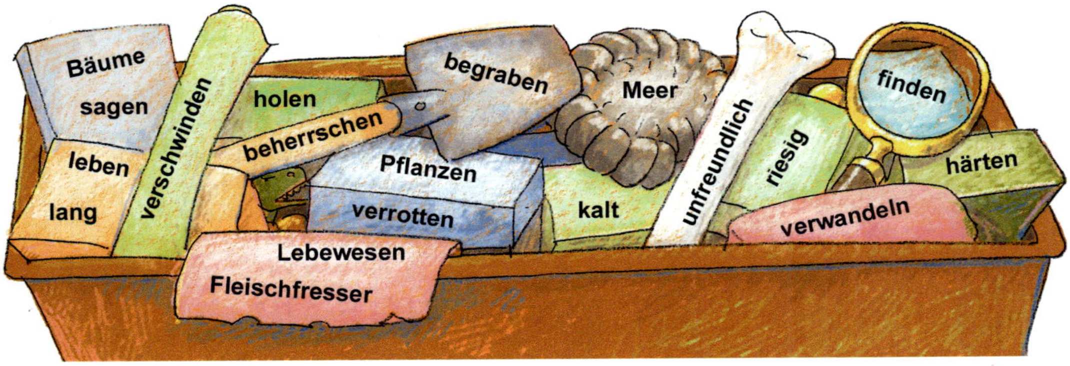

1 Übernimm den Text „Fossilien“ in dein Heft und setze die passenden Wörter aus der „Wörterkiste“ in die Lücken ein.
Achte darauf, dass sich nicht alle, sondern nur bestimmte Wörter aus der Kiste in den Text einsetzen lassen.

2 Zu welcher Wortart gehören die Wörter, die sich in die Lücken einsetzen lassen?

3 Wie heißt das Satzglied, das jeweils in Dr. Knolls Dinosauriertext fehlt? Lies die Lernbox auf S. 239, um die Frage zu beantworten.

Dr. Knoll hat noch einen anderen Text über Dinosaurier gefunden, den er Franzi gibt:

Der letzte Dinosaurier

Der letzte Dinosaurier starb vor 65 Millionen Jahren aus. Niemand kennt die Gründe dafür. Vielleicht kühlte sich das Klima ab oder die Riesenechse wurde durch eine Krankheit ausgerottet. Eine andere Vermutung sagt: Riesige Steine aus dem Weltall schlugen auf der Erde ein; sie wirbelten eine kalte Nebelwolke auf und diese deckte die gesamte Oberfläche der Erde zu. Nur die kleinen bepelzten Säugetiere konnten in der Kälte überleben. Der riesige Dinosaurier aber starb aus.

4 Bestimmt auch in diesem Text die Prädikate. Achtet darauf, ob das Prädikat aus zwei Teilen besteht. Lest dazu eventuell die Lernbox auf S. 239.

Einbruch ins Naturkundemuseum

Ein 27 Jahre alter Mann drang in der vergangenen Nacht in das Berliner Naturkundemuseum ein. Er brach mehrere Vitrinen auf und stahl wertvolle Fossilien. Dabei zerstörte er einen Teil der Einrichtung. Das große Dinosaurierskelett blieb zum Glück unbeschädigt. Nach seinem Überfall setzte sich der Dieb in eine Gastwirtschaft und trank reichlich Alkohol. Die Bedienung des Lokals bemerkte das auffällige Verhalten des Mannes und verständigte die Polizei. Diese nahm den Mann kurze Zeit später fest.

5 Unterstreiche bei der Zeitungsmeldung in jedem Satz Subjekt und Prädikat mit verschiedenen Farben. Wenn du unsicher bist, mache die Umstellprobe und stelle die Satzgliedfrage.

6 Unterstreicht bei der folgenden Zeitungsmeldung alle Subjekte und Prädikate. Arbeitet dabei mit zwei verschiedenen Farben und kennzeichnet auch alle Prädikatsklammern.

Kurioser Dinosaurier-Diebstahl

Werbe-Figur auf Trafohäuschen gefunden

Glückliches Ende nach einem kuriosen Diebstahl: Fast zehn Jahre hatte das beliebte Maskottchen und Aushängeschild Edgar, eine 2,20 Meter große Tyrannosaurus-Rex-Figur, vor der Tierhandlung Checkpoint-Terraristik gestanden. Am frühen Donnerstagmorgen hatten Unbekannte die Figur entwendet. „Unsere Vermieterin hat in der Nacht bemerkt, wie sich zu dieser Zeit mehrere Männer in der Nähe des Geschäftes unterhalten haben und später sah sie einen dunklen Wagen fortfahren“, sagt Wolfgang R., Chef der Tierhandlung an der Münsterlandstraße. Am Freitagmittag dann die erlösende Nachricht: Eine 41-jährige Frau hatte die Plastik auf einem zirka drei Meter hohen Trafohäuschen in Marienfeld an der Bielefelder Straße in der Nähe des Bahnübergangs gefunden. Als Kundin der Tierhandlung an der Münsterlandstraße konnte sie die Werbefigur zuordnen und verständigte R., der seine geringfügig beschädigte Figur wieder in Empfang nehmen konnte.

Das brauchst du immer wieder – Das musst du wissen

Das Prädikat

- Zu einem grammatisch vollständigen Satz gehören immer Subjekt und Prädikat. Das **Prädikat** drückt aus, was jemand tut, was mit jemandem geschieht oder was etwas ist. Es besteht immer aus einem **Verb oder einer Verbgruppe**.
- Das Prädikat gibt die Antwort auf die Frage: **Was geschieht? Was tut jemand?** Du erkennst das Prädikat, indem du so danach fragst:

  Einige Saurierarten wanderten in großen Herden.
  Prädikatsfrage: **Was taten** die Dinosaurier?
  Prädikat: = **wanderten**

- Das Prädikat kann auch aus zwei Teilen bestehen. Man spricht in diesen Fällen von einer **Prädikatsklammer**. Eine Prädikatsklammer kommt z. B. in diesem Satz vor:

  Die letzten Dinosaurier **starben** vor 65 Millionen Jahren **aus**.

Das Prädikat
AH, S. 65

Wiederholen und üben:
Prädikat bestimmen
S. 248, Aufgaben 3 – 5

Wen oder was? – Das Akkusativobjekt bestimmen

Franzi hat bei einem Besuch im „Haus der Sprache“ bei Dr. Knoll diesen Text geschrieben. Einige Satzglieder hat sie durch kleine Zeichnungen ersetzt:

Franzi besucht .

Sie hat  mitgenommen, um es Dr. Knoll zu zeigen.

Gemeinsam mit Franzi schaut er sich  an.

Dr. Knoll findet  besonders interessant.

Der Tyrannosaurus zeigt .

Er trägt  in sieben bis acht Metern Höhe.

- das Dinosaurierbuch
- die Riesenechsen
- den Sprachforscher Dr. Knoll
- seine gefährlichen Zähne
- die Saurierabbildungen
- den Kopf

1 Übernimm die Sätze in dein Heft. Ersetze dabei die Bilder durch passende Ausdrücke aus dem Wortspeicher.

2 Welches Satzglied hat Franzi immer durch eine Zeichnung ersetzt?

- Lest dazu die Lernbox auf S. 241.
- Stellt die Satzgliedfrage „Wen oder was?“ zu den einzelnen Sätzen und beantwortet sie (z. B. Wen oder was besucht Franzi? → Franzi besucht <u>Dr. Knoll</u>.)

In einem ihrer Dinosaurierbücher hat Franzi eine Bastelanleitung zum Bau einer „Dinolandschaft“ gefunden:

Die Tiere

Zum Bau der Tiere benötigst du Plastilin. Du formst zuerst den Körper, fügst dann Kopf, Beine und Schwanz hinzu.

Der Schauplatz

Dafür brauchst du einen Schuhkarton. Du schneidest eine Seite der Schachtel ab und bemalst die drei Innenseiten. Du kannst Seen, Berge und einen Himmel hineinmalen. Setze noch Büsche und Bäume hinzu.

Die Pflanzen

Aus der abgeschnittenen Seite des Kartons kannst du Büsche und Bäume bauen. Du biegst die Lasche um und klebst sie in deine Dinolandschaft.

3 Suche aus den Basteltexten alle Akkusativobjekte heraus. Beachte dabei folgende Hinweise:

- Akkusativobjekte können wie alle Satzglieder aus mehreren Wörtern bestehen. Wende die Umstellprobe an, wenn du Zweifel hast, welche Wörter ein Satzglied bilden.
- Stelle erst die Kasusfrage (z. B.: Wen oder was benötigst du zum Bau der Tiere?) und beantworte sie mit dem jeweiligen Akkusativobjekt (z. B.: Plastilin).

Franzi hat sich folgende Notizen im Dinosauriermuseum gemacht. Dabei hat sie Wörter durch Bilder ersetzt, um sich die Informationen besser einprägen zu können:

– Ein Tyrannosaurus hatte  .

– Der halb so große Stegosaurus fraß nur  und  .

–  legten  Das machen  auch heute noch.

– Keiner weiß genau, warum  ausgestorben sind. Vielleicht ist  auf die Erde gestürzt.

–  können sich heute vorstellen, wie die Dinosaurier ausgesehen haben. Es wurden nämlich 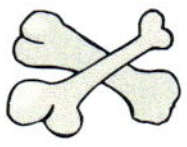 von Dinosauriern gefunden.

4 Übernimm den Text von Franzi in dein Heft und ersetze die Bilder durch entsprechende Wortgruppen.

- Frage nach den Satzgliedern, die Franzi als Bilder dargestellt hat, mit der entsprechenden Satzgliedfrage.
- Beantworte die Frage dann und bestimme das Satzglied (z. B.: Wen oder was gibt es auf der Erde schon lange nicht mehr? Antwort: die Dinosaurier/Akkusativobjekt).

Das brauchst du immer wieder – Das musst du wissen

Akkusativobjekte

Neben Subjekt und Prädikat kann ein Satz **noch aus weiteren Ergänzungen wie Objekten bestehen**. Die Objekte unterscheidet man nach dem Fall, in dem sie stehen:

- Das **Akkusativobjekt** antwortet auf die Frage: Wen oder was?
  Beispiel: Viele Kinder essen gerne **Schokolade**.
  Wen oder was essen viele Kinder gerne?
  Schokolade (= Akkusativobjekt).

➔ Akkusativ- und Dativobjekt
AH, S. 66 – 67

➔ Wiederholen und üben:
Objekte bestimmen
S. 248, Aufgaben 6 – 11

Tanja antwortet dem Lehrer – das Dativobjekt bestimmen

Bei einem ihrer Besuche bei Dr. Knoll hat der Sprachforscher wieder eine Aufgabe für Franzi. Er zeigt ihr folgende Sätze:

1 Die Sätze sind nicht vollständig. Was möchte man gerne noch wissen?

2 Ergänzt die Sätze um ein weiteres Satzglied. Schreibt die vollständigen Sätze in euer Heft und kreist eure Ergänzungen ein. Benutzt die Hilfekarte auf S. 317, wenn ihr dazu Hinweise benötigt.

S. 317

3 Stellt zu den von euch ergänzten Satzgliedern die Satzgliedfrage „Wem?“ und beantwortet sie.

Dr. Knoll weiß, dass Franzi mit Begeisterung Fußball spielt. Aus einer Kiste holt er deshalb für sie ein Blatt mit folgenden Sätzen heraus:

- Der Trainer gibt seinen Spielern vor dem Anstoß wertvolle Tipps.
- Im Spiel folgen sie seinen Anweisungen.
- Der Stadionsprecher wünscht den Zuschauern ein unterhaltsames Spiel.
- Vor dem Anstoß schenkt der Spielführer dem Gegner einen Wimpel.
- Die Spieler winken den Zuschauern zu.
- Dem Außenstürmer gelingt eine herrliche Flanke.

4 Arbeitet so mit den Sätzen:

- Sucht jeweils das Dativobjekt heraus und unterstreicht es. Es muss Antwort auf die Frage *Wem?* geben.
- Stellt die entsprechende Satzgliedfrage und antwortet mit dem Dativobjekt. Bedenkt dabei, dass es auch aus mehreren Wörtern bestehen kann.

Beispiel: *Wem* gibt der Trainer wertvolle Tipps? *Seinen Spielern*.

Nun stellt Franzi Dr. Knoll auf die Probe. Sie schreibt ihm folgende Sätze auf:

- Wir wünschen ■■■■ Glück und Gesundheit.
- Die Schüler spielen ■■■■ einen Streich.
- Die Tochter ähnelt ■■■■ sehr.

- Sie zeigt das Tagebuch ■■■■.
- Der Ober bringt ■■■■ das Mittagessen.

5 Ergänze die fehlenden Satzglieder. Stelle die entsprechende Satzgliedfrage und setze eines der Nomen/Substantive aus dem Wortspeicher ein. Du musst es aber jeweils noch in den richtigen Kasus setzen.

die Freundin • der Lehrer • die Gäste • die Mutter • das Geburtstagskind

Dr. Knoll hat für Franzi noch weitere Texte herausgesucht:

- Lisa besucht den Zoo.
- Jonas kauft seiner neuen Freundin eine Eintrittskarte.
- Der Klassensprecher übergibt der Klassenlehrerin den Zooplan.
- Larissa kauft an der Zookasse eine Menge Tierfutter.
- Der Wärter reicht den Affen die Bananen.
- Murat erklärt den anderen Schülern den Weg.
- Der Zoobesuch gefällt der ganzen Klasse.

6 Bestimme, ob es sich bei den unterstrichenen Satzgliedern um Akkusativ- oder Dativobjekte handelt. Stelle dazu die entsprechende Satzgliedfrage.

So sprechen Katzen

Katzen möchten Hilfe, wenn sie miauen. Oft haben sie dann Hunger. Miauende Katzenkinder rufen ihre Mutter. Manchmal wendet eine Katze ihrem Besitzer den Bauch zu. Das heißt: Streichle mich bitte. Katzen machen einen Buckel, wenn sie Angst haben. Manchmal wedelt ihre Schwanzspitze dann hin und her. Damit zeigen sie allen anderen: „Achtung, ich bin gefährlich!" Dieses Zeichen verstehen Hunde oft falsch. Den Hunden sagt dieses Verhalten nämlich: „Ich freue mich!"

7 Suche die Akkusativ- und Dativobjekte aus dem Text heraus.

Das brauchst du immer wieder – Das musst du wissen

Dativobjekte

Sätze können neben Subjekt und Prädikat noch aus weiteren **Ergänzungen wie Objekten bestehen**. Objekte unterscheidet man nach dem Fall, in dem sie stehen:

- Das **Dativobjekt** antwortet auf die Frage: Wem?
  Beispiel: Das Mädchen winkt **ihrer Freundin** zu.
  Wem winkt das Mädchen zu?
  Ihrer Freundin (= Dativobjekt).

➲ Akkusativ- und Dativobjekt AH, S. 66 – 67
➲ Wiederholen und üben: Objekte bestimmen S. 248, Aufgaben 6 – 11

Vorfeld, Mittelfeld, Nachfeld – die Gliederung von Sätzen in Felder bestimmen

Dr. Knoll erklärt Franzi, dass ein Satz nicht nur durch einzelne Satzbausteine gegliedert werden könne, sondern auch durch Felder. Diese Felder können sich, so Dr. Knoll, vor, zwischen oder hinter dem Verb befinden. Deshalb spricht man auch von Vorfeld, Mittelfeld oder Nachfeld. Aber alles der Reihe nach. Es hört sich komplizierter an, als es ist. Dr. Knoll hat einige Sätze an die Tafel geschrieben und zeigt sie Franzi:

Vorfeld	linke Satzklammer (Verbteil 1)	Mittelfeld	rechte Satzklammer (Verbteil 2)	Nachfeld
Franzi	**kommt**	am Nachmittag pünktlich mit dem Bus bei ihrer Großmutter	**an.**	
Diese	**hat**	am Morgen einen leckeren Kuchen	**gebacken.**	
Der Kuchen	**soll**	für eine Stunde auf der Terrasse	**abkühlen.**	
Das	**ahnt**	Kater Max	**voraus.**	
Im Nu	**schlingt**	er ein besonders großes Stück	**hinunter.**	
Schnell	**klettert**	er den Kirschbaum in Omas Garten	**hinauf.**	
Das Mädchen	**muss**	darüber laut	**lachen.**	
Am Abend	**wird**	die Oma Franzi mit dem Auto nach Hause	**bringen.**	

1 Schaut euch die Tabelle auf der Tafel genau an. Was fällt euch an dem jeweiligen Verb auf, das in den Sätzen verwendet wird? Dr. Knoll hat es als Hilfe besonders deutlich geschrieben.

2 Wie lautet das jeweilige Verb, das die linke Klammer bildet, im Infinitiv? In welcher Form erscheint es in der Tabelle?

3 Vergleicht das Mittelfeld mit dem Vorfeld. Achtet vor allem auf die Anzahl der Satzglieder.

KNOLL: „Natürlich kannst du Angaben aus dem Mittelfeld in das Vorfeld holen."

FRANZI: „Was im Vorfeld steht, rutscht dann aber in das Mittelfeld."

KNOLL: „Gut hingeschaut, Franzi! Und warum stellt man manchmal wohl Satzglieder nach vorn?"

FRANZI: „Das weiß ich schon. So kann man sie besonders betonen. Oder mein Text wird interessanter!"

4 Probiert Dr. Knolls Tipp aus. Zeichnet dazu die Tabelle in euer Heft – das Nachfeld könnt ihr zunächst weglassen – und stellt die beiden ersten Sätze so um, dass jeweils ein Satzglied aus dem Mittelfeld im Vorfeld steht.

5 In den folgenden unvollständigen Sätzen fehlen passende Angaben für das Mittelfeld. Wählt die passenden Angaben für die vier Sätze aus dem Speicher aus. Tragt die Sätze ebenfalls in die Tabelle ein.

- Franzi ruft an.
- Sie muss erledigen.
- Die Lehrerin hat angestrichen.
- Sie wird fahren.

morgen • mit dem Handy • vorsichtig • mit dem Rotstift • am Nachmittag • ihre Hausaufgaben • einige Fehler • zu ihm • mit dem Rad

6 Tauscht auch hier wieder Angaben aus dem Vorfeld und dem Mittelfeld aus.

FRANZI: „Aber was ist, wenn das Verb nicht aus zwei Teilen besteht?
KNOLL: „Dann gibt es eben keine rechte Klammer. Sie ist sozusagen nicht besetzt."
FRANZI: „Das (Vorfeld) verstehe (linke Klammer) ich (Mittelfeld)."

7 Im Folgenden findet ihr noch einmal die Sätze vom Anfang. Sie sind jedoch nun so formuliert, dass die rechte Klammer fehlt. Übertragt sie in euer Heft und schreibt jeweils unter die Teile die Begriffe Vorfeld, linke Klammer und Mittelfeld. Ihr könnt natürlich auch wieder eine Tabelle zeichnen.

Z. B.: Franzi (Vorfeld) fährt (linke Klammer) am Nachmittag mit dem Bus zu ihrer Großmutter (Mittelfeld).

- Diese backt am Morgen einen leckeren Kuchen.
- Sie stellt den Kuchen für eine Stunde zum Abkühlen auf die Terrasse.
- Das ahnt Kater Max.
- Im Nu verschlingt er ein besonders großes Stück.
- Schnell klettert er auf den Kirschbaum in Omas Garten.
- Das Mädchen lacht darüber laut.
- Am Abend fährt die Oma Franzi mit dem Auto wieder zu ihren Eltern.

➔ Sätze in Felder einteilen
AH, S. 72

FRANZI: „Jetzt möchte ich aber noch etwas über das Nachfeld wissen."
KNOLL: „Im Nachfeld findest du manchmal Angaben, die hinter die rechte Klammer gesetzt werden. Schau mal auf diese Tafel."

Vorfeld	linke Satzklammer (Verbteil 1)	Mittelfeld	rechte Satzklammer (Verbteil 2)	Nachfeld
Am liebsten	hätte	Franzi Paul in den Urlaub	mitgenommen,	da er ihr bester Freund ist.
Erst in der Nacht	kamen	sie mit dem Auto am Hotel	an,	weil sie in einen Stau geraten waren.
Am Morgen	schickte	sie Paul sofort eine SMS,		obwohl sie noch gar nicht richtig wach war.
Nachmittags	schrieb	Paul	zurück,	als Franzi gerade im Schwimmbad war.

8 Versucht mit eigenen Worten zu erklären, was die Angaben im Nachfeld zum Ausdruck bringen.

9 Bei den Angaben im Nachfeld handelt es sich um sogenannte Nebensätze, die mit einem Hauptsatz verbunden sind. Versucht zu erklären, was das Besondere an ihnen ist und warum man sie so nennt.

10 Jetzt wird es schwierig, aber ihr schafft das! Verwendet die Angaben im Nachfeld für das Vorfeld und schreibt die neu entstandenen Sätze in euer Heft.

11 Bildet selbst Sätze mit einem Nachfeld. Seht euch dazu noch einmal die Tafel auf der S. 245 an. Verwendet dabei folgende Angaben:

- Franzi hat sich einen Schnupfen geholt. Sie war nicht warm genug angezogen.
- Die Familie machte eine Wanderung. Es hatte aufgehört zu regnen.
- Am Abend konnte Franzi nicht einschlafen. Eigentlich war sie hundemüde.

12 In vielen Beispielsätzen, die ihr bisher kennengelernt habt, ist das Verb zweigeteilt und bildet um das Mittelfeld eine Klammer. Wie verhält es sich in anderen Sprachen? Überprüft dies zunächst an der Sprache Englisch, indem ihr folgende Sätze übersetzt:

Franzi ruft ihren Freund Paul an.
Der Lehrer gibt die Klassenarbeiten zurück.

Sprecht auch darüber, ob im Englischen die einzelnen Angaben ebenfalls so einfach vertauscht werden können.

13 Bestimmt beherrschen einige aus eurer Klasse eine weitere Sprache, weil sie aus einem anderen Land kommen. Wie verhält es sich hier mit der Möglichkeit, Teile eines Satzes leicht umzustellen. Gibt es in dieser Sprache ebenfalls ein zweigeteiltes Verb mit einem Mittelfeld dazwischen?

Die Gliederung eines Satzes in Felder

Ein Satz besteht aus unterschiedlichen Satzgliedern. Man kann einen Satz jedoch auch nach bestimmten **Feldern** gliedern.
Im **Mittelpunkt** steht dabei das **Verb**. Es ist besonders wichtig, weil es wie eine **Klammer** den ganzen Satz zusammenhält.
Wenn das **Verb aus zwei Teilen** besteht, spricht man von **linker Satzklammer** und **rechter Satzklammer**. Die **linke Satzklammer** besteht immer aus einer Personalform des Verbs.

Paul ***ruft*** *seine Freundin Franzi am Nachmittag* ***an****.*

↓ linke Satzklammer — ↓ rechte Satzklammer

Der **linken Satzklammer** geht das **Vorfeld voraus**, das nur aus einem Satzglied besteht. Es folgt das **Mittelfeld**, das zwischen der linken und rechten Satzklammer steht und **mehrere Satzglieder** enthalten kann.

Paul ***ruft*** *seine Freundin Franzi am Nachmittag* ***an****.*

Vorfeld (Paul) — Mittelfeld (seine Freundin Franzi am Nachmittag)

Hinter der rechten Satzklammer steht das **Nachfeld**, das weitere Angaben enthalten kann.

Paul ***ruft*** *seine Freundin Franzi am Nachmittag* ***an****,*
weil er sich mit ihr treffen möchte.

Nachfeld (weil er sich mit ihr treffen möchte.)

Selbstverständlich sind nicht immer alle Felder besetzt. Bei einer **Entscheidungsfrage** oder bei einem **Aufforderungssatz** ist das **Vorfeld unbesetzt**.

Vorfeld	**linke Satzklammer**	**Mittelfeld**	**rechte Satzklammer**	**Nachfeld**
–	Ruf	mich morgen	an!	–
–	Bist	du	fertig?	–

Alles klar? – Wiederholen und üben

Umstellprobe anwenden

1 Vervollständige die folgenden Merksätze in deinem Heft.

- Bei der ■■■■ versucht man, den Satz möglichst oft umzustellen.
- Die Wörter, die beim Umstellen des Satzes zusammenbleiben, sind die ■■■■.

2 Arbeite so mit den Wörterkisten:

a) Bilde mit den Wörtern sinnvolle Sätze. Stelle die Sätze möglichst oft um.

b) Schreibe die Sätze und ihre Umstellungen in dein Heft und klammere die Satzglieder ein.

Subjekt und Prädikat bestimmen

3 Vervollständige die Merksätze:

- Das Subjekt antwortet auf die Frage ■■■■■■■■■?
- Auf die Frage, was jemand tut oder was geschieht, antwortet das ■■■■.
- Ein Prädikat, das aus zwei Teilen besteht, nennt man ■■■■.

4 Unterstreiche die Subjekte und Prädikate bei den Sätzen von Aufgabe 2 in unterschiedlichen Farben.

Rechenaufgabe

Jonni und Moritz leeren ihre Portmonees und zählen ihr Bargeld. Sie wollen ins Freibad gehen und dort Pommes frites essen. Jonni macht seinem Freund Moritz einen Vorschlag: „Du gibst mir einen Euro von deinem Geld. Wir hätten dann beide gleich viel.“

Diese Idee gefällt Moritz nicht so gut. Ihm fällt etwas Besseres ein: „Gib du mir lieber einen Euro. Ich hätte dann nämlich doppelt so viel wie du.“
Wie viel Geld hat wohl jeder der beiden? Auf jeden Fall haben beide weniger als zehn Euro.

5 Bestimme in dem Text „Rechenaufgabe“ zunächst alle Prädikate. Sie können auch aus zwei Teilen bestehen.

Akkusativ- und Dativobjekte bestimmen

6 Ergänze die folgenden Merksätze.

- Das ■■■■ antwortet auf die Frage „Wen oder was“?
- Das Dativobjekt antwortet auf die Frage „■■■■“?

7 Schreibe die folgenden Sätze in dein Heft und ergänze sie. Verwende dazu die Satzglieder aus dem Wortspeicher.

- Der Elefant begleitet ...
- Die Maus leiht ...
- Der Elefant borgt ...
- Die Maus schuldet ...

seine Freundin • dem Elefanten • eine Badehose • der Maus • seine Sonnenbrille • dem großen Freund • fünf Euro

8 Bestimme, welche Objekte du ergänzt hast. Stelle dazu die entsprechende Satzgliedfrage, z. B.: Wen oder was begleitet der Elefant? Seine Freundin (Akkusativobjekt).

Schweinerei

Ein Schwein hörte, wie sich die Menschen immer wieder mit seinem Namen beschimpften. So sagte die Magd zu ■■■■: „Du belügst ■■■■ immer, du bist ein Schwein.“ Und die Bäuerin beschimpfte ■■■■: „Du machst ■■■■ nicht sauber. Das ist eine Schweinerei!“ Das Schwein war traurig darüber, dass die Menschen ■■■■ missbrauchten, und weinte. Der Esel hörte ■■■■ und fragte ■■■■ nach dem Grund. Das Schwein erzählte ■■■■ ■■■■. „Ja“, meinte der Esel, „du hast recht, das ist wirklich eine Schweinerei.“

9 Setze in den Text die passenden Objekte aus dem Wortspeicher ein.

dem Esel • mich • die ganze Geschichte • dies • dem Knecht • die Magd • seinen Namen • das Schwein • die Küche

10 Bestimme, ob es sich bei dem eingesetzten Objekt jeweils um ein Akkusativobjekt oder ein Dativobjekt handelt.

Das kann man lernen – Tipps und Methoden für das richtige Schreiben

Die Rechtschreibung ist manchmal ganz schön schwierig. Aber keine Angst, richtig zu schreiben kann man lernen. In diesem Kapitel lernt ihr Tipps und Methoden kennen, mit denen ihr eure Rechtschreibung verbessern könnt. Ihr lernt,

- die Schreibweise von Wörtern durch genaues Sprechen der Silben zu erschließen,
- die richtige Schreibweise eines Wortes von anderen Formen des Wortes abzuleiten oder durch Verlängern zu erkennen,
- wie ihr euch die Schreibweise von Merkwörtern einprägen könnt,
- mit einem Wörterbuch zu arbeiten,
- euer Wissen über Rechtschreibregeln bei der Klein- und Großschreibung und bei der Rechtschreibung der Wörter „das“ und „dass“ einzusetzen.

Am Ende des Kapitels erfahrt ihr, wie ihr eure Rechtschreibung mithilfe einer Rechtschreibkartei trainieren könnt und mithilfe unterschiedlicher Diktattechniken gemeinsam üben könnt.

Mandel oder Mantel? – die Silben eines Wortes deutlich sprechen und genau zuhören

Oft könnt ihr euch die richtige Schreibweise eines Wortes erschließen, indem ihr das Wort Silbe für Silbe deutlich und laut sprecht.

Boden • Organ • Krippe • Mantel • danken • Taten • Torf • Orkan • Daten • Mandel • Grippe • tanken • Wall • Boten

1 Welche Wörter aus dem Speicher werden durch die Abbildungen dargestellt?

2 Ordnet die ähnlich klingenden Wörter aus dem Wortspeicher einander zu. Sprecht sie deutlich aus und schreibt sie paarweise mit den Silbenbögen in eurer Heft (z. B. Grippe – Krippe).

3 Übernehmt die folgende Tabelle in eure Hefte. Sprecht die Silben der Wörter deutlich aus und setzt den richtigen Konsonanten (= Mitlaut) ein.

d oder t?	b oder p?	g oder k?
Fe■er	Mö■el	Re■en
Kar■en	Hu■e	Ta■e
Na■el	Ram■e	Ma■en
Pfo■e	Räu■er	Mar■e
Re■e	Mo■ed	tra■en
Rä■er	Re■e	win■en

Bei schwierigen Worten kannst du die richtige Schreibweise häufig heraushören, wenn du sie in ihre Silben zerlegst.

➔ Wiederholen und üben:
Silben eines Wortes deutlich sprechen
S. 270, Aufgaben 1 und 2

➔ Deutlich sprechen und genau hinhören
AH, S. 73

4 Schreibe folgende Wörter mit den Silbenbögen in dein Heft. Zerlege sie dazu in ihre Silben. Sprich sie deutlich Silbe für Silbe, während du sie aufschreibst.

Kartoffelkäferplage • Telefonistin • Insektenfresser • Klassenzeitung
Lineal • Elefantenherde • Beschuldigung • Tradition
Basilikumsalat • Zirkusdirektorin • Wissenschaft • Postpaket
Anspitzer • Dosendiktat • Information

5 Findet selbst Wörter mit vielen Silben. Sprecht sie deutlich aus und schreibt sie auf. Kontrolliert dann, ob ihr sie richtig geschrieben habt.
Um entsprechende Wörter zu finden, könnt ihr mit einem Wörterbuch arbeiten. Ihr könnt euch die Wörter auch gegenseitig diktieren.

Das brauchst du immer wieder – So gehst du vor

Wörter in Silben deutlich sprechen

- Oft kannst du dir die **Schreibweise eines Wortes** erschließen, wenn du es **in Sprechsilben zerlegt deutlich und laut aussprichst**.
- Das Silbe-für-Silbe-Sprechen hilft dir, alle Laute zu hören, die in Buchstaben geschrieben werden müssen. Allerdings musst du auch ganz deutlich sprechen. Dies gilt besonders für Laute, die sehr ähnlich sind (z. B. Waage/Wagen oder Diebesbande).
- Oft kann es dir beim Silbensprechen helfen, wenn du die Silbenbögen während des Sprechens der Silben mit der Hand in die Luft oder auf den Tisch malst.
- Wenn du Wörter aufschreibst und du bei ihrer Rechtschreibung nicht ganz sicher bist, **sprich die Silben während des Aufschreibens der Wörter** in deinem Schreibtempo **deutlich mit**.

Freund/Freunde, Korb/Körbe – die Schreibweise eines Wortes durch Verlängern erkennen

1 Lies die folgenden Wortpaare laut vor und ergänze jeweils **k**, **g**, **d** oder **t**. Sprich die Silben der Wörter ganz deutlich aus. Was stellst du fest und wie hilft es dir dabei, die richtigen Buchstaben einzusetzen?

er lenkt – sie lenken

er sprin■t – sie sprin■en

der Ber■ – die Ber■e

das Schiff sin■t – die Schiffe sin■en

der Junge sin■t – die Jungen sin■en

der Wal■ – die Wäl■er

der Zwer■ – die Zwer■e

die Han■ – die Hän■e

2 Schreibe die Wortpaare in dein Heft. Ergänze die fehlenden Buchstaben.

3 Erkläre, wie du vorgehen musst, um herauszufinden, ob man „Ta■" oder „er ma■" mit **g** oder **k** schreibt.

Finde bei den folgenden Übungen die richtige Schreibweise der Wörter durch Verlängern heraus. Lies dazu die Lernbox auf S. 254.

4 ○○ Schreibe die folgenden Wörter vollständig auf. Erkläre jeweils, wie man ihre Schreibweise herausfinden kann.

Nor■see, Stran■, kal■, run■, Schifffahr■,

Wattwanderun■, Stran■kor■

5 Ergänze bei dem folgenden Text die fehlenden Buchstaben.

Im Zel■lager am Meer

In den großen Ferien war ich mit meinen Freun■en an der Nor■see. Wir nahmen an einem Zel■la■er der Pfa■fin■er teil. Unser Zel■ stan■ am Ran■ eines Wäl■chens. Wir hatten es nicht wei■ bis zum Stran■.
Den ganzen Ta■ lan■ spielten wir am Stran■ Han■ball, schwammen im Meer oder bauten eine San■bur■, fuhren mit einem Tre■boo■ oder ja■ten mit dem Ra■ durch die San■dünen.
Am Aben■ ga■ es oft gegrillte Würstchen. Auch Sin■en am La■erfeuer stan■ auf dem Programm. Spä■er in der Nacht la■ dann en■lich jeder in seinem Zel■.

Das brauchst du immer wieder – Das musst du wissen

Die Schreibweise eines Wortes durch Verlängern erkennen

➔ Wiederholen und üben: Wörter verlängern S. 270, Aufgabe 3

➔ Schreibweise eines Wortes durch Verlängern erkennen AH, S. 74

Wenn du dir nicht sicher bist, wie man ein Wort schreibt, kannst du die richtige Schreibweise durch **Verlängerung** herausfinden. Dazu kannst du
- zu einem **Nomen** den **Plural** (= Mehrzahl) **bilden** (z. B.: die Wan**d** – die Wän**d**e, der We**g** – die We**g**e, der Hu**t** – die Hü**t**e),
- zu einem **Verb** den **Infinitiv** (= Grundform) **bilden** (z. B.: sie ma**g** – mö**g**en, er lie**b**t – lie**b**en, sie hu**p**t – hu**p**en).
- zu einem Adjektiv die Steigerunsformen bilden (z. B. gelb – gelber)

Merke dir folgenden Tipp:
Verlängere das Wort und du hörst es sofort!

Freude/sich freuen, Fähre/fahren – die Schreibweise eines Wortes ableiten

1 Von den Wörtern aus dem Worthaufen gehören immer zwei zusammen. Suche die Wortpaare heraus.

Feuer Glanz Teufel
Zahn Bäume bauen Drang verbläuen Zahl
warm Baum feurig käuflich Freude
Haufen Zeuge Gebäude glänzend teuflisch
kaufen Wärme blau erfreulich häufig neu
bezeugen täglich Erneuerung zählen
Zähne verdrängen Tag

2 Beschreibe, wie du dir bei Wörtern mit **ä**, **äu** oder **eu** die Schreibweise erschließen kannst.

3 Schreibe die folgenden Wörter in dein Heft. Finde zu jedem Wort ein anderes Wort, das dir zeigt, ob man es mit **e** oder **ä** schreibt (z. B.: er f**ä**hrt → sie f**a**hren, sie kl**e**bt → sie kl**e**ben).

die K■lber, die F■hre, ■ngstlich, sie schw■bt, die Ern■hrung,

das M■nnchen, ohnm■chtig, der W■g, die W■nde, die H■nde,

sich k■mmen, der L■nker

4 Findet zu den folgenden Wörtern jeweils ein Wort aus seiner Wortfamilie, das euch zeigt, ob es mit **eu** oder **äu** geschrieben wird (z. B.: sie tr**äu**men → der Tr**au**m). Lest vorher die Lernhilfe auf S. 256.

die B■me, die H■te, die Fr■ndschaft, k■flich, das S■getier, der R■ber,

er fr■t sich, die Flederm■se, die F■ste, aufger■mt, h■fig

5 Übernimm die folgenden Reime in dein Heft und ergänze sie.

- Pässe kommt von Pass.
  Fässer kommt von F■ss.
- Pläne kommt von ■■■■
  Späne kommt von ■■■■
- H■schen kommt von ■■■■
  N■schen kommt von ■■■■
- Gefr■ßig kommt von ■■■■
  M■ßig kommt von ■■■■

6 In jedem der Wörter in dem Kasten gibt es Buchstaben, deren Schreibweise durch Ableitung geklärt werden kann.

- Schreibe sie in dein Heft und unterstreiche die entsprechenden Buchstaben.
- Gib dahinter mindestens ein Wort an, von dem du die Schreibweise des jeweiligen Wortes ableiten kannst.

Beispiel: Gebäude → Bau, bauen

Werkräume, Angstträume, Hemdärmel, Treueschwur, Rasierschäume, Winterkälte, Kreuzworträtsel, alltäglich, offenherzig, kämpferisch

7 Ergänze bei den folgenden Sätzen die Wörter, von denen die Schreibweise der fettgedruckten Buchstaben abgeleitet werden können.

Beispiel: Wer B**ä**cker ist, der kann gut *backen*.

Bei N**ä**sse wird nichts trocken, sondern _______.
Wer im Buch bl**ä**ttert, schlägt jedes _______ um.
Während eines Begr**ä**bnisses wird jemand ins _______ gelegt.
Wer dr**ä**ngelt, hat den _______, schneller zu sein.
Wer sich gut ern**ä**hrt, achtet auf gute _______smittel.
Die Fl**ä**che lässt sich berechnen, wenn etwas _______ ist.
Ist jemand geh**ä**ssig, so empfindet er ein Gefühl von _______.
Geh**ä**kelt wird mit einer Nadel, die wie ein _______ endet.
Ins Glashaus nimmt man Gew**ä**chse, die schnell _______ sollen.
Rauchen ist sch**ä**dlich, weil die Gesundheit _______ nimmt.
Er wird sich nicht sch**ä**men, weil er nie _______ empfindet.

Das brauchst du immer wieder – Das musst du wissen

Die Schreibweise eines Wortes ableiten

➲ Wiederholen und üben: Die Schreibweise ableiten S. 270, Aufgabe 4

➲ Schreibweise eines Wortes ableiten AH, S. 75

Oft kannst du die richtige Schreibweise eines Wortes auch dadurch erklären, dass du ein **verwandtes Wort aus der Wortfamilie** suchst.
Die Wörter aus einer Wortfamilie besitzen einen Teil, der gleich bleibt. Diesen Wortbestandteil nennt man **Wortstamm**.
Mithilfe des Wortstammes kannst du erkennen, wie man die verwandten Wörter schreibt (z. B.: B**äu**me – B**au**m, Fr**eu**ndschaft – Fr**eu**nde, F**äh**re – f**ah**ren, e**nd**lich – E**nd**e).

Nachschlagen hilft immer – mit einem Wörterbuch arbeiten

Es gibt viele Tücken der Rechtschreibung, die euch das richtige Schreiben manchmal ganz schön schwer machen. So kommt ihr bei einigen Wörtern auch durch viel Grübeln nicht auf die richtige Schreibweise. In solchen Fällen oder wenn ihr unsicher seid, solltet ihr immer in einem Rechtschreibwörterbuch nachsehen. Um mit einem Wörterbuch richtig arbeiten zu können, ist es wichtig, das Alphabet zu beherrschen.

James Krüss (1926 – 1997)

Das Räuber-ABC

Christoph
Gulden
Kam
Verschied'nes
Z
Hatte
Düwels
Weg
Ollen
Bauer
Quintillus
Eck
Jackett
X
Und
Als
Fünf
Taler
Leider
Stahl
Mit
'Ner
Räuberrabenstätt
Pistol'
Im
Y

1 Das Gedicht von James Krüss ist durcheinandergeraten. Erkläre, in welcher Reihenfolge die einzelnen Verse (= Zeilen) stehen müssen, damit der Text des Gedichts zu der Überschrift passt.

2 Schreibe das Gedicht in der richtigen Reihenfolge in dein Heft. Übe es laut vorzulesen, ohne dabei zu stolpern.

3 Übt gemeinsam das Aufsagen des ABCs. Geht so vor:

- Sagt das ABC zu zweit oder dritt gemeinsam auf.
- Sprecht die Buchstaben des ABC in Gruppen (abc/def/ghi ...). Macht zwischen den Gruppen eine längere Pause.
- Sagt das ABC von hinten auf. Übt dies erst allein. Arbeitet dann in kleinen Gruppen und findet heraus, wer das ABC am schnellsten rückwärts aufsagen kann.

4 Überprüft eure Kenntnisse des ABCs. Geht so vor:

- Entwickelt zehn Fragen zur Reihenfolge der Buchstaben im Alphabet (z. B.: Welcher Buchstabe steht vor **e**? Welcher Buchstabe folgt auf **o**? Welcher Buchstabe steht zwischen **r** und **t**?).
- Stellt eure Fragen eurem Nachbarn. Dieser beantwortet sie. Danach beantwortet ihr seine Fragen. Arbeitet dann genauso mit anderen Mitschülerinnen oder Mitschülern.

5 Ordne die folgenden Wörter alphabetisch und schreibe sie in der richtigen Reihenfolge in dein Heft.

Walross • Orchester • Ufer • Fliege • lösen • Jacht • Erdmännchen
Qualle • Zement • Computer • Nussknacker • Xylophon
hüpfen • Meißel • Salzstange • Glas • Yeti • Igel • Teebeutel
Rakete • Kokosnuss • angeln • Dickicht • kurz • pfeifen • vier

6 Schreibt die folgenden Wörter in der richtigen alphabetischen Reihenfolge in euer Heft. Worauf müsst ihr besonders achten?

Foto • frech • Fenster • Fliese • faul • Fisch • Flugzeug • Flohmarkt

7 Ordnet auch die folgenden Wörter alphabetisch und schreibt sie in der richtigen Reihenfolge in eure Hefte.

Bäcker • dick • Gans • Feigling • Esel • knabbern • lachen • Ohr
Milch • Kakao • Arm • Füße • Kastanien • Chemie • klein • Frühling
Elster • Oma • Arzt • Dickicht • Cello • Glut • Mitte • Frühstück

8 Seht euch den Auszug aus einem Schülerwörterbuch an. Was erfahrt ihr neben der richtigen Schreibweise noch über die Wörter?

9 Erklärt die Funktion der beiden Wörter *Kambodscha – Kanzel* oben links auf der Seite.

10 Wie sind die Wörter mit einem Umlaut (**ä**, **ö**, **ü**) eingeordnet und wie geht man alphabetisch mit den Umlauten um? Finde zwei Beispiele in dem Auszug.

11 ○○ Suche zu den folgenden Wörtern in dem Wörterbuchauszug den Plural heraus.

Kamm, Kämpferin, Kanal, Kandidat, Kanu

12 ○○ Löst folgende Aufgaben mithilfe des Wörterbuchauszuges:

- Findet die richtige Schreibweise heraus und schreibt die Wörter in eure Hefte:
  Kantine/Kanntine, Kamile/Kamille, Kannüle/Kanüle, kameratschaftlich/kameradschaftlich, kanalisieren/kanalizieren
- Schreibt zu folgenden Nomen/Substantiven den bestimmten Artikel (= Begleiter) und den Plural (= Mehrzahl) auf:
  Kanon, Kampf, Kamel, Kamm, Kanzel
- Schreibt die Bedeutung folgender Fremdwörter auf:
  kampieren, Kantor, Kandare, Kampagne, Kanister, Kannibale, Kamerun

Kambodscha – Kanzel

Kam|bo|d|scha (Staat in Hinterindien)
der **Kam|bo|d|scha|ner;** des Kambodschaners; die Kambodschaner
die **Kam|bo|d|scha|ne|rin;** die Kambodschanerinnen
kam|bo|d|scha|nisch
das **Ka|mel;** des Kamels *oder* Ka|me|les; die Ka|me|le
das **Ka|mel|haar**
der **Ka|mel|haar|man|tel**
die **Ka|me|ra;** die Kameras
der **Ka|me|rad;** des/dem/den Ka|me|ra|den; die Ka|me|ra|den
die **Ka|me|ra|din;** die Kameradinnen
die **Ka|me|rad|schaft**
ka|me|rad|schaft|lich
der **Ka|me|ra|mann;** die Ka|me|ra|män|ner *oder* Ka|me|ra|leu|te
Ka|me|run (Staat in Westafrika)
der **Ka|me|ru|ner;** des Kameruners; die Kameruner
die **Ka|me|ru|ne|rin;** die Kamerunerinnen
ka|me|ru|nisch
die **Ka|mil|le** (eine Heilpflanze)
der **Ka|mil|len|tee**
der **Ka|min** (Schornstein; Felsenspalt); des Kamins; die Ka|mi|ne
der **Kamm;** des Kamms *oder* Kam|mes; die Käm|me
käm|men; du kämmst; er hat sein Haar gekämmt; sich kämmen; sie hat sich gekämmt; kämm[e] dich endlich!
die **Kam|mer**
die **Kam|mer|mu|sik**
die **Kam|pa|g|ne** *oder* **Cam|pa|g|ne** [kam'panjə] (umfangreiche Aktion für/gegen jemanden oder etwas); die Kampagnen *oder* Campagnen
der **Kampf;** des Kampfs *oder* Kamp|fes; die Kämp|fe
kampf|be|reit; kampfbereite Soldaten; ABER: zum Kampf bereite Soldaten
kämp|fen; du kämpfst; sie kämpfte; sie hat gekämpft; kämpf[e] gegen ihn!
der **Kamp|fer** (ein Heilmittel); des Kampfers
der **Kämp|fer;** des Kämpfers; die Kämpfer
die **Kämp|fe|rin;** die Kämpferinnen
kämp|fe|risch
kampf|los; sich kampflos ergeben
kampf|un|fä|hig
kam|pie|ren ([im Freien] lagern; übernachten, hausen); du kampierst; er kampierte; er hat auf der Wiese kampiert
Ka|na|da (Staat in Nordamerika)
der **Ka|na|di|er;** des Kanadiers; die Kanadier
die **Ka|na|di|e|rin;** die Kanadierinnen
ka|na|disch
der **Ka|nal;** des Kanals; die Ka|nä|le
die **Ka|na|li|sa|ti|on** (Anlage zur Ableitung der Abwässer)
ka|na|li|sie|ren; man hat den Fluss kanalisiert (schiffbar gemacht)
der **Ka|na|ri|en|vo|gel**
die **Kan|da|re** (Gebissstange des Pferdes); jemanden an die Kandare nehmen (jemanden streng behandeln)
der **Kan|di|dat** (Prüfling, Bewerber); des/dem/den Kan|di|da|ten; die Kan|di|da|ten
die **Kan|di|da|tin;** die Kandidatinnen
die **Kan|di|da|tur**
kan|di|die|ren (sich bewerben); du kandidierst; sie kandidierte; sie hat für das Amt kandidiert; kandidier[e] wieder!
kan|die|ren (mit Zuckerlösung überziehen); du kandierst; er kandierte; er hat die Früchte kandiert; kandier[e] die Früchte!
der **Kan|dis** *oder* **Kan|dis|zu|cker;** des Kandis *oder* Kandiszuckers
das **Kän|gu|ru;** des Kängurus; die Kängurus
das **Ka|nin|chen;** des Kaninchens; die Kaninchen
der **Ka|nis|ter** (ein Flüssigkeitsbehälter); des Kanisters; die Kanister
die **Kan|ne**
der **Kan|ni|ba|le** (Menschenfresser); des/dem/den Kannibalen; die Kannibalen
die **Kan|ni|ba|lin;** die Kannibalinnen
kan|ni|ba|lisch
der **Kan|ni|ba|lis|mus**
der **Ka|non** (Richtschnur; Regel; mehrstimmiges Lied); des Kanons; die Kanons
die **Ka|no|ne**
der **Ka|no|nen|schlag** (ein Feuerwerkskörper)
der **Ka|nos|sa|gang** *vergleiche:* **Ca|nos|sa|gang**
die **Kan|ta|te** (instrumental begleitetes mehrteiliges Gesangsstück für Solostimme[n] [und Chor])
die **Kan|te**
kan|ten (auf die Kante stellen); du kantest; sie kantete; er hat die Kiste gekantet; kante die Kiste!
kan|tig
die **Kan|ti|ne** (Speisesaal in Betrieben)
das **Kan|ti|nen|es|sen**
der **Kan|ton** (Bezirk; schweizerisches Bundesland); des Kantons; die Kan|to|ne
kan|to|nal
der **Kan|tor** (Leiter des Kirchenchores); des Kantors; die Kan|to|ren
die **Kan|to|rei** (evangelischer Kirchenchor)
das **Ka|nu** [*auch:* ka'nu:] (ein Paddelboot); des Kanus; die Kanus
die **Ka|nü|le** (Röhrchen; Hohlnadel)
die **Kan|zel;** die Kanzeln

Mit dem Wörterbuch arbeiten
AH, S. 77 – 78

13 ●○ Wo findest du das Wort „kantig“? Erkläre, wie es eingeordnet ist.

14 ●○ Finde wie zu „kantig“ auch zu folgenden Wörtern die passenden Stichwörter, zu denen sie gehören:

kambodschanisch, kampflos, kanalisieren

Das schreibt man groß! – Regeln zur Schreibweise von Nomen und Satzanfängen anwenden

GOLDHAMSTER

GOLDHAMSTER ZÄHLEN ZU DEN HÄUFIGSTEN HAUSTIEREN. SIE SIND IN DER FREIEN NATUR SEHR SELTEN GEWORDEN. DAS TYPISCHE MERKMAL DER HAMSTER SIND DIE HAMSTERBACKEN, IN DENEN SIE IHRE NAHRUNGSVORRÄTE IN DEN BAU TRAGEN. HAMSTER SCHÄRFEN IHRE VORDERZÄHNE, DIE IMMER WIEDER NACHWACHSEN, INDEM SIE NAGEN. SIE LEBEN NUR IN DER PAARUNGSZEIT MIT ANDEREN HAMSTERN ZUSAMMEN. DA SIE SONST ALLEIN LEBEN, KANN MAN SIE OHNE BEDENKEN ALS EINZELNES HAUSTIER HALTEN.

R **1** Schreibe den Text richtig in dein Heft. Achte dabei auf die Hinweise in der Lernbox.

R **2** Sucht die Wörter heraus, die keine Nomen/Substantive sind und die ihr in dem Text großgeschrieben habt. Erklärt mithilfe der Lernbox, weshalb diese Wörter großgeschrieben werden.

R S. 317 **3** Führt mit dem Text „Meerschweinchen“ ein Partnerdiktat durch. Kontrolliert eure Ergebnisse mit der Hilfekarte auf S. 317.

MEERSCHWEINCHEN

MEERSCHWEINCHEN SIND SEHR BELIEBTE HAUSTIERE. ABER WOHER HABEN SIE IHREN SELTSAMEN NAMEN? SIE WURDEN VOR UNGEFÄHR 300 JAHREN MIT SCHIFFEN VON SÜDAMERIKA ÜBER DAS MEER GEBRACHT UND QUIEKEN ZUDEM WIE EIN SCHWEIN. MEERSCHWEINCHEN SIND AM TAG AKTIV UND SCHLAFEN IN DER NACHT. SIE WERDEN SEHR ZUTRAULICH, WENN MAN SICH LIEBEVOLL UM SIE KÜMMERT.

Das brauchst du immer wieder – Das musst du wissen

Die Großschreibung von Nomen/Substantiven und Satzanfängen

- **Nomen/Substantive** werden **großgeschrieben**.
  Sie können einen **Begleiter** bei sich haben. Oft ist dies ein bestimmter oder unbestimmter Artikel (*der* Junge, *ein* Junge). Es kann aber auch ein Adjektiv (ein *kleiner* Junge) oder ein Pronomen (*unser* Junge) sein.
- Alle anderen Wortarten wie Verben, Adjektive oder Artikel werden in der Regel kleingeschrieben. Am **Satzanfang** aber werden **alle Wörter großgeschrieben**.

➲ Großschreibung von Nomen/Substantiven und Satzanfängen AH, S. 79

➲ Wiederholen und üben: Regeln zur Groß- und Kleinschreibung S. 271, Aufgaben 7 – 9

Das oder dass? – Die Ersatzprobe zur Schreibweise der Wörter das/dass anwenden

- Das Ferienprogramm, das der Jugendtreff aufgestellt hat, hört sich gut an.
- Das wunderte Timo sehr.
- Das Fahrrad, das Marie gekauft hat, ist hellrot.
- Das ging schnell.
- Das habe ich noch nie gesehen.
- Das Etui, das Lea im Biologieraum vergessen hat, ist beim Hausmeister abgegeben worden.
- Das Lied, das du gesungen hast, kam mir bekannt vor.
- Das Glas, das du gekauft hast, ist in der Spülmaschine.
- Das ist aber schade.
- Das Kinoprogramm, das diese Woche läuft, ist interessant.
- Tom hat das Wettrennen gewonnen.
- Das Essen, das es in der Jugendherberge gab, war gar nicht so übel.

1 In den Sätzen wird das Wort *das* immer mit einfachem **s** geschrieben. Für den bestimmten Artikel *das* kann man als Ersatzwörter *dieses*, *jenes*, *welches* einsetzen. Schreibe die Sätze in dein Heft und ersetze das Wort *das* durch eines dieser Ersatzwörter.

Christine Nöstlinger (geb. 1936)

Ich schiele

Ich schiele.
Da■ macht den anderen Spaß.
Manchmal klebt mir der Arzt ein Heftpflaster
über da■ linke Brillenglas.
Da■ mögen die Kinder in meiner Klasse
besonders gern.
Dann lachen sie besonders laut.
Und am lautesten lacht der Karli.
Der lacht dann so viel und so laut,
da■ die anderen gar nicht merken,
da■ er noch viel mehr schielt als ich.

2 Lest das Gedicht von Christine Nöstlinger laut. Ergänzt dabei die Lücken.

3 Setzt bei den unvollständigen Wörtern die Ersatzwörter *dieses*, *jenes*, *welches* ein. Was stellt ihr bei den letzten Versen (= Zeilen) fest?

4 Lies die Lernbox auf der nächsten Seite. Schreibe das Gedicht anschließend in dein Heft und setze *das* oder *dass* ein.

Ep

5 Übt *das* und *dass* zu unterscheiden. Setzt in die Lücken der folgenden Sätze und des Textes „Der Fuchs und die Gans“ *das* oder *dass* ein.
Arbeitet dabei mit der Ersatzprobe und mit der Lernbox auf dieser Seite.

– ■■■■ Schiff, ■■■■ letzten Monat gesunken ist, hat viel Öl verloren.
– ■■■■ Öl verschmutzt die Meere und tötet viele seltene Seevögel.
– ■■■■ Falabella ist ■■■■ kleinste Pony, ■■■■ es auf der Welt gibt. Es wird nur etwa so groß wie ein Schäferhund.
– Die Kinder freuen sich, ■■■■ ■■■■ Wetter so schön ist, ■■■■ sie ins Schwimmbad gehen können.
– Paul hat vergessen, seinen Eltern zu sagen, ■■■■ er ■■■■ Geld für die Klassenfahrt mitbringen muss.
– Es regnet so stark, ■■■■ der Wandertag ausfallen muss.
– Ich wusste nicht, ■■■■ du mich heute besuchen wolltest.
– ■■■■ Eichhörnchen, ■■■■ du gerade gesehen hast, ist fast jeden Tag zu sehen.
– ■■■■ ist ■■■■ rote Fahrrad, ■■■■ ich mir gerne kaufen möchte.

Der Fuchs und die Gans

Es fing einmal ein Fuchs eine Gans und wollte sie verzehren. Da bat die Gans den Räuber, ■■■■ er ihr doch gestatten möge, vor ihrem Ende noch einmal zu tanzen. Der Fuchs sagte: „■■■■ kann ich dir wohl gewähren. Du sollst mir nachher noch viel besser schmecken.“
Als die Gans nun wusste, ■■■■ sie tanzen durfte, hüpfte sie erst einmal auf den Füßen hin und her. ■■■■ fand der Fuchs so komisch, ■■■■ er laut lachen musste. Nun breitete die Gans ihre Flügel auseinander und begann, noch wilder zu tanzen.
■■■■ Vergnügen, ■■■■ der Fuchs daran hatte, war ebenfalls groß. Er wusste jedoch nicht, ■■■■ Gänse fliegen können und sie vor dem Start die Flügel wie alle Vögel ausbreiten. Gerade als er Beifall klatschen wollte, erhob sich die Gans in die Lüfte. Da hatte der Fuchs ■■■■ Nachsehen und fluchte: „■■■■ soll mir nicht noch einmal passieren. Vor dem Essen wird in Zukunft nicht mehr getanzt!“

Das brauchst du immer wieder – Das musst du wissen

Mit der Ersatzprobe *das* und *dass* unterscheiden

Mit der **Ersatzprobe** kannst du die Wörter ***das*** **und** ***dass*** **unterscheiden**. Bei der Ersatzprobe gehst du so vor:

- Wenn du ***dieses***, ***jenes*** und ***welches*** **einsetzen kannst**, wird das Wort immer mit **einfachem s** geschrieben, also ***das***.
- In den anderen Fällen, in denen man die **Ersatzwörter nicht einsetzen** kann, schreibt man das Wort immer mit **ss**, also ***dass***.

➲ *das* oder *dass*
AH, S. 80 – 81

➲ Wiederholen und üben:
Regeln zum Schreiben von das/dass umsetzen
S. 271, Aufgaben 9 und 10

Merkwörtertraining – mit einer Rechtschreibkartei arbeiten

M

Lisa aus der 5a fällt es bei manchen Wörtern noch schwer, sich die richtige Schreibweise zu merken. Sie hat sich für diese Wörter eine persönliche Rechtschreibkartei angelegt. Folgende drei Karteikarten hat sie dafür geschrieben:

das Karussell

das Ka-rus-sell

die Karusselle

Karussellpferd
Karussellwagen
Karussellfahrt

Die Kinder fahren gerne Karussell.

kassieren

kas-sie-ren

ich kassiere, er kassiert,
wir kassieren
ich kassierte, du kassiertest,
wir kassierten

Die Verkäuferin kassiert Geld.

lieb

lieb, lieber, am liebsten

Ich habe einen lieben Bruder.

1 Seht euch die Karteikarten an. Beschreibt, wie Lisa vorgegangen ist.

2 Lege für folgende Wörter Karteikarten an. Gehe so vor wie Lisa. Arbeite dabei mit einem Wörterbuch.

Indianer • Direktor • schnell • brav • nummerieren • fliegen

3 Ihr könnt euch eine eigene Rechtschreibkartei anlegen. Legt euch für die Wörter, deren Schreibweise euch noch schwerfällt, Karteikarten an und übt damit ihre Schreibung. Lest dazu die Lernbox auf der nächsten Seite.

➲ Mit einer Wörterliste üben
AH, S. 84 – 85

➲ Wiederholen und üben: Merkwörter trainieren
S. 271, Aufgaben 5 und 6

Mit einer Rechtschreibkartei arbeiten

Gehe so vor, um dir eine **Rechtschreibkartei anzulegen**:

- Besorge dir Karteikarten und einen entsprechenden Kasten zur Aufbewahrung der Karteikarten.
- Schreibe deine Merk- und Fehlerwörter oben auf die Karteikarte. Schlage die richtige Schreibweise im Wörterbuch nach, wenn du unsicher bist.
- Notiere dann das Wort in anderen Formen. Zerlege z. B. das Wort in Silben, bilde den Plural, die Steigerungsformen oder verschiedene Verbformen oder suche verwandte Wörter.
- Bilde dann einen kurzen Satz mit dem Wort und schreibe ihn auf die Karteikarte.

So kannst du **mit deiner Rechtschreibkartei deine Rechtschreibung üben**:

- Präge dir das Wort, das auf einer Karte steht, ein und schreibe es mehrfach auf. Kontrolliere immer wieder die Schreibweise.
- Lass dir deine Fehler- und Merkwörter von deinem Nachbarn oder deiner Nachbarin diktieren oder führe mit deinen Karteikarten Schleichdiktate durch. Wie du dabei vorgehst, erfährst du auf S. 265.
- Wähle fünf Wörter aus und präge sie dir ein. Schreibe dann fünf Sätze auf, in denen das Wort vorkommt.
- Sortiere deine Merk- und Fehlerwörter alphabetisch. Nimm dazu z. B. zehn Karteikarten, präge dir die Wörter, die auf den Karten stehen, ein und schreibe sie in alphabetischer Reihenfolge auf.

Achte immer darauf, dass du die Wörter laut in Silben zerlegt ganz deutlich sprichst. Sprich die Silben der Wörter auch deutlich mit, wenn du sie aufschreibst.

Um deine **Fortschritte** zu **überprüfen**, kannst du so vorgehen:

- Wenn du ein Wort bei einer Übung richtig geschrieben hast, mache dir mit Bleistift ein Pluszeichen auf deiner Karteikarte.
- Übe das Wort in den nächsten Tagen wieder. Wenn du es wieder richtig schreibst, mache dir ein weiteres Pluszeichen auf die Karteikarte.
- Wenn du fünf Pluszeichen auf deiner Karteikarte gesammelt hast, kannst du das Wort sicher schreiben. Die Karteikarte wandert dann an das Ende deines Karteikastens.
- Übe die Karteikarten, die kein oder nur ein Pluszeichen haben, täglich. Die Karteikarten mit zwei, drei oder vier Pluszeichen solltest du einmal in der Woche üben.
- Wenn du Zeit hast, kontrolliere auch immer wieder, ob du die Schreibweise der Wörter auf den Karteikarten mit fünf Pluszeichen noch sicher beherrschst. Sollte dies nicht der Fall sein, radiere die Pluszeichen wieder weg und mische die Karteikarte wieder in deine anderen Merk- und Fehlerwörter ein.

Rechtschreibtraining – mit Diktaten üben

Mithilfe von kurzen Diktaten könnt ihr überprüfen, ob ihr die Schreibweise von neuen und schwierigen Wörtern beherrscht und Rechtschreibregeln und -tipps anwenden könnt. Mit den folgenden zwei Diktatarten könnt ihr zu zweit oder alleine üben.

Das Partnerdiktat

Beim Partnerdiktat schreibt und diktiert ihr abwechselnd und solltet dabei so vorgehen:

- Ihr lest gemeinsam den Diktattext und sprecht über schwierige Wörter. Lest beim Diktieren den einzelnen Satz zuerst ganz vor und diktiert ihn dann in kurzen Abschnitten. Beim Schreiben helft ihr euch gegenseitig: Wenn der Schreiber oder die Schreiberin bei einem Wort unsicher ist, fragt er oder sie und lässt sich helfen.
- Am Schluss kontrolliert ihr zunächst den Text selbst und lasst ihn anschließend vom Partner überprüfen. Lest gründlich und aufmerksam und besprecht aufgetretene Fehler.
- Ihr könnt beim Partnerdiktat auch nach Abschnitten oder einzelnen Sätzen wechseln.

Das Schleichdiktat

Beim Schleichdiktat wird der Diktattext an einer Stelle im Raum aufgehängt.

- Ihr geht leise und langsam zu dem Text, lest euch einen Satz oder einen Satzteil sorgfältig durch und merkt ihn euch.
- Anschließend „schleicht" ihr zu eurem Platz zurück und schreibt den Satz auf.
- So macht ihr weiter, bis ihr den gesamten Text aufgeschrieben habt.
- Anschließend kontrolliert jeder seinen Text und vergleicht ihn mit der Vorlage.
- Ihr könnt eure Schleichdiktate auch mit einem Lernpartner austauschen. Jeder kontrolliert dann das Diktat des anderen und unterstreicht darin die falsch geschriebenen Wörter. Anschließend besprecht ihr die Fehler gemeinsam.

Die folgenden Texte könnt ihr für Partner- oder Schleichdiktate nutzen.

Das Gähnen

Wenn unser Gehirn Sauerstoff braucht, gähnen wir. Dabei ziehen sich die Muskeln des Zwerchfells zusammen und der Mund öffnet sich von selbst. So strömt Luft in die Lungen und das Blut kann mehr Sauerstoff aufnehmen und zum Gehirn transportieren.

Wir gähnen morgens, weil das Gehirn Energie braucht, aber auch abends oder wenn wir Hunger haben. Häufig gähnen wir sogar, wenn jemand anderes gähnt, z. B. der Tischnachbar in der sechsten Stunde.
Das Gähnen ist so ansteckend wie das Lachen und man muss einfach mitmachen. Warum das so ist, hat die Wissenschaft bisher noch nicht herausfinden können.

Der Bauchnabel

Der Mensch hat wie alle Tiere, die im Bauch der Mutter heranwachsen, also zu den Säugetieren zählen, einen Bauchnabel.
Das ungeborene Baby ist während der Schwangerschaft oder Trächtigkeit über die Nabelschnur mit dem Blutkreislauf der Mutter verbunden und wird darüber mit Sauerstoff und wichtigen Nährstoffen versorgt.
Da das Baby direkt nach der Geburt selbstständig atmen und trinken kann, kann die Nabelschnur abgetrennt werden. Die Wunde wird dann mit Mullbinden und Pflastern versorgt.
Im Tierreich beißen die Mütter die Nabelschnur durch. Dies bereitet den Kleinen aber keine Schmerzen. Die Wunde verheilt in wenigen Tagen und der Bauchnabel bleibt als kleine Narbe zurück.

Unsere Zähne

Unsere Zähne bestehen aus einer Wurzel, die im Kiefer sitzt, und einer Krone, die aus dem Zahnfleisch herausragt. Die Krone ist durch einen Schmelz geschützt, der die gesamte Fläche umgibt.
Dieser Zahnschmelz ist das härteste Material, das unser Körper herstellt. Der Schmelz, der so hart wie Marmor ist, kann sogar Stahl ritzen. Leider hat unser Zahnschmelz, ebenso wie Marmor, eine wunde Stelle: Er ist säurelöslich. Säuren entstehen, wenn wir z. B. etwas Süßes essen.
Die Bakterien in unserem Mund wandeln den Zucker in Säuren um und diese greifen dann den Zahnschmelz an und Löcher entstehen. Deshalb sollte man immer, wenn man etwas Süßes gegessen hat, möglichst schnell seine Zähne putzen, auch wenn das manchmal lästig ist.

➲ Diktattexte zum Üben
SB, S. 301
AH, S. 82 – 83

Ein vielseitiges Haustier

Hunde waren schon immer beliebte und vielseitige Haustiere. Sie sind seit vielen tausend Jahren Jagd- und Hirtenhunde, Wächter, Zugtiere oder Spielgefährten.
Im Mittelalter dienten Hunde auch als kuschelige Wärmflaschen. Sie hielten im Winter in den kalten und feuchten Häusern die Füße ihrer Frauchen und Herrchen warm.
In Peru und Mexiko ist sogar eine spezielle haarlose Hunderasse gezüchtet worden, deren Körperwärme bei Gicht helfen soll.

Das kann ich noch besser! – Fehlerschwerpunkte erkennen

F!

1 Seht euch die Berichtigungen eurer Klassenarbeiten und die Kontrollen eurer letzten Übungsdiktate an.

- Übernehmt die folgende Übersicht in euer Heft.
- Ordnet die einzelnen Fehler in die folgende Übersicht ein. Schreibt dazu die Nummer des jeweiligen Fehlerschwerpunktes in Klammern über oder hinter das nicht richtig geschriebene Wort.
- Macht für jeden Fehler einen Strich in die rechte Spalte des betreffenden Fehlerschwerpunktes.

Nummer	Fehlerschwerpunkt/Rechtschreibbereich	Anzahl
1	Groß- und Kleinschreibung	
2	die Wörter „das“ und „dass“	
3	Wörter mit „ss“, „ß“ oder „s“ (s-Laute)	
4	Wörter mit verdoppelten Konsonanten nach kurzem Vokal wie „kommen“, „stellen“ oder „Treppe“	
5	Wörter mit „i“ oder „ie“	
6	Wörter mit „z/tz“ oder „c/ck“ nach kurzem Vokal	
7	Wörter mit „d/t“, „b/g“ oder „g/k“ am Ende	
8	Wörter mit langem Vokal (Wörter ohne Dehnungszeichen wie Blume, mit Dehnungs-h wie Schuhe oder verdoppeltem Vokal wie Kaffee)	
9	Merkwörter	

2 Wertet eure Übersichten gemeinsam aus:

- Welche Rechtschreibbereiche fallen euch noch schwer? In welchen Rechtschreibbereichen seid ihr schon sicher?
- Findet zu den einzelnen Fehlerschwerpunkten Fehler, die ihr oft wiederholt, oder Wörter, die ihr besonders häufig falsch schreibt.
- Sucht mithilfe des Inhaltsverzeichnisses von P.A.U.L. D. die Kapitel heraus, mit denen ihr zu euren Fehlerschwerpunkten üben könnt.
- Ihr könnt auch im Internet nach passenden Übungen und Materialien zu euren Fehlerschwerpunkten recherchieren.

Überprüfen → Rechtschreibung und Grammatik – die Rechtschreibhilfe am Computer nutzen

Sinan will einen Kurzvortrag über Dinosaurier halten. Dazu hat er folgenden Text am Computer geschrieben:

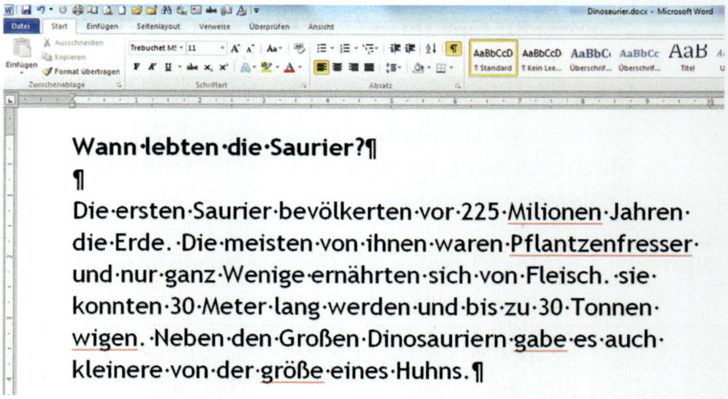

1 Die Rechtschreibhilfe hat verschiedene Wörter in Sinans Text rot unterschlängelt. Seht euch die Wörter an und klärt, warum das Programm sie gekennzeichnet hat.

2 Sinan schreibt: „*... und nur ganz Wenige ernährten sich von Fleisch. sie konnten 30 Meter ...*“. und „*Neben den Großen Dinosauriern ...*“. Diese Abschnitte enthalten drei Fehler, die das Programm nicht erkennt:

S. 317

- Welche drei Wörter hat Sinan hier falsch geschrieben? Benutzt die Hilfekarte auf S. 317, wenn ihr die Fehler nicht finden könnt.
- Erklärt, warum die Rechtschreibhilfe diese Fehler nicht erkannt hat.

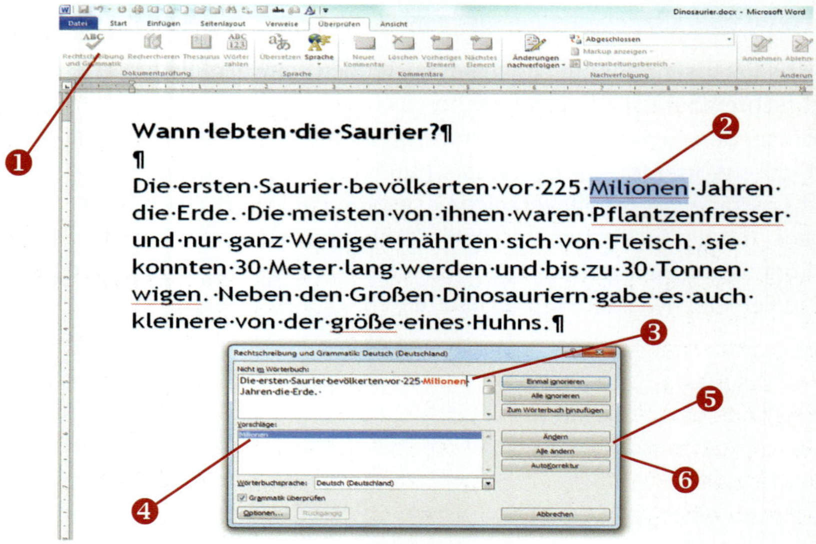

3 Sinan benutzt die Rechtschreibprüfung, um seinen Text zu korrigieren.

- Seht euch den Screenshot auf S. 268 an. Erklärt die Funktionen, auf die die Pfeile zeigen.
- Beschreibt dann genau, wie man vorgehen muss, um Rechtschreibung mithilfe der Rechtschreibhilfe am Computer zu verbessern.

4 Der Text „Was sind Fossilien?“ enthält sechs Fehler, die die Rechtschreibhilfe nicht erkannt hat.

- Findet möglichst alle Fehler und versucht zu erklären, warum das Programm diese Fehler nicht erkannt hat.
- Kontrolliert eure Lösungen mit der Hilfekarte auf S. 317.

S. 317

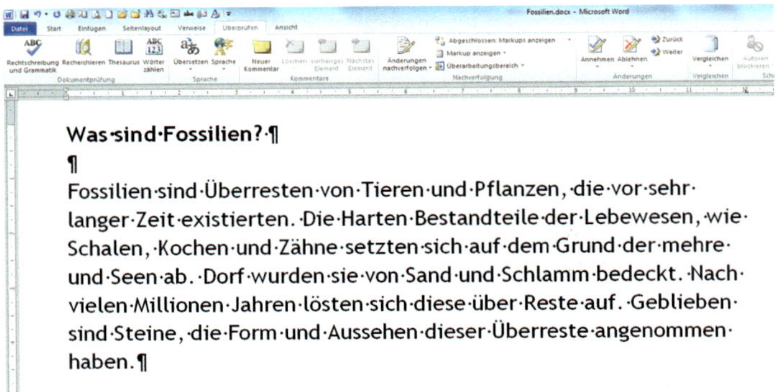

Was sind Fossilien?

Fossilien sind Überresten von Tieren und Pflanzen, die vor sehr langer Zeit existierten. Die Harten Bestandteile der Lebewesen, wie Schalen, Kochen und Zähne setzten sich auf dem Grund der mehre und Seen ab. Dorf wurden sie von Sand und Schlamm bedeckt. Nach vielen Millionen Jahren lösten sich diese über Reste auf. Geblieben sind Steine, die Form und Aussehen dieser Überreste angenommen haben.

5 Gib den Text richtig in einen Computer ein. Tippe dann zehn Fehler in dein Dokument ein. Korrigiere diese dann mithilfe der Rechtschreibprüfung des Textverarbeitungsprogramms. Arbeite dabei mit der Lernbox auf dieser Seite.

6 Gebt noch andere Texte z. B. von S. 265 – 266 mit Fehlern in den Computer ein. Tauscht eure Dokumente aus und korrigiert die Fehler mithilfe der Rechtschreibprüfung.

Das brauchst du immer wieder – So gehst du vor

Die Rechtschreibhilfe am Computer nutzen

Rechtschreibung und Grammatik

- Wenn du ein Textverarbeitungsprogramm wie z. B. Word benutzt, unterschlängelt die Rechtschreibhilfe des Programms in der Regel Wörter, die falsch geschrieben sind, rot.
- Um die Rechtschreibung zu verbessern, klicke im Menü auf **„Überprüfen“** und dann auf die Funktion **„Rechtschreibung und Grammatik“**.
- Das Programm macht dir dann Vorschläge, wie das Wort richtig geschrieben wird. Klicke den Vorschlag mit der richtigen Schreibweise des Wortes an. Gehe dann auf **„Ändern“**.
- Allerdings erkennt die Rechtschreibhilfe nicht alle Fehler. Auch kennzeichnet sie manchmal richtig geschriebene Wörter als Fehler. Klicke dann bei der Rechtschreibprüfung **„Einmal ignorieren“** an.

Alles klar? – Wiederholen und üben

Silben eines Wortes deutlich sprechen

1 Sprich die Wörter in Silben zerlegt so deutlich, dass du alle Laute hörst. Schreibe die Wörter in Silben zerlegt auf. Sprich die Silben dabei in deinem Schreibtempo mit und setze die Silbenbögen.

Blitze • Ampel • Bagger • eifrig • giftig • nutzen • Kleber • Kummer • Konto • Schale • Gruppe

2 Arbeite auch mit den folgenden Wörtern wie in Aufgabe 1.

Wolkenkratzerspitze • Alpenwanderwege • Grauschnabelpapagei • Porzellansparschwein • Knollenblätterpilze • Schraubenziehergriffe • Leopardenfelle • Olympiastadionlautsprecher • Tageslichtüberempfindlichkeit

Die Schreibweise durch Verlängern erkennen

3 Übernimm das folgende Gedicht in dein Heft und setze die richtigen Buchstaben ein.
Bei manchen Wörtern kannst du die Schreibung heraushören (z. B.: Fe**d**er).
Bilde zu den anderen Wörtern eine Verlängerung.

Joachim Ringelnatz (1883 – 1934)

Die Fe■er

Ein Fe■erchen flo■ über Lan■,
ein Nilpfer■ schlummerte im San■,
Die Fe■er sprach: „Ich will es wecken."
Sie lie■te andere zu necken.
Aufs Nilpfer■ setzte sich die Fe■er
und streichelte sein dickes Le■er
Das Nipfer■ öffnete den Rachen
und musste ungeheuer lachen.

Die Schreibweise von Wörtern ableiten (ä, ü, äu, ö)

4 Ergänze auch bei folgenden Wörtern die richtigen Buchstaben. Schreibe sie zusammen mit Wörtern, die ihre Schreibweise erklären, in dein Heft (z. B.: zuf**ä**llig – der Zuf**a**ll).

gef■hrlich • T■tigkeit • Seer■ber • r■tlich • k■flich • t■glich • vertr■mt • ber■hmt • Geb■de • Blattl■se • unn■tig • z■hlen

Merkwörter trainieren

5 Wähle aus den Texten auf S. 265 f. zehn Wörter aus, deren Schreibung du dir merken möchtest. Lege für diese Wörter Karteikarten wie Lisa auf S. 263 an.

M

6 Lies die Lernbox auf S. 264. Erkläre einem Mitschüler mündlich oder in Form einer E-Mail mit deinen Worten, wie man eine Rechtschreibkartei anlegt und benutzt.

Regeln einsetzen

7 Vervollständige folgende Tipps und Regeln und schreibe sie in dein Heft:

R

- ■■■■ schreibt man groß. Alle anderen Wortarten werden ■■■■geschrieben. Ein Wort am S■■■■ wird immer ■■■■geschrieben.
- Wenn du ■■■■, ■■■■ und ■■■■ einsetzen kannst, wird das Wort ■■■■ mit ■■■■ geschrieben. Kann man ■■■■, ■■■■ und ■■■■ nicht einsetzen, wird das Wort ■■■■ geschrieben.

8 Bei dem folgenden Text sind alle Wörter kleingeschrieben und es fehlen die Satzschlusszeichen. Übertrage den Text in der richtigen Schreibweise in dein Heft.

marienkäfer

marienkäfer haben wie alle käfer sechs beine sie zählen zu den insekten wenn die marienkäfer nicht fliegen, schützen sie ihre dünnen flügel, indem sie sie unter den bunten flügeldecken verstecken die gepunkteten marienkäfer erhalten ihren namen von der anzahl der punkte sehr häufig gibt es den siebenpunkt

9 Entscheide, ob in die Lücken des Textes jeweils *das* oder *dass* eingesetzt werden muss.

Ep

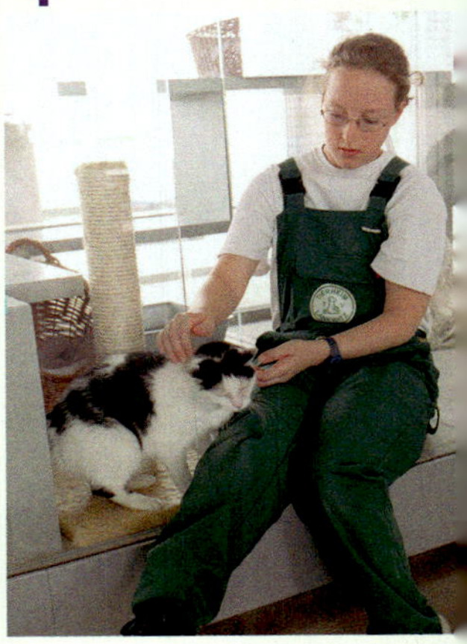

Fast jedes Jahr ■■■■ Gleiche

■■■■ wiederholt sich jedes Jahr zur Weihnachtszeit und zur Urlaubszeit: ■■■■ niedliche Haustier, ■■■■ ■■■■ Kind zu Weihnachten geschenkt bekam, wird ein halbes Jahr später lästig. Es ist offensichtlich, ■■■■ ■■■■ Aussetzen von Haustieren vor dem Urlaub deutlich ansteigt. ■■■■ ■■■■ Tier kein Ding sein darf, ■■■■ „fortgeworfen" wird, wenn es nicht mehr gebraucht wird, ■■■■betonen die Tierschützer immer wieder.

■■■■ manche ausgesetzten Tiere noch ■■■■ Glück haben, von tierlieben Menschen gefunden und ins nächste Tierheim gebracht zu werden, ■■■■ ist wohl eher dem Zufall zu verdanken. Die Tierschützer appellieren daher an ■■■■ Gefühl der Menschen, ■■■■ sie ■■■■ Tier als Mitgeschöpf ansehen und behandeln.

10 Übt den Text, indem ihr mit ihm ein Partner- oder Schleichdiktat durchführt.

Bienen summen – Wörter mit kurzem Vokal richtig schreiben

Betonte Vokale (= Selbstlaute) können lang (z. B. T**ö**ne oder l**a**den) oder kurz (z. B. T**o**nne oder w**a**rten) ausgesprochen werden.
In diesem Kapitel lernst du,

- Wörter mit lang und kurz gesprochenen Vokalen zu unterscheiden,
- die Konsonanten (= Mitlaute) nach einem kurzen betonten Vokal richtig zu schreiben,
- Rechtschreibstrategien anzuwenden (wie z. B. das laute Zerlegen von Wörtern in Silben, das Mitschwingen beim silbischen Sprechen, das Sprechen der Silben beim Schreiben, das Ableiten der Schreibweise eines Wortes durch Verlängern oder die Suche von verwandten Wörtern).

Genau hinhören – Wörter mit kurz gesprochenen und lang gesprochenen Vokalen unterscheiden

In einem Haus aus Wachs

Die Honigbiene ist ein Nutztier des Menschen. Bienen leben in Kästen, die Imker aufstellen. Imker halten und züchten die Bienen, um den Honig zu bekommen. In einem Bienenstock können bis zu 80 000 einzelne Bienen leben. Eine von ihnen ist die Bienenkönigin. Sie ist die Mutter aller Bienen, die im Stock wohnen.
Der Imker stellt die Bienenkästen auf. Er sucht dafür einen Platz in der Landschaft, wo es Wiesen und Felder mit vielen blühenden Blumen gibt. So haben die Bienen keine weiten Wege zur Futterquelle. In den Bienenkästen stecken die Waben. Das sind ganz dicht aneinandergefügte sechseckige Zellen. So eine Zelle ist etwa fünf Millimeter breit und zwölf Millimeter tief. In den Zellen liegen die Eier, Larven und Puppen der Bienen. Die Bienenkästen haben Deckel. Der Imker hebt sie ab, wenn er nach den Bienen und dem Honig sieht. In die Wachszellen legt die Bienenkönigin die Eier. In kleine Zellen kommen Eier, aus denen Arbeitsbienen schlüpfen, in große Zellen Eier, aus denen sich Drohnen entwickeln, die männlichen Bienen. Einige Zellen in einer Wabe haben eine völlig andere Form und sie hängen von der Wabe herab. Weiselnapf oder Weiselwiege werden sie genannt. In diesen Zellen sind die Eier und die Larven und Puppen, aus denen neue Bienenköniginnen werden.
Woher bekommen die Bienen das Wachs zum Wabenbau? In einem bestimmten Alter – ab zehn Tagen – werden die Bienen zu Baubienen. Dann scheiden sie zwischen Bauchtaschen am Hinterleib kleine Wachsschuppen aus. Die formen und kneten sie zu Waben. Viele Bienen arbeiten zusammen und jede weiß genau, was sie zu tun hat. Die Zellen werden nicht nur für die Bienenbrut gebaut. Sie sind auch Vorratskammern für die ganze Bienennahrung. Die Bienen sammeln den Pollen von Blüten in den Zellen. Sie sind ganz gelb! In Zellen am Rand der Wabe wird der Honig eingelagert. Glänzend braun sehen diese Zellen aus.

1 Entnehmt dem Text die wichtigsten Informationen zu den Bienen. Geht dabei so vor:

- Schreibt zehn Fragen auf, auf die der Text eine Antwort gibt.
- Tauscht eure Fragen aus und beantwortet sie schriftlich.
- Überprüft anschließend gemeinsam, ob eure Antworten richtig sind.

2 In dem Text über die Bienen sind Wörter mit kurz gesprochenem Vokal und Wörter mit lang gesprochenem Vokal unterstrichen. Arbeitet so mit diesen Wörtern:

- Übertrage die folgende Tabelle in dein Heft und vervollständige sie.
- Sprich dazu die unterstrichenen Wörter laut und deutlich, sodass du jede

Silbe hörst. Zeichne mit deiner Schreibhand dabei die Silbenbögen in der Luft oder auf dem Tisch langsam mit.

- Ordne die Wörter in die Tabelle ein. Sprich dabei jede einzelne Silbe in deinem Schreibtempo mit.

Wörter mit kurz gesprochenem Vokal	**Wörter mit lang gesprochenem Vokal**
Imker …	Honigbiene …

3 Ordne fünf weitere Wörter mit kurzem oder langem Vokal aus dem Text in die Tabelle ein.

- Lies die Wörter wieder laut in Silben zerlegt und zeichne die Silbenbögen während des Sprechens mit.
- Sprich beim Schreiben der Wörter wieder jede Silbe in deinem Schreibtempo mit.

4 Sprich die Nomen aus dem Wortspeicher laut und deutlich. Schreibe sie dann danach geordnet auf, ob der unterstrichene Vokal in der betonten Silbe des Wortes lang oder kurz ist.

- Gehe dabei wieder so vor wie bei Aufgabe 2 und 3.
- Setze auch einen passenden Artikel dazu.

Liege • Sportler • Bewegung • Stuhl • Tinte • Bett • Gefahr • Wetter • Größe
Knie • Bilder • Insel • Vogel • Sonne • Daten • Vokal • Gestank • Hühner •
Spaßvogel

➲ Kurze und lange Vokale unterscheiden AH, S. 88

5 Sucht aus dem Text „Geheimnisvolles Bienensterben" zehn Beispiele für Wörter mit kurzem oder langem Vokal heraus.

- Schreibt sie auf. Unterstreicht die langen Vokale und setzt unter die kurzen Vokale einen Punkt.
- Vergesst nicht das laute Sprechen der Wörter in Silben und das Schwingen der Silbenbögen. Sprecht beim Schreiben auch die Silben laut mit.

➲ Wiederholen und üben: Kurze und lange Vokale unterscheiden S. 280, Aufgabe 1

Geheimnisvolles Bienensterben

Im Winter 2006/2007 machte eine Horror-Meldung Schlagzeilen: In den USA hatte sich eine Bienenkrankheit verbreitet: Ganze Bienenvölker sind spurlos verschwunden. Wo sie geblieben sind, konnte niemand sagen. Vielleicht hat der Einsatz bestimmter Mittel zur Schädlingsbekämpfung das Bienensterben verursacht, vielleicht handelt es sich aber auch um eine Infektionskrankheit, vielleicht besteht auch ein Zusammenhang mit der Verbreitung giftiger oder gentechnisch veränderter Pflanzen, vielleicht ist die Varroa-Milbe am Bienensterben schuld. Etwas Genaues weiß niemand.

Kamm, Butter, stellen – Wörter mit doppeltem Konsonanten richtig schreiben

rollen • summen • stellen • Zelle • Pfanne • wippen • Sonne • Kämme
Puppe • wollen • brummen • bellen • Welle • Kanne • kippen • Tonne
Stämme • Suppe • sollen • Wellen • Stelle • Wanne • nippen • Wonne
Kuppe • tollen • erhellen • Tanne • stippen • Dämme • Gesellen

1 Sprich diese Wörter laut und deutlich aus. Führe wieder das silbische Sprechen und Mitschwingen durch. Sprich die Silben beim Schreiben der Wörter langsam mit.

2 Schreibe die Wörter von Aufgabe 1 nach Reimwörtern geordnet auf (z. B. Kanne – Wanne). Sprich beim Schreiben die Silben der Wörter in deinem Schreibtempo mit.

3 Schreibe mithilfe der Reimwörter lustige Paarreime auf, z. B.:
Fällt die Biene aus der Tanne,
lacht der Kuchen in der Pfanne.

4 ○○ Löst das folgende Rätsel und schreibt die Lösungswörter richtig auf. Führt dabei das Silbensprechen, Silbenschwingen und Mitsprechen der Silben beim Schreiben aus.

großes Gefäß:	OTENN
Turnübung:	RLOLE
nicht außen:	NNINE
Jahreszeit:	RESMOM
nicht getrennt:	SZUENMMA
junges Schaf:	MALM
gehört zur Schraube:	TUTMRE

5 Bilde zu folgenden Infinitiven jeweils die 2. und 3. Person Präsens.

sich sonnen • stellen • fallen • rennen • brummen • summen

rollen • sammeln

Beispiel: *sich sonnen – du sonnst dich – er (sie oder es) sonnt sich*

6 Versucht, eine Regel dafür aufzustellen, was mit dem doppelt geschriebenen Konsonanten passiert, wenn das Wort sich ändert.

7 Bilde aus dem Wortstern so viele Wörter wie möglich.

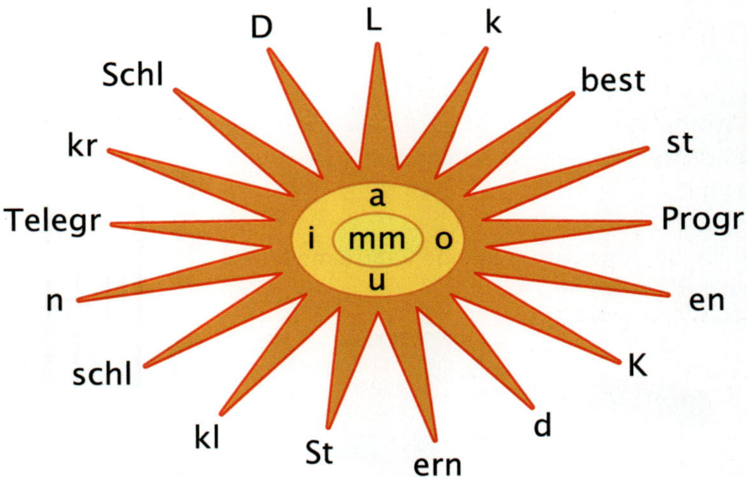

➔ Doppelkonsonanten richtig schreiben AH, S. 89

8 Schreibe die Wörter aus dem Wortstern nach Reimwörtern geordnet auf.

Das brauchst du immer wieder – Das musst du wissen

Wörter mit doppeltem Konsonanten nach kurzem Vokal

➔ Wiederholen und üben: Wörter mit doppelten Konsonanten S. 280, Aufgabe 2

- Wörter werden **nur mit doppeltem Konsonanten** geschrieben (= Mitlaute), wenn der Vokal in der betonten Silbe des Wortes **kurz** gesprochen wird (z. B. ste**ll**en, Bu**tt**er, So**nn**e).
- Solange der Vokal kurz bleibt, bleibt der doppelte Konsonant **in allen verwandten Wörtern** bestehen. (z. B. die Wi**pp**e, er wi**pp**t, du wi**pp**st oder die So**nn**e, so**nn**ig, er so**nn**t sich).

Lack, meckern, Blitz, Schutz – Wörter mit ck und tz richtig schreiben

1 Übernimm die Tabelle in dein Heft und ordne alle Wörter mit ck oder tz nach kurzem Vokal aus dem Text „In einem Haus aus Wachs“ auf S. 273 ein. Unterstreiche den kurzen Vokal.

ck	tz
Bienenstock	...

2 Trage auch die folgenden Wörter in die Tabelle ein.

benutzen • sitzen • Katze • Dackel • Schmuck • Hitze • kratzen • Tatze
schmutzig • Blitz • Ecke

3 Bilde zu den Wörtern in dem Kasten ein anderes Wort, von dem sich die Schreibweise ableiten lässt.

Beispiel: er schwitzt – schwitzen

er schwitzt • Spatz • sitzt • Witz • Platz • sie backt • ihr hackt • Stück • er packt

4 Sucht zu folgenden Verben möglichst viele Wörter aus der gleichen Wortfamilie.

Beispiel: schlucken – der Schluck, verschluckt, ich schlucke, der Schluckauf ...

schmecken • hocken • packen • decken • spucken • backen

5 ○○ Bildet mithilfe der Silben- und Buchstabenspeicher möglichst viele Wörter. Achtet dabei auf die Groß- und Kleinschreibung (z. B.: das Frühstück, glücklich).

Frühstü • Bä • glü • entde	ck	en • e • ig • e • en • en • e
De • We • schlu • erschre	oder	en • e • en • er • en • lich
pa • Mü • schmu • se • pu	tz	ig • er

6 ●○ Schreibe das folgende Gedicht in dein Heft. Ergänze dabei die fehlenden Buchstaben. Sprich die Wörter dazu deutlich in Silben oder verlängere sie.

Regina Schwarz

Ein Schwein hat etwas zu sagen

Jüngst ging ein Schwein
zum Me■ger rein.
Der verkaufte gerade Ochsenzunge.
Junge, Junge,
hat der Me■ger gestu■t,
kra■te sich verdu■t
am Po und anderswo,
und gu■te und schlu■te.
Das Schwein sagte zum Me■ger
den Sa■:
„Mich siehst du nie mehr,
auch nicht als Schin■en!“
Ging raus und tat win■en.

7 ●● Führe mit den Wörtern „Schinken“ und „winken“ das Silbensprechen und -schwingen durch.

- Erkläre, warum sie mit einfachem **k** geschrieben werden. Lies in der Lernbox auf dieser Seite nach, ob du die richtige Erklärung gefunden hast.

8 ●○ Ergänze die Wörter in den beiden Wortspeichern. Lies dazu zunächst die Lernbox unten. Wende das Silbensprechen oder Verlängern an.

z oder tz?

Autosi■ • Her■lichkeit • anschnau■en • He■jagd • vorsä■lich
Gei■kragen • Hol■kohle • Kä■chen • beschü■en • zule■t • Pla■
Schür■e • Ar■t • sie■en • du■en • Schmu■ • Her■

k oder ck?

Bal■en • Bä■erei • Ha■ordnung • Erkran■ung • Schi■sal
Schlan■heits■ur • Tan■er • Im■er • He■enrose • Zu■erwatte
di■ • star■ • Sahnequar■

Das brauchst du immer wieder – Das musst du wissen

ck und tz nach kurzem, betontem Vokal

- Die Laute **k und z** werden in deutschen Wörtern **nicht verdoppelt**. Nach kurzem, betontem Vokal wird der **k-Laut mit ck** und der **z-Laut mit tz** geschrieben.
  Beispiele: Spi**tz**e, ba**ck**en, Da**ck**el, Ka**tz**e
- Der k-Laut und z-Laut werden mit **k** und **z** geschrieben, wenn vor ihnen noch ein **anderer Konsonant** steht.
  Beispiele: wi**nz**ig, Pe**lz**, A**rz**t

➲ ck und tz
AH, S. 91

➲ Wiederholen und üben:
Wörter mit ck und tz
S. 280, Aufgaben 3–5

Hand, Wald, Wolke – Wörter mit verschiedenen Konsonanten nach kurzem Vokal richtig schreiben

1 Sprecht die folgenden Wörter laut und deutlich aus. Wie viele Konsonanten hört ihr nach dem kurzen Vokal?

Winter • Lampe • tanken • Hölzer • lustig • Arzt • Muskel • denken
tanzen • Dank • Hand • stürzen

2 Arbeite so mit den folgenden Wörtern:

- Schreibe sie ab und ordne sie in alphabetischer Reihenfolge.
- Sprich sie laut in Silben, bis du jeden Buchstaben deutlich hörst.
- Setze unter den kurzen betonten Vokal einen Punkt.

Beispiel: Tulpe

Tulpe • Winter • Ort • Land • rutschen • mancher • Herbst
Moment • Milch • Zirkuszelt • Kind • folgen • wandern • Felsen
bunt • alt • Elefant • finden • gesund • hundert • hüpfen • Wald
Hund • Mantel • Wolke • schenken • hinten • Lampe • Imker

Das brauchst du immer wieder – Das musst du wissen

Wörter mit verschiedenen Konsonanten nach kurzem Vokal

- Wenn du nach einem kurzen, betonten Vokal **zwei oder mehrere Konsonanten hören** kannst, werden diese meistens **nicht verdoppelt**. Beispiele: lu**st**ig, wi**nz**ig, Wo**lk**e, I**mk**er
- Der **k-Laut** und der **z-Laut** werden mit **k** und **z** geschrieben, wenn vor ihnen ein anderer Konsonant steht. (Ta**nk**, sto**lz**)
- Wenn ein **k-** oder **z-Laut** direkt nach dem kurzen Vokal folgt, schreibst du **ck** oder **tz**. (Sp**itz**e, H**ack**e)

➲ Verschiedene Konsonanten nach kurzem Vokal
AH, S. 90

Alles klar? – Wiederholen und üben

Kurze und lange Vokale unterscheiden

1 Bei den Wörtern in dem Wortspeicher wird der Vokal einmal lang und einmal kurz gesprochen. Stelle die Wörter zu Wortpaaren zusammen. Unterstreiche den lang gesprochenen Vokal und markiere den kurz gesprochenen Vokal mit einem Punkt (z. B. raten – Ratten).

lahm • Wahn • fühlen • Schal • Sohn • Beet • kam • Kammer • Lamm
Wanne • Schall • Sonne • Bett • füllen

Wörter mit doppeltem Konsonanten und kurzem Vokal

2 Bilde aus dem Wortstern möglichst viele Wörter mit den Doppelkonsonanten **nn**, **mm** und **ll**.

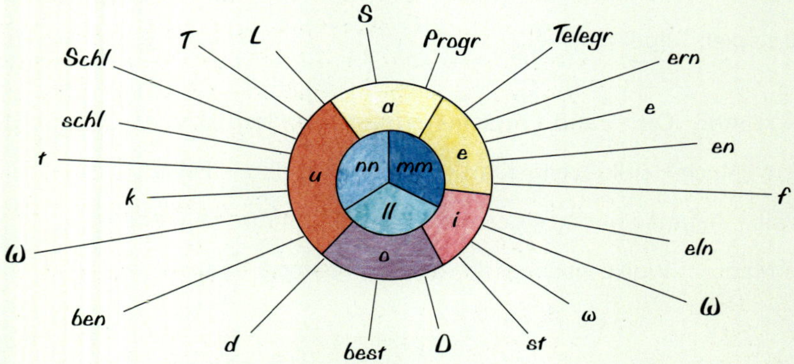

Wörter mit ck und tz nach kurzem Vokal

3 Ergänze bei den Infinitiven (= Grundformen) den z-Laut oder den k-Laut. Schreibe den Infinitiv mit zwei verwandten Wörtern in dein Heft (z. B.: trotzen, ich trotze, der Trotz).

tro■en, sch u■en, spu■en, he■en, ba■en, schü■en, bli■en, drü■en

4 Vervollständige die folgende Regel:

Hörst du vor einem k-Laut oder ■■■■ noch einen anderen Konsonanten, schreibst du ihn mit einfachem ■■■■ oder ■■■■.

5 Setze die fehlenden Buchstaben in die Wörter ein.

Pel■, tan■en, Nel■e, zan■en, Len■er, Stur■, En■el, Pflan■e, kur■, Lan■e, flin■, grun■en, kran■, neun■ig, ran■ig, gan■

Von Tigern, Nashörnern, Hühnern, Wieseln und Moorhühnern – Wörter mit langem Vokal richtig schreiben

Schreibt man „Gefahr" mit **h** oder ohne **h**? Wird „Flieder" mit **ie** oder einfachem **i** geschrieben? Muss man das Wort „Staat" mit doppeltem oder einfachem **a** schreiben? Es gibt im Deutschen keine Regeln, die diese Fragen beantworten. Deshalb muss man die richtige Schreibweise der Wörter mit langem Vokal sorgfältig üben.

In diesem Kapitel lernt ihr,

- Wörter mit langen Vokalen zu erkennen und nach ihren Schreibweisen zu unterscheiden,
- euch die richtige Schreibweise von Wörtern mit langem Vokal einzuprägen.

Blume, Honig, Tiger – Wörter mit langem Vokal ohne Dehnungszeichen richtig schreiben

Ines: Bei allen Wörtern wird der Vokal lang gesprochen.
Anne: Aber wann wird ein Wort mit einfachem Vokal geschrieben?
Jakob: Ja, und wann folgt dem lang gesprochenen Vokal ein **h** und wann wird der Vokal verdoppelt?
Herr Schneider: Die meisten Wörter mit langem Vokal schreiben sich mit einfachen Buchstaben wie z. B. Dose. Leider gibt es keine eindeutige Regel, die festlegt, wann nach einem lang gesprochenen Vokal ein Längenzeichen wie das **h** oder die Verdoppelung folgt. Deshalb müsst ihr euch Wörter mit lang gesprochenem Vokal gut einprägen.

1 Ein lang gesprochener Vokal wird bei der Schreibung oft nicht gekennzeichnet (z. B.: H**o**nig, Bl**u**me).

- In der Wortschlange sind 20 solcher Wörter mit lang gesprochenem Vokal versteckt. Suche sie heraus.
- Sprich sie ganz deutlich in Silben aus, sodass du den langen Vokal hörst. Schreibe sie dann mit Silbenbögen in dein Heft und unterstreiche den langen Vokal.

2 Aus den 20 Wörtern kannst du 10 Reimpaare bilden. Schreibe sie auf und unterstreiche den lang gesprochenen Vokal (z. B.: Rose – Hose).

3 Bilde mithilfe der Reimpaare Scherzreime (z. B.: Er schenkt ihr eine Rose, sie hätte lieber eine Hose). Um eure Rechtschreibung zu üben, könnt ihr euch eure Reime gegenseitig diktieren.

A	K	L	A	M	E	I	S	E	G	W	N	N	B	R	A	V	V	K	L	I	M	A
K	I	N	O	B	F	O	U	X	M	I	N	U	T	E	T	R	A	G	E	N	B	V
G	Ö	L	F	G	H	J	C	B	U	Ä	J	B	A	G	E	B	E	N	W	I	K	E
A	F	L	Ü	G	E	L	H	N	T	O	R	R	F	A	S	A	N	J	E	G	L	D
R	T	R	E	T	E	N	E	M	M	T	U	O	E	B	K	J	Ö	Ä	G	E	U	H
D	R	A	A	G	U	T	N	F	A	A	I	T	L	E	B	E	N	D	H	L	G	O
I	A	D	I	G	J	H	G	T	Z	F	P	R	Ü	S	A	W	S	A	G	E	N	S
N	T	W	E	G	E	N	N	A	G	E	L	E	B	R	U	D	E	R	Q	W	S	E
E	E	D	F	L	U	G	X	T	F	L	M	D	D	F	L	U	G	O	P	T	A	L
E	N	Ü	B	E	N	Z	I	N	N	H	J	E	L	K	P	Ü	Z	T	Z	I	L	A
S	C	H	Ü	L	E	P	G	R	A	S	J	N	U	R	H	O	L	E	N	G	A	G
S	C	H	W	E	R	H	G	J	M	A	L	E	N	Z	H	K	H	I	O	E	T	E
S	C	H	L	A	F	E	N	Ö	E	E	B	Ä	R	K	K	V	A	S	E	R	H	G

4 In dem Buchstabengitter sind mehr als 40 Wörter mit lang gesprochenem Vokal versteckt. Sie werden alle mit einfachem **a**, **e**, **o**, **u**, **i**, **ä**, **ü** oder **ö** geschrieben. Suche möglichst viele Wörter heraus und schreibe sie in dein Heft.

5 Sprich die Wörter in dem Kasten ganz deutlich in Silben zerlegt.

- Schreibe sie dann mit den Silbenbögen in dein Heft (z. B. Blume).
- Verlängere die Wörter mit nur einer Silbe (z. B. Schlag – Schläge).

Schlag • Blume • Gras • Tal • Hose • nämlich • verloren • spüren • Dame
hören • dämlich • schmal • schwer • Nase • Tod • Schaden • später
Pflug • Krone • Vogel • Aufgabe • Schnabel • Boden • Wal • Ebene • gut
Minute • Planet • Gequake • wenig

6 Wenn ihr das Silbenrätsel löst, erhaltet ihr 14 Tiernamen. Sie werden alle mit einfachem, lang gesprochenem Vokal geschrieben. Versucht, möglichst viele Tiernamen zu finden, und unterstreicht die lang gesprochenen Vokale.

A • Ad • An • bel • dil • en • fer • Ha • hu • ga • gen • ger • Ka • Ka • kä
ke • ker • ko • Kro • la • Le • ler • li • lo • Lö • Ma • o • pard • pe • Re • ri
Schna • se • U • ter • Ti • ti • tier • tor • we • wurm

➲ Wörter ohne Dehnungszeichen AH, S. 93

➲ Wiederholen und üben: Wörter mit langem Vokal S. 290, Aufgaben 1 und 2

Kuh, Schuh, Kohl – Wörter mit Dehnungs-h richtig schreiben

1 Schreibt auf, welche zwölf Gegenstände bzw. Lebewesen die Abbildungen zeigen. Welche Gemeinsamkeit besitzen die Wörter?

2 Mit der Wortmaschine kannst du viele Wörter mit Dehnungs-h bilden. Du musst dazu aus jedem Speicher einen Buchstaben oder eine Buchstabenkombination entnehmen.

Beispiel: **H** (Speicher 1) + **uh** (Speicher 2) + **n** (Speicher 3) = **Huhn**

Versuche, möglichst viele Wörter auf diese Weise zu bilden. Mindestens 20 Wörter solltest du auf jeden Fall finden.

3 Bei den Personal- und Possessivpronomen *ihr*, *ihre*, *ihrer*, *ihrem*, *ihren*, *ihm*, *ihn* wird der lang gesprochene Vokal mit **ih** geschrieben. Verbessere die folgenden Sätze. Setze dazu das passende Personal- oder Possessivpronomen ein.

➔ Wörter mit Dehnungs-h
AH, S. 95

Beispiel: Jonas verabredet sich mit Murat. Jonas möchte **mit Murat** ins Kino gehen.
Jonas verabredet sich mit Murat. Er möchte **mit ihm** ins Kino gehen.

- Andreas gratuliert Lisa zum Geburtstag und schenkt Lisa ein Buch.
- Paul spielt mit Ninas Hund. Ninas Hund kommt, als Nina den Hund ruft.
- Simon ist krank. Jonas besucht Simon im Krankenhaus.
- Der Wärter gibt dem Elefanten Futter und wäscht den Elefanten.
- Michelle füttert Michelles zwei Meerschweinchen mit einem Spezialfutter, damit das Fell von Michelles Meerschweinchen schön glänzt.
- Die Schüler mögen ihren Mathematiklehrer, weil er den Schülern die Aufgaben genau erklärt.

4 ●○ Schreibe folgende Wörter aus dem Wortspeicher auf und ordne sie dabei in alphabetischer Reihenfolge.

M

Schuh • Kuh • Drohung • Zeh • Wohnung • Wahl • Strahl • Zahlung • Ehre
Ruhe • Kühe • Führung • Aufnahme • Befehl • Lehrling • Jahr • Gefahr
Lehrerin • Gefühl • Bahn • Fehler • Stahl • Lohn • Fahne • Kohl • Sahne

5 ●● Überlege, ob man bei den Wörtern im linken Kasten ein einfaches **a** oder **ah** ergänzen muss. Ordne anschließend den Wörtern passende Wörter aus dem rechten Kasten zu und schreibe die Wortzusammensetzungen in dein Heft (z. B.: die Sahnetorte).

M

Tipp: Du musst viermal **a** und sechsmal **ah** ergänzen!

S■ne	Fang
R■t	Kissen
M■l	Träger
T■t	Arzt
St■l	Torte
B■n	Haus
R■men	Sache
W■l	Zeit
Z■n	Gleise
N■del	Bilder

Zoo, Saal, Schnee – Wörter mit verdoppeltem Vokal richtig schreiben

M **1** Schreibe in dein Heft, was die Bilder zeigen. Alle Wörter werden mit verdoppeltem Vokal geschrieben.

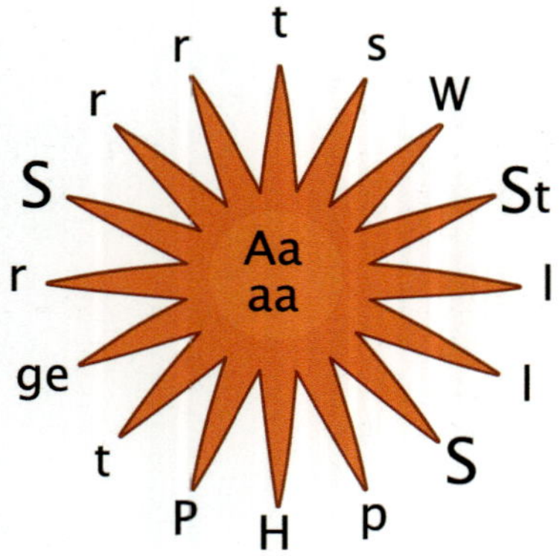

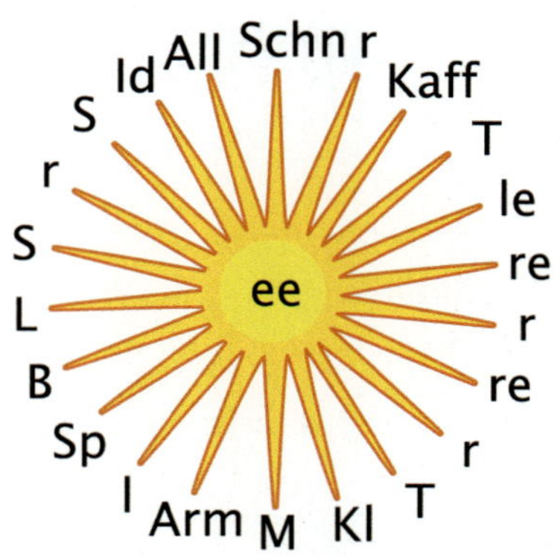

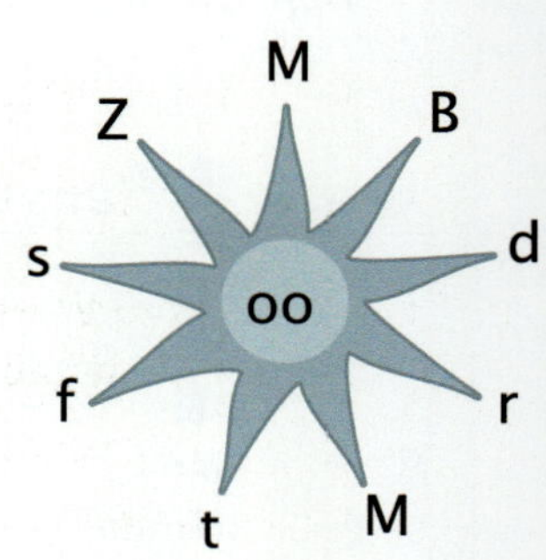

M **2** Bilde mithilfe der Wortsterne möglichst viele Wörter.

Harmlose Riesenfische

Früher hatten die S■leute die Id■, dass Riesenkraken ihre B■te mit Mann und Maus verspeisten. Diese Angst war aber unbegründet. Riesenkraken leben in den tiefsten Regionen des M■res. Wie alle Tiefs■fische sind Riesenkraken zwar Fleischfresser, aber die Mannschaft oder die Ladung eines Segelb■tes, die oft aus T■ und Kaff■ bestand, hätten sie nicht fressen können.

3 Vervollständige die Lücken in dem Text „Harmlose Riesenfische“. Diktiere dir den Text mit einem Lernpartner gegenseitig. Lernpartner gegenseitig.

4 Erklärt mithilfe der Werbeanzeige, wann man *paar* schreibt und wann man *Paar* benutzt.

R

5 Vervollständigt die folgenden Sätze. Setzt jeweils *paar* oder *Paar* ein.

R

- Anja kauft ein ■■■■ Äpfel auf dem Markt.
- Seit kurzem sind Anja und Thomas ein echtes ■■■■ .
- Wenn Thomas noch ein ■■■■ Euro spart, kann er sich ein neues Fahrrad kaufen.
- In ein ■■■■ Minuten ist die Stunde beendet.
- Das ■■■■ Schuhe war wirklich preiswert.

Das brauchst du immer wieder – Das musst du wissen

Wörter mit langem Vokal

- Die **meisten Wörter mit langem, betonten Vokal** schreibt man **mit einfachem Buchstaben** (z. B.: D<u>o</u>se, V<u>a</u>se, N<u>a</u>se, H<u>u</u>t).
- Bei anderen Wörtern wird der lang gesprochene Vokal bei der Schreibung durch ein **Dehnungs-h** angezeigt (z. B.: B**oh**rer, K**uh**, Z**ah**n).
- Es gibt einige Wörter mit langem Vokal, bei denen der **Vokal verdoppelt** wird (z. B.: S**aa**t, B**oo**t, M**ee**r). Sie sind Merkwörter, deren Schreibweise du dir einprägen musst.

➜ Wiederholen und üben: Wörter mit langem Vokal S. 290, Aufgaben 1 und 2

➜ Wörter mit doppeltem Vokal AH, S. 94

„Wenn Riesen niesen …“ – Wörter mit langem i richtig schreiben

Josef Guggenmos (1922 – 2003)

Wenn Riesen niesen

S■ben R■sen,
d■ mit bloßen Füßen
über nasse W■sen
l■fen,
n■sen mit ihren
R■sennasen so
laut,
dass von d■sem
R■senn■sen
s■ben W■selkinder,
d■ in t■fen Zimmern
schl■fen,
aufwachten und
„Gesundheit!“
r■fen.

1 Vervollständige das Gedicht.

2 Im ersten Wortstern sind zehn Nomen/Substantive, im zweiten zehn Verben und im dritten zehn Adjektive versteckt.

- Versucht, alle Wörter, die sich mithilfe der Wortsterne bilden lassen, zu finden.
- Schreibt sie in euer Heft.

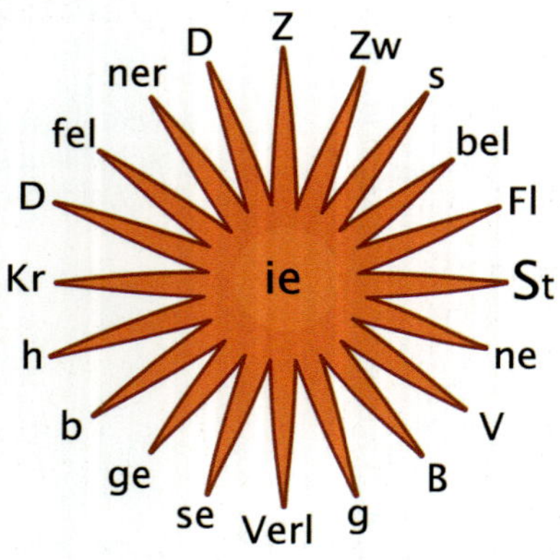

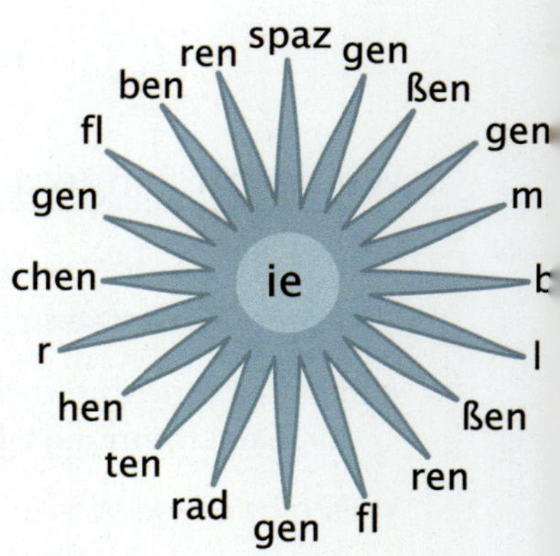

3 Bildet zu den Infinitiven (= Grundformen) im Wortspeicher die Formen des Präteritums (= Vergangenheitsformen). Was fällt euch auf?

Beispiel: fallen – ich fiel, du fielst, er fiel, wir fielen, ihr fielet, sie fielen

schreien • rufen • halten • schlafen • raten • schreiben • beweisen • laufen

4 Einige Wörter mit langem **i** musst du dir einprägen. Sie werden mit einfachem **i** geschrieben. Schreibe die Wörter aus dem Wortspeicher in dein Heft. Zeichne ihre Umrisse und finde – falls möglich – noch eine andere Form des Wortes oder ein verwandtes Wort.

Beispiel: Apfelsine A p f e l s i n e , die Apfelsinen

Apfelsine • Igel • (er) gibt • dir • mir • wir • Kino • Gardine • prima • Tiger
Margarine • Experiment • Krokodil • Vitrine • Mandarine

5 In dem Text „Tiere in Not" fehlen die Buchstaben **ie**, **i** oder **ih**. Führt mit dem Text ein Diktat durch. Kontrolliert eure Diktate mithilfe des Textes und der Hilfekarte auf S. 318.

S. 318

Tiere in Not

V■le Zoot■re werden in zu kleinen Gehegen und Käfigen gehalten. T■ger z■hen in freier Wildbahn ungehindert umher. S■ l■ben ausgedehnte Streifzüge. Im Zoo ist ■nen d■ses nicht möglich. V■lfach l■gen s■ teilnahmslos herum.
Selbst in den Streichelzoos, in denen es Z■gen, Esel, Schafe und andere T■re g■bt, verhalten sich d■ meisten Besucher nicht immer richtig. D■ T■re werden zum Beisp■l mit r■sigen Mengen Popcorn gefüttert. Manchmal gesch■ht es, dass Besucher ■nen zum Spaß Pap■r anb■ten. Fressen d■ T■re d■ses, können s■ krank werden oder sogar sterben.

Das brauchst du immer wieder – Das musst du wissen

Wörter mit langem i-Laut

- Für die **Wörter mit lang gesprochenem i-Laut** kannst du dir merken, dass die **meisten Wörter mit ie geschrieben werden** (z. B.: R**ie**se, n**ie**sen, W**ie**se). Nur bei einigen Wörtern, die aus anderen Sprachen stammen (z. B.: Masch**i**ne), und einigen Pronomen (z. B.: m**i**r, d**i**r, **i**hr, w**i**r) schreibt man den i-Laut mit einfachem **i** oder **ih**.

➲ Wörter mit langem i-Laut AH, S. 96 – 98

➲ Wiederholen und üben: Wörter mit langem i-Laut S. 290, Aufgabe 3

Alles klar? – Wiederholen und üben

Wörter mit langem Vokal richtig schreiben

1 Ordne die Wörter nach der Schreibweise der langen Vokale in die Tabelle ein.

ohne Längenzeichen geschrieben	mit doppeltem Vokal geschrieben	mit h als Längenzeichen geschrieben
Hose …	See …	Sahne …

Hose • Seh • Sahne • rufen • Stroh • Rat • sehen • holen • Aal • Sage • ruhen • Waage • Töne • Lehrerin • Zug • Hahn • Saal • rot • sehr • Sohn • Zahl • Tee • Speer • Segel • Rahmen • Zoo • Zahn • Tor • sägen • Reh • grün • nämlich • Höhle • Idee • Mühe • quer • während • Boot • Stuhl • Ferien

Norbert Landa

Warum werden Nashörner gejagt?

Einige Tierarten werden gejagt, weil ■re Hörner so beg■rt sind. Zu diesen gef■rdeten Tierarten gehört auch das Nashorn. Besonders in Asien bez■lt man für ein Pulver aus dem Horn eines Nashorns viel Geld. Das Pulver gilt bei vielen Menschen als Wundermedizin. Diese Ann■me ist aber ein F■ler. Der Glaube an die Heilkraft des in M■len gem■lenen Pulvers ist bl■ender Unsinn.

2 Vervollständige die Wörter in dem Text. Suche zu den einzelnen Wörtern möglichst viele verwandte Wörter, die zu der jeweiligen Wortfamilie gehören (z. B. ihre, ihr, ihn …). Ihr könnt euch den Text auch gegenseitig diktieren.

3 Ergänze die fehlenden Buchstaben in folgenden Sätzen. Diktiere dir mit einem Mitschüler oder einer Mitschülerin die Sätze gegenseitig.

- Ein ■sel frisst Kl■, er trinkt jedoch keinen T■.
- ■le, die durch das Wasser r■sen, stoßen sich sehr leicht die N■sen.
- Eine D■se voller L■se fand ich am Waldrand im M■s.
- Zunächst tanzte der H■se im S■l, später fr■ß er im G■rten S■l■t.
- Wenn ich ein Buch l■sen will, koche ich mir vorher eine Tasse Kaff■ oder Stachelb■rt■.

- Zum Geburtstag wünscht sich Andrea ein F■rr■d, eine W■ge, Blumens■men und eine Kristallv■se.
- Schn■männer r■den im F■bruar viel über das Wetter.
- Ein Affe aus dem Z■ erwarb im Supermarkt eine T■rte, zwei R■sen, eine Latzh■se und ein knallr■tes Gummib■t.

Wörter mit langem i-Laut richtig schreiben

4 In dem Gedicht fehlen die Buchstaben **ie**, **i** oder **ih**. Übernimm das Gedicht in dein Heft und setze die passenden Buchstaben ein.

Josef Guggenmos (1922 – 2003)

Überraschung im D■nst

Es lag ein Str■ck
aus einem Loch.
Da sprach der Pol■z■st Franz Pfloch.
„Du hast h■r n■cht zu l■gen!
Drum w■rst du aufgeschr■ben
und außerdem verhaftet."
Jedoch ■n aus dem Loch zu z■hen,
das hat er n■cht verkraftet.
„Du w■llst wohl n■cht? He! W■?"
Franz Pfloch nahm seine Tr■llerpfeife:
Iiiiiii!
[...]

5 Übernimm das Rätsel in dein Heft und löse es.

duftender Strauch	□ □ ie □ □ □
kein Krieg	□ □ ie □ □
Körperorgan	□ ie □ □
hoher Schuh	□ □ ie □ □ □
Insekt	□ ie □ □
Getränk	□ ie □
Verbrecher	□ ie □
Wochentag	□ ie □ □ □ □ □
Gefühl	□ ie □ □
Grünfläche	□ ie □ □

6 Löse das folgende Silbenrätsel und schreibe die Lösungswörter in dein Heft.

b • Bie • chen • frie • gung • krie • l • ne • ren • ren • Pa • pas • pier • Schie • sie • Stie • Trie

Von Riesen, Großmüttern, Prinzessinnen und anderen sonderbaren Gestalten – s-Laute

Es ist nicht ganz leicht, Wörter wie *groß*, *Kuss* oder *reisen* richtig zu schreiben. Im Deutschen werden nämlich die s-Laute unterschiedlich geschrieben. In diesem Kapitel lernt ihr deshalb,

- woran ihr die verschiedenen s-Laute erkennen könnt (z. B. an der Aussprache) und
- welche Regeln und Tipps euch helfen, die einzelnen s-Laute richtig zu schreiben.

Weiter erfahrt ihr noch, wie ihr mithilfe von Fünf-Minuten-Diktaten eure Rechtschreibung trainieren könnt.

Was hörst du? – Stimmhafte und stimmlose s-Laute unterscheiden

Riesengeschichte

Bartolo ist ein Riese. Er ist sehr groß und stark, er hat riesige Füße und Riesenhände, eine Riesennase, Riesenohren und einen Riesenschnurrbart, der wie ein Besen aussieht. Aber sein Herz ist wie ein Hasenherz, ein richtiger Angsthase ist er. Bartolo fürchtet sich nicht nur vor Spinnen und Wespen wie du und ich. Nein, er fürchtet sich auch vor Löwen und Tigern und Drachen. Dabei hat in unserem Wald seit ewigen Zeiten bis heute niemand einen Löwen oder Tiger oder Drachen gesehen. Und er fürchtet sich auch vor den Nachteulen mit ihren großen runden Augen, vor den Füchsen mit ihren messerscharfen Zähnen, vor den Katzen mit ihren spitzen Krallen. Es gibt nichts, wovor er sich nicht zumindest ein bisschen fürchtet.

1 Lies die unterstrichenen Wörter mehrmals laut. Sprich dabei die einzelnen Silben so deutlich, dass du jeden Buchstaben genau hörst. Achte dabei besonders auf die s-Laute:

- Welche Unterschiede hörst du in der Aussprache der s-Laute
- Lege beim Sprechen der Wörter deine Hand an den Kehlkopf. Bei welchen s-Lauten kannst du ein Summen spüren und bei welchen fühlst du nichts?

2 Übernimm dann die Tabelle in dein Heft. Ordne die unterstrichenen Wörter mit einem s-Laut ein. Sprich sie dazu vorher laut und lege deine Hand an den Kehlkopf, bevor du sie in die Tabelle schreibst.

stimmhafter (= gesummter) s-Laut	**stimmloser (= gezischter) s-Laut**
Riese (Z. 1),	groß (Z. 1)

Du kannst deine Lösung mit der Hilfekarte auf S. 318 kontrollieren

S. 318

3 Wie viele Schreibweisen könnt ihr für das gesummte s finden und wie viele für das gezischte? Unterstreicht die verschiedenen Schreibweisen mit verschiedenen Farben.

4 Bestimmt, ob die Wörter in dem folgenden Wortspeicher einen stimmhaften oder stimmlosen s-Laut haben. Geht dabei so vor wie in Aufgabe 2.

- Unterstreicht die Wörter mit einem stimmhaften s-Laut und kreist die Wörter mit einem stimmlosen s-Laut ein.
  (Übernehmt die Wörter dazu in euer Heft, wenn euch das Buch nicht gehört.)

das Wissen • lesen • küssen • niesen • der Esel • die Rose • der Riss
riesig • der Hase • das Haus • das Los • groß • der Fußball • reisen
der Spaß • süß • leise • der Besen • lispeln • Floß • draußen
die Meise • die Wiese • das Gras • der Muskel • der Fleiß • der Gruß
die Klasse • rosa • der Hass • fließen • besser • die Gänse • bremsen

5 Übernimm die Tabelle in dein Heft. Ordne die Wörter aus dem Wortspeicher von Aufgabe 4 ein.

stimmhafter/ gesummter s-Laut	**stimmloser/gezischter s-Laut**		
geschrieben **s**	geschrieben **s**	geschrieben **ss**	geschrieben **ß**

6 **Durchstarten! So könnt ihr weiterarbeiten:**

a ○○ Sammelt Ideen, was Bartolo erleben könnte, damit er seine Angst besiegt. Schreibt dann eine Geschichte dazu.

b ●● Unterstreicht anschließend in eurem Text alle Wörter mit stimmhaften und stimmlosen s-Lauten mit unterschiedlichen Farben.

c ●○ Finde mithilfe eines Wörterbuches jeweils zehn Beispiele für die verschiedenen Schreibweisen des s-Lautes. Ordne diese in die Tabelle von Aufgabe 5 ein

Das brauchst du immer wieder – Das musst du wissen

Der stimmhafte und der stimmlose s-Laut

Es gibt im Deutschen **zwei verschieden gesprochene s-Laute**.

- Der **stimmhafte s-Laut** wird **gesummt** gesprochen wie z. B. in *eisig* oder *Rasen*. Wenn du deine Hand auf den Kehlkopf legst, kannst das Summen fühlen.
- Der **stimmhafte s-Laut** wird immer mit einfachem **s** geschrieben.
- Den **stimmlosen s-Laut** spricht man **gezischt** wie z. B. in *draußen*, *große* oder *Flüsse*. Du kannst ihn nur hören, aber nicht fühlen.
- Für den **stimmlosen s-Laut** gibt es drei Schreibweisen. Er kann mit **s**, mit **ss** oder mit **ß** geschrieben werden.

Nicht immer so einfach – Wörter mit einfachem s richtig schreiben

Der Wolf mit den drei goldenen Haaren

Hinter den ■■■■ Bergen bei den ■■■■ Zwergen lebte an einem ■■■■ ■■■■ ein Wolf. Es war ein ungewöhnlicher Wolf, denn auf seinem Kopf wuchsen drei goldene Haare und seine ■■■■ wurde immer länger, wenn er nicht die Wahrheit ■■■■ . Eines Tages wollte der Wolf ■■■■ kranke Großmutter ■■■■, die hinter dem Wald in einem der Hochhäuser lebte. Sie hatte ■■■■ und lag mit ■■■■ hohem Fieber im Bett. Er ■■■■ sich auf sein Motorrad, packte süßen Kuchen, ■■■■, ■■■■, Wein und Brot zur Stärkung für die Großmutter in seinen Korb und brauste los. Unterwegs begegnete er ■■■■ und Gretel, die mit Inline-Skates auf dem Weg zum Lebkuchenhaus waren, um zu ■■■■, wie es der alten Hexe ging, die nach ihrem letzten Ausflug mit dem ■■■■ eine Erkältung bekommen hatte und ständig ■■■■ und husten musste.

1 Sprich die Wörter aus dem Korb des Wolfes laut. Was fällt dir an den s-Lauten der Wörter auf?

2 Im Korb des Wolfes sind die Wörter versteckt, die ihr in den Text einsetzen müsst. Setzt sie in die Lücken des Textes ein und lest das Märchen. Dazu müsst ihr vielleicht ein bisschen knobeln.

3 Schreibe den Text in dein Heft. Setze dabei die passenden Wörter aus dem Korb in die Lücken ein.

4 Unterstreiche dann alle Wörter mit einem stimmhaften s-Laut und kreise alle Wörter mit einem stimmlosen s-Laut ein.

5 Übe noch einmal die Aussprache und Schreibweise des gesummten s-Lautes. Ergänze den fehlenden Buchstaben und lies die Wörter laut. Schreibe sie anschließend in alphabetischer Reihenfolge in dein Heft.

Ha■e, Brem■e, sau■en, E■el, Ho■e, Na■e, tau■end, Ra■en, Kä■e, Am■el, die■er, le■en, Do■e, Gemü■e, Ro■e, rei■en, Pau■e, Be■en, lei■e, Ei■en, al■o, Amei■e, bö■e

6 Bilde mit den Wörtern lustige Paarreime. Schreibe sie in dein Heft und unterstreiche alle stimmhaften s-Laute, z. B.:

Die Hexe fliegt auf ihrem Besen,
sie hat im Zauberbuch gelesen.

7 Formuliere einen Merksatz zur Aussprache und Schreibweise des stimmhaften s-Lautes.

Das stimmhafte **s** spricht man ■■■■ und man schreibt es ■■■■.

8 In der Märchenburg sind viele Wörter zu sehen. Lies sie laut. Welche Gemeinsamkeit entdeckst du?

9 Worin besteht der Unterschied zwischen den Wörtern in der Märchenburg und den Wörtern im Korb des Wolfes auf S. 295?

10 Schreibt die Wörter aus der Burg untereinander auf. Findet nun zu allen Wörtern eine Verlängerung (z. B.: Maus – Mäuse, sie niest – niesen). Bildet z. B. zu den Verben die Infinitive (= Grundformen) und zu den Nomen/ Substantiven den Plural (= Mehrzahl).

11 Lest jetzt jeweils das Wort aus der Burg und die Verlängerung dazu laut. Erklärt, wie euch das Verlängern der Wörter bei der Rechtschreibung hilft.

12 Ergänzt bei dem folgenden Gedicht die fehlenden Buchstaben.

- Findet zu den Wörtern mit den fehlenden Buchstaben Wörter, mit denen ihr ihre Schreibweise erklären könnt.
- Sprich dazu die Wörter deutlich in Silben, verlängere sie oder suche Wortverwandte.

Johannes Diekhans (geb. 1954)

Die Leseratte zum Bücherwurm

Die Le■eratte zum Bücherwurm:
„Lie■ mir ein Buch vor!
Eines, in dem der Rie■e nie■t.
Eines, in dem der Wind blä■t.
Eines, in dem der Sturm sau■t.
Eines, in dem das Schaf gra■t.
Eines, in dem wir uns treffen.
Du und ich.
Eines, das du noch nicht verspei■t hast."

Das brauchst du immer wieder – Das musst du wissen

Wörter mit einfachem s richtig schreiben

Vor einem Konsonanten oder am Wortende hörst du immer nur einen stimmlosen, gezischten s-Laut (z. B.: er nie**s**t, Mau**s**).

Um dir sicher sein zu können, wie man den s-Laut in diesen Fällen schreibt, gehe so vor:

- Wenn du einen stimmhaften s-Laut hörst, wird der s-Laut mit einem einfachen **s** geschrieben.
- **Verlängere** das Wort (z. B. Mau**s** – Mäu**s**e, Hau**s** – Häu**s**er) oder suche **verwandte Wörter** (er nie**s**t – nie**s**en, er ra**s**t – ra**s**en). Wenn du einen **stimmhaften** gesummten **s-Laut** hörst, wird der s-Laut mit **einfachem s** geschrieben.

➲ Wiederholen und üben: s-Laute richtig schreiben S. 302 – 303

Hörst du davor einen kurzen oder langen Vokal? – Wörter mit ss und ß richtig schreiben

1 Schreibe die Wörter aus der Märchenkiste in dein Heft. Ordne sie dabei in einer Tabelle nach **ss** und **ß**.

2 Lest die Wörter laut in Silben zerlegt. Verlängert dabei die einsilbigen Wörter.

- Kennzeichnet dann den Vokal (= Selbstlaut) vor dem stimmhaften s-Laut.
- Unterstreicht die langen Vokale (*Grüße*) und setzt unter die kurzen Vokale einen Punkt (*Tasse*).

3 Versucht, die unterschiedliche Schreibweise des stimmhaften und gezischt ausgesprochenen s-Lautes zu erklären:

- Wann schreibt man ihn mit **ss** und wann mit **ß**?
- Vergleicht eure Antwort mit den Hinweisen in der Lernbox auf S. 299.

4 Bilde mithilfe der Wortsterne möglichst viele Wörter und schreibe sie in dein Heft. Markiere wieder die Vokale vor dem stimmhaften s-Laut. Unterstreiche die langen Vokale und kennzeichne die kurzen mit einem Punkt.

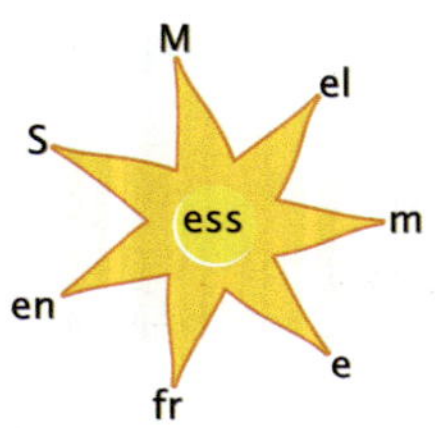

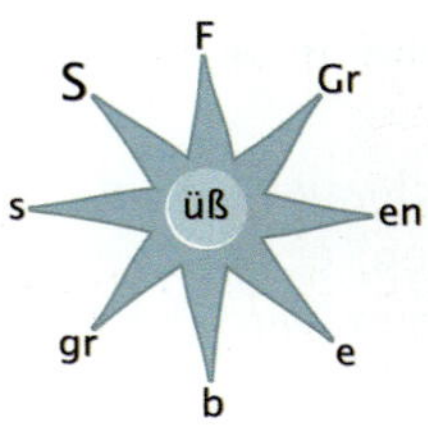

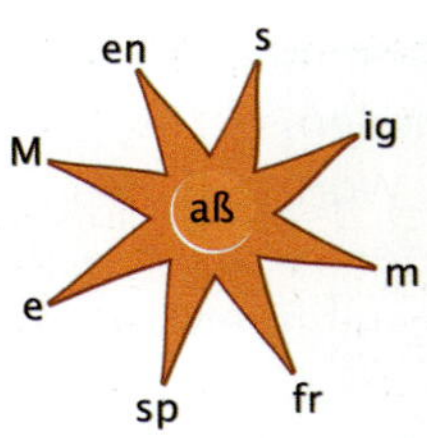

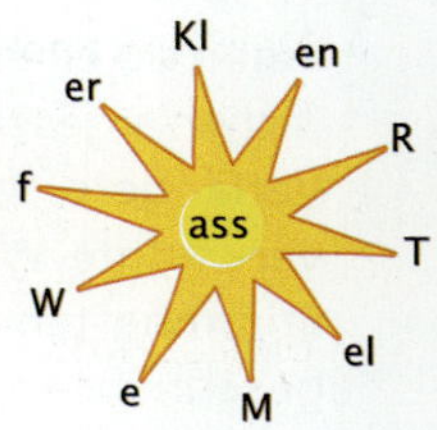

5 Lies die Lernbox unten und ergänze bei den Wörtern den stimmlosen s-Laut. Setze **ss** oder **ß** ein:

- Sprich die Wörter vorher mehrmals deutlich. Kennzeichne die langen Vokale durch einen Strich (Füße) und die kurzen Vokale durch einen Punkt (Küsse).
- Verlängere die Wörter, wenn der stimmhafte s-Laut am Ende steht (groß – größer, Biss – Bisse).

Fischflo■e, Grü■e, Ma■e, Schlü■el, Stra■e, pre■en, Spa■, genie■en, Flu■, Kla■e, Blö■e, zerrei■en, nie■en, verschlo■en, flie■en, Wei■brot, vermi■en, Hei■hunger, zusammenfa■en

6 Klärt zunächst mündlich, ob jeweils **ss** oder **ß** in den Lücken ergänzt werden muss. Führt dann mit dem Text ein Partnerdiktat durch. Kontrolliert eure Diktate mithilfe des Textes und der Hilfekarte auf S. 318.

S. 318

Erster Schultag in der Prärie

Die Lehrerin will von dem Sohn des gro■en Indianerhäuptlings wi■en, wie er denn hei■e. Dieser antwortet: „Ich hei■e Kleiner-Vogel-der-flei■ig-singt-und-zwitschert-und-von-Baum-zu-Baum-fliegt."
„Ein bi■chen lang, dein Name, und leicht zu verge■en", sagt da die Lehrerin. „Wie nennen dich denn deine Freunde?"
„Piep!", entgegnet gela■en der Sohn des gro■en Häuptlings.

Das brauchst du immer wieder – Das musst du wissen

Wörter mit ss und ß richtig schreiben

Der stimmlose s-Laut wird gezischt ausgesprochen.

- **Nach langem, betontem Vokal** oder **Doppellaut** (z. B. au oder ei) wird der stimmlose s-Laut mit **ß** geschrieben.
  Beispiele: Soße, Fleiß, beißen, Füße, genießen
- Nach **kurzem, betontem Vokal** wird er mit **ss** geschrieben.
  Beispiele: Klasse, fassen, Masse, essen
- Wenn du dir bei der Schreibweise unsicher bist, **verlängere** das Wort (er küsst – küssen, Fuß – Füße) oder suche **verwandte Wörter** (Biss – bissig, groß – Größe).

➔ Wörter mit ss oder ß richtig schreiben
AH, S. 101–102

➔ Wiederholen und üben: s-Laute richtig schreiben
S. 302–303

7 Bilde mithilfe der Wörter Paarreime (z. B.: genießen – schließen) und schreibe sie mit den Silbenbögen in dein Heft.

genießen • Maus • Grüße • Haus • groß • zerreißen • schließen • weiß
Füße • Laus • Floß • heiß • fließen • Fuß • beißen • Gruß • gießen

8 Schreibe die folgenden Wörter in dein Heft und setze **ss** oder **ß** ein.

Ka■e, flie■en, Spie■e, Pa■, Flo■e, be■er, sto■en, Ga■e, So■e, drei■ig, Schlü■el, Ta■e, gie■en, au■en, kü■en, Gru■, Stra■e, Ha■

9 Vervollständigt die Tabelle in eurem Heft und ergänzt die fehlenden Verbformen:

- Sprecht die Verbformen laut und deutlich. Schreibt den gezischten s-Laut so, wie ihr es gelernt habt. Seht euch eventuell noch einmal die Lernbox auf Seite 299 an.
- Kennzeichnet wieder den lang gesprochenen Vokal durch einen Strich und den kurz gesprochenen Vokal durch einen Punkt.

Infinitiv (= Grundform)	**1. Person Singular Präsens (= Gegenwart)**	**1. Person Singular Präteritum (= Vergangenheit)**
genießen	ich genieße	ich genoss
schießen	■■■■	■■■■
zerreißen	■■■■	■■■■
gießen	■■■■	■■■■
essen	ich esse	■■■■
vergessen	■■■■	■■■■
wissen	■■■■	■■■■

10 Was fällt euch an der Schreibung der Wörter auf, wenn ihr die Infinitive in das Präsens und Präteritum setzt? Erklärt die Veränderung der Schreibweise.

11 Lest die verwürfelten Wörter. Ihr könnt auch zu zweit oder zu dritt knobeln und sehen, wer am schnellsten ist.

ÜRSELS	SLUSCHS	SIERE	LORSWAS	RESAWS	SEIWE
ESAKS	ULAS	SOLFES	DEBOSSERN	SORE	ESILE
ESAN	EMIESA	NASER	EISER	SANS	SÜSNEK

Übung macht den Meister – Fünf-Minuten-Diktate schreiben

Mithilfe der folgenden Texte könnt ihr selbstständig Partnerdiktate durchführen. So könnt ihr eure Rechtschreibung und die Schreibweisen des s-Lautes trainieren. Geht folgendermaßen vor:

- Arbeitet zu zweit. Lest den Text zusammen und klärt unbekannte Wörter.
- Derjenige, der den Text diktiert, liest dem anderen den ganzen Text laut vor.
- Dann liest er den ersten Satz vollständig vor und diktiert ihn abschnittweise jeweils bis zum Schrägstrich im Text. Diktiert die Satzzeichen (z. B. Punkt und Komma) mit.
- Achtet darauf, dass der andere den Abschnitt geschrieben hat, bevor ihr weiterdiktiert.
- Überprüft nach dem Diktat gemeinsam, ob der Text richtig geschrieben ist. Besprecht zusammen die Fehler.
- Die Rolle desjenigen, der diktiert, kann bei jedem neuen Text wechseln. Ihr könnt aber auch die Rollen nach der ersten Hälfte eines Textes tauschen.

1 Diktiert euch die folgenden Texte. Arbeitet zu zweit.

■ Einige Schlangenarten / sind für den Menschen / sehr gefährlich. So fließt / bei den Kobras / das Gift / durch die spitzen Giftzähne / direkt / in die Bisswunde des Opfers. / Es wird dadurch / gelähmt oder sogar getötet.

■ Wer / mit einem Schiff / verreist, / sollte auf keinen Fall / seine Reiseapotheke / vergessen. / Man könnte / nämlich / seekrank werden, / falls es stürmt.

■ Fische sind / sehr gut an das Leben / im Wasser angepasst. / Sie bewegen sich / mithilfe ihrer Flossen / vorwärts. / Einige Fischarten leben / in offenen Gewässern. / Andere leben / nicht in Seen, / sondern am Boden / eines Flussbetts.

■ Das Walross ist / ein großes Säugetier / mit langen Stoßzähnen. / Es besiedelt / die nördlichen Gewässer / der Antarktis. / Die riesigen Tiere haben / eine dicke Speckschicht. / Diese schützt sie / vor Kälte / und dient ihnen / als Reserve, / wenn die Nahrung / knapp wird.

■ Nashörner sind / wegen ihres begehrten Horns / vom Aussterben bedroht. / In einigen Ländern / wird es als / kostbares Gut gehandelt. /

Es wird deshalb / gnadenlos von Wilderern / gejagt und geschossen. / Sie erschießen wahllos / sowohl große als auch junge Nashörner.

Alles klar? – Wiederholen und üben

s-Laute richtig schreiben

1 Bestimmt bei den folgenden Beispielen, ob der s-Laut gesummt oder gezischt gesprochen wird. Sprecht dazu die Wörter laut und deutlich.

Ang■t, Nie■anfall, genie■en, Geheimni■, lei■e
bi■chen, Gra■, Wie■se, kra■, Ne■t

2 In dem folgenden Buchstabenquadrat sind viele Wörter mit stimmhaften und stimmlosen s-Lauten versteckt. Schreibe sie heraus. Achte dabei auf die Groß- und Kleinschreibung.

M	E	I	S	E	P	A	D	F	G	K	H	J	K
G	N	I	E	S	E	N	B	H	I	U	P	Z	Ö
S	F	G	Z	I	O	E	G	N	A	S	S	E	L
Q	B	K	G	R	M	Y	H	R	N	S	M	U	P
S	C	H	L	Ü	S	S	E	L	Ü	Y	V	G	B
P	O	Ä	B	S	A	U	S	E	N	O	M	N	O
E	J	U	N	S	E	R	B	I	L	C	X	I	V
I	C	S	Ü	E	I	Q	Ä	F	Ö	B	N	S	C
S	Z	E	X	L	A	J	T	P	R	G	A	S	F
E	H	R	E	I	S	E	U	G	A	N	S	E	T
R	G	Z	X	Y	V	J	M	L	S	R	E	L	O
G	R	A	S	N	T	A	S	S	E	Z	L	Z	P
Y	V	F	R	O	P	Ü	L	G	N	U	S	S	Ü
R	I	E	S	E	W	Z	H	G	Z	T	J	K	L
I	U	N	X	A	R	P	K	A	S	S	E	E	R

3 Setze **ss** oder **ß** richtig in die Wörter ein und schreibe sie in dein Heft.

gefrä■ig, Fü■e, Spie■e, E■ig, Ta■e, Kla■e, be■er, Genu■, schlie■en, Dro■el, Stra■e, Ki■en, ka■ieren, au■en, Grö■e, Fa■, sie lä■t, Kommi■ar, er vergi■t, sie mu■ten, Flo■

4 Bei folgenden Wörtern musst du den s-Laut ergänzen. Gehe dabei so vor:

- Finde zu jedem Wort zwei Verlängerungen oder verwandte Wörter und schreibe sie in dein Heft (z. B.: wir hassen – der Hass – er hasst, die Maus – die Mäuse – der Mäuserich).
- Sortiere die Wörter danach, ob du den s-Laut mit einfachem **s** oder **ss** schreiben musst.

wir kü■en, das Hau■, na■, er mu■, der Prei■, er ra■t, er fri■t, das Gla■, die Ka■e, er spei■t

5 Die folgenden Texte stammen aus verschiedenen Märchen. Wie heißen die Märchen?

A Eine sehr arme Witwe lebte in einer ein■amen Hütte. In ihrem Garten standen zwei Ro■enbäumchen, das eine hatte wei■e, das andere rote Ro■en. Ihre zwei Kinder glichen die■en beiden Ro■enbäumchen.

B Eine Witwe hatte zwei Töchter, davon war die eine schön und flei■ig, die andere hä■lich und faul. Sie hatte aber die hä■liche und faule Tochter viel lieber, und die andere mu■te die ge■amte Arbeit tun. Das arme Mädchen mu■te sich täglich auf die gro■e Stra■e an einen Brunnen setzen und so viel spinnen, dass ihm die Finger bluteten.

C Deine wei■en Kleider, deine Perlen und gro■en Edelsteine und deine goldene Krone mag ich nicht. Wenn du mich aber lieb haben willst und ich dein Spielkamerad ■ein, an deinem Tisch neben dir sitzen, von deinem goldenen Teller e■en, aus deiner Ta■e trinken und in deinem Bett schlafen darf, so will ich hinuntersteigen und dir die goldene Kugel wieder hinaufholen.

6 In den drei Texten fehlen bei einigen Wörtern die s-Laute. Übernehmt die Tabelle in euer Heft und ordnet diese Wörter mit ihrer richtigen Schreibweise in die Tabelle ein.

s	ss	ß
...	...	...

7 Ergänze die Buchstaben **s**, **ss** oder **ß**.

Meerschweinchen al■ Hau■tiere

Meerschweinchen ■ind gutmütige Tiere, die ■ich al■ Hau■tiere eignen. ■ie werden ■ehr schnell zahm und zutraulich, wenn man ■ich oft mit ihnen beschäftigt. ■ie mögen e■ besonder■, gestreichelt zu werden. Meerschweinchen können ■ogar recht schnell laufen und lernen auch, auf ihren Namen zu hören. Damit ■ie ■ich wohlfühlen, ■ollten ■ie eine gro■e Ki■te bekommen, ausgepol■tert mit ■ägespänen, Heu oder weichem Katzenstreu. Au■erdem benötigen ■ie ein kleines Hau■, in dem ■ie Unterschlupf finden, ■ich au■ruhen und schlafen können. Einmal am Tag ■ollten ■ie in der Wohnung herumlaufen dürfen. Aber Vor■icht, ■ie knabbern gern Kabel an!

8 Übt mit den Texten von Aufgabe 6 und 7 eure Rechtschreibung und diktiert sie euch gegenseitig. Lest euch vorher noch einmal die Tipps zum Diktieren auf S. 302 durch.

Ep

Die Zeichensetzung bei Aufzählungen und bei der wörtlichen Rede

Stell dir vor, in einem Jugendbuch wäre die wörtliche Rede nicht mithilfe von Satzzeichen gekennzeichnet. Dann hättest du bestimmt große Mühe zu verstehen, wer was sagt. Oft helfen Satzzeichen wie Kommas auch, Sätze übersichtlicher und verständlicher zu machen, z. B. wenn in einem Kochrezept mehrere Zutaten aufgezählt werden.

In diesem Kapitel lernt ihr,

- welche Regeln es für die Kommasetzung bei Aufzählungen gibt und
- wie Anführungszeichen, Doppelpunkte und Kommas zur Kennzeichnung der wörtlichen Rede verwendet werden.

Die Schüler und Schülerinnen der 5b haben im Deutschunterricht ein kleines Übungsdiktat geschrieben. Boris hat sogar noch ein Bild dazu gezeichnet.

Als die Lehrerin herumgeht, staunt sie über Boris' Zeichnung. „Warum steht die alte Dame bei dir denn auf dem Kopf?", fragt sie. Doch dann liest sie Boris' Text und es wird ihr klar.

1 Lest den Text und erklärt, was passiert ist. Was hat Boris vergessen?

2 Die alte Dame steht natürlich nicht auf dem Kopf, sondern richtig herum am Straßenrand. Wo würdet ihr in dem Text Kommas setzen, damit der Text eindeutig zu verstehen ist?

3 Was zeigt das Beispiel von Boris darüber, welche Aufgabe Satzzeichen haben?

Höher, weiter, schneller – das Komma bei Aufzählungen richtig setzen

Boris und Justus interessieren sich für Tiere und Pflanzen und lesen viel darüber. Besonders erstaunt sind sie über folgende „Rekorde" der Natur.

In Mexiko wächst der dickste Baum der Welt. Er hat eine Höhe von 42 m, einen Stammdurchmesser von 14,05 m und einen Stammumfang von 58 m. Neunzehn Autos müsste man hintereinander stellen, um einen vollständigen Kreis um den Stamm zu bilden.

Als größtes Vogelnest der Welt lässt sich das Nest eines Seeadlerpaares in Florida bezeichnen. Es ist 2,9 m breit, 6 m tief und wiegt über 2 Tonnen. Die Küken dieser Vogeleltern wachsen also in einem richtigen „Palast" auf.

Auch Insekten stellen „Rekorde" auf. Ein einziger Heuschreckenschwarm kann aus einer Milliarde Tieren bestehen, etwa 1.500.000 kg wiegen und genauso viele Kilogramm Pflanzen fressen.

1 Welchen „Rekord" findet ihr am eindrucksvollsten? Begründet eure Wahl.

2 In den Texten kommen mehrere Aufzählungen vor. Sucht sie heraus.

3 Was fällt euch an der Zeichensetzung in den Aufzählungen auf? Versucht, Regeln für die Zeichensetzung bei Aufzählungen zu formulieren.

Katzen sind Überlebenskünstler

Abgemagert verängstigt müde und völlig erschöpft wurde eine Katze in einem Karton vorgefunden (2). Sie hatte 35 Tage in einem Schiffscontainer zugebracht. Bei ihrer Entdeckung bekam sie zunächst Futter Wasser und den Namen „China" (1). Sie war nämlich von China bis in die USA „gereist". Eine andere Katze mit dem Namen „Ginger" wollte nicht allein zu Hause bleiben. Sie sprang unbemerkt zu den Hosen Röcken Blusen Pullovern und Schuhen ihrer Besitzerin in einen Koffer (3). So flog sie nach Kanada fuhr im Auto zu den Niagarafällen und sprang im Hotel ihrer überraschten Besitzerin in die Arme (1).

4 In den Aufzählungen des Textes fehlen die Kommas. Schreibe den Text in dein Heft, unterstreiche die Aufzählungen und füge die fehlenden Kommas ein. In den Klammern hinter den Sätzen mit Aufzählungen ist vermerkt, wie viele Kommas du in den jeweiligen Satz einsetzen musst. Beachte die Hinweise in der Lernbox unten.

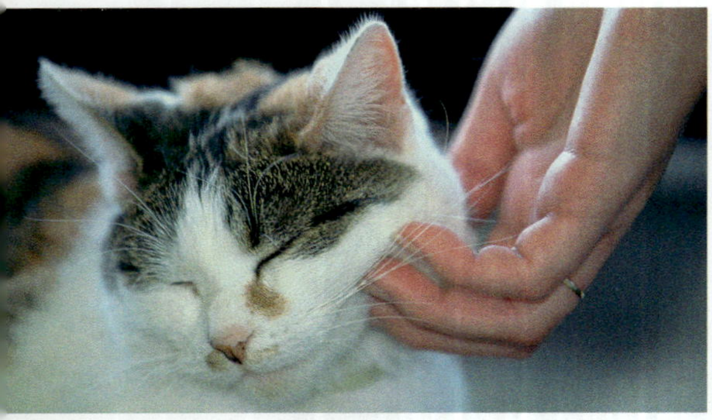

5 Schreibe selbst Sätze mit Aufzählungen zum Thema „Katzen". Beantworte dazu folgende Fragen und benutze dabei möglichst viele Aufzählungen. Beachte wieder die Hinweise in der Lernbox.

- Was fressen Katzen gern?
- Womit spielen sie?
- Was mögen Katzen besonders gern?
- Was mögen sie gar nicht?
- Was benötigen sie zu ihrer Pflege?
- Welche besonderen Eigenschaften haben Katzen?

6 Vervollständigt die folgenden Sätze mit Aufzählungen und berücksichtigt dabei die Kommasetzung. Passende Ausdrücke findet ihr in dem Speicher. Die Zahlen hinter den Sätzen sagen euch, wie viele Wörter jeweils zu den Aufzählungen gehören.

- Kaninchen fressen am liebsten … (3)
- Zur Pflege von Pferden benötigt man … (3)
- Affen vertreiben sich die Zeit, indem sie … (4)
- Eichhörnchen sammeln im Herbst … (3)
- Vögel füttern ihre Küken mit … (4)
- Hunde helfen den Menschen, indem sie … (3)

Kastanien • klettern • Möhren • Mähnenkämme • Beeren • Striegel • Insekten • Schafe hüten • Salat • turnen • Bucheckern • Samen • Verschüttete aufspüren • hangeln • Körnern • Klee • Hufauskratzer • schaukeln • Eicheln • Drogen finden

Das brauchst du immer wieder – Das musst du wissen

Das Komma bei Aufzählungen

- **Aufzählungen** von Wörtern oder Wortgruppen werden durch ein **Komma voneinander getrennt**.
- Vor den Wörtern **und**, **oder** und **sowie** steht bei Aufzählungen **kein Komma**.

Beispiele: Zu den schnellsten Tieren der Welt gehören Geparden, Delfine, Strauße sowie Wanderfalken.
Viele Kinder besitzen selbst einen Hund, eine Katze, ein Meerschweinchen, einen Vogel oder einen Hamster.

➲ Das Komma bei Aufzählungen AH, S. 108

➲ Wiederholen und üben: Das Komma bei Aufzählungen S. 310, Aufgaben 1–4

Noch mehr von interessanten Tieren – die Zeichensetzung bei der wörtlichen Rede kennen und beachten

Der Junge Skip im folgenden Comic besitzt etwas ganz Ungewöhnliches – einen elektronischen Hund namens Bleeker. Bleeker kann sogar sprechen.

Der elektronische Hund Bleeker © 2009 Jonathan Mahood Reprinted with permission.

1 In Skips Leben gibt es eine große Veränderung. Worin besteht sie und wie reagiert er darauf? Erklärt auch, warum er Namensschilder auf seine Sachen kleben möchte.

2 Wie wird in einem Comic die wörtliche Rede deutlich gemacht?

Die Klasse 5b hat im Deutschunterricht Geschichten zu dem Comic geschrieben. Dies ist der Text von Annika.

Skips Eltern sind mit dem neugeborenen Schwesterchen nach Hause gekommen. Das Baby liegt in seinem Bettchen. Skip und Bleeker knien auf zwei Stühlen und betrachten es. Bleeker fragt: „Also Skip, wie findest du dein neues Geschwisterchen?" „Mir gefällt nicht, wie sie mein Zimmer beäugt", antwortet Skip. Dann rennt er in sein Zimmer. Von dort ruft er: „Komm, lass uns noch ein paar Namensschilder für meine Sachen drucken!" „So weit kann sie doch noch gar nicht gucken!", gibt Bleeker zu bedenken.

3 Lest den Text mit verteilten Rollen.

4 Wie wird von Annika in ihrem Text die wörtliche Rede verdeutlicht?

5 Oft ist die wörtliche Rede mit einem Redebegleitsatz verbunden, wie z. B. Bleeker fragt: „...?". Übernimm den Text von Annika in dein Heft. Unterstreiche den Redebegleitsatz und die wörtliche Rede in verschiedenen Farben.

6 Schaut euch den Comic an. Warum sind Skip und Bleeker aufgestanden? Erklärt, welches Problem Bleeker im zweiten Bild hat.

7 Lest die Lernbox auf dieser Seite. Sucht dann aus den beiden Comics über Bleeker Beispiele für Aussagesätze, Aufforderungssätze, Fragesätze und Ausrufe heraus.

8 Schreibt den Comic in einen Erzähltext um. Formuliere dabei alles, was Skip und Bleeker sagen, mit wörtlicher Rede. Was du bei der Zeichensetzung bei der wörtlichen Rede beachten musst, erfährst du in der Lernbox auf S. 309.

Das brauchst du immer wieder – Das musst du wissen

Satzarten kennen

➔ Satzarten und Sprechabsichten erkennen AH, S. 70 – 71

Man unterscheidet folgende Satzarten:

- **Aussagesätze** teilen meistens etwas mit, enthalten Aussagen oder Feststellungen. Sie werden durch einen **Punkt** abgeschlossen.
- **Fragesätze** werden durch ein **Fragezeichen** abgeschlossen. Mit ihnen fragt man in der Regel jemanden etwas oder man bringt zum Ausdruck, dass man etwas wissen will (Wann ist die Stunde zu Ende?).
- **Aufforderungssätze** enthalten oft Aufforderungen, Befehle oder Anweisungen. Sie werden mit einem **Ausrufezeichen** abgeschlossen (Lass das! *oder* Spiel ab!).
- Neben diesen drei Satzarten gibt es auch noch **Ausrufe**. Sie schließen ebenfalls mit einem **Ausrufezeichen**. Meistens drücken sie Gefühle und Empfindungen wie z. B. Überraschung (Oh! *oder* Nein!), Schmerz (Aua!) oder Bedauern (Ach! *oder* Oje!) aus.

Es ist unglaublich, aber die Hunde können ja richtig laufen!

Das ist wirklich erstaunlich. Jetzt schießt der Hund sogar auf ein Tor!

Pech, leider nicht getroffen. Aber der Hund im Tor ist von dem Schuss umgefallen.

Von allein kann er aber nicht aufstehen. Da muss der Mensch doch noch helfen.

Es muss aber viel Arbeit gewesen sein, die Hunde so zu programmieren, oder?

Ich glaube, dass die Hunderoboter in ein paar Jahren noch viel mehr können werden.

9 Schreibt das Gespräch zwischen Boris und Justus mit wörtlicher Rede und Redebegleitsätzen auf. Beachtet dabei die Regeln für die Zeichensetzung bei der wörtlichen Rede in der Lernbox.

Das brauchst du immer wieder – Das musst du wissen

Die Zeichensetzung bei der wörtlichen Rede

- Die **wörtliche Rede** wird in **Anführungszeichen** gesetzt. Am Anfang der wörtlichen Rede setzt ihr sie unten, am Ende setzt ihr sie oben.
  Beispiel: „Mach es gut. Wir sehen uns morgen."
- Wenn ein **Redebegleitsatz vor der wörtlichen Rede** steht, wird nach dem Redebegleitsatz ein **Doppelpunkt** gesetzt.
  Beispiel: Skip sagt: „Mir gefällt es nicht, wie sie mein Zimmer beäugt."
- Der **Redebegleitsatz** steht aber nicht immer vor, sondern auch häufig **hinter der wörtlichen Rede**. In diesem Fall trennt ihr den Redebegleitsatz durch ein **Komma** von der wörtlichen Rede.
  Wenn die **wörtliche Rede aus einem Aussagesatz** besteht, **entfällt der Punkt** am Ende der wörtlichen Rede.
  Beispiel: „Mir gefällt es nicht, wie sie mein Zimmer beäugt", sagt Skip.
- Die wörtliche Rede kann auch aus Fragesätzen, Aufforderungssätzen oder Ausrufen bestehen. In diesen Fällen setzt ihr erst **nach dem Frage- oder Ausrufezeichen** am Schluss der wörtlichen Rede die **Anführungszeichen**.
  Beispiel: „Wie findest du dein neues Geschwisterchen?", fragt Bleeker.
  „So weit kann sie doch noch gar nicht gucken!", ruft Bleeker.
- Die **wörtliche Rede** kann auch **durch den Redebegleitsatz unterbrochen** werden. Dazu setzt ihr **vor und nach dem Redebegleitsatz ein Komma**.
  Beispiel: „Komm!", ruft Skip und läuft in sein Zimmer, „lass uns noch ein paar Namensschilder für meine Sachen drucken!"
  „Morgen", verspricht Skip Bleeker, „werde ich aufräumen."

Wiederholen und üben: Zeichensetzung bei der wörtlichen Rede S. 311, Aufgaben 5 – 7

Alles klar? – Wiederholen und üben

Das Komma bei Aufzählungen richtig setzen

1 Ergänze die folgende Regel in deinem Heft.

Aufzählungen von Wörtern oder Wortgruppen werden durch ein ■■■■ voneinander getrennt. Vor den Wörtern ■■■■, ■■■■ und ■■■■ steht bei Aufzählungen kein Komma.

2 Ergänze bei den folgenden Sätzen die Zeichensetzung. Die Anzahl der fehlenden Kommas ist in Klammern angegeben.

- Die Mitglieder der Schulband spielen Saxophon Klarinette Geige Akkordeon Flöte Cello und Gitarre. (5)
- Zu den Bremer Stadtmusikanten gehören Esel Hund Katze und Hahn. (2)
- Brötchen Marmelade ein gekochtes Ei Kaffee oder Tee gehören bei vielen zum Sonntagsfrühstück. (3)
- Für den Sportunterricht wurden neue Bälle für Basketball Tischtennis Volleyball Handball sowie Tennis angeschafft. (3)
- Hefte Blöcke Bücher und ein Etui gehören in jede Schultasche. (2)
- Religion Mathematik Kunst Sport und Physik stehen am Donnerstag auf Inas Stundenplan. (3)

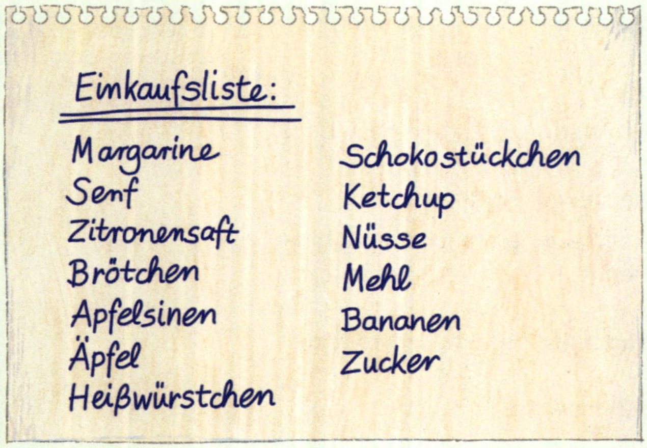

3 Julius kauft für seinen Geburtstag ein. Er will einen Nusskuchen backen, Obstsalat zubereiten und Hot Dogs anbieten.
Schreibe auf, welche Zutaten für die einzelnen Speisen notwendig sind. Für den Nusskuchen benötigt Julius fünf, für die anderen Gerichte jeweils vier Zutaten. Beachte bei deinen Sätzen die Zeichensetzung bei Aufzählungen.

4 Ergänzt bei dem Text „Tierrätsel“ von Hans Manz die fehlenden Kommas bei den Aufzählungen. Ihr müsst fünf Kommas setzen.

Hans Manz

Tierrätsel

Der Wolf die Ameise der Luchs und die Drossel: Nimm von jedem den ersten Laut, dann weißt du, wo der Erste die Höhle die Zweite die Burg der Dritte den Unterschlupf die Vierte das Nest baut.

Die Zeichensetzung bei der wörtlichen Rede

5 Welche Antworten sind richtig? Die in Klammern gesetzten Buchstaben der richtigen Aussagen ergeben die Textart der beiden Texte in Aufgabe 6. Du musst die Buchstaben allerdings noch in die richtige Reihenfolge bringen.

a) Wenn der Redebegleitsatz hinter der wörtlichen Rede steht, wird er durch ein Komma von der wörtlichen Rede getrennt. (Z)
b) Fragezeichen und Ausrufezeichen gehören nicht zur wörtlichen Rede und stehen darum nach den Anführungszeichen. (R)
c) Steht der Redebegleitsatz vor der wörtlichen Rede, setzt man hinter ihn einen Doppelpunkt. (I)
d) Steht der Redebegleitsatz vor der wörtlichen Rede, so trennt man ihn mit einem Komma von der wörtlichen Rede ab. (U)
e) Fragezeichen und Ausrufezeichen gehören zur wörtlichen Rede, deshalb setzt man die Anführungszeichen dahinter. (T)
f) Die wörtliche Rede wird in Anführungszeichen gesetzt. (W)

6 Auch mit den folgenden kurzen Texten könnt ihr die Zeichensetzung bei der wörtlichen Rede üben. Ergänzt die fehlenden Satzzeichen.

Im Museum

Die Klasse 5 geht mit ihrem Lehrer ins Museum. Fritzchen setzt sich, müde vom vielen Herumlaufen, auf einen Stuhl.
■Das ist der Stuhl von Karl dem Großen, steh sofort auf ■ ■ ■ flüstert ihm der Lehrer zu. Fritzchen entgegnet ■ ■ Nur für einen kleinen Moment, Herr Lehrer. Wenn er kommt, stehe ich sofort auf ■ ■

Auf dem Schulhof

Ein Zehnjähriger steht auf dem Schulhof und macht merkwürdige Bewegungen mit den Armen. Die Pausenaufsicht kommt und fragt ihn■
■Was machst denn du da■ ■
■Ich fange Flunkis■ ■
■Was ist das denn■ ■ ■ will der Lehrer wissen.
■Kann ich nicht sagen■ ■ entgegnet der Junge■ ■ ich habe noch keine gefangen■ ■

7 Schreibe zu einer der abgebildeten Gesprächssituationen einen kleinen Text mit wörtlicher Rede und Redebegleitsätzen. Beachte dabei die Zeichensetzung bei der wörtlichen Rede.

Anhang

Hilfekärtchen

Seite 23, Aufgabe 3

Um etwas Interessantes über deinen Partner zu erfahren, könntest du ihm z. B. folgende Fragen stellen:
- Woher stammt deine Familie?
- Habt ihr besondere Bräuche oder Sachen, die ihr zusammen macht?
- Welche Hobbys hast du?
- Wenn du drei Wünsche frei hättest, was würdest du dir wünschen?
- Was war dein schönstes Erlebnis in der Schule?
- Was hast du Besonderes mit deinem besten Freund/deiner besten Freundin erlebt?

Seite 27, Aufgabe 1

Folgende Fragen könntet ihr noch klären, um mehr über eure Schule zu erfahren. Wählt daraus aus:
- Gibt es Partnerschulen in anderen Städten und Ländern?
- Welche Personen arbeiten außer den Lehrern noch an dieser Schule?
- Wer ist an dieser Schule Beratungs- oder Vertrauenslehrer?
- Wann werden welche Fahrten und besonderen Projekte (wie z. B. das Praktikum) durchgeführt?
- Welche Fächer, die es an der Grundschule nicht gibt, werden unterrichtet?
- Wie viele Klassen und Schüler gibt es in den einzelnen Jahrgängen?
- Was waren die besonderen Ereignisse im letzten Schuljahr?
- Was wurde in den Zeitungen über die Schule berichtet?
- …

Seite 44, Aufgabe 7

So kannst du deinen inneren Monolog für Florian beginnen. Ergänze dazu auch die unvollständigen Sätze Florians:
Florian dachte: „Zum Glück habe ich nicht vorbeigeschossen! Das wäre vielleicht peinlich gewesen. Bestimmt denken die jetzt, dass ich … So wollen sie sicher auch … Die Jungen in der Klasse sind anscheinend doch … Ich …“

Seite 47, Aufgabe 5

Die Fehler, die Olga gemacht hat, sind unterstrichen. Sucht aus der Geschichte heraus, was richtig gewesen wäre:
Petra sitzt neben *Markus*. Weil Uli einen *Fleck* in Petras Heft gemacht hat, will sie nicht mehr gerne neben ihm sitzen. Sie setzt sich auf Rolfs Platz, der länger fehlt. Uli ist darüber *froh*, denn er hat ganz *funkelnde* Augen. *Jörg* hat sich zu Uli gesetzt. Aber er hat immer wieder *gequatscht*, weil er meint, dass Uli zu ruhig ist. Als *Rolf* wieder da ist, setzt sich Petra wieder neben *Markus*. Sie findet es jetzt auch nicht mehr so schlimm, *wenn Uli allein sitzt*.

Seite 72, Aufgabe 3, 6 und 7

Aufbau des Textes	mögliche Formulierungen
Darstellung des Vorschlags für die Klassenaktion	*Als Klassenaktion an einem Nachmittag möchte ich vorschlagen, dass …* *Meiner Meinung nach könnten wir …* *Ich finde, als Klassenaktion wäre es schön, wenn wir …* *Ich bin der Ansicht, dass …*
Begründung des Vorschlags – Argument 1 – Argument 2 – Argument 3	 *Für meinen Vorschlag spricht vor allem Folgendes: …* *Wir sollten dies machen, weil …/…, da … /* *Außerdem spricht für meinen Vorschlag noch, …* *Ein weiteres Argument ist, …* *Darüber hinaus …* *Weiterhin muss man noch sehen, …*
Schluss/Zusammenfassung	*Ich finde an meinem Vorschlag vor allem gut, dass …* *Zusammenfassend gesagt, würde ich es gut finden, wenn …* *Es wäre daher sehr schön, wenn …* *Ich hoffe, dass …*

Seite 81, Aufgabe 2

Übernehmt die folgende Tabelle in euer Heft und vervollständigt sie:

Zeilen/ Abschnitt	Überschrift	Inhalt
Zeilen 1 – 7	Ausgangssituation des Mädchens	– Mädchen hat keine Eltern – Mädchen ist arm – …
Zeilen 8 – 11	Treffen mit dem armen Mann	– armer Mann ist hungrig – …
Zeilen 12 – …	Treffen mit dem ersten frierenden Kind	– …
Zeilen …	Treffen mit …	– frierendes Kind bittet um ein Leibchen
Zeilen …	Treffen mit …	– …
Zeilen …	Treffen mit dem vierten frierenden Kind	– Kind bittet um ein Hemd
Zeilen 28 – 32	Schluss	– Mädchen …

Seite 90, Aufgabe 1

- Ordne die folgenden Überschriften den einzelnen Textabschnitten zu.
- Bringe die Überschriften in die richtige Reihenfolge.

Überschrift des Textabschnittes	Buchstabe des Textabschnittes
a) Der Prinz versteckt seine Eselsohren unter einer Mütze.	B
b) Der Barbier befreit sich von der Last seines Geheimnisses.	???
c) Die Flöten der Hirten verbreiten das Geheimnis des Prinzen.	???
d) Der neugeborene Prinz wird von einer Fee verwünscht.	???
e) Der Prinz ist von der Last der Eselsohren befreit.	???
f) Ein Barbier erfährt von den Eselsohren des Prinzen.	???

Seite 93, Aufgabe 2

Lasst den Wolf folgende Fragen beantworten:
- Wie haben Sie sich Zugang zum Haus der sieben Geißlein verschafft?
- Was ist passiert, nachdem Sie in das Haus eintraten?
- Welche Rolle spielt das jüngste Geißlein bei der ganzen Geschichte?
- Was geschah danach am Brunnen?
- Wie sehen Sie die ganze Geschichte heute im Rückblick?
- Möchten Sie abschließend noch etwas sagen?

Seite 93, Aufgabe 1

Die Überschriften und Lösungswörter sind: Sterntaler (HEXEN)/Der Bauer und der Teufel (KÖNIG)/Die Wassernixe (PRINZ)/Der Prinz mit den Eselsohren (TIERE)

Seite 95, Aufgabe 2

Erzähle das Märchen mithilfe des folgenden Erzählplans zu Ende:
- **Anfang/Ausgangssituation:** Sohn verlässt die Familie, zieht in die Welt hinaus, um sein Glück zu suchen
- **Märchengestalten:** hilfreicher Zauberer, Drachen, Prinzessin, König
- **Aufgabe/Gefahr:** Kampf gegen den Drachen/ Befreiung der Prinzessin
- **Lösung der Aufgabe/Gefahr:** Überwältigung des Drachen mithilfe eines Zaubertranks/Drache wird hilfsbereit und gut
- **Schluss/Lösung:** Heirat mit der Prinzessin/Eltern werden auf das Schloss geholt

Folgende Überschriften passen zu den einzelnen Bildern. Du musst die einzelnen Überschriften aber noch einem Bild richtig zuordnen:
- Der Hamster bleibt verschwunden
- Große Wiedersehensfreude
- Der Hamster verschwindet im Abflussrohr
- Überraschendes Auftauchen
- Trauer über den verschwundenen Hamster
- Rettungsversuche des Vaters

Seite 107, Aufgabe 2

Jonas hat mit folgenden Mitteln seinen Erzählanfang spannend gestaltet:
- **Vorausdeutungen**, die den Leser neugierig machen,
- anschauliche **Beschreibungen**, z. B. mithilfe von treffenden Verben oder Adjektiven,
- **Zeitangaben**, die die Spannung steigern, und
- eingeschobene **Fragen und Ausrufe**.

Suche zu jedem dieser Punkte Beispiele aus dem Erzählanfang von Jonas heraus.

Seite 109, Aufgabe 3

Die Schüler haben Hakans **Text durch folgende Mittel verbessert:**
- den Einbau von **wörtlicher Rede**,
- anschauliche **Beschreibungen**,
- die **Wiedergabe von Gefühlen**,
- die Verwendung **abwechslungsreicher Satzanfänge** und
- durch **Vorausdeutungen**, die den Leser neugierig machen.

Suche zu jedem dieser Punkte Beispiele aus dem überarbeiteten Erzählanfang Hakans heraus.

Seite 111, Aufgabe 3

Folgende Verben des Wortfeldes „sagen" könnt ihr den Bildern zuordnen. Klärt wieder die Bedeutung euch unbekannter Verben mithilfe eines Wörterbuches oder des Internets:

beruhigen, stöhnen, behaupten, fragen, brabbeln, jubeln, entgegnen, erzählen, antworten, wispern, fauchen, rufen, berichten, auffordern, befehlen, kreischen, murmeln, drohen, klagen, vermuten, seufzen, prahlen, meckern, äußern, bestätigen, bemerken, mahnen, schimpfen, zustimmen, hinweisen, hauchen, tuscheln, aufbrausen ...

Seite 112, Aufgabe 3

Seite 127, Aufgabe 4

Hier findet ihr typische Eigenschaften und typische Verhaltensweisen von Rico und Oskar.

- Entscheidet euch jeweils, ob sie auf Rico oder Oskar zutreffen.
- Vervollständigt damit die Tabelle. Versucht auch, noch weitere typische Eigenschaften von Rico und Oskar zu finden.
- Versucht auch, Textstellen als Beleg zu den einzelnen Merkmalen der beiden Figuren zu finden. Gebt diese in Klammern an (z. B. Oskar „hat meist schlechte Laune" (S. 126, Z. 13)

Rico oder Oskar:

hat fast immer gute Laune/ist sehr direkt/ist übertrieben ängstlich/will die Freundschaft des anderen testen/findet sich nicht leicht zurecht/hat Angst, sich zu verirren/ist hochbegabt/ist tiefbegabt/fängt aus Aufregung an zu weinen/weiß viele merkwürdige Dinge/weiß nicht viel/spricht nicht über den Tod seines Vaters/hat Angst davor, sich zu verirren/ist oft verwirrt/wirkt auf andere etwas sonderlich/nimmt sich Zeit für den anderen/...

Seite 134, Aufgabe 3

Tatjana hat den Text in folgende Abschnitte gegliedert: Z. 1 – 42/Z. 43 – 70/Z. 71 – 83/Z. 84 – 105/Z. 106 – 126

- Erklärt mithilfe der Lernbox auf S. 137, weshalb sie die Abschnitte jeweils so gewählt hat.
- Findet für den dritten bis fünften Textabschnitt passende Überschriften.

Seite 135, Aufgabe 5

Um den Handlungs- und Spannungsaufbau noch genauer zu untersuchen, könnt ihr die erste oder beide der folgenden Aufgaben bearbeiten:

- Tragt oberhalb der Kurve die Begriffe *Einleitung, Spannungssteigerung, Höhepunkt, Spannungsabfall* und *Schluss* ein.
- Notiert unterhalb der Kurve in Stichworten, was an diesen Stellen in dem Textauszug jeweils geschieht.

Seite 160, Aufgabe 1

Folgende Überschriften könnt ihr den einzelnen Textabschnitten zuordnen. Ihr müsst sie aber noch in die richtige Reihenfolge bringen:

- Einfuhrverbote für Papageien nach Europa
- Papageien bei den Urvölkern
- Situation in der Gegenwart
- Die ersten Papageien in Europa
- Papageienhandel im Mittelalter

Seite 163, Aufgabe 1 (Hilfekarte 1)

Der Sachtext lässt sich in folgende Abschnitte gliedern: Z. 1 – 5/Z. 6 – 9/Z. 9 – 12/Z. 13 – 21.
Findet für diese Abschnitte passende Überschriften.

Seite 163, Aufgabe 1 (Hilfekarte 2)

Folgende Überschriften könnt ihr den einzelnen Textabschnitten zuordnen. Ihr müsst sie aber noch in die richtige Reihenfolge bringen:
- Der erlaubte Papageienhandel
- Maßnahmen gegen die Quälerei der Papageien
- Der unerlaubte Papageienhandel
- Fähigkeiten des Überlebenskünstlers „Papagei"

Seite 194, Aufgabe 5

Verfolge auf den Screenshots folgende Pfade:
Screenshot 1: Einfügen → Form auswählen
Screenshot 2: Einfügen → Symbole → weitere Symbole → Schriftart → Einfügen
Screenshot 3: Einfügen → Clipart → Suchwort eingeben

Seite 236, Aufgabe 5

Folgende Ausdrücke könntest du für die Überarbeitung des Textes „Die großzügige Freundin" verwenden:
die beiden – er – ihrem Begleiter – sie – seine kleine Freundin – ihm

Seite 242, Aufgabe 2

Du kannst in die Sätze z. B. folgende Satzglieder einsetzen:
dem Mädchen – dem Professor – einer Freundin – ihrem Bruder – dem Museumsführer – seinem Besuch

Seite 260, Aufgabe 3

Meerschweinchen
- Meerschweinchen sind sehr beliebte Haustiere. Aber woher haben sie ihren seltsamen Namen?
- Sie wurden vor ungefähr 300 Jahren mit Schiffen von Südamerika über das Meer gebracht und quieken zudem wie ein Schwein.
- Meerschweinchen sind am Tag aktiv und schlafen in der Nacht.
- Sie werden sehr zutraulich, wenn man sich liebevoll um sie kümmert.

Seite 268, Aufgabe 2

Das Wort „wenige" in Z. 2 bezieht sich auf Dinosaurier: „nur ganz wenige [Dinosaurier] ernährten sich von Fleisch." Das Wort „sie" steht am Satzanfang und muss deshalb großgeschrieben werden.
Im letzten Satz bezieht sich „großen" auf Dinosaurier und müsste deshalb kleingeschreiben werden.

Seite 269, Aufgabe 4

Z. 1: ~~Überresten~~ → **Überreste**
Z. 2: Die ~~Harten~~ Bestandteile → Die **harten** Bestandteile
Z. 2: wie Schalen, ~~Kochen~~ und Zähne → wie Schalen, **Knochen** und Zähne
Z. 2–3: setzten sich auf dem Grund der ~~mehre~~ [...] ab → setzten sich auf dem Grund der **Meere**
Z. 3: ~~Dorf~~ wurden sie → **Dort** wurden sie
Z. 4: lösten sich diese ~~über Reste~~ auf → lösten sich diese **Überreste** auf

Die Rechtschreibüberprüfung erkennt diese Fehler nicht, da sie Wörtern entsprechen, die es in dieser Schreibweise im Deutschen gibt.

Seite 289, Aufgabe 5

Tiere in Not
Viele/Zootiere/Tiger/ziehen/Sie/lieben/ihnen/dieses/Vielfach/liegen/sie/Ziegen/Tiere/gibt/die/Die/Tiere/Beispiel/riesigen/geschieht/ihnen/Papier/anbieten/die/Tiere/dieses/sie

Seite 293, Aufgabe 2

stimmhafter s-Laut	stimmloser s-Laut
Riese (Z. 1) sehr (Z. 1) riesige (Z. 1) Besen (Z. 2) Hasenherz (Z. 3)	groß (Z. 1) Füße (Z. 1) bis (Z. 6) großen (Z. 7) messerscharfen (Z. 8) Es (Z. 9) nichts (Z. 9) bisschen (Z. 9)

Seite 299, Aufgabe 5

gro**ß**en/wi**ss**en/hei**ß**e/hei**ß**e/flei**ß**ig/bi**ss**chen/verge**ss**en/gela**ss**en/gro**ß**en

Alles klar? Wiederholen und üben – Lösungen

Wir und unsere Schule – die neue Klasse und Schule kennenlernen (S. 34 – 35)

Seite 34, Aufgabe 1 und 2

freie Aufgaben

a) Vom Südwall bis zum Schulzentrum ist der Bus 5 Minuten unterwegs. Serkan muss also spätestens den Bus nehmen, der um 8.44 Uhr vom Elsterweg abfährt. Dieser fährt um 8.45 Uhr vom Südwall ab und kommt um 8.50 Uhr am Schulzentrum an.
b) Der Bus hält vorher an den Stationen: Bahnhof, Adelbertstraße, Schulzentrum, Hauptstraße, Kardinal von Galen Straße, Ferdinandstraße, Friedrich-Ebert-Straße, Am Kirchenkamp und Eibenweg.
c) Vom Bahnhof bis zum Schulzentrum ist der Bus 4 Minuten unterwegs. Also müssen die Jungen den Bus nehmen, der am Elsterweg um 9.14 Uhr abfährt. Dieser Bus fährt um 9.16 Uhr am Bahnhof ab und kommt um 9.20 Uhr am Schulzentrum an.
d) Serkan muss spätestens den Bus nehmen, der um 7.29 Uhr vom Elsterweg startet. Er steigt um 7.30 Uhr im Südwall ein und kommt 7.51 Uhr an der Eichendorffstraße an.
e) In den Schulferien muss er bereits den Bus um 7.23 Uhr vom Südwall nehmen. Der spätere Bus verkehrt nicht in den Ferien.
f) Das Kästchen in der Legende zeigt an, welche Busse nicht am Schulzentrum halten.

Seite 35 Aufgabe 4

Briefkopf mit Ort u. Datum, Anrede, Brieftext, Schlusssatz, Grußformel, Unterschrift

Seite 35, Aufgabe 5 (mögliche Lösung)

Heidelberg, den 14.10.2016

Liebe Omi,

nach der ersten Woche auf meiner neuen Schule habe ich mich entschlossen, dir einen Brief zu schreiben. Ich habe die letzten Tage so viele nette Erfahrungen gemacht und Eindrücke bekommen, von denen ich dir gerne erzählen möchte.

Am Montagmorgen ging ich zusammen mit Mama und Papa in die große Aula meiner neuen Schule. Dort werden jedes Jahr die neuen Schüler vom Schulleiter begrüßt. Ich wurde dort auch meiner Klasse, der 5c, zugeteilt und habe meine neue Klassenlehrerin Frau Kranz kennengelernt, die ich richtig nett finde. Sie ist schon etwas älter, aber das macht gar nichts. Du bist ja auch schon etwas älter. Sie brachte mich und meine Mitschüler dann in unsere Klasse, wo wir uns erst einmal selbst vorstellen durften. So ganz alleine vor der Klasse zu sprechen fiel mir etwas schwer, aber dann klappte es doch, weil mich Frau Kranz die ganze Zeit freundlich angeschaut hat. Mittlerweile habe ich schon viele nette Freunde gefunden und ich fühle mich echt wohl hier.

Ganz neu ist für mich auch die Fächerauswahl. Ich habe ab jetzt Fächer wie Biologie und Geographie, welche mir bestimmt sehr viel Spaß machen. Nur Mathe finde ich auch hier immer noch etwas langweilig.

Ich freue mich, dich nächste Woche zu sehen, wenn du uns besuchst. Dann kann ich dir noch viel mehr von all dem erzählen, was ich an der netten Schule erlebe.

Ganz liebe Grüße

Deine Pia

Von Schülern und Lehrern – Geschichten aus der Schule (S. 48 – 49)

Seite 48, Aufgabe 1

d – a – e – f – c – b – g

Seite 48/49 Aufgaben 2 und 3

freie Aufgaben

Seite 49, Aufgabe 4

In verbesserter Form kann die kurze Inhaltsangabe etwa wie folgt lauten, wobei die Unterstreichungen korrigierte Aussagen markieren:

Anne und Carola
Anne sitzt in der Schule neben Carola. Fast jeden Nachmittag treffen sie sich bei Carola oder Anne zu Hause und spielen Theater. Manchmal gucken ihnen dabei ihre Mütter zu. Eines Tages schämt sich Carola, weil sie eine Brille tragen muss. Anne beachtet diese nicht, aber von einem Mitschüler wird Carola am nächsten Tag als „Brillenschlange" beschimpft. Carola ist darüber sehr traurig und sie wird daraufhin ganz still in der Schule. Als die beiden eines Nachmittags wieder Theater spielen wollen, streiten sie sich um die Hauptrolle in dem Stück „Die Prinzessin und der Schweinehirt". Anne ist so wütend auf Carola, die auch die Prinzessin spielen möchte, dass sie zu ihr sagt: „Hau doch ab, du Brillenschlange!" Sofort erkennt Anne an der Reaktion der Freundin, dass sie sehr gemein war, und merkt, dass es mit ihrer Freundschaft erst einmal vorbei ist.

Lernen ..., aber wie?! – Das Lernen lernen (S. 66 – 67)

Seite 66, Aufgabe 1

Die Ausdrücke müssen in folgender Reihenfolge in den Lückentext eingesetzt werden: – zum Erledigen meiner Aufgaben – übersichtlichen – an meinem Schreibtisch – Reihenfolge der Aufgaben – Zeitdiebe – Plan – ruhigen – festen – direkt – nur das einpacken

Seite 67, Aufgabe 2

Du kannst den Leser der E-Mail noch über folgende Dinge informieren:

- Wie führe ich ein Heft? (Struktur: Datum, Überschrift, Rand etc.)
- Wie kann ich Aufgaben besser verstehen? (Verben unterstreichen und verstehen, Aufgabenstellung in eigene Worte „übersetzen")
- Wie arbeite ich mit den Lernboxen in P.A.U.L. D.? (Merkheft, Stichwortliste erstellen und auswendig lernen etc.)
- Wie komme ich mit den Lerntipps zurecht? (eigene Erfahrungen)

Aufgabe	wichtige Verben und ihre Bedeutung	Bearbeitungsmöglichkeit
A	unterstreichen = markieren, hervorheben	Möglichkeit 3 (13)
B	herausschreiben = heraussuchen und niederschreiben farbig nachzeichnen = farbig markieren	Möglichkeit 2 (2)
C	erklären = etwas deutlich machen	Möglichkeit 1 (10)

Die Lösungszahl ist 25 : 5 = 5.

Seite 67, Aufgabe 3

Streit um eine Klassenaktion – miteinander sprechen (S. 76 – 77)

Seite 76, Aufgabe 1 und 2

freie Aufgaben

Seite 76, Aufgabe 3

Missverständnis
Ein Mann läuft mit einem Pinguin durch die Stadt. (Aussagesatz)
Passant: „Wo haben Sie denn den her?“ (Fragesatz/Ergänzungsfrage)
Mann: „Er ist mir zugelaufen.“ (Aussagesatz) Was soll ich nur mit ihm machen?“ (Fragesatz/Ergänzungsfrage)
Passant: „Gehen Sie mit ihm in den Zirkus!“ (Aufforderungssatz)
Nach ein paar Stunden treffen sich die drei wieder. (Aussagesatz)
Passant: „Waren Sie denn nicht im Zirkus?“ (Fragesatz/Entscheidungsfrage)
Mann: „Ja. Wir waren heute Nachmittag dort. (Aussagesatz) Jetzt gehen wir Eis essen.“ (Aussagesatz)

Seite 76, Aufgabe 4

Aufgabenverteilung
Ein Kamel und eine Kuh wollen Geld verdienen und sich selbstständig machen.
Kamel: „Am besten machen wir eine Milchbar auf.“
Kuh: „Und wie stellst du dir das vor?“
Kamel: „Kümmere du dich um die Milch! Ich sorge für die Hocker.“

Ich gehe, du gehst ...
Die Lehrerin spricht die Schülerinnen und Schüler der Klasse 5c an: „Hört einmal gut zu! Ich gehe, du gehst, er geht, sie geht, es geht, wir gehen, ihr geht, sie gehen. Was bedeutet dieses?“ Theo antwortet: „Jetzt sind alle weg.“

Seite 77, Aufgabe 5

	Entscheidungsfrage	Ergänzungsfrage
Wann fährt die nächste Straßenbahn?		X
Kommst du mit ins Schwimmbad?	X	
Hat jemand mein Etui gesehen?	X	
Wie lang ist dein Schulweg?		X
Was ist eigentlich das Gegenteil von durstig?		X
Ist Marie noch zu Hause oder bereits beim Tennis?		X

Seite 77, Aufgabe 6

freie Aufgaben, mögliche Lösung:

Verberstsätze: **Gehen** Sie mit ihm in den Zirkus.
Waren Sie denn nicht im Zirkus?
Hört einmal gut zu!

Verbzweitsätze: Ein Mann **läuft** mit einem Pinguin durch die Stadt.
Was **soll** ich mit ihm **machen**? Jetzt **sind** alle weg.

Seite 77, Aufgabe 7

- Man unterscheidet drei Satzarten: **Aussagesatz, Aufforderungssatz** und **Fragesatz**.
- **Satzarten** und **Sprechabsichten** stimmen nicht immer überein.
- Man kann jemanden auch mit einem **Aussagesatz** oder mit einem **Fragesatz** zu etwas auffordern.
- Wenn die Aufforderung besonders nachdrücklich gesprochen wird, kannst du anstelle des **Fragezeichens** oder des **Punktes** auch ein **Ausrufezeichen** hinter den Satz setzen.

Seite 77, Aufgabe 8 (mögliche Lösung)

Aufforderungsätze: „Mach das Fenster zu!", „Schließ das Fenster!"
Aussagesätze: „Es zieht hier!", „Mir ist kalt, das Fenster ist offen."
Fragesätze: „Kannst du das Fenster schließen?", „Merkt ihr nicht, wie kalt es hier ist?"

Komm mit in eine andere Welt – Märchen (S. 100 – 101)

Seite 100, Aufgabe 1 (mögliche Lösung)

Textabschnitt/Zeilen	Überschrift	Inhalt
Z. 1 – 3	Ausgangssituation des Mädchens	– Mädchen: fromm und gut – lebt mit der Mutter allein – Armut und Hunger
Z. 4 – 7	Der Topf	– wegen der Armut Flucht des Mädchens in den Wald. – Treffen mit der guten, alten Frau im Wald – Geschenk des Topfes
Z. 8 – 11	Die Zaubersprüche	– „Töpfchen, koche" = Topf kocht süßen Hirsebrei – „Töpfchen, steh" = Topf beendet das Kochen des Breis
Z. 12 – 14	Die Rückkehr des Mädchens	– Rückkehr des Mädchens mit dem Topf zu der Mutter – Ende des Hungers und der Armut
Z. 15 – 16	Die hungrige Mutter	– Ausgang des Mädchens – Hunger der Mutter und Benutzung des Kochtopfes durch die Mutter, um sich satt zu essen

Z. 17 – 22	Die Stadt wird in dem Brei begraben.	– Vergessen des Spruches zum Stoppen des Kochens durch die Mutter – Weiterkochen des Breis durch den Kochtopf – Versinken fast der ganzen Stadt in dem Brei – Keiner weiß eine Lösung
Z. 23 – 25	Die Rettung der Stadt	– Rückkehr des Mädchens, das den Zauber mit dem richtigen Spruch beendet – Rückkehr in die Stadt nur durch Hindurchessen durch den süßen Brei

Seite 100/101, Aufgaben 2 und 3

freie Aufgaben

Seite 101, Aufgabe 4

In Märchen siegt immer *das Gute*.
Märchen haben häufig *einen formelhaften Anfang und ein formelhaftes Ende*.
Im Märchen bleiben *die Guten immer gut und die Bösen immer schlecht*.
Die Zahlen 3 und 7 haben in Märchen eine besondere Bedeutung.

Seite 101, Aufgabe 5

Märchenmerkmale, die sich beim Märchen „Der süße Brei“ nachweisen lassen:
- Notlage des Mädchens/der Märchenheldin am Anfang = Armut und Hunger bedrohen das fromme Mädchen und ihre Mutter.
- Guten Figuren bleiben gut = Das fromme Mädchen kehrt mit dem Topf zur Mutter zurück und rettet am Ende alle.
- Vorkommnis von besonderen Wesen = die alte Frau, die um die Not des Mädchens weiß und ihr deshalb den Topf schenkt
- Besondere Rolle von Zauberformeln = Sprüche zum Anfangen und Beenden des Kochens
- Sieg des Guten am Ende = Das Mädchen beseitigt die Gefahr für die Stadt. Am Ende haben alle, die in die Stadt wollen, etwas von dem süßen Brei.
- formelhafter Anfang = Es war einmal ...

Folgende Märchenmerkmale besitzt das Märchen „Der süße Brei“ nicht:
- keine der Märchenheldin gegenüberstehenden und sie bedrohende Figuren wie z. B. böse Hexen
- kein formelhaftes Ende

Seite 101, Aufgaben 6 und 7

freie Aufgaben

Erzählwerkstatt – Wir erzählen (S. 118 – 119)

Seite 118, Aufgaben 1 und 2

D = Einleitung (Sommertag auf dem See)/B = Spannungssteigerung (Mann über Bord)/A = Höhepunkt (Die Rettung)/C = Schluss (Unvergesslicher Ferientag)

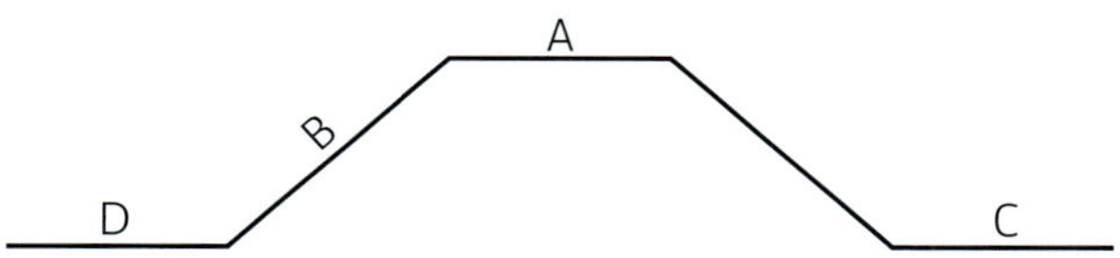

Seite 118, Aufgabe 3

freie Aufgabe

Seite 119, Aufgabe 4 (mögliche Lösung)

	Empfindungen der Figur	Gedanken in der Ich-Form	anschauliche Umschreibungen
Bild 1	Angst vor dem Sprung	– „Das schaffe ich nie!“ – „Ich muss springen, sonst lachen mich die anderen aus.“ – „Nein! Ich traue mich niemals.“ – „Warum habe ich mich nur auf so etwas eingelassen? Was soll ich nun tun?“ – …	– Ihm zitterten die Knie. – Seine Hände waren schweißnass. – Er war wie gelähmt. – Ihm wurde schwarz vor Augen. – Seine Stimme versagte. – …
Bild 2	Traurigkeit/ Enttäuschung über das kaputte Schiff	– „Dafür habe ich ein Jahr lang gespart.“ – „Das darf doch nicht wahr sein!“ – „Das lässt sich bestimmt nicht mehr reparieren.“ – „Nein! Mein Lieblingsspielzeug!“ – …	– Mühsam unterdrückte er die Tränen. – Er sackte in sich zusammen. – Er schluchzte laut auf. – Seine Mundwinkel sanken nach unten. – Er stand da, starr wie eine Säule. – …

Seite 119, Aufgabe 5

freie Aufgabe

Freundschaft hat viele Gesichter – Jugendbücher lesen und vorstellen (S. 140 – 141)

Seite 140, Aufgabe 1

Auf Oskar treffen folgende Aussagen zu: a), b) und f)
Rico sind folgende Aussagen zuzuordnen: c), d), e), g) und h)

Seite 140, Aufgabe 2

Alex' Figurenbeschreibung sollte so überarbeitet werden:

Oskar ist neben Rico, dessen italienischer Vater verstorben ist, eine der beiden Hauptfiguren aus dem Buch „Rico, Oskar und die Tieferschatten“ von Andreas Steinhöfel. Er lebt in Berlin. Dort trifft er zufällig während der Ferien auf der Straße Rico. Diesen findet er zunächst merkwürdig beschränkt und doof, da Rico auf der Straße eine Nudel sucht. Er hilft Rico dabei, obwohl er die Nudelsuche für eine Spinnerei Ricos hält.
Auffällig an Oskar ist sein merkwürdiges Äußeres und seine absonderliche Kleidung. Er trägt, auch wenn er zu Fuß unterwegs ist, immer einen dunkelblauen Motorradhelm mit Visier. Weiter ist er mit einem kurzärmligen Hemd, an dem wie eine Brosche ein winziges knallrotes Flugzeug befestigt ist, bekleidet. Dazu trägt er helle Socken und offene Sandalen. Ansonsten ist eher etwas zu klein und reicht Rico gerade so bis an die Brust. Zudem fallen seine Zähne, die riesig sind, sofort auf.

Folgende Angaben zu Ronja sind falsch:
Ronja ist ungefähr 3 Jahre alt.
Ihr Vater ist Förster.
Sie ist sehr ängstlich.
Sie hat viele Spielgefährten.

Seite 140, Aufgabe 3

Folgende Angaben zu Ronja sind richtig:
- Ronja ist hilfsbereit.
- Ronja wird schnell wütend.
- Sie hat keine Geschwister.
- Ronja wächst in einer Waldhöhle auf.
- Sie ist die Tochter von Mattis und Lovis.

Seite 141, Aufgabe 4

Die falschen Angaben zu Ronja müssen so korrigiert werden:
- Ronja ist ungefähr 11 Jahre alt.
- Ihr Vater ist der Hauptmann der Mattisräuber.
- Sie ist sehr mutig.
- Sie hat keine Spielgefährten und streift alleine durch den Wald und die Mattisburg.

Folgende Angaben können zu Ronja ergänzt werden:
- Ronja ist schlagfertig.
- Sie trifft Birk am Höllenschlund und mag ihn nicht.
- Beide springen zur Wette über den Höllenschlund.
- Als Birk dort abstürzt, rettet sie ihn.
- Birk findet Ronja am Ende sympathisch.

Seite 141, Aufgabe 5

freie Aufgabe

Seite 141, Aufgabe 6

- Z. 1 – 10: Die Unterhaltung zwischen Oskar und Ricos Mutter über Motorradhelme
- Z. 11 – 22: Die Unterschiede zwischen Rico und Oskar
- Z. 23 – 31: Ricos Freundschaftstest
- Z. 32 – 38: Oskar besteht den Freundschafttest
- Z. 39 – 41: Der Abschied und echte Freundschaft

Seite 141, Aufgabe 7

Schritt 1 = 4. Ein geeignetes Buch auswählen
Schritt 2 = 5. Stichworte für den Vortrag auf eine Karteikarte schreiben
Schritt 3 = 3. Das Lesen und Vortragen zu Hause üben
Schritt 4 = 2. Wichtige Informationen über das Buch vortragen, z. B. wer es geschrieben hat, wie der Titel lautet
Schritt 5 = 6. Den Inhalt des Buches kurz zusammenfassen
Schritt 6 = 1. Eine oder zwei Textstellen aus dem Buch vorlesen

Ein Haus für Leseratten und Bücherwürmer – Bibliotheken erkunden und nutzen (S. 154 – 155)

Seite 154, Aufgabe 1
B/U/C/H

Seite 154, Aufgabe 2
Bibliothek/Katalog/Cover/Recherche/Medien

Seite 154, Aufgabe 3
freie Aufgabe

Seite 155, Aufgabe 4
Alex muss die Suchmaske wie folgt ausfüllen:
Titel = Farbatlas Papageien (2)/Autor = Matthias Reinschmidt (1)/Verlag = Ulmer (3)

Seite 155, Aufgabe 5
- Nachname des Verfassers
- Vorname des Verfassers
- Titel
- Erscheinungsort
- Internationale Standardbuchnummer (ISBN)
- Angabe zum Inhalt/Thema
- Angabe des Standortes
- Entleihstatus
- Verlag
- Erscheinungsjahr
- Buchreihe

Seite 155, Aufgabe 6
Tanja sollte den Autornamen Schreiner und das Stichwort Judo in den Bibliothekskatalog eingeben. Der Bibliothekscomputer erstellt dann eine Liste von Kurzeinträgen von Büchern der Autorin bzw. des Autors. Darunter kann Tanja dann den richtigen Titel auswählen. Mithilfe der Signaturnummer kann sie dann das Buch an seinem Standort entnehmen und ausleihen.

Das interessiert mich! – Sachtexte erschließen, im Internet recherchieren und Kurzvorträge halten (S. 175 – 177)

Seite 176, Aufgaben 1 und 2 (mögliche Lösung)
Z. 1 – 4: Herkunft und Schwerpunkt des Judos/Z. 5 – 9: Gegner beim Judo/Z. 11 – 17: Die Geschichte des Judos.

Moritz Buchholz **Judo** Judo ist ein Zweikampf- und Selbstverteidigungssport. Es kommt aus Japan und stammt vom Kampfsport „Ju-Jutsu“ ab. Der Schwerpunkt des Judos ist der Nahkampf. Man versucht beim Judo, das Gleichgewicht des Gegners zu brechen und ihn durch Würfe auf die Matte zu bringen.	**Herkunft und Schwerpunkt des Judos** • Zweikampf- und Selbstverteidigungssport • Nahkampf • kommt aus Japan • stammt vom „Ju-Jutsu“ ab • man versucht, das Gleichgewicht des Gegners zu brechen

Die Person, die wirft, wird „Tori“ genannt. Er wirft den sogenannten „Uke“ (auf Deutsch: „der **Geworfene**“). Beim Judo hat man Respekt vor seinem Partner – besonders gegenüber dem „Uke“. Der Tori – also der Werfer – muss immer dafür Sorge tragen, dass er dem „Uke“ bei Übungen oder im Kampf nicht wehtut und er ihn höflich behandelt.	**Gegner beim Judo** • es stehen sich zwei Gegner gegenüber • Werfer wird „Tori“ genannt • der Geworfene wird „Uke“ genannt • man zeigt einander Respekt und verletzt sich nicht
Judo wurde entwickelt, weil zum Schutz des Kaisers keine Waffen gebraucht werden durften. Judo heißt so viel wie „Der sanfte Weg“. Es wurde von Sensei Jigiro Kano (1860 – 1938) erfunden, der 1938 starb, als er auf der Rückreise von Amerika war. Dort wollte er beim Olympischen Komitee durchsetzen, dass Judo olympische Disziplin wird. Dies hat er während seines Amerikaaufenthalts auch geschafft. Der erste Judoverein wurde zwanzig Jahre zuvor, 1918, von Gunji Koizumi in London gegründet. In Deutschland gibt es Judo seit 50 Jahren. Die erste Europameisterschaft fand 1951 statt und die erste Weltmeisterschaft 1956.	**Die Geschichte des Judos** • wurde zum Schutz des Kaisers entwickelt, weil dieser ohne Waffen beschützt werden musste • Erfinder Sensei Jigiro Kano (1860 – 1938) • dieser setzte durch, dass Judo seit 1938 olympisch ist • 1918 wurde der erste Judoverein in London gegründet • in Deutschland gibt es Judo seit 50 Jahren • erste Europameisterschaft: 1951 • erste Weltmeisterschaft: 1956

Seite 176, Aufgabe 3 (mögliche Lösung)

Die Notizen über die Fähigkeiten der Sinnesorgane von Papageien können in folgender Mindmap festgehalten werden:

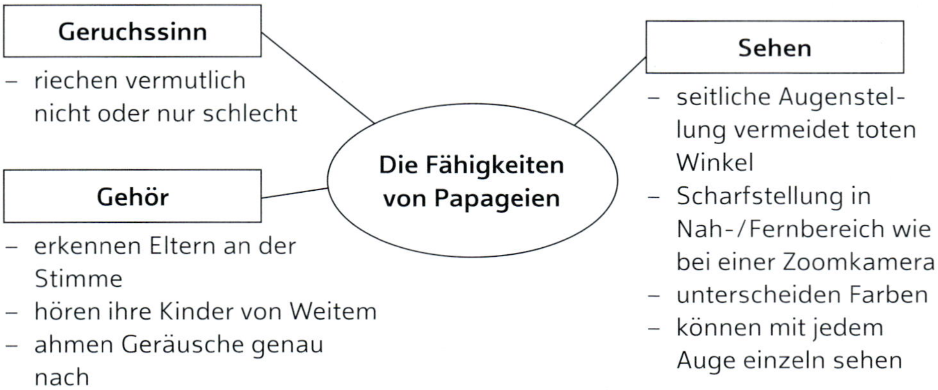

Seite 176, Aufgabe 4

Mithilfe des Textes lässt sich eine Mindmap erstellen. Hierzu wird als zentrales Thema die Sportart „Judo“ gewählt und eingekreist. Um das Zentrum herum werden die Oberbegriffe „Schwerpunkt des Judos“, „Herkunft des Judos“, „Gegner beim Judo“ und „Die Geschichte des Judos“ gesetzt und mit den entsprechenden Notizen erweitert.

Seite 176, Aufgabe 5

Folgende Antworten sollten im Internet recherchiert werden:
- Die heute praktizierte Form des Judos wurde von dem Japaner Kanõ Jigorõ (1860 – 1938) entwickelt.
- Weiß, Gelb, Orange, Grün, Blau, Braun, Schwarz. Um eine entsprechende Gürtelfarbe tragen zu dürfen, muss man eine bestimmte Prüfung ablegen.
- „Judo“ ist japanisch und bedeutet „sanfter Weg“.
- 1956 fand die erste Weltmeisterschaft im Judo statt.

Seite 176, Aufgabe 6

freie Aufgabe

Seite 176, Aufgabe 7

Folgende Aussagen sollten im Internet recherchiert werden:
- Der Hinterleib ist gelbweiß mit schwarzen Ringen.
- Männchen sind mit 6 mm Körperlänge wesentlich kleiner als Weibchen.
- Sie lähmen die Beute mit Gift und überziehen sie dann mit Verdauungssaft, sodass sie sich auflösen und von den Spinnen aufgesaugt werden können.
- Die befruchteten Eier werden von der Spinne eingesponnen und überwintern in diesem gut getarnten Kokon. Im Frühling verlassen die Spinnen dann den Kokon.
- Der Biss einer Wespenspinne ist für uns Menschen nicht gefährlich.

Seite 177, Aufgabe 8

Bildnummer	Beschreibung der Tätigkeiten und der Arbeitsschritte
3 und 5	Recherchieren in der Bibliothek und am Computer
4	Auswahl geeigneter Sachtexte
2	Exzerpieren der Sachtexte (Wichtiges herausarbeiten)
1	Halten des mündlichen Vortrags

Gedichte zu jeder Jahreszeit (S. 196 – 197)

Seite 196, Aufgabe 1

Bei einem Gedichtvortrag bedeutet das Zeichen /, dass man ein kurze Sprechpause einlegen soll. Das Zeichen // bedeutet, dass man bei einem Vortrag eine lange Sprechpause einlegen soll.

Seite 196, Aufgabe 2

Bei einem Gedichtvortrag zähle ich bei einer kurzen Pause in Gedanken 3, 4 und 5.
Bei einer langen Pause zähle ich 11, 12, 13 und 14.
Unterstrichene Wörter hebe ich besonders hervor.

Seite 196, Aufgabe 3

freie Aufgabe

Seite 197, Aufgabe 4

Paarreim – umarmender Reim – Kreuzreim

So könnte eine Schülerlösung aussehen. Die gesuchten Reimfolgen sind mit Buchstaben angegeben. Die Personifikationen sind einfach und die Vergleiche doppelt unterstrichen:

Seite 197, Aufgaben 5 und 9

Christian Morgenstern (1871 – 1914)
Wenn es Winter wird

Der See hat eine Haut bekommen,	a	
sodass man fast drauf gehen kann,	b	Kreuzreim
und kommt ein großer Fisch geschwommen,	a	
so stößt er mit der Nase an.	b	
Und nimmst du einen Kieselstein	c	
und wirfst ihn drauf, so macht es klirr	d	umarmender Reim
und titscher – titscher – titscher – dirr...	d	
Heißa, du lustiger Kieselstein!	c	
Er zwitschert wie ein Vögelein	e	
und tut als wie ein Schwälblein fliegen –	f	
doch endlich bleibt mein Kieselstein	e	
ganz weit, ganz weit auf dem See draußen liegen.	f	
Da kommen die Fische haufenweis	g	
und schaun durch das klare Fenster von Eis	g	
und denken, der Stein wär etwas zum Essen;	h	Paarreim
doch sosehr sie die Nase ans Eis auch pressen,	h	
das Eis ist zu dick, das Eis ist zu alt,	i	
sie machen sich nur die Nasen kalt.	i	
Aber bald, aber bald	i	
werden wir selbst auf eignen Sohlen	j	
hinausgehn können und den Stein wiederholen.	j	

Friedrich Hebbel
Herbstbild

Seite 197, Aufgabe 6

Dies ist ein Herbsttag, wie ich keinen **sah**!
Die Luft ist still, als atmete man kaum,
Und dennoch fallen raschelnd, fern und nah,
Die schönsten Früchte ab von jedem **Baum**.

O stört sie nicht, die Feier der Natur!
Dies ist die Lese, die sie selber hält,
Denn heute löst sich von den Zweigen **nur**,
Was vor dem milden Strahl der Sonne **fällt**.

Das Gedicht mit dem Titel „Herbstbild“ von Friedrich Hebbel besteht aus zwei Strophen zu je vier Versen. Die Reime sind alle durchgehend Paarreime.

Seite 197, Aufgabe 7

Seite 197, Aufgabe 8

Personifikation/Vergleich	Bedeutung
a. Es gießt wie aus Kübeln.	2. Es regnet sehr stark.
b. Sie redet wie ein Wasserfall.	3. Jemand redet ununterbrochen.
c. Die weißen Spitzen der Alpen grüßen.	4. Auf den hohen Bergen liegt Schnee.
d. Der Wind heulte.	1. Es stürmte heftig.

Seite 197, Aufgabe 9

siehe Lösung zu Aufgabe 4

Seite 197, Aufgabe 10

freie Aufgabe

Vorhang auf, Bühne frei! – Gefühle, Situationen und Texte szenisch darstellen (S. 208 – 209)

Seite 208, Aufgaben 1 und 2

freie Aufgaben

Seite 208, Aufgabe 3

Zuschauer = **Publikum**/Gespräch = **Dialog**/Gegenstände = **Requisite**/Kleidung = **Kostüm**/Körperbewegung = **Gestik**/Gesichtsausdruck = **Mimik**/Spiel ohne Worte = **Pantomime**/Was ein Schauspieler sagt = **Text**/Was ein Schauspieler spielt = **Rolle**/Darstellung des Handlungsortes = **Bühnenbild**

Seite 208/209, Aufgaben 4 und 5

freie Aufgaben

Im „Haus der Sprache" – Wortarten (S. 230 – 231)

Seite 230, Aufgabe 1

Die zutreffende Aussagen sind (das Lösungswort Lautet SINGULAR):
- Das weibliche Geschlecht heißt Femininum. **U**
- Nomen/Substantive können in der Einzahl oder in der Mehrzahl stehen. **I**
- Nomen/Substantive werden immer großgeschrieben. **S**
- Die Mehrzahl bezeichnet man als Plural. **N**
- Der erste Fall ist der Nominativ. **A**
- Der zweite Fall ist der Genitiv. **R**
- Nomen/Substantive lassen sich in die vier Fälle setzen. **L**
- Nomen/Substantive können männlich, weiblich oder sächlich sein. **G**

Seite 230, Aufgabe 2

Die richtigen Aussagen sind:
- Tobias (H) = Nominativ; die Windpocken (**F**) = Akkusativ
- Klara und Sebastian (U) = Nominativ; dem Freund (M) = Dativ; einen Besuch (**R**) = Akkusativ
- die ganze Klasse (W) = Nominativ; ein Geisterfest (**E**) = Akkusativ
- Tobias (B) = Nominativ; einen Film (**U**) = Akkusativ
- ein Geräusch (**N**) = Akkusativ
- Tobias (F) = Nominativ; die Tür (**D**) = Akkusativ
- ein ausgehöhlter Kürbiskopf (I) = Nominativ
- die verkleideten Klassenkameraden (G) = Nominativ
- dem Kranken (C) = Dativ; die Überraschung (K) = Nominativ
- Tobias (V) = Nominativ; den Kürbiskopf (**E**) = Akkusativ

Lösungswort: F R E U N D E

Der Rattenfänger von Hameln

Seite 231, Aufgabe 3

In der gesuchten Stadt herrschte (Prät.) eine schreckliche Rattenplage. Die Nager drangen (Prät.) in die Keller und Vorratsräume der Häuser ein und fraßen (Prät.) alles auf. Ein seltsam gekleideter Mann gab (Prät.) sich als Rattenfänger aus und sprach (Prät.) vor dem Rat der Stadt in folgender Weise: „Ich bin (Präs.) ein berühmter Rattenfänger und ich will (Präs.) eure Stadt von dem Ungeziefer befreien. Aber ich verlange (Präs.) dafür eine Belohnung. Ihr werdet sehen (Fut.), dass ich mein Versprechen einhalten werde (Fut.)." Der Rattenfänger hielt (Prät.) tatsächlich sein Versprechen, der Rat der Stadt verweigerte (Prät.) ihm aber seinen Lohn. Daraufhin nahm (Prät.) der Rattenfänger fürchterliche Rache ...
Wie die Sage weitergeht (Präs.) und in welcher Stadt sie spielt, wisst (Präs.) ihr bestimmt.

Freitag, der Dreizehnte

Seite 231, Aufgabe 4

Abergläubische Menschen fürchten sich vor diesem Tag, weil sie glauben, dass sie dann *mehr Pech* haben als sonst. In Wirklichkeit gibt es an diesen Freitagen keine Häufung von *schlimmen Unfällen* oder *außergewöhnlichen Naturkatastrophen*. Es kann aber sein, dass *ängstliche Menschen* so *angespannt* sind, dass sie Fehler begehen.
Der *schlechte Ruf* des Freitags hat Gründe im *christlichen Glauben*: Judas, der Jünger, der Jesus verraten hat, war die 13. Person beim Abendmahl, und es war ein Freitag, an dem Jesus gekreuzigt wurde. Es gibt aber auch *christliche Länder* wie Argentinien oder Spanien, in denen nicht der Freitag, sondern der Dienstag als Unglückstag gilt.

Seite 231, Aufgabe 5

a) Sie besucht ihn.
b) Es ist ins Schleudern geraten.
c) Sie versperren ihnen den Blick.
d) Er ist von ihm gebissen worden.
e) Sie schleicht sich an ihn heran.

Im Haus der Sprache – Satzglieder (S. 248 – 249)

Seite 248, Aufgabe 1

Folgende Begriffe müssen ergänzt werden: Umstellprobe/Satzglieder.

Seite 248, Aufgabe 2

Folgende Satzglieder sollten mithilfe der Umstellprobe bei den drei Sätzen erkannt werden:
- (Der Polizist) (übergibt) (der Wache) (den Räuber).
- (Sabine) (gibt) (ihrem Freund) (einen Brief).
- (Der Lehrer) [bringt] (den Kindern) (die Grammatik) [bei].

Seite 248, Aufgabe 3

Folgende Begriffe müssen bei den Merksätzen ergänzt werden: Wer oder was?/ Prädikat/Prädikatsklammer

Seite 248, Aufgabe 4

Die Subjekte sind unterstrichen und die Prädikate mit einer Wellenlinie gekennzeichnet.

- Der Polizist übergibt der Wache den Räuber.
- Sabine gibt ihrem Freund einen Brief.
- Der Lehrer bringt den Kindern die Grammatik bei (Prädikatsklammer)

Seite 249, Aufgabe 5

Folgende Prädikate sollten in dem Text „Rechenaufgabe" bestimmt werden:
- leeren/zählen/wollen ... gehen/essen/macht/gibst/hätten/gefällt/fällt ... ein/ Gib/hätte/hat/haben

Seite 249, Aufgabe 6

Die Merksätze müssen mit folgenden Begriffen ergänzt werden: Akkusativobjekt/ Wem?

Seite 249, Aufgaben 7 und 8

Satz	Satzgliedfrage und Antwort	Satzglied
Der Elefant begleitet seine Freundin.	Wen oder was begleitet der Elefant? (seine Freundin)	Akkusativobjekt
Die Maus leiht dem Elefanten eine Badehose.	Wem leiht die Maus eine Badehose? (dem Elefanten)	Dativobjekt
	Wen oder was leiht die Maus dem Elefanten? (eine Badehose)	Akkusativobjekt
Der Elefant borgt der Maus fünf Euro.	Wen oder was borgt der Elefant der Maus? (fünf Euro)	Akkusativobjekt
	Wem borgt der Elefant fünf Euro? (der Maus)	Dativobjekt
Die Maus schuldet dem Elefanten seine Sonnenbrille.	Wem schuldet die Maus eine Sonnenbrille? (dem Elefanten)	Dativobjekt
	Wen oder was schuldet die Maus dem Elefanten? (seine Sonnenbrille)	Akkusativobjekt

Seite 249, Aufgaben 9 und 10

Der Lückentext muss in dieser Weise gefüllt werden. Die Bezeichnungen „AO" (Akkusativobjekt) und „DO" (Dativobjekt), welche in Klammern stehen, bestimmen jeweils das Objekt.

Schweinerei

Ein Schwein hörte, wie sich die Menschen immer wieder mit seinem Namen beschimpften. So sagte die Magd zu **dem Knecht** (DO): „Du belügst **mich** (AO) immer, du bist ein Schwein." Und die Bäuerin beschimpfte **die Magd** (AO):" Du machst **die Küche** (AO) nicht sauber. Das ist eine Schweinerei!" Das Schwein war traurig darüber, dass die Menschen **seinen Namen** (AO) missbrauchten, und weinte. Der Esel hörte **dies** (AO) und fragte **das Schwein** (AO) nach dem Grund. Das Schwein erzählte **dem Esel** (DO) **die ganze Geschichte** (AO). „Ja", meinte der Esel, „du hast recht, das ist wirklich eine Schweinerei."

Das kann man lernen – Tipps und Methoden für das richtige Schreiben (S. 270–271)

Seite 270, Aufgabe 1

Blitze, Ampel, Bagger, eifrig, giftig, nutzen, Kleber, Kummer,
Konto, Schale, Gruppe

Seite 270, Aufgabe 2

Wolkenkratzerspitze, Alpenwanderwege, Grauschnabelpapagei,
Porzellansparschwein, Knollenblätterpilze, Schraubenziehergriffe,
Leopardenfelle, Olympiastadionlautsprecher, Tageslichtüberempfindlichkeit

Seite 270, Aufgabe 3

Joachim Ringelnatz
Die Feder

Ein Fe**d**erchen flo**g** über Lan**d**,
ein Nilpfer**d** schlummerte im San**d**,
Die Fe**d**er sprach: „Ich will es wecken."
Sie lie**b**te andere zu necken.
Aufs Nilpfer**d** setzte sich die Fe**d**er
und streichelte sein dickes Le**d**er
Das Nipfer**d** öffnete den Rachen
und musste ungeheuer lachen.

Seite 270, Aufgabe 4 (mögliche Lösung)

gefährlich – die Gefahr/Tätigkeit – die Tat/Seeräuber – der Raub/rötlich – rot/ käuflich – kaufen/täglich – der Tag/ verträumt – der Traum/berühmt – der Ruhm/ Gebäude – bauen/ Blattläuse – die Laus/unnötig – notwendig/zählen – die Zahl

Seite 271, Aufgaben 5 und 6

freie Aufgaben

Seite 271, Aufgabe 7

Nomen/Substantive schreibt man groß. Alle anderen Wortarten werden **kleingeschrieben**. Ein Wort am **Satzanfang** wird immer **großgeschrieben**.
Wenn du **dieses**, **jenes** und **welches** einsetzen kannst, wird das Wort **das** mit (**einfachem**) **s** geschrieben. Kann man **dieses**, **jenes** und **welches** nicht einsetzen, wird das Wort **mit ss** geschrieben.

Seite 271, Aufgabe 8

Marienkäfer
Marienkäfer haben wie alle Käfer sechs Beine. Sie zählen zu den Insekten. Wenn die Marienkäfer nicht fliegen, schützen sie ihre dünnen Flügel, indem sie sie unter den bunten Flügeldecken verstecken. Die gepunkteten Marienkäfer erhalten ihren Namen von der Anzahl der Punkte. Sehr häufig gibt es den Siebenpunkt.

Seite 271, Aufgabe 9

Fast jedes Jahr das Gleiche
Das wiederholt sich jedes Jahr zur Weihnachtszeit und zur Urlaubszeit: **Das** niedliche Haustier, **das das** Kind zu Weihnachten geschenkt bekam, wird ein halbes Jahr später lästig. Es ist offensichtlich, **dass das** Aussetzen von Haustieren vor dem Urlaub deutlich ansteigt. **Dass das** Tier kein Ding sein darf, **das** „fortgeworfen" wird, wenn es nicht mehr gebraucht wird, betonen die Tierschützer immer wieder.

Dass manche ausgesetzten Tiere noch **das** Glück haben, von tierlieben Menschen gefunden und ins nächste Tierheim gebracht zu werden, **das** ist wohl eher dem Zufall zu verdanken. Die Tierschützer appellieren daher an **das** Gefühl der Menschen, **dass** sie **das** Tier als Mitgeschöpf ansehen und behandeln.

Bienen summen – Wörter mit kurzem Vokal richtig schreiben (S. 280)

Seite 280, Aufgabe 1

Die Wortpaare sollen wie folgt zusammengesetzt und markiert werden:
lahm – Lamm
Wahn – Wanne
fühlen – füllen
Schal – Schall
Sohn – Sonne
Beet – Bett
kam – Kammer

Seite 280, Aufgabe 2

Folgende Wörter mit den Doppelkonsonanten „nn“, „mm“ und „ll“ können z.B. mithilfe des Wortsterns gebildet werden:
fallen, fall, Schlamm, Tonne, Tonnen, Tanne, Tannen, Lamm, Sonne, Sinn, Programm, Programme, Telegramm, Telegramme, Wanne, Wannen, Wonne, Wall, Welle, Wellen, Wille, wann, wenn, wollen, wimmern, stellen, stemmen, stammen, stumm, stimmen, stillen, Damm, bestellen, dann, dumm, denn, dimmen, benennen, benannt, benommen, kann, kommen, kennen, toll, tollen, schlummern, schlimm

Seite 280, Aufgabe 3

Den vervollständigten Infinitiven können z. B. folgende Wörter aus ihrer Wortfamilie zugeordnet werden.
trotzen – ich trotze, der Trotz, ...
schlucken – ich schlucke, der Schluck, Schluckauf, Schluckspecht, ...
spucken – ich spucke, Spucknapf, die Spucke, bespuckt, gespuckt, ...
hetzen – ich hetze, die Hetze, ...
backen – ich backe, Bäcker, Bäckerei, Gebäck, Backstube, gebacken, ...
schützen – ich schütze, der Schutz, Schutzhelm, Schutzkleidung, Regenschutz, ...
blicken – ich blicke, der Blick, Überblick, ...
blitzen – Blitz, Blitzlicht, geblitzt, Blitzer, ...
drücken – ich drücke, der Druck, unterdrücken, ...

Seite 280, Aufgabe 4

Die vervollständigte Regel lautet wie folgt:
Hörst du vor einem k-Laut oder **z-Laut** noch einen anderen Konsonanten, schreibst du ihn mit einfachem **k** oder **z**.

Seite 280, Aufgabe 5

Die vervollständigten Wörter lauten:
Pelz, tanzen/tanken, Nelke, zanken, Lenker, Sturz, Enkel, Pflanze, kurz, Lanze, flink, grunzen, krank, neunzig, ranzig, ganz

Von Tigern, Nashörnern, Hühnern, Wieseln, und Moorhühnern – Wörter mit langem Vokal richtig schreiben (S. 290 – 291)

Seite 290, Aufgabe 1

ohne Längenzeichen geschrieben	mit doppeltem Vokal geschrieben	mit h als Längenzeichen geschrieben
Hose	See	Sahne
rufen	Aal	Stroh
Rat	Waage	sehen
holen	Saal	ruhen
Sage	Tee	Lehrerin
Töne	Speer	Hahn
Zug	Zoo	sehr
rot	Idee	Sohn
Segel	Boot	Zahl
Tor		Rahmen
sägen		Zahn
grün		Reh
nämlich		Höhle
quer		Mühe
Ferien		während
		Stuhl

Seite 290, Aufgabe 2

Zeile	gesuchtes Wort	verwandte Wörter
Z. 1	**ih**re	ihr, ihn, ihm, ihnen, ...
Z. 2	beg**eh**rt	begehren, Begehrlichkeit, begehrenswert, Begierde, ...
Z. 3	gef**äh**rdeten	Gefahr, gefährden, Gefährdung, ...
Z. 4	bez**ah**lt	bezahlen, Bezahlung, Zahl, ...
Z. 8	Ann**ah**me	annehmen, angenommen, ...
Z. 8	F**eh**ler	fehlen, verfehlen, Verfehlung, Fehlurteil, ...
Z. 9	M**üh**len/gem**ah**lenen	mahlen, Mühlstein, Müller, ...
Z. 10	bl**üh**ender	blühen, Blüte, verblüht, ...

Seite 290, Aufgabe 3

- Ein **E**sel frisst Kl**ee**, er trinkt jedoch keinen T**ee**.
- **Aa**le, die durch das Wasser r**a**sen, stoßen sich sehr leicht die N**a**sen.
- Eine D**o**se voller L**o**se fand ich am Waldrand im M**oo**s.
- Zunächst tanzte der H**a**se im S**aa**l, später fr**a**ß er im Garten S**a**lat.
- Wenn ich ein Buch l**e**sen will, koche ich mir vorher eine Tasse Kaff**ee** oder Stachelb**ee**rt**ee**.
- Zum Geburtstag wünscht sich Andrea ein F**ah**rr**a**d, eine W**aa**ge, Blumens**a**men und eine Kristallv**a**se.
- Schn**ee**männer r**e**den im F**e**bruar viel über das Wetter.
- Ein Affe aus dem Z**oo** erwarb im Supermarkt eine T**o**rte, zwei R**o**sen, eine Latzh**o**se und ein knallr**o**tes Gummib**oo**t.

Seite 291, Aufgabe 4

Josef Guggenmos
Überraschung im Dienst

Es lag ein Str**i**ck
aus einem Loch.
Da sprach der Pol**i**z**i**st Franz Pfloch.
„Du hast h**ie**r n**i**cht zu l**ie**gen!
Drum w**i**rst du aufgeschr**ie**ben
und außerdem verhaftet.“
Jedoch **ih**n aus dem Loch zu z**ie**hen,
das hat er n**i**cht verkraftet.
„Du w**i**llst wohl n**i**cht? He! W**ie**?“
Franz Pfloch nahm seine Tr**i**llerpfeife:
Iiiiii!
[...]

Seite 291, Aufgabe 5

Flieder, Frieden, Niere, Stiefel, Biene, Bier, Dieb, Dienstag, Liebe, Wiese

Seite 291, Aufgabe 6

frieren, Stiel, passieren, Trieb, Biegung, Schiene, kriechen, Papier

Von Riesen, Großmüttern, Prinzessinnen und anderen sonderbaren Gestalten – s-Laute (S. 302 – 303)

Seite 302, Aufgabe 1

Wörter mit gesummt gesprochenem s-Laut	Wörter mit gezischt gesprochenem s-Laut
leise, Wiese	Angst, Niesanfall, genießen, Geheimnis, bisschen, Gras, krass, Nest

Seite 302, Aufgabe 2

waagerecht:
Meise, niesen, nass, Schlüssel, sausen, Reise, Gans, Gras, Tasse, Nuss, Riese, Kasse

senkrecht:
Kuss, Speise, Häuser, Rüssel, rasen/Rasen

Seite 302, Aufgabe 3

gefrä**ß**ig, Fü**ß**e, Spie**ß**e, E**ss**ig, Ta**ss**e, Kla**ss**e, be**ss**er, Genu**ss**, schlie**ß**en, Dro**ss**el, Stra**ß**e, Ki**ss**en, ka**ss**ieren, au**ß**en, Grö**ß**e, Fa**ss**, sie lä**ss**t, Kommi**ss**ar, er vergi**ss**t, sie mu**ss**ten, Flo**ß**

Seite 302, Aufgabe 4

Wörter mit „ss“	Wörter mit einfachem „s“
wir küssen – der Kuss – geküsst	das Haus – die Häuser – hausen
nass – die Nässe – durchnässt	der Preis – die Preise – preisen
er muss – müssen	er rast – die Raserei – rasen
er frisst – der Fraß – fressen	das Glas – die Gläser – verglasen
die Kasse – die Kassiererin – kassieren	er speist – die Speise – speisen

A	Eine sehr arme Witwe lebte in ...	Schneeweißchen und Rosenrot
B	Eine Witwe hatte zwei Töchter ...	Aschenputtel
C	Deine weißen Kleider, deine Perlen ...	Der Froschkönig

Seite 303, Aufgabe 5

s	**ss**	**ß**
einsamen, Rosenbäumchen, Rosen, diesen, Rosenbäumchen, gesamte, sein	hässlich, hässliche, musste, musste, essen, Tasse	weiße, fleißig, große, Straße, weißen, großen

Seite 303, Aufgabe 6

Meerschweinchen als Haustiere

Meerschweinchen **s**ind gutmütige Tiere, die **s**ich al**s** Hau**s**tiere eignen. **S**ie werden **s**ehr schnell zahm und zutraulich, wenn man **s**ich oft mit ihnen beschäftigt. **S**ie mögen e**s** besonder**s**, gestreichelt zu werden. Meerschweinchen können **s**ogar recht schnell laufen und lernen auch, auf ihren Namen zu hören. Damit **s**ie **s**ich wohlfühlen, **s**ollten **s**ie eine gro**ß**e Ki**s**te bekommen, ausgepol**s**tert mit **S**ägespänen, Heu oder weichem Katzenstreu. Au**ß**erdem benötigen **s**ie ein kleines Hau**s**, in dem **s**ie Unterschlupf finden, **s**ich au**s**ruhen und schlafen können. Einmal am Tag **s**ollten **s**ie in der Wohnung herumlaufen dürfen. Aber Vor**s**icht, **s**ie knabbern gern Kabel an!

Seite 303, Aufgabe 7

freie Aufgabe

Seite 303, Aufgabe 8

Die Zeichensetzung bei Aufzählungen und bei der wörtlichen Rede (S. 310 – 311)

Die Regel muss wie folgt ergänzt werden:
Aufzählungen von Wörtern oder Wortgruppen werden durch ein **Komma** voneinander getrennt. Vor den Wörtern **und, oder** und **sowie** steht bei Aufzählungen kein Komma.

Seite 310, Aufgabe 1

- Die Mitglieder der Schulband spielen Saxofon, Klarinette, Geige, Akkordeon, Flöte, Cello und Gitarre. (5)
- Zu den Bremer Stadtmusikanten gehören Esel, Hund, Katze und Hahn. (2)
- Brötchen, Marmelade, ein gekochtes Ei, Kaffee oder Tee gehören bei vielen zum Sonntagsfrühstück. (3)
- Für den Sportunterricht wurden neue Bälle für Basketball, Tischtennis, Volleyball, Handball sowie Tennis angeschafft. (3)
- Hefte, Blöcke, Bücher und ein Etui gehören in jede Schultasche. (2)
- Religion, Mathematik, Kunst, Sport und Physik stehen am Donnerstag auf Inas Stundenplan. (3)

Seite 310, Aufgabe 2

Die richtigen Sätze sind:
- Für den Nusskuchen benötigt Justus Margarine, Schokostückchen, Nüsse, Mehl und Zucker.

Seite 310, Aufgabe 3

- Ein leckerer Obstsalat lässt sich aus Apfelsinen, Äpfeln, Bananen und Zitronensaft zubereiten.
- Für Hot Dogs muss man Heißwürstchen, Brötchen, Senf und Ketchup kaufen.

Seite 310, Aufgabe 4

Hans Manz: Tierrätsel

Der Wolf, die Ameise, der Luchs und die Drossel: Nimm von jedem den ersten Laut, dann weißt du, wo der Erste die Höhle, die Zweite die Burg, der Dritte den Unterschlupf, die Vierte das Nest baut.

Lösung: **Wald**

Seite 311, Aufgabe 5

Die richtigen Antworten sind:

a) Wenn der Redebegleitsatz hinter der wörtlichen Rede steht, wird er durch ein Komma von der wörtlichen Rede getrennt. **Z**

c) Steht der Redebegleitsatz vor der wörtlichen Rede, setzt man hinter ihm einen Doppelpunkt. **I**

e) Fragezeichen und Ausrufezeichen gehören zur wörtlichen Rede, deshalb setzt man die Anführungszeichen dahinter. **T**

f) Die wörtliche Rede wird in Anführungszeichen gesetzt. **W**

Lösung: **Witz**

Seite 311, Aufgabe 6

Im Museum	**Auf dem Schulhof**
Die Klasse 5 geht mit ihrem Lehrer ins Museum. Fritzchen setzt sich, müde vom vielen Herumlaufen, auf einen Stuhl. „Das ist der Stuhl von Karl dem Großen, steh sofort auf!“, flüstert ihm der Lehrer zu. Fritzchen entgegnet: „Nur für einen kleinen Moment, Herr Lehrer. Wenn er kommt, stehe ich sofort auf.“	Ein Zehnjähriger steht auf dem Schulhof und macht merkwürdige Bewegungen mit den Armen. Die Pausenaufsicht kommt und fragt ihn: „Was machst denn du da?“ „Ich fange Flunkis.“ „Was ist das denn?“, will der Lehrer wissen. „Kann ich nicht sagen“, entgegnet der Junge „ich habe noch keine gefangen.“

Seite 311, Aufgabe 7

freie Aufgabe

Originalfassungen der Gedichte

Elisabeth Borchers (geb. 1926)

Oktober

Es kommt eine Zeit
Da fragen wir uns:
Was soll denn nur werden?
Die Luft schmeckt
So bitter
Die Vögel sind
Über alle Berge
Der Nebel macht
Die Häuser bleich
Aufs Dach trommeln
Kastanien
Die kleinen Tiere gehen
Unter der Erde spazieren
Wir müssen ins Haus zurück
Da hält uns der Regen gefangen.
(s. Seite 179)

Ludwig Christoph Heinrich Hölty (1748 – 1776)

Frühlingslied

Die Luft ist blau, das Tal ist grün,
die kleinen Maienglocken blühn
und Schlüsselblumen drunter;
der Wiesengrund
ist schon so bunt
und malt sich täglich bunter.

Drum komme, wem der Mai gefällt,
und freue sich der schönen Welt
und Gottes Vatergüte,
die diese Pracht
hervorgebracht,
den Baum und seine Blüte.
(s. Seite 179)

Erich Kästner (1899 – 1974)

Der Februar

Nordwind bläst. Und Südwind weht.
Und es schneit. Und taut. Und schneit.
Und indes die Zeit vergeht,
bleibt ja doch nur eins: die Zeit.

Pünktlich holt sie aus der Truhe
falschen Bart und goldnen Kram.
Pünktlich sperrt sie in die Truhe
Sorgenkleid und falsche Scham.

In Brokat und seidnen Resten,
eine Maske vorm Gesicht,
kommt sie dann zu unsren Festen.
Wir erkennen sie nur nicht.

Bei Trompeten und Gitarren
drehn wir uns im Labyrinth
und sind aufgeputzt wie Narren,
um zu scheinen, was wir sind.

Unsre Orden sind Attrappe.
Bunter Schnee ist aus Papier.
Unsre Nasen sind aus Pappe.
Und aus welchem Stoff sind wir?

Bleich, als sähe er Gespenster,
mustert uns Prinz Karneval.
Aschermittwoch starrt durchs Fenster.
Und die Zeit verlässt den Saal.

Pünktlich legt sie in die Truhe
das Vorüber und Vorbei.
Pünktlich holt sie aus der Truhe
Sorgenkleid und Einerlei.

Nordwind bläst. Und Südwind weht.
Und es schneit. Und taut. Und schneit.
Und indes die Zeit vergeht,
bleibt uns doch nur eins: die Zeit.
(s. Seite 179)

Svenja Müller

Sommerferien

Wenn morgens kein Wecker klingelt,
wenn die Sonne den ganzen Tag strahlt,
wenn das Freibad knackend voll ist,
wenn ich nach acht noch unterwegs sein darf,
wenn jeder Tag Sonntag ist,
dann haben wir endlich Sommerferien.
(s. Seite 179)

Christine Nöstlinger (geb. 1936)

Frühling

Eines Morgens ist der Frühling da.
Die Mutter sagt,
sie *riecht* ihn in der Luft.

Pit *sieht* den Frühling.
An den Sträuchern im Garten
sind hellgrüne Tupfen.

Anja *hört* den Frühling.
Neben ihr, auf dem Dach,
singen die Vögel.

Unten vor dem Haus
steigt Vater in sein Auto.
Er *fühlt* den Frühling.
Die Sonne scheint warm
auf sein Gesicht.

Aber *schmecken*
kann man den Frühling noch nicht.
Bis die Erdbeeren reif sind,
dauert es noch lange.
(s. Seite 181)

Shel Silverstein (1930 – 1999)

Auf dem Sprungbrett

Du stehst auf dem 5-Meter-Brett,
Und alles ist so weit ganz nett.
Das Sprungbrett ist auch nicht zu glatt,
Sodass man einen Halt drauf hat.
Und was ist, wenn das Sprungbrett bricht?
Nein, es hält spielend dein Gewicht.
Das Sprungbrett federt gerade richtig.
Die Hose sitzt; auch das ist wichtig.
Nur was das Sprungbrett echt nicht bringt,
Ist, dass man auch mal runterspringt.
(s. Seite 183)

Übersetzung zu Eugen Gomringer: avenidas

Alleen

Alleen
Alleen und Blumen
Blumen
Blumen und Frauen
Alleen
Alleen und Frauen
Alleen und Blumen und Frauen
ein Bewunderer
(s. Seite 192)

Verzeichnis der Lernboxen

Das brauchst du immer wieder – Das musst du wissen

Das brauchst du immer wieder – So gehst du vor

Verzeichnis der Textarten

Stichwortverzeichnis

Textquellenverzeichnis

... Am Abend saß der Köhler (Märchen aus den Pyrenäen). **96**
Nach: Französische Märchen, Diederichs, Köln 1992

Auch Insekten stellen Rekorde auf. 305
Nach: www.terrazoo.de [1.7.2010]

Ball, Hugo: Karawane. 207
Aus: Ders.: Gesammelte Gedichte, Verlag Die Arche, Zürich 1963

Bratapfel. 217
Nach: http://www.hausfrauenseite.de

Brüder Grimm: Der Bauer und der Teufel. **83**
Aus: Kinder- und Hausmärchen. Gesammelt durch die Brüder Grimm. Vollständige Ausgabe, hg. von Heinz Rölleke, Insel Verlag, Frankfurt/M. 2007 (vereinfacht)

Brüder Grimm: Die Wassernixe. **86**
Aus: Kinder- und Hausmärchen. Gesammelt durch die Brüder Grimm. Vollständige Ausgabe, hg. von Heinz Rölleke, Insel Verlag, Frankfurt/M. 2007 (vereinfacht)

Brüder Grimm: Sterntaler. **80**
Aus: Kinder- und Hausmärchen. Gesammelt durch die Brüder Grimm. Vollständige Ausgabe, hg. von Heinz Rölleke, Insel Verlag, Frankfurt/M. 2007 (vereinfacht)

Brüder Grimm: Der süße Brei. **100**
Aus: Kinder- und Hausmärchen. Gesammelt durch die Brüder Grimm. Vollständige Ausgabe, hg. von Heinz Rölleke, Insel Verlag, Frankfurt/M. 2007 (vereinfacht)

Buchholz, Moritz: Judo. 175, 327
Nach: www.kinder-hd-uni.de/sport/sport11.html

Das Ferienfloß. 214
Nach: Sabine Cuno: Für meine Ferien. Bastelspaß zum Zeitvertreib, Ravensburger Buchverlag, Ravensburg 1987

Das Gähnen/Der Bauchnabel/Unsere Zähne/Ein vielseitiges Haustier. 265
Aus: Brockhaus-Kalender für Kinder, Brockhaus, Leipzig 2003

Deimer, Petra: Der Papagei und die Menschen. **160**
Aus: Dies.: Papageien und Sittiche, Tessloff Verlag, Nürnberg 1992, S. 38

Deimer, Petra: Papageien brauchen unseren Schutz. **162**
Nach: Dies.: Papageien und Sittiche, Tessloff Verlag, Nürnberg 1992, S. 42f.

Der Prinz mit den Eselsohren. 89
Aus: Lisa Tetzner (Hg.): Die schönsten Märchen der Welt, Verlag Luchterhand, Darmstadt 1984

Der Sprung in die Tiefe. 106
Aus: Peter Kohrs/Johannes Diekhans: Aufsatz 5, Schöningh Verlag, Paderborn 2004, S. 29

Die Frau und der Weizen. 112
Nach Christian Keller. Aus: Hans-Jurgen Kliewer/Ursula Kliewer (Hg.): Der Zauberkasten. Alte und neue Geschichten für Kinder, Stuttgart 1992, S. 208

Die Luft ist blau ... 179, 339
Aus: Hölty, Ludwig Christoph Heinrich: Frühlingslied. In: Ders.: Gesammelte Werke und Briefe, hg. von Walter Hettche, Wallstein-Verlag, Göttingen 1998

Die Luft schmeckt so bitter ... 179, 339
Aus: Borchers, Elisabeth: Oktober. In: Dies.: Und oben schwimmt die Sonne davon, Ellermann Verlag, München 1965

Die Tiere/Der Schauplatz/Die Pflanzen. 240
Aus: David Lambert: Dinosaurier, Fischer Verlag GmbH, Remseck bei Stuttgart 1993, S. 291 © Springer Heidelberg

Diekhans, Johannes: Die Leseratte zum Bücherwurm. **297** (Originalbeitrag)

Fast jedes Jahr das Gleiche. 271
Aus: Peter Kohrs: D Arbeitsbuch Deutsch, Bd. 6, Paderborn 2003, S. 258

Geheimnisvolles Bienensterben. 274
Nach: www.wasistwas.de [08.01.2010]

Goldhamster. 260
Aus: Löwenzahn Kinder Lexikon, Terzio Möllers und Bellinghausen Verlag, München 2000, S. 94f.

Gomringer, Eugen: avenidas. **192**
Aus: Ders.: „Avenidas" Konstellationen, Ed. Splitter, Bern 1953

Guggenmos, Josef: Ich male mir den Winter. **189**
Aus: Ders.: Ich will dir was verraten, Beltz & Gelberg Verlag, Weinheim/Basel 1992

Guggenmos, Josef: Überraschung im Dienst. **291, 336**
Aus: R. Boldt/G. Krahl (Hg.): Das Rowohlt rotfuchs Lesebuch, Rowohlt Verlag, Reinbek 1983

Guggenmos, Josef: Wenn Riesen niesen. **288**
Aus: Hans-Joachim Gelberg (Hg.): Das achte Weltwunder. Fünftes Jahrbuch der Kinderliteratur, Beltz Verlag, Weinheim/Basel 1981, S. 121

Hacks, Peter: Der Herbst steht auf der Leiter. **186**
Aus: ders., Der Flohmarkt – Gedichte für Kinder © 2001 Eulenspiegel Verlag, Berlin, S. 11

Hebbel, Friedrich: Herbstbild. **197, 330**
Aus: Ders.: Werke, Band 3, hg. von Gerhard Fricke, Wissenschaftliche Buchgesellschaft, Darmstadt 1965

Hintz, Ingrid: Kribbeln im Bauch. **42**
Aus: Treffpunkte 5, Schroedel Verlag, Hannover 2000, S. 10

In einem Haus aus Wachs. 273
Aus: Wie Tiere wohnen, Velber Verlag, Seelze 1980, S. 1–5

Kahlert, Elke: Jetzt rede ich. Endlich die Wahrheit über die sieben Geißlein. **93**
Aus: Witzekiste, Rowohlt Verlag, Reinbek 1980, S. 183

Korschunow, Irina: Ich bin so gemein gewesen. **48**
Aus: Kindergeschichten aus Deutschland, hg. von K. Frank, Verlag S. Fischer, Frankfurt/M. 1980

Krüss, James: Das Räuber-ABC. **257**
Aus: Mein Urgroßvater und ich, Oetinger Verlag, Hamburg 1959

Krüss, James: Frühlinter. **180**
Aus: Der wohltemperierte Leierkasten, Verlagsgruppe Bertelsmann GmbH/Bertelsmann Jugendbuchverlag, Gütersloh 1961

Kurioser Dinosaurer-Diebstahl. 239
Aus: www.nw.de, verf. von Karl-Hendrik Tittel, Zugriff 12.9.2015

Krüss, James: Gewitterlied. **193**
Aus: So viele Tage hat das Jahr: 365 Gedichte für Kinder und Kenner, Bertelsmann, München 1998

Landa, Norbert: Warum werden Nashörner gejagt? **290**
Aus: Nikolaus Lenz: 1000 Wunder der Tierwelt, Bindlach 1996

Lindgren, Astrid: Ronja Räubertochter (Auszug). **131**
Übers. von Anna-Liese Kornitzky, Oetinger Verlag, Hamburg 1982, S. 31 ff.

Linn, Bernd: Der Gruß beim Judo. **167**
Nach: Ders.: Judo. Das Prüfungsprogramm von Weißgelb bis Orange, Meyer u. Meyer Verlag, Aachen 2006, S. 22 ff.

Lutz, Edmund Johannes: Die berechtigte Ohrfeige. **209**
Aus: Toni Budenz/Edmund J. Lutz: Das Fünfzehnminutentheater, Don Bosco Verlag, München 1974, S. 86 – 88

Maar, Paul: Die neue Klasse. **38**
Aus: Ders.: Robert und Trebor, Oetinger Verlag, Hamburg 1986, S. 29 ff.

Manz, Hans: Tierrätsel. **310**
Aus: Die Welt der Wörter. Sprachbuch für Kinder und Neugierige, Beltz Verlag, Weinheim/Basel 1991, S. 296

Marienkäfer. 271, 334
Aus: Löwenzahn Kinder Lexikon, Terzio Möllers und Bellinghausen Verlag, München 2000, S. 110

Meerschweinchen. 260
Aus: Löwenzahn Kinder Lexikon, Terzio Möllers und Bellinghausen Verlag, München 2000, S. 94 f.

Morgenstern, Christian: Wenn es Winter wird. **196, 329**
Aus: Ders.: Gesammelte Werke, Verlag R. Pieper & Co., München 1965

Mörike, Eduard: Septembermorgen. **195**
Aus: Ders.: Sämtliche Werke in drei Bänden, Cotta'sche Verlagsbuchhandlung, Stuttgart o. J., S. 101

Müller, Svenja: Sommerferien. **179, 340**
Aus: Schulmagazin 5 bis 10, 4/2002, Oldenbourg/Prögel, S. 16

Naumann, Alexander/Schulz, Bernhard/Hasselbeck, Anne Kathrin: Graupapageien – sprechendes Federvieh. **158**
Nach: www.br-online.de/kinder/fragen-verstehen/wissen/2005/01156/

Nordwind bläst ... 179, 339
Aus: Kästner, Erich: Der Februar. In: Ders.: Die 13 Monate, Cecilie Dressler Verlag, Berlin o. J., S. 13 f.

Nöstlinger, Christine: Frühling. **181, 340**
Aus: Pit und Anja entdecken das Jahr. Teil 1. Der Frühling kommt, Schroedel Verlag, Hannover 1972

Nöstlinger, Christine: Ich schiele. **261**
Aus: Überall und neben dir. Gedichte für Kinder, Beltz Verlag, Weinheim

Riesengeschichte. 293
Aus: Annegret Fuchshuber: Riesengeschichten – Mäusemärchen, Thienemann, Stuttgart 1985

Ringelnatz, Joachim: Die Feder. **270, 333**
Aus: Ders.: Sämtliche Gedichte, Diogenes Verlag, Zürich 2005

Schwarz, Regina: Ein Schwein hat etwas zu sagen. **278**
Aus: Hans-Joachim Gelberg (Hg.): Überall und neben dir. Gedichte für Kinder, Beltz Verlag, Weinheim/Basel 1989, S. 186

Silverstein, Shel: Auf dem Sprungbrett. **183, 340**
Aus: Ders.: Raufgefallen, Haffmans Verlag, Zürich 1998, S. 24

So sprechen Katzen. 243
Nach: Benni. Das Mitmach-Magazin für junge Leute, Nr. 11/2008, S. 36 f.

Sprenger, Werner: Einzigartig. **19**
Aus: Ders.: Vergiss Dein nicht, zusammengestellt von Atina Haberkern, Nie-Nie-Sagen-Verlag, Konstanz 1983

Steinhöfel, Andreas: Rico, Oskar und die Tieferschatten (Auszüge). **122, 126**
Carlsen Verlag, Hamburg 2008, S. 31 – 38, S. 64, S. 89 f.

Stiemert, Elisabeth: Robotertheater. **205**
Aus: Vorhang auf! 8 kleine Geschichten zum Spielen, Deutscher Taschenbuch Verlag, München 1980, S. 28 ff.

Süßmann, Christel: Sommerhitze. **185**
Aus: Dies.: Sonniges Jugendland, Zickfeldt Verlag, Hannover 1979, S. 194

Wendt, Irmela: Uli und ich. **45**
Aus: Hans Joachim Gelberg (Hg.): Geh und spiel mit dem Riesen, Verlag Beltz und Gelberg, Weinheim/Basel 1973

Wörterbuchauszug 259
Aus: Schülerduden, Rechtschreibung und Wortkunde, Bibliografisches Institut, Mannheim 2010, S. 209 f.

Bildquellenverzeichnis

Kinder lieben Märchen mit Elmar Gunsch, Band 5: Der Bauer und der Teufel und 4 weitere spannende Märchen Gebrüder Grimm Hörspiel, Audio-CD, 123CLASSIC Verlag: 83 - © akg-images: 287 – © Alexander Sell Fotografie: 143 r. – Arco/J. Meester: 306 – aus: Nina Schindler: Zickenalarm © 2008 Arena Verlag GmbH, Würzburg, mit freundlicher Genehmigung des Arena Verlags, www.arena-verlag.de: 121 m.o. – © Aris/FOTOFINDER.COM: 198 o.l. – Illustration von Horst Lemke aus: Erich Kästner, Der kleine Mann © Atrium Verlag, Zürich 1963: 117 u. (o.l.) – Illustration von Horst Lemke aus: Erich Kästner, Der 35. Mai © Atrium Verlag, Zürich 1931: 117 u.r. – Illustration von Walter Trier aus: Erich Kästner, Das verhexte Telefon © Atrium Verlag, Zürich 2009: 117 u. (m.+u.l.) – © Peter Bartsch: 199 r. – Märchen aus aller Welt. © Beltz & Gelberg in der Verlagsgruppe Beltz, Weinheim/Basel 2013: 91 m. – Duden – Die deutsche Rechtschreibung © 2013, Bibliographisches Institut GmbH, Berlin: 257 l. – © Bildagentur-online/Chromorange: 200 2.v.l. – © Bildarchiv Preußischer Kulturbesitz, Berlin: 80 – © Bildarchiv Preußischer Kulturbesitz, Berlin/Foto: Knud Petersen: 102 l. – © bildstelle/REX FEATURES LTD.: 305 – © blickwinkel/McPHOTO: 103 u.l., 160 – © blickwinkel/K. Salminen: 289 – www.blinde-kuh.de: 170 – © Viktor Burgardt/Verlagsarchiv Schöningh: 22 – Elisabeth Zöller, Der Klassen-King, Coverillustration von Edda Skibbe © Carlsen Verlag GmbH, Hamburg 2010: 120 u. – Andreas Steinhöfel, Rico, Oskar und die Tieferschatten, Illustrationen von Peter Schössow © Carlsen Verlag GmbH, Hamburg 2008: 122 u., 123, 126, 128 – Andreas Steinhöfel, Rico, Oskar und das Herzgebreche, Illustrationen von Peter Schössow © Carlsen Verlag GmbH, Hamburg 2009: 129 – Andreas Steinhöfel, Froschmaulgeschichten, Illustrationen von Jutta Bauer © Carlsen Verlag GmbH, Hamburg 2006: 130 u.r. – Andreas Steinhöfel, O patria mia, Illustrationen von Anke Kuhl © Carlsen Verlag GmbH, Hamburg 2006: 130 o.r. – Andreas Steinhöfel, Dirk und ich, Illustrationen von Regina Kehn © Carlsen Verlag GmbH, Hamburg 1999: 130 o.m. – Andreas Steinhöfel, Es ist ein Elch entsprungen, Illustrationen von Kerstin Meyer © Carlsen Verlag GmbH, Hamburg 1995: 130 u.l. – Andreas Steinhöfel, Beschützer der Diebe, Illustrationen von Regina Kehn © Carlsen Verlag GmbH, Hamburg 2007: 130 o.l. – © Caro/Rupert Oberhaeuser: 198 o.r. – Coverartwork nach Max von der Grün, Vorstadtkrokodile. Eine Geschichte vom Aufpassen, erschienen im cbj Taschenbuchverlag, München, in der Verlagsgruppe Random House GmbH: 121 o.r. – Coverartwork nach Enid Blyton, Fünf Freunde auf der Felseninsel, erschienen im cbt Verlag, München, in der Verlagsgruppe Random House: 120 o. – © Creativ Studio Heinemann/Westend61: 217 – defd Deutscher Fernsehdienst: 316 (beide), 140 – Uwe Timm: Der Schatz auf Pagensand, Umschlagbild: Ute Martens © 2009 Deutscher Taschenbuch Verlag, München: 121 u.r. – © dgestettenhofer – Fotolia.com: 273 – Cornelia Funke: Herr der Diebe © Cecilie Dressler Verlag, Hamburg 2000: 121 o.l. – Cornelia Funke: Die wilden Hühner, Cecilie Dressler Verlag, Hamburg: 121 u.l. – © 1960 Jelde, Märchen der Welt, Verlagsgruppe Droemer Knaur GmbH & Co. KG: 91 l. – © 2005 Uther, Märchenreise, Verlagsgruppe Droemer Knaur GmbH & Co. KG: 91 r. – F1online digitale Bildagentur GmbH: 266 – © Fotex/Picture Partners: 102 m.r. – © Fotex/David Jordan: 201 – Getty images/IFA-Bilderteam – Lindner: 179 o. – © GRAFFITI Joachim E. Roettgers: 19 u.r. – © imagetrust/Charlotte Thege: 103 m.l. – © Thomas Imo/phototek.net: 33 – © Liesa Johannssen/photothek.net: 203 – © Juniors Bildarchiv: 158, 243, 290 – © Michael Kneffel: 19 o., 179 u. – © Wolfgang Kunz/FOTOFINDER.COM: 198 u.r. – © Siegfried Kuttig: 19 u.l. – Grimm, Der süße Brei, Illustrationen von Reiner Sacher, LeiV Verlag 2010: 100 – © Lineair/FOTOFINDER.COM: 66 – BLEEKER DER ELEKTRONISCHE HUND © Jonathan Mahood. Reprinted with permission from Jonathan Mahood: 307, 308 – mediacolor's/Bangerter: 178 l. – © Erich Mehrl/VISUM: 142 l. – © mejn – Fotolia.com: 97 u.l. – Bernd Linn: Judo, Meyer und Meyer Verlag, Aachen 2006, S. 24, 25/Fotos: Bernd Linn: 157 l., 167 (beide) – © Norbert Michalke: 25 u.l. – © Volker Minkus: 25 o.r. – www.naturdetektive.de: 169 u. – Illustration von Steven Kellog aus: Malwine in der Badewanne © Verlag Friedrich Oetinger, Hamburg 1979: 110 (beide) – Illustration von Ilon Wikland aus: Astrid Lindgren, Ronja Räubertochter © Verlag Friedrich Oetinger, Hamburg 1982: 131 u., 132 – Astrid Lindgren, Mio, mein Mio © Verlag Friedrich Oetinger, Hamburg 1998: 137 l. – Astrid Lindgren: Madita, Oetinger Verlag, Umschlagillustration: Ilon Wikland: 137 r. – Astrid Lindgren: Die Brüder Löwenherz © Verlag Friedrich Oetinger, Hamburg: 137 2.v.r. – Cover zu Astrid Lindgren: Ferien auf Saltkrokan, Oetinger 1992: 137 2.v.l. – OKAPIA KG Michael Grzimek & Co.: 239 – © Werner Otto: 178 u. – © pete pahham – Fotolia.com: 200 2.v.r. – © picture–alliance/dpa: 25 o.l., 97 o.l., 122 o., 131 o. – © picture-alliance/KPA/Chromoran: 189 – © picture-alliance/ZB: 271 – © Peter Peitsch/peitschphoto.com: 143 l. – © Picture-Factory – Fotolia.com: 200 r. – © plainpicture/Siegfried Kuttig: 199 l. – PM-Group, Planungsbüro Meiswinkel GmbH, Lippstadt: 26 – © Rainer Raffalski: 169 o. – © Anna-Maria Rave/Verlagsarchiv Schöningh: 17 – aus: Sabine Cuno: Für meine Ferien. Bastelspaß zum Zeitvertreib, Ravensburger Buchverlag, 1987/ Illustration von Dietrich Kirsch: 214 (beide) – © Oleksandr Rupeta/agefotostock/Avenue Images: 198 u.l. – © Elena Schweitzer – Fotolia.com: 97 r. – Alec Guerney, Der Hamster; aus: Freie Stunde 19/1971, H. 1, Magazin für Sparkassenkunden, Sparkassen-Verlag, Stuttgart: 107 – Stadt- und Kreisbibliothek Greiz: 143 u. – Stadtwerke Bamberg Verkehrs- und Park GmbH: 28 – © Carmen Steiner – Fotolia.com: 260 – © Susanne Strauch/OSTKREUZ: 188 – Aus: e. o. plauen, „Vater und Sohn", Gesamtausgabe Erich Ohser © Südverlag GmbH/Konstanz, 2000: 111 (alle), 116, 117 o. – Joachim Friedrich: 4 1/2 Freunde. Illustrationen von Regina Kehn © 1992 Thienemann in der Thienemann-Esslinger Verlag GmbH, Stuttgart: 121 m.u. – Matthias Reinschmidt: Farbatlas Papageien © 2009 Eugen Ulmer KG, Stuttgart: 155 l. – © vario images: 102 u.r. – Verlagsarchiv Schöningh/Fotostudio Henke, Salzkotten: 16, 20, 21, 23, 25 u.r.,

36, 37 (alle), 38, 47, 51, 64, 69, 71, 72, 73, 74, 81, 82, 102 o.r., 103 o.l.+o.r., 114, 138, 142 r., 146, 148 (beide), 151 u., 153, 156, 166, 172 (beide), 174, 177 (alle), 185, 186, 190, 202, 204 (alle), 209, 263, 265 (beide), 282. 311 l.+m. – Verlagsarchiv Schöningh/Irene Pieper: 151 o. – Verlagsarchiv Schöningh/Günter Schlottmann, Paderborn: 29, 98, 175, 252 – © Marek Walicia/Fotolia.com: 274 – © Michael Weber/imagebroker/OKAPIA: 200 l. – © WILDLIFE/K. Ammann: 157 r., 162 – © WILDLIFE/M. Carwardine: 301 – WAHRIG Die deutsche Rechtschreibung © wissenmedia in der inmediaONE GmbH: 257 r. – wildworx – Fotolia: 311 r. – http://www1.onleihe.de/kreis-mettmann/frontend/search,0-0-0- 100-0-0-0-0-0-0-0.html: 155 r. – weitere: Verlagsarchiv Schöningh

Sollte trotz aller Bemühungen um korrekte Urheberangaben ein Irrtum unterlaufen sein, bitten wir darum, sich mit dem Verlag in Verbindung zu setzen, damit wir eventuell notwendige Korrekturen vornehmen können.